TÍTULOS DE CRÉDITO

Edições anteriores

1ª edição – 2006
1ª edição – 2006 – 2ª tiragem
2ª edição – 2009
3ª edição – 2011
4ª edição – 2013
5ª edição – 2015

O GEN | Grupo Editorial Nacional – maior plataforma editorial brasileira no segmento científico, técnico e profissional – publica conteúdos nas áreas de concursos, ciências jurídicas, humanas, exatas, da saúde e sociais aplicadas, além de prover serviços direcionados à educação continuada.

As editoras que integram o GEN, das mais respeitadas no mercado editorial, construíram catálogos inigualáveis, com obras decisivas para a formação acadêmica e o aperfeiçoamento de várias gerações de profissionais e estudantes, tendo se tornado sinônimo de qualidade e seriedade.

A missão do GEN e dos núcleos de conteúdo que o compõem é prover a melhor informação científica e distribuí-la de maneira flexível e conveniente, a preços justos, gerando benefícios e servindo a autores, docentes, livreiros, funcionários, colaboradores e acionistas.

Nosso comportamento ético incondicional e nossa responsabilidade social e ambiental são reforçados pela natureza educacional de nossa atividade e dão sustentabilidade ao crescimento contínuo e à rentabilidade do grupo.

ARNALDO RIZZARDO

TÍTULOS DE CRÉDITO

revista, atualizada e reformulada

- O autor deste livro e a editora empenharam seus melhores esforços para assegurar que as informações e os procedimentos apresentados no texto estejam em acordo com os padrões aceitos à época da publicação, e todos os dados foram atualizados pelo autor até a data de fechamento do livro. Entretanto, tendo em conta a evolução das ciências, as atualizações legislativas, as mudanças regulamentares governamentais e o constante fluxo de novas informações sobre os temas que constam do livro, recomendamos enfaticamente que os leitores consultem sempre outras fontes fidedignas, de modo a se certificarem de que as informações contidas no texto estão corretas e de que não houve alterações nas recomendações ou na legislação regulamentadora.

- Fechamento desta edição: *01.12.2020*

- O Autor e a editora se empenharam para citar adequadamente e dar o devido crédito a todos os detentores de direitos autorais de qualquer material utilizado neste livro, dispondo-se a possíveis acertos posteriores caso, inadvertida e involuntariamente, a identificação de algum deles tenha sido omitida.

- **Atendimento ao cliente: (11) 5080-0751 | faleconosco@grupogen.com.br**

- Direitos exclusivos para a língua portuguesa
  Copyright © 2021 by
  Editora Forense Ltda.
  Uma editora integrante do GEN | Grupo Editorial Nacional
  Travessa do Ouvidor, 11 – Térreo e 6º andar
  Rio de Janeiro – RJ – 20040-040
  www.grupogen.com.br

- Reservados todos os direitos. É proibida a duplicação ou reprodução deste volume, no todo ou em parte, em quaisquer formas ou por quaisquer meios (eletrônico, mecânico, gravação, fotocópia, distribuição pela Internet ou outros), sem permissão, por escrito, da Editora Forense Ltda.

- Capa: Aurélio Corrêa

- **CIP – BRASIL. CATALOGAÇÃO NA FONTE.
  SINDICATO NACIONAL DOS EDITORES DE LIVROS, RJ.**

R533t
Rizzardo, Arnaldo

Títulos de crédito / Arnaldo Rizzardo. – 6. ed. – Rio de Janeiro: Forense, 2021.

Inclui bibliografia
ISBN 978-85-309-8804-3

1. Direito empresarial – Brasil. 2. Direito comercial – Brasil. 3. Títulos de crédito – Brasil. I. Título.

19-60053 CDU: 347.7(81)

Vanessa Mafra Xavier Salgado - Bibliotecária - CRB-7/6644

Sobre o Autor

Atuou, durante longos anos, na magistratura do Rio Grande do Sul, ocupando, inclusive, o cargo de desembargador do Tribunal de Justiça. Exerceu o magistério na Escola Superior da Magistratura e, atualmente, é advogado. Faz parte da Academia Brasileira de Direito Civil e do Instituto dos Advogados do Brasil – seção do RS. Ministra palestras em eventos jurídicos de todo o País.

Em concursos de monografias patrocinados pela Associação dos Magistrados Brasileiros e pela Associação dos Juízes do Rio Grande do Sul, três de suas obras obtiveram o primeiro lugar.

É autor de diversos livros no campo do direito privado e administrativo.

Obras do Autor

Acidentes de Trânsito: Reparação e Responsabilidade. 14. ed., Rio de Janeiro, Forense, 2021.

Contratos. 19. ed., Rio de Janeiro, Forense, 2021.

Condomínio Edilício e Incorporação Imobiliária. 8. ed., Rio de Janeiro, Forense, 2021.

Promessa de Compra e Venda e Parcelamento do Solo Urbano. 11. ed., Curitiba, Editora Juruá, 2020.

Contratos de Crédito Bancário. 12. ed., Curitiba, Editora Juruá, 2020.

O "Leasing". 9. ed., Curitiba, Editora Juruá, 2020.

Ação Civil Pública e Ação de Improbidade Administrativa. 4. ed., Curitiba, Juruá Editora, 2019.

Comentários ao Código de Trânsito Brasileiro. 10. ed., JusPodivm, 2019.

Direito das Sucessões. 11. ed., Rio de Janeiro, Forense, 2019.

Direito de Empresa. 7. ed., Rio de Janeiro, Forense, 2019.

Direito de Família. 10. ed., Rio de Janeiro, Forense, 2019.

Responsabilidade Civil. 8. ed., Rio de Janeiro, Forense, 2019.

Prescrição e Decadência. 3. ed., Rio de Janeiro, Forense, 2018.

Direito das Obrigações. 9. ed., Rio de Janeiro, Forense, 2018.

Direito do Agronegócio. 4. ed., Rio de Janeiro, Forense, 2018.

Direito das Coisas. 8. ed., Rio de Janeiro, Forense, 2016.

Introdução ao Direito e Parte Geral do Código Civil. 8. ed., Rio de Janeiro, Forense, 2016.

Títulos de Crédito. 5. ed., Rio de Janeiro, Forense, 2015.

Servidões. 2. ed., Rio de Janeiro, Forense, 2014.

Limitações do Trânsito em Julgado e Desconstituição da Sentença. Rio de Janeiro, Forense, 2009.

Factoring. 3. ed., São Paulo, Revista dos Tribunais, 2004.

Planos de Assistência e Seguros de Saúde (em coautoria com Eduardo Heitor Porto, Sérgio B. Turra e Tiago B. Turra). Porto Alegre, Livraria do Advogado Editora, 1999.

Casamento e Concubinato – Efeitos Patrimoniais. 2. ed., Rio de Janeiro, Aide Editora, 1987.

O Uso da Terra no Direito Agrário (Loteamentos, Desmembramentos, Acesso às Terras Rurais, Usucapião Especial – Lei nº 6.969). 3. ed., Rio de Janeiro, Aide Editora, 1986.

Reajuste das Prestações do Banco Nacional da Habitação. Porto Alegre, Sergio Antonio Fabris Editor, 1984.

Da Ineficácia dos Atos Jurídicos e da Lesão no Direito. Rio de Janeiro, Forense, 1983.

Nota Explicativa

Os títulos de crédito sempre tiveram grande importância no mundo dos negócios, constituindo instrumento necessário na mobilização do crédito, do investimento e dos meios de pagamento, interessando não apenas à atividade empresarial, mas também aos atos da vida civil de modo amplo.

Uma das novidades que realça o Código Civil de 2002 consistiu na disciplina dos mencionados títulos, matéria eminentemente de direito comercial-mercantil (direito de empresa), que se encontra regulada por vários outros diplomas, os quais permanecem em pleno vigor.

O Código Civil de 1916, no Capítulo I do Título VI, que integrava o Livro III da Parte Especial, cuidava dos títulos ao portador, mais atinentes aos direitos do detentor ou portador; às garantias oferecidas ao subscritor ou emissor; à defesa assegurada a tais pessoas, relativamente àquele que exigisse a prestação neles contida; às medidas reservadas à pessoa injustamente desapossada do título; bem como ao procedimento para a preservação de direitos e para a recuperação do título no caso de extravio.

O legislador do vigente Código optou por regular, de forma abrangente, os títulos de crédito em geral, trazendo normas gerais, além de introduzir algumas novidades, como a emissão por meios eletrônicos e a possibilidade de criação de títulos atípicos, não regulados especificamente por leis próprias.

No entanto, conforme se pode verificar do último dispositivo que regula os títulos de crédito em geral – art. 903 –, consta a regra, de grande relevância, e que importa em concluir a respeito da desnecessidade de introduzir normas na sua grande maioria já existentes em leis específicas: "Salvo disposição diversa em lei especial, regem-se os títulos de crédito pelo disposto neste Código". Daí se concluir que toda legislação vigente no direito brasileiro sobre os títulos de crédito segue vigorando, pouco restando de aplicável no presente Código Civil.

Unicamente um ou outro dispositivo não se encontra nas leis cambiárias, ou na Lei do Cheque, e demais regulamentos de títulos causais.

Em outros regimes, autores de real envergadura, como Messineo e Ascarelli, lançaram críticas à disciplina geral dos títulos de crédito formalizada em um único texto de lei. Muito se questionou a respeito de tal sistema, por importar em falta de congruência entre princípios que cada espécie de título impõe. Realmente, a diversidade de títulos requer um tratamento próprio, levando a tornar extremamente reduzida a margem de aplicação de uma disciplina normativa genérica. Isto sem falar na confusão que geram matérias correlacionadas com as particularidades dos títulos de crédito regidos por leis especiais – aspecto este também já levantado por alguns autores. Haverá uma grande dificuldade para o exegeta em encontrar a norma que se aplica ao título.

Bem ou mal, o Código trouxe uma normatização avançada a respeito da matéria, mas sempre apegado aos conceitos tradicionais, sem desfigurar a natureza firmada através dos tempos. Das poucas matérias que não aparecem em normas da legislação específica, destacam-se os artigos 895 (título em circulação dado em garantia), 900 (aval posterior ao vencimento), 919 (aquisição de título por modo diverso do endosso) e 920 (endosso posterior ao vencimento).

A par da matéria disciplinada pelo Código Civil, faz parte da obra a legislação esparsa, tratando os vários títulos de crédito em espécie e abrangendo, inclusive, os mais recentes, como as cédula de crédito bancário, a cédula de produto rural, a cédula imobiliária rural, a cédula de crédito imobiliário e os títulos de crédito rural no agronegócio e com lastro em direitos creditórios. O estudo levou em conta o enfoque das leis mais recentes, como a Lei nº 13.986/2020.

Índice Sistemático

CAPÍTULO I – TEORIA GERAL DOS TÍTULOS DE CRÉDITO 1

1. A regulamentação dos títulos de crédito pelo Código Civil e por leis especiais 1
2. Aplicação subsidiária do Código Civil aos títulos de crédito 2
3. O crédito e sua origem 3
4. Títulos de crédito 4
5. Função dos títulos de crédito 7
6. Natureza dos Títulos de Crédito 8

CAPÍTULO II – CARACTERÍSTICAS DOS TÍTULOS DE CRÉDITO 11

1. Título de crédito como documento de crédito 11
2. Literalidade 11
3. Autonomia 12
4. Cartularidade 13
5. Independência 14
6. Abstração 15
7. A inoponibilidade das exceções 15
8. Circulação 16
9. Formalismo 17
10. Solidariedade 18
11. Predominância do caráter *pro solvendo* 18
12. A executividade do título 19
13. Obrigação quesível 20

CAPÍTULO III – CLASSIFICAÇÃO DOS TÍTULOS DE CRÉDITO 21

1. Principais espécies 21
2. Quanto à natureza do conteúdo do crédito 21
3. Quanto ao grau de abstração do título 22
4. Quanto à finalidade 23
5. Quanto à forma de circulação 23
    5.1. Títulos ao portador 24
        5.1.1. Conceito de título ao portador 24

	5.1.2.	Transferência pela tradição	26
	5.1.3.	Direito à prestação contida no título ao portador	26
	5.1.4.	Exceções alegáveis pelo devedor no título ao portador	27
	5.1.5.	Nulidade do título ao portador emitido sem autorização de lei especial	28
	5.1.6.	Substituição do título ao portador dilacerado	28
	5.1.7.	Perda, ou extravio, ou desapossamento do título ao portador	30
5.2.		Títulos à ordem	32
	5.2.1.	Conceito de título à ordem	32
	5.2.2.	O endosso	34
	5.2.3.	O legítimo possuidor do título à ordem	35
	5.2.4.	Responsabilidade na verificação dos endossos emitidos em série	35
	5.2.5.	Ineficácia de cláusula subordinando o endosso a condições	36
	5.2.6.	Mudança do endosso em branco para endosso em preto	36
	5.2.7.	A responsabilidade do endossante no cumprimento da prestação e direito de regresso	37
	5.2.8.	Exceções alegáveis pelo devedor perante o portador	38
	5.2.9.	Limitação na oposição de exceções ao portador	39
	5.2.10.	Endosso-mandato	40
	5.2.11.	Endosso-penhor	41
	5.2.12.	Aquisição do título à ordem por meio diverso de endosso	42
	5.2.13.	Endosso posterior ao vencimento	42
5.3.		Títulos nominativos	43
	5.3.1.	Conceito de título nominativo	43
	5.3.2.	Modo de transferência do título nominativo	44
	5.3.3.	Transferência por endosso contendo o nome do endossatário	45
	5.3.4.	Averbação da transferência por endosso no registro do título	45
	5.3.5.	Emissão de novo título	46
	5.3.6.	Transformação do título nominativo em à ordem ou ao portador	46
	5.3.7.	Transferência do título e responsabilidade	47
	5.3.8.	Averbação no registro para efeitos contra terceiros	47
6.		Quanto à menção da causa que dá origem	47
7.		Quanto à sua estrutura	48
8.		Quanto à destinação	48

CAPÍTULO IV – A FORMALIZAÇÃO DOS TÍTULOS DE CRÉDITO 49

1.	Requisitos	49
2.	Omissão de requisitos legais e validade do título	51
3.	Título de crédito incompleto ao tempo da emissão	52

4.	Título de crédito sem indicação de vencimento	53
5.	Lugar da emissão e do pagamento na falta de indicação no título	53
6.	A emissão a partir de caracteres eletrônicos	53
7.	Cláusulas proibidas nos títulos de crédito	58
8.	A garantia do aval no título de crédito	60
	8.1. Caracterização	60
	8.2. Proibição de aval parcial	61
	8.3. Local de aposição do aval	61
	8.4. Forma e cancelamento do aval	63
	8.5. Equiparação do avalista à pessoa indicada, ou ao emitente, ou ao devedor final	63
	8.6. Direito de regresso e responsabilidade do avalista na nulidade da obrigação	63
	8.7. Aval posterior ao vencimento e outorga uxória	65

CAPÍTULO V – A CIRCULAÇÃO DOS TÍTULOS DE CRÉDITO 69

1.	Implicações na transferência do título	69
2.	Título de crédito em circulação dado em garantia	70
3.	Impossibilidade de reivindicação, junto ao portador, de título adquirido de boa-fé	70

CAPÍTULO VI – PAGAMENTO DOS TÍTULOS DE CRÉDITO 73

1.	Os responsáveis na obrigação cambial	73
2.	Responsabilidade de quem assina o título sem poderes	74
3.	Momento do pagamento do título	75
4.	Desoneração do devedor no pagamento ao portador do título	75

CAPÍTULO VII – DIREITO CAMBIÁRIO 77

1.	A uniformização do direito cambiário	77
2.	Reservas à Lei Uniforme sobre a letra de câmbio e a nota promissória	78
3.	Deficiências na tradução da lei uniforme	82
4.	Dispositivos do Decreto nº 2.044/1908 em vigor	83

CAPÍTULO VIII – LETRA DE CÂMBIO 89

1.	Conceito	89
2.	Elementos da letra de câmbio	90
3.	Declarações nos títulos de crédito	93
4.	Pluralidade e cópias da letra de câmbio	106
5.	O vencimento	107
6.	O pagamento	109

7. O protesto	111
8. O ressaque	117
9. Ações relativas aos títulos cambiários	117
10. Prescrição da ação	122

CAPÍTULO IX – NOTA PROMISSÓRIA ... 125

1. Caracterização	125
2. Elementos constitutivos	126
3. Normas da Letra de Câmbio aplicáveis à Nota Promissória	129
4. Nota Promissória vinculada a contrato	130

CAPÍTULO X – CHEQUE ... 135

1. Conceito e dados históricos	135
2. Natureza jurídica	137
3. Elementos e pessoas intervenientes no cheque	139
4. A provisão de fundos e contrato para emitir cheques	144
5. Espécies de cheque	145
6. O aceite no cheque	149
7. Apresentação e reapresentação do cheque	150
8. Compensação de cheques	151
9. Contraordem e oposição ao pagamento	152
10. Endosso no cheque	153
11. Aval no cheque	157
12. Prescrição	159
13. Ação por falta de pagamento	162
14. O protesto e avisos	163
15. Pagamento parcial do cheque	164

CAPÍTULO XI – DUPLICATA ... 167

1. Fatura e duplicata. Conceitos e dados históricos	167
2. Natureza jurídica	169
3. Pressupostos e requisitos	171
4. Aceite, remessa e devolução da duplicata	172
5. Protesto	174
6. Aval	176
7. Endosso e responsabilidade do endossatário no protesto indevido	177
8. Vencimento e pagamento	178
9. Duplicata por prestação de serviços	180
10. Duplicata por conta de serviços	181

Índice Sistemático **XV**

11. Prescrição 181

12. Triplicata 183

13. Cobrança da duplicata 183

14. Emissão de duplicata e o protesto por meios eletrônicos..................... 185

15. Endosso da duplicata e ação de anulação 186

CAPÍTULO XII – TÍTULOS REPRESENTATIVOS DE MERCADORIAS 191

1. Espécies 191

2. Conhecimento de transporte 191

3. Conhecimento de depósito e *warrant* 194

4. Direitos do portador de título representativo de mercadoria 199

CAPÍTULO XIII – TÍTULOS DE CRÉDITO COM GARANTIA REAL OU PRIVILÉGIO ESPECIAL 201

1. A formalização dos títulos em espécie 201

2. Títulos de crédito rural 203

    2.1. Títulos de crédito rural regidos pelo Decreto-Lei nº 167/1967 204

        2.1.1. Emissão e características 205

        2.1.2. Registro imobiliário das cédulas rurais 206

        2.1.3. Cobrança judicial das cédulas de crédito rural 206

        2.1.4. Impossibilidade de penhora, sequestro e arresto em bens objetos da cédula de crédito rural 207

        2.1.5. Perda dos privilégios especiais na transmissão ou transferência dos títulos de crédito rural 207

        2.1.6. Vencimento antecipado da cédula rural 208

        2.1.7. Cédula rural pignoratícia 208

            2.1.7.1. Conceituação 208

            2.1.7.2. Finalidade 209

            2.1.7.3. Constituição 209

            2.1.7.4. Prazo de duração e bens objetos da cédula ... 210

            2.1.7.5. A posse dos bens 210

            2.1.7.6. Alienação dos bens 211

         2.1.8. Cédula rural hipotecária 212

            2.1.8.1. Caracterização 212

            2.1.8.2. Objeto da cédula rural hipotecária 212

            2.1.8.3. Direitos resultantes da cédula rural hipotecária 213

            2.1.8.4. Requisitos do contrato 214

            2.1.8.5. Incidência de várias hipotecas sobre o mesmo bem 215

         2.1.9. Cédula rural pignoratícia e hipotecária 215

        2.1.10. Nota de crédito rural 216

	2.1.11.	Nota promissória rural	216
	2.1.12.	Duplicata rural	218
2.2.	Cédula de Produto Rural – CPR		219
	2.2.1.	Conceito, requisitos e emissão	220
	2.2.2.	O endosso e a liquidação	223
	2.2.3.	Caráter de direito cambial e execução	224
	2.2.4.	A qualificação como título de crédito	229
	2.2.5.	A responsabilidade dos endossantes apenas pela obrigação, e não pelo produto	230
2.3.	Cédula Imobiliária Rural		231
	2.3.1	Fundo Garantidor Solidário	231
	2.3.2.	A cédula imobiliária rural e patrimônio de afetação	233
	2.3.3.	Elementos e configuração da cédula imobiliária rural	236

3. Títulos de crédito industrial ... 240

3.1. Formalização da cédula industrial ... 240

3.2. Obrigações das partes ... 241

3.3. Posse dos bens vinculados à cédula ... 241

3.4. Bens objetos do penhor industrial cedular ... 242

3.5. Bens objetos da hipoteca industrial cedular ... 243

3.6. Registro da cédula industrial ... 243

3.7. Vencimento antecipado da dívida ... 243

3.8. Incidência de multa em caso de cobrança judicial da dívida ... 244

3.9. Cobrança judicial da dívida garantida pela cédula ... 244

3.10. Transferência da cédula ... 245

3.11. Ordem de preferência na excussão dos bens que garantem a cédula de crédito industrial ... 245

3.12. Impenhorabilidade dos bens submetidos à cédula de crédito e excussão dos bens que garantem mais de uma cédula de crédito ... 246

3.13. Multa em caso de cobrança da dívida ... 247

3.14. Causas de extinção da cédula ... 247

3.15. Nota de crédito industrial ... 247

4. Títulos de crédito comercial ... 248

5. Títulos de crédito à exportação ... 249

6. Cédula hipotecária habitacional ... 249

6.1. Execução extrajudicial da dívida hipotecária ... 251

6.2. Execução judicial da dívida hipotecária ... 254

7. Cédula de crédito bancário ... 257

7.1. Pressupostos e requisitos da cédula ... 257

7.2. As espécies de cédulas e seus elementos constitutivos ... 260

7.3. A circulação da cédula ... 263

7.4. Emissão da cédula em favor de instituição domiciliada no exterior 264

8. Certificados de Cédulas de Crédito Bancário 264

9. Consolidação de um crédito em outro título e natureza executiva 266

CAPÍTULO XIV – TÍTULOS DE CRÉDITO RURAL NO AGRONEGÓCIO E COM LASTRO EM DIREITOS CREDITÓRIOS 263

1. Títulos de crédito criados em função do agronegócio 269

2. Regramento relativo ao Certificado de Depósito Agropecuário – CDA e ao *Warrant* Agropecuário – WA 270

3. Regramentos relativos ao Certificado de Direitos Creditórios do Agronegócio – CDCA, à Letra de Crédito do Agronegócio – LCA e ao Certificado de Recebíveis do Agronegócio – CRA 276

    3.1. Quanto ao CDCA 278

    3.2. Quanto à LCA 281

    3.3. Regras e princípios comuns aplicáveis ao CDCA e à LCA 283

    3.4. Quanto ao CRA 285

CAPÍTULO XV – TÍTULOS COM LASTRO OU GARANTIA IMOBILIÁRIA 289

1. Letras hipotecárias 289

2. Certificados de Recebíveis Imobiliários 290

3. Letras de Crédito Imobiliário 291

4. Cédula de Crédito Imobiliário 293

CAPÍTULO XVI – AÇÕES E DEBÊNTURES 295

1. As ações 295

2. As debêntures 296

CAPÍTULO XVII – OUTROS TÍTULOS DE CRÉDITO 301

BIBLIOGRAFIA 303

Capítulo I
Teoria Geral dos Títulos de Crédito

1. A REGULAMENTAÇÃO DOS TÍTULOS DE CRÉDITO PELO CÓDIGO CIVIL E POR LEIS ESPECIAIS

O atual Código Civil introduz, diferentemente do Código anterior, a disciplina sobre os títulos de créditos. A matéria é eminentemente de direito comercial-mercantil (direito empresário), estando regulada por vários outros diplomas, os quais permanecem em vigor, como se analisará adiante; encontra-se abrangida no direito das obrigações, do art. 887 ao art. 926, pois envolve prestações, vindo incluída no Livro I, Título VIII, Capítulos I a IV, da Parte Especial. O Livro I disciplina justamente as obrigações.

O Código Civil de 1916, no Capítulo I do Título VI, que integrava o Livro III da Parte Especial, cuidava dos títulos ao portador, mais atinentemente aos direitos do detentor ou portador; às garantias oferecidas ao subscritor ou emissor; à defesa assegurada a tais pessoas, relativamente àquele que exige a prestação neles contida. Adiante, tratava das medidas reservadas à pessoa injustamente desapossada do título, bem como do procedimento para a preservação de direitos, e para a recuperação do título no caso de extravio.

Questão de extrema importância, num primeiro passo, prende-se ao estudo da incidência do Código Civil ou de leis especiais na disciplina dos títulos de crédito. Inovando o diploma civil anterior, o Código de 2002 trouxe um capítulo específico sobre os títulos de crédito. Entrementes, no último dispositivo que regula os títulos de crédito em geral – art. 903 –, contém a seguinte regra, de grande relevância, e que importa em traçar o método da abordagem a ser desenvolvida: "Salvo disposição diversa em lei especial, regem-se os títulos de crédito pelo disposto neste Código".

Embora aparentemente singela a disposição, graves as decorrências que dela advêm. A principal está na incidência supletiva das regras do Código Civil, limitando-se, no dizer de Fernando Netto Boiteux, a traçar regras gerais,[1] seguindo em vigor todos os diplomas especiais que regulam os mais diversos títulos de crédito, e, assim, o Decreto nº 2.044, de 1908, as leis uniformes, as leis do cheque, das duplicatas, dos conhecimentos de transporte e depósito, os *warrants*, as ações das sociedades anônimas, as debêntures, e os demais títulos de crédito. Apenas na omissão de alguma norma das leis que regulamentam os vários tipos de títulos de crédito é que têm lugar as disposições do Código Civil.

Ora, os títulos de crédito existentes no direito brasileiro são regulamentados por normas próprias. Daí que as regras contidas no Código Civil se tornam praticamente inaplicáveis, exceto

---

[1] *Títulos de Crédito* (em conformidade com o Novo Código Civil), São Paulo, Editora Dialética, 2002, p. 27.

os arts. 895 (título em circulação dado em garantia), 900 (aval posterior ao vencimento), 919 (aquisição de título por meio diverso de endosso), e 920 (endosso posterior ao vencimento), pois não disciplinados na legislação especial. Alguns outros dispositivos existem cujo conteúdo decorre da regulamentação especial, como os arts. 894, 895 e 896, respectivamente, sobre a transferência de título representativo de mercadorias, a sua dação em garantia, e a proteção dispensada ao portador de boa-fé.

De outro lado, quem se coloca perante o Código Civil, na parte que disciplina os títulos de crédito, não terá uma ideia completa da matéria. A fim de obter uma visão ampla do assunto, necessitará conhecer o direito vigente em leis especiais. Só então concluirá da aplicação ou não do Código Civil.

Ao se tratar dos dispositivos do Código Civil, não é suficiente a referência às leis especiais que disciplinam os diversos tipos de títulos de crédito, pois não se lograria uma visão didática, sequencial e ampla do assunto. Impõe-se um estudo ordenado dos títulos de crédito existentes no direito brasileiro, das leis que os disciplinam, dos princípios gerais e próprios aplicáveis, das características e distinções, da natureza e requisitos, de modo a tornar-se útil e proveitosa a análise, para, em um momento seguinte, ver da coadunação ou correspondência dos dispositivos do Código Civil. É que, volta-se a insistir, o mero desdobramento elucidativo das regras do Código Civil não se apresentará útil nem enriquecerá a contento o conhecimento jurídico, já que a disciplina propriamente dita está na lei especial. Nada mais frustrante que abordar um item de um assunto, deixando de esclarecê-lo por inteiro. Além de não atender à procura de conhecimento, obriga o interessado a consultar outras fontes não para aprofundar e enriquecer a matéria, mas unicamente para formar uma ideia completa dos títulos de crédito.

Não se conseguirá também um resultado satisfatório com o exame, dentro de cada dispositivo que trata o Código Civil, dos enfoques dados pelas leis próprias dos diversos títulos de crédito. Tal método proporcionaria uma visão parcial, truncada, limitada, insuficiente, e não levaria a formar uma ciência jurídica de cada título. Pouco aproveita conhecer, *v. g.*, o conceito geral de título de crédito, ou de endosso, ou de aval, e não abordar as especificidades, dentro do ordenamento jurídico que é próprio de cada um deles.

Por isso, se optou para o exame dos títulos de crédito, a partir de sua formação ou constituição, seguindo-se nos aspectos comuns e gerais a todos, com o enfoque, quando for o caso, das disposições que trouxe o Código Civil de 2002. Apresenta-se, em itens regulados por leis especiais ou em momento próprio, a visualização particularizada introduzida pelo Código Civil, mas sempre com o propósito de unificação com a legislação especial.

Busca-se, pois, sintonizar a legislação especial com as normas que vieram com o Código, no que se revelar pertinente, no intento de dar uma apreciação uniforme do direito que trata da matéria.

2. APLICAÇÃO SUBSIDIÁRIA DO CÓDIGO CIVIL AOS TÍTULOS DE CRÉDITO

Como ressalta do artigo 903 já acima transcrito, todas as disposições do Código Civil que tratam de títulos de crédito são de aplicação suplementar, incidindo unicamente na ausência de lei própria que disciplina os títulos de crédito, ou para os novos títulos não disciplinados por leis próprias. As regras já implantadas pelos vários diplomas regulamentadores dos títulos de crédito consolidados no direito brasileiro arredam as normas do Código Civil de 2002. Esse é o entendimento do Min. Luis Felipe Salomão: "Penso que as normas das leis especiais que regem os títulos de crédito nominados, v.g., letra de câmbio, nota promissória, cheque e duplicata, continuam vigentes e se aplicam quando dispuserem diversamente do CCB de 2002, por força do art. 903 do Diploma civilista. Em outras palavras, com o advento do CC de 2002, passou a existir uma dualidade de regramento legal: os títulos de crédito típicos ou nominados continuam a ser disciplinados pelas leis especiais de regência, enquanto os títulos atípicos ou inominados subordinam-se às normas do novo Código, desde que se enquadrem na definição de título de crédito constante no art. 887 do CC (ROSA JÚNIOR, Luiz Emygdio. Títulos de crédito. Rio de janeiro: Renovar, 2007, p. 35). Dessarte, o regramento oferecido pelo legislador civilista restringe--se aos títulos inominados e aos que forem criados após a entrada em vigor do Código Civil, se outro não lhes for determinado pela lei especial que os disciplinar".[2]

A disciplina pelo Código Civil mereceu críticas dos doutrinadores, posto que pouco veio a acrescentar ao direito positivo instituído. Em vez de trazer mais subsídios, ou de contemplar o cenário jurídico com um novo sistema legal, consoante atrás se anotou, acarretaram sérias dificuldades práticas, resultantes do confronto prático entre a legislação existente antes e a ordem vinda com o CC/2002.

Sempre tem preponderância a regulamentação propriamente dita, que é a da lei especial. O simples exame ou cotejo dos títulos de crédito pelas disposições do Código Civil pouco adianta. Além de não disciplinar amplamente os títulos de crédito, constata-se a edição de algumas normas genéricas, na sua maior parte já tratadas em outros diplomas. Pode-se afirmar que quatro artigos do Código Civil não encontram regras iguais nas leis instituídas para regulamentar os títulos de crédito, e que já remontam a tempos antigos, sendo os seguintes: os arts. 895 (título em circulação dado em garantia), 900 (aval posterior ao vencimento), 919 (aquisição de título por modo diverso do endosso) e 920 (endosso posterior ao vencimento).

Este quadro obriga a abordar cada título de crédito existente no direito brasileiro, ou, pelo menos, a sua maioria, sempre em função da lei específica, com a menção mais supletiva dos preceitos codificados. Somente dessa maneira tem-se um estudo sistematizado e completo dos títulos de crédito.

3. O CRÉDITO E SUA ORIGEM

A todo ser humano se garante uma gama de direitos que a ordem pública reconhece, fundada no próprio direito natural e em diplomas da maior grandeza, que vai se particularizando em leis especiais, até estruturarem um conjunto de garantias que tornam possível a vida humana.

Existem direitos consagrados universalmente, que vão sendo exercidos naturalmente, como o direito à vida, à saúde, à educação, à moradia, ao trabalho, ao descanso, à iniciativa privada, à propriedade, à igualdade, à segurança, e assim por diante, que são reconhecidos pelas civilizações, os quais vigoram em maior ou menor escala, sempre de acordo com o grau de desenvolvimento democrático das nações.

Há o fenômeno do surgimento dos direitos particularizados em um setor delimitado, em geral provenientes, além da lei, das convenções celebradas pelas pessoas. Na inter-relação humana, a própria convivência leva à formação de convenções ou contratos, nos quais se estabelecem condutas ou obrigações a serem prestadas pelas pessoas, umas em relação às outras. Quando firmada uma obrigação que deve ser prestada, não cabendo mais discussões em torno de sua exigibilidade, surge a pretensão impondo o seu cumprimento. No campo patrimonial, mensurável economicamente, as obrigações a serem prestada ou os direitos oferecidos para o cumprimento formam créditos. Efetivamente, aquilo que as pessoas acertaram para ser prestado, em contornos

---

[2]   REsp 1.453.930, de 7.12.2016, decisão monocrática.

delineados, que não mais permitem discussões, constitui um crédito. Tal é a seriedade do que foi estabelecido, que desperta a credibilidade na postulação para o seu cumprimento. Criou-se uma obrigação ou um dever em tão alto grau de aceitação que infunde total confiança quanto à satisfação. Daí partir o crédito da credibilidade que o acerto entre as pessoas criou.

Pelas garantias instrumentais dadas à obrigação que alguém deve prestar, não se apresentam maiores dificuldades ou dúvidas sobre a sua idoneidade e exigibilidade. Com efeito, a origem etimológica do termo "crédito" encontra sua raiz no verbo latino *credere*, que significa acreditar. Decorre, daí, o *creditum*, que é o produto decorrente daquilo que se acredita ou se crê com absoluta confiança.

O direito firmado em um documento, em vista de suas qualidades de certeza, merece credibilidade ou confiança. Reveste-se de certeza, exatidão, confiabilidade, reduzindo ao máximo a insegurança no seu cumprimento.

O crédito, pois, é o resultado de dois elementos: o subjetivo e o objetivo. O primeiro está na confiança, na segurança que a pessoa sente em face de uma prestação a ser cumprida – confia em receber o bem ou o valor. O segundo é o próprio bem da vida ou a riqueza que está inserida na obrigação. Tais os elementos que elevam a probabilidade de cumprimento.

O crédito revela confiança e certeza na probabilidade de solvência da pessoa que o reconheceu.

Sua origem remonta à época das trocas, que precedeu o direito romano. Conforme Waldemar Ferreira "em tempos assaz afastados, quando, no encadeamento das trocas em espécies, um dos operadores se propunha receber o que necessitava, dando, ao depois, os frutos de sua semeadura em curso de amadurecimento, tanto que chegados a ponto de colheita; e o outro confiava no ofertante assentindo. Assim, deverá ter se realizado a primeira operação de crédito".[3]

No antigo direito romano, o princípio da obrigatoriedade assentava-se num elo ou numa vinculação pessoal entre o credor e o devedor. Não se descortinara, ainda, um instrumento que desse segurança formal. Nem acompanhava garantia em bens que dessem lastro à obrigação. Sendo pessoal o vínculo, chegava-se ao extremo de se executar o crédito, ou aquilo que se combinara, e o credor tinha que receber, na própria pessoa do devedor. Acrescenta Rubens Requião que "a obrigação aderia ao corpo do devedor",[4] ou seja, respondia pelo pagamento da dívida com o próprio corpo. A Lei das XII Tábuas inseria, num de seus preceitos, o direito de o credor matar o devedor, ou transformá-lo em escravo, e, assim, vendê-lo, com o que satisfaria o crédito. Bem mais tarde é que a garantia do próprio corpo veio a ser substituída pelo seu patrimônio.

No curso da Idade Média surgiu o delineamento do crédito, estabelecendo-se algumas regras, e instrumentalizando-se em documentos. O desenvolvimento comercial na Europa e, depois, em outros continentes, causou ambiente propício para o fortalecimento do crédito.

4. TÍTULOS DE CRÉDITO

Nos tempos atuais, com a evolução dos sistemas bancários e os meios de cobranças virtuais, está diminuindo em muito a circulação de títulos de crédito. Constata-se que o aparecimento de cartões magnéticos para débitos em conta de créditos para pagamento posterior por meio de fatura trouxe a redução da circulação de títulos de papel, entre os quais o cheque, a nota promissória e sobretudo a letra de câmbio. Esse fenômeno, todavia, não pode desestimular o estudo da matéria.

---

[3]   *Tratado de Direito Comercial*, São Paulo, Editora Saraiva, 1962, 9º vol., p. 1.

[4]   *Curso de Direito Comercial*, 18ª ed., São Paulo, Editora Saraiva, 1992, 2º vol., p. 290.

A criação dos títulos de crédito foi uma decorrência da criação do crédito. Após uma fase inicial da instituição do crédito em si, impunha-se a necessidade do instrumento, o que ensejou a formação de títulos de crédito.

O título de crédito é o documento criado por lei para representar um determinado crédito, devendo conter certos requisitos que lhe dão total idoneidade. Trata-se de uma obrigação que nasce de uma declaração unilateral de vontade. Uma das mais tradicionais definições é a de Cesare Vivante, consistindo no documento necessário para o exercício do direito literal e autônomo nele mencionado.[5]

O Código Civil, no art. 887, adotou essa definição, tratando unicamente dos títulos de crédito que envolvem direito literal e autônomo: "O título de crédito, documento necessário ao exercício do direito literal e autônomo nele contido, somente produz efeito quando preencha os requisitos da lei".

Destina-se, além de representar o crédito, a fazer prova do direito, vindo com requisitos previamente estabelecidos por lei, dando-lhe os atributos de certeza e exigibilidade. O crédito existe por si, podendo carecer do documento, ou título que o exterioriza. Todavia, sem o documento que contenha os requisitos necessários, desguarnece-se de certas garantias, dificultando a sua exigibilidade. Não fica o credor impedido de procurar o recebimento, o que se pode fazer por meio de uma ação de rito ordinário. Já a materialização em título aperfeiçoa a sua existência e introduz garantia na imposição do pagamento.

É, pois, o título, a forma de exteriorização do crédito, conferindo-lhe a lei certas vantagens para exigir a adimplência da obrigação nele contida.

Desde o momento em que se desenvolveram as relações comerciais, ou aumentou a circulação das riquezas, envolvendo uma amplidão de contatos e negócios, surgiu a necessidade de se documentarem os direitos e obrigações, imprimindo, assim, segurança nas transações. A organização da economia levou à implantação de regramentos, os quais se impuseram em formas simples, ditados pelo uso, que redundaram em costumes, até se generalizarem e virem a abranger regiões e povos diferentes.

Num período primitivo, havia o *cambium*, ou a troca de mercadorias, que se fez necessário documentar, especialmente quando se realizava entre locais distintos e afastados. Era a chamada economia natural, passando, numa fase seguinte, à monetária, caracterizada pela moeda como instrumento de troca. Bem mais adiante, implantou-se a economia creditória. São criados os títulos de crédito, que substituem o dinheiro. Explana Amador Paes de Almeida: "De início, operavam como mero instrumento de contrato de câmbio trajetício, isto é, operando a circulação de dinheiro. Mais adiante, vamos encontrá-los representando valores que podem, desde logo, ser realizados, delineando, de forma nítida, a sua função essencial, qual seja, a circulação do respectivo valor".[6] Dá-se o surgimento do *cambium trajecticium*, por meio do qual o mercador, deslocando-se de um ponto a outro, trocava o seu dinheiro pelo do local aonde chegava, o qual era usado pelos adquirentes que, por sua vez, adquiriam produtos do local de onde era proveniente o mercador.

Mais propriamente na Idade Média apareceram títulos representativos de valores pagáveis por vendas de produtos. Era comum a *lettera*, um instrumento no qual se descrevia o tipo de operação havida, e se lançava o montante a que se comprometia o adquirente a pagar, a quem se remetia o título, a qual deu origem à letra de câmbio. Ante as dificuldades e perigos que oferecia o transporte de valores e materiais preciosos de um ponto a outro dos territórios, e

---

[5]   *Trattato de Diritto Commerciale*, 3ª ed., Milão, Casa Editrice Dottore Francesco Vallardi, vol. III, p. 154.

[6]   *Teoria e Prática dos Títulos de Crédito*, 3ª ed., São Paulo, Editora Saraiva, 1978, p. 2.

especialmente pelo mar, em épocas de proliferação da pirataria, a solução encontrada foi o depósito do dinheiro nas casas bancárias, que iniciavam a proliferar na Itália, Espanha, França e Inglaterra. Recebiam os depositantes documentos que valiam pelo valor que traziam inserido.

Sobre a natureza e a função da *lettera*, que veio a dar na letra de câmbio, escreve Jorge Alcebíades Perrone de Oliveira: "Nesse período, a letra não era outra coisa que um simples instrumento do contrato de câmbio (troca de moedas). Sujeita-se, ainda, às regras do Direito Romano relativas ao contrato de compra e venda. Tal título, porém, livrava-se da condenação canônica e do direito comum endereçados à usura. Entendia-se, até então, que a cobrança de interesses (juros) era, por um lado atentatório à fraternidade cristã e, por outro lado, como sustentava São Tomás de Aquino, o juro é o preço do tempo, mas o tempo só a Deus pertence, portanto não pode o homem impor-lhe preço... Livrava-se a letra dessa condenação, porque a cobrança de interesses era, no caso, justificada com a diversidade de praças e consequentemente de moedas com as quais operava".[7]

A estreita finalidade de representar troca de moedas também é ressaltada por Wilson de Souza Campos Batalha: "É na preocupação de permutar dinheiro presente com dinheiro ausente, na *distantia loci*, característica do *cambium trajecticium*, como forma de contornar a proibição canônica da usura, que se pode encontrar a origem do direito cambiário".[8]

Com o passar do tempo, evoluiu o título de crédito para as características atuais, passando a representar o valor a ser pago à vista ou prazo. Não se restringia a documentar uma operação cambial, mas utilizava-se para servir de prova de um pagamento que se devia fazer no futuro, ou para estabelecer o montante que alguém se obrigava a entregar em uma data fixada, pela quantia que recebera quando da emissão.

A evolução atingiu figuras criadas em torno dos títulos, especialmente quanto ao seu uso, e, assim, nasceu a cessão ou o endosso; instituíram-se pactos adjetos de garantia, como o aval, a hipoteca, o penhor, a fiança. Tal a relevância e o destaque engendrados, que adquiriu o título representativo de crédito uma autonomia a tal ponto que se desvinculou da causa ou origem que o criou, ou do negócio jurídico subjacente, cujos eventuais vícios eram inoponíveis ao portador ou endossatário.

De realce apontar as teorias que dominaram os títulos de crédito. Pelo direito francês, numa evolução do direito italiano, vinculava-se o título a um contrato, como ocorreu na fase rudimentar do direito romano. Era a comprovação de um negócio subjacente. Existe uma causa para a emissão da cambial, a qual se firma no ato jurídico primordial, que as partes estabeleceram. Representa uma dívida que se funda em contrato.

Já pelo direito alemão, procurou-se abstrair o título do negócio fundamental. Não interessa a causa para a emissão do título. Existe completa autonomia entre a obrigação cambiária e aquela que lhe deu origem.

Esta teoria, abstraindo da causa a emissão do título, influenciou a legislação dos países sobre o assunto, impondo-se, inclusive, no direito brasileiro.

Os títulos de crédito têm duas acepções: a que abrange os títulos de crédito propriamente ditos, em sentido estrito, englobando os cambiários, que existem por si, independentes, abstratos, cartulários, como notas promissórias, letras de câmbio, cheque; e aquela em sentido lato, contendo uma obrigação a ser prestada, já definida e delimitada, fundada em contratos causais, como os decorrentes de promessa de compra e venda, de compra e venda em si, de obrigações pactuadas e exemplificadas no contrato de empréstimo, no de venda de mercadorias, de concessão de crédito. Infindável o número das avenças que se consubstanciam em crédito depois de devidamente firmado e estabelecido.

---

[7]   *Títulos de Crédito*, 3ª ed., Porto Alegre, Livraria do Advogado Editora, 1999, vol. I, pp. 16-17.

[8]   *Títulos de Crédito*, Rio de Janeiro, Editora Forense, 1989, p. 5.

A primeira espécie de títulos de crédito, materializada em puras promessas de pagamento, denominou-se cambial, numa referência à remota época em que os títulos serviam para expressar troca de moedas ou de moedas por promessa das mesmas ou de outras moedas, e adotando princípios enfatizados pelo direito alemão, como o da literalidade, da abstratividade, da autonomia, o que se deu no direito brasileiro por meio do Decreto n° 2.044, de 1908, e se consagrou com certa universalidade nas Conferências de Haia e Genebra. Lembra Wilson de Souza Campos Batalha que o Decreto n° 2.044 teve origem em um substitutivo de um projeto, apresentado por José A. Saraiva, em que se acentuava o caráter autônomo da cambial, considerando o título uma declaração unilateral de vontade, anotando: "À influência francesa, inspiradora do Código Comercial substituiu-se à influência germânica, com a caracterização da cambial como título autônomo de crédito, resultante de declaração unilateral de vontade, a que permanece estranha a causa, independendo de provisão de fundos".[9]

A segunda categoria, envolvendo qualquer prestação a ser prestada, ou direito reclamado, é disciplinada pelo direito privado em si.

5. FUNÇÃO DOS TÍTULOS DE CRÉDITO

A função primordial dos títulos de crédito está justamente em representar uma obrigação que prima pela liquidez e certeza, a ser prestada para o credor. Expressa o crédito, bastando por si mesmo para impor a exigibilidade, e encontrando-se, normalmente, desvinculado de discussões sobre a sua origem. O título dá ao crédito qualidades tais que afastam dúvidas sobre a sua idoneidade. Mas também constitui um meio de mobilizar o crédito, ou torná-lo circulável, indo de uma pessoa para outra, por meio de endosso ou cessão. Esta, sem dúvida, uma das maiores vantagens que proporciona o título.

Aduz Fernando Netto Boiteux a função de meio de pagamento: "O título de crédito tem as funções de meio de pagamento e instrumento de crédito ou de investimento. Essas funções interessam não só à atividade empresarial, como também aos atos da vida civil, de modo geral, valendo notar não só o uso dos cheques, títulos de crédito eminentemente comerciais, por não comerciantes, como também o uso de títulos de crédito rural, tidos pelo legislador como civis, na atividade empresarial".[10]

No entanto, presentemente, em especial no que se refere à nota promissória, é dado um cunho de garantia de outro negócio, como que se lhe retirando a independência. Busca-se a sua utilização para tornar um crédito de um contrato paralelo ou subjacente certo e indiscutível, ou seja, além do contrato – situação comum nos de financiamento, de empréstimo, de abertura de crédito –, formaliza-se a nota promissória, com o valor do contrato. Ao exercer seu direito no recebimento do crédito, embasa-se o credor no título cambiário, com o intuito de impedir a discussão do valor inserido no contrato, não raramente prenhe de ilegalidades.

Esta tendência não é bem vista pela jurisprudência, sendo reiterada a censura imposta pelo Superior Tribunal de Justiça, como se depreende da seguinte ementa: "Nota promissória vinculada a contrato de abertura de crédito. Ausência de autonomia e liquidez... Nota promissória que não é sacada como promessa de pagamento, mas como garantia de contrato de abertura de crédito, a que foi vinculada, tem sua natureza cambial desnaturada, subtraída a sua autonomia".[11]

No voto da relatora, colhe-se a razão de não se aceitar a utilização do título de crédito, como tal, em garantia a outro negócio jurídico: "A nota promissória vinculada a contrato de

---

[9]   *Títulos de Crédito*, p. 13.
[10] *Títulos de Crédito* (em conformidade com o novo Código Civil), p. 11.
[11] STJ. Recurso Especial n° 329.581/SP. Relatora: Min.ª Nancy Andrighi. 3ª Turma. Julgado em 06.09.2001, *DJ* de 12.11.2001.

abertura de crédito, título em que se funda o processo de execução, não apresenta um dos requisitos essenciais à sua caracterização: *a promessa de pagamento de quantia determinada* (LUG, Decreto nº 57.663/66, art. 75, alínea 2).

Na hipótese dos autos, a nota promissória foi emitida como *garantia* do contrato de abertura de crédito, e não como *promessa de pagamento*, fato que, em consequência, a desnatura por conter vício de forma, falecendo-lhe, de um lado, a sua autonomia e, de outro, a liquidez do *quantum* pelo qual foi emitida".

Adiante, admite que tal irregularidade seja aventada também pelo avalista do título: "Ocorre que, *in casu*, a nota promissória, uma vez vinculada a contrato de abertura de crédito, carece de requisito essencial à sua formação, consistente na *promessa de pagamento de quantia determinada* (LUG, Decreto nº 57.663/1966, art. 75, alínea 2, acima referido)". Disto decorre concluir que o título apresenta *defeito, vício de forma*.

Por sua vez, os *vícios de forma* da nota promissória podem ser alegados tanto pelo promitente como por seus *avalistas*, a teor do que dispõe o art. 51 do Decreto nº 2.044/08 e o art. 32 da Lei Uniforme de Genebra...

Mencionem-se, ainda, dois outros argumentos a socorrer o direito de os avalistas, ora recorrentes, oporem perante o recorrido o *vício de forma* existente e a consequente *iliquidez* da nota promissória.

Primeiro, constitui direito do avalista, nos termos do art. 51, *in fine*, do Decreto nº 2.044/08, opor em sua defesa a falta de requisito necessário ao processo de execução, que é a hipótese dos autos, carecendo de *liquidez* a nota promissória em que se funda a execução.

Segundo, possui este C. STJ entendimento consolidado no sentido de mitigar o princípio da autonomia aos avalistas do executado, permitindo-lhes fazer uso das exceções deste quanto à validade do negócio jurídico subjacente, nas hipóteses em que não tenha o título de crédito *circulado*".

Tal orientação, de afastar a autonomia da nota promissória quando utilizada a garantir outro negócio, restou consolidada na Súmula nº 258 do STJ, de 2001, com esta redação: "A nota promissória vinculada a contrato de abertura de crédito não goza de autonomia em razão da iliquidez do título que a originou".

Há, inclusive, entendimentos que consideram ausente a natureza de título de crédito quando a nota promissória serve de garantia a um contrato. Ausente a circulação do título de crédito, a nota promissória que não é sacada como promessa de pagamento, mas como garantia de contrato de abertura de crédito, a que foi vinculada, tem sua natureza cambial desnaturada, subtraída a sua autonomia.

A iliquidez do contrato de abertura de crédito é transmitida à nota promissória vinculada, contaminando-a, pois o objeto contratual é a disposição de certo numerário, dentro de um limite prefixado, sendo que essa indeterminação do *quantum* devido, comunica-se à nota promissória, por terem nascidos das mesmas obrigações jurídicas.

6. NATUREZA DOS TÍTULOS DE CRÉDITO

Um dos assuntos mais debatidos em títulos de crédito diz respeito à sua natureza jurídica. Na verdade, extensas as abordagens nas obras, formando o que se convencionou chamar *teoria dos títulos de crédito*, cujas discussões em torno do assunto, na maioria dos autores, aportaram para uma conclusão centrada numa dúplice relação: a contratual, restrita entre o devedor e o credor; e a unilateral, feita pelo devedor, com relação ao terceiro portador do título. Mesmo assim, grassam as divergências.

Vivante sobressaiu na análise da natureza, não encontrando o fundamento da obrigação unicamente no contrato em si, ou em uma pura relação obrigacional entre o credor e o devedor. É que, dada a intrínseca qualidade da circulação, transcendem os direitos e deveres ao círculo dessas duas pessoas, surgindo dimensões em terceiros, o que se verifica quando da circulação. Vê uma relação jurídica que se desdobra em dois campos: o primeiro, restrito entre credor e devedor; e o segundo envolvendo o devedor e terceiros, aos quais se transferiu o título.

E nessa visão está efetivamente a verdade. Forma-se uma relação entre credor e devedor, na qual se admitem todos os meios de defesa. No entanto, surge uma segunda relação, que coloca o devedor perante aqueles para quem se passou o título. Seguindo adiante, entre o credor e o devedor estampa-se realmente uma relação contratual. Já a posição do devedor diante do terceiro portador tem caráter de unilateralidade, não permitindo que se indague sobre os vícios de origem ou demais precariedades possíveis no ato de emissão da vontade. Expõe Rubens Requião a síntese da teoria, que teve maior aceitação: "Assim, em relação ao seu credor, o devedor do título se obrigou por uma relação contratual, motivo por que contra ele mantém intatas as defesas pessoais que o direito lhe assegura; em relação a terceiros, o fundamento da obrigação está na sua firma (do emissor), que expressa sua vontade unilateral de obrigar--se, e essa manifestação não deve defraudar as esperanças que desperta em sua circulação".[12]

Pode-se afirmar que o devedor, ao assinar o título, assume com o credor uma obrigação contratual, respondendo pela seriedade, validade, origem e outras exigências da obrigação. Ao mesmo tempo, permitem-se-lhes as defesas causais, a discussão sobre a origem, isto é, a pretensão de invalidar por vícios. Já no âmbito dos terceiros de boa-fé, a quem se endossou ou transferiu o documento, sobressai a abstração da causa, ou domina a autonomia, eis que nova relação cria-se. Essa nova relação não é propriamente uma obrigação contratual. Tem ela um caráter individual, ou, mais propriamente, unilateral. Em síntese, está-se diante de uma declaração unilateral de vontade.

Com o sacador, a obrigação é contratual, incidindo a vasta matéria que trata da validade dos contratos; com relação ao endossatário, a obrigação é independente e desligada da causa da emissão, isto é, restringe-se a relação a uma obrigação unilateral.

Eis a perfeita síntese de Tullio Ascarelli: "A obrigação cartular não é assumida relativamente a um titular determinado, da mesma forma que, por seu turno, o direito cartular não tem um titular determinado, mas um titular indeterminado, cuja determinação, como vimos, depende da propriedade do título.

Os dois princípios conciliam-se e, podemos dizer, apoiam-se reciprocamente e, por sua vez, se harmonizam com a delimitação do direito cartular ante o conjunto das relações intercorrentes entre as partes, independentemente da qual seria impossível a objetivação do direito e a assunção da obrigação cartular a favor de um sujeito indeterminado".[13]

Outras teorias apareceram, de menor significação, como a do jurista alemão Einnert, dando realce à *veiculação de promessa de pagamento*, desvinculando o título da causa, ou da relação entre credor e devedor, e insistindo na total abstração, pois não passa de uma promessa unilateral de pagamento. Também José Gonçalves Dias defende que "a obrigação cambiária surgiu em consequência de uma promessa unilateral de vontade".[14]

Há, também, a chamada *teoria da criação*, que repercutiu entre juristas alemães e italianos, insistindo no valor do título criado, que vale por si, sem revelar importância o acordo

---

[12]   *Curso de Direito Comercial*, 2º vol., p. 293.
[13]   *Teoria Geral dos Títulos de Crédito*, p. 249.
[14]   *Da Letra e da Livrança*, p. 248.

de vontades. Uma vez aparecendo o portador, nasce a obrigação. Mesmo que tenha origem ilícita o título, é devido em razão de sua existência. O título cria o vínculo obrigacional, e não a vontade do devedor.

Despertou atenção a *teoria da emissão*. Por essa teoria, não se revela fundamental o ato de criação, quando se dá a assinatura. Adquire relevância quando o título se transfere para o terceiro, ou para a pessoa à qual se obriga o emissor. Com a transferência do título daquele que o assinou para o terceiro, passando a posse de uma para outra pessoa, surge a obrigação do subscritor. O ato de vontade, gerador da obrigação, opera-se com o negócio que transfere o título, em que se pretende ou quer que ele vá para determinado indivíduo. De sorte que se chega à posse de alguém indevidamente, contra a vontade do emitente, não cria o vínculo.

Lembra-se, também, o modo de ver de Savigny, para quem o vínculo é com o portador, podendo ser pessoa incerta; de Jhering, que sustenta ser credor o último portador, não passando o ato do emissor de um vínculo para aquele que apresentar o título; de Goldschmidt, centralizando a declaração cartular num contrato em favor de terceiro.

Capítulo II
Características dos Títulos de Crédito

1. TÍTULO DE CRÉDITO COMO DOCUMENTO DE CRÉDITO

Quem melhor sintetizou as características fundamentais do título de crédito cambiário foi Vivante, na sua conhecida definição, considerando-o o documento necessário para o exercício do direito literal e autônomo nele inserido. Oportuno, também, transcrever a caracterização, trazida por Hilário de Oliveira, traduzida ao vernáculo: *"O título de crédito é o documento necessário para exercitar o direito literal e autônomo nele descrito.* Diz-se que o direito mencionado no título é *literal,* porquanto ele existe segundo o teor do documento. Diz-se que o direito é *autônomo,* porque a posse de boa-fé enseja um direito próprio, que não pode ser limitado ou destruído pelas relações existentes entre os precedentes possuidores e o devedor. Diz-se que o título é o *documento necessário para exercitar o direito,* porque, enquanto o título existe, o credor deve exibi-lo para exercitar todos os direitos, seja principal seja acessório, que ele porta consigo e não se pode fazer qualquer mudança na posse do título sem anotá-la sobre o mesmo. Este é o conceito jurídico, preciso e limitado, que deve substituir-se à frase vulgar pela qual se consigna que o *direito está incorporado no título"* (*Trattato di diritto commerciale,* vol. III, p. 123).[1]

A concepção acima restou adotada no atual Código Civil, art. 887. Segundo já se observou, contém o documento um direito reconhecido e certo, formado pelas partes, que a lei o reveste de certas qualidades. As principais características que surgem revelam-se na literalidade, na autonomia, na abstração e na cartularidade. Tão importantes essas qualidades que mais se constituem em princípios, reconhecidos universalmente. Outras existem, conforme se elencará abaixo.

2. LITERALIDADE

Da origem histórica – *lettera* – advém esta qualidade, segundo a qual vale o título pelo que nele está escrito. Tem importância o documento em si, sem influir as relações subjacentes que o levaram à formalização. É o conteúdo da cártula que pode ser exigido. Não interessa a discussão do negócio que ensejou a emissão do título, ou se a dimensão do mesmo não está inserida na cártula, segundo a exata colocação de Fábio Ulhôa Coelho: "Não terão eficácia para as relações jurídico-cambiais aqueles atos jurídicos não instrumentalizados pela própria cártula a que se referem. O que não se encontra expressamente consignado no título de crédito não produz consequência nas relações jurídico-cambiais".[2]

---

[1] *Títulos de Crédito,* São Paulo, Editora Pillares, 2006, pp. 47-48.
[2] *Manual de Direito Comercial,* 5ª ed., São Paulo, Editora Saraiva, 1994, p. 208.

3. AUTONOMIA

Esta característica decorre da independência que cada obrigação inserida no título contém. Esta característica é vista de modo absoluto por Fernando Netto Boiteux: "O título de crédito é relativamente desvinculado dos negócios que lhe deram origem ou que propiciaram sua circulação; neste sentido é que ele é considerado autônomo e essa autonomia se revela em relação aos diferentes negócios fundamentais".[3]

Isso significa que a irregularidade existente numa obrigação não afetará a eficácia das demais obrigações.

A autonomia diz respeito não apenas ao título, mas também ao seu possuidor, posto que a posse do mesmo pelo último endossatário não guarda nenhuma relação com as posses anteriores. Daí Rubens Requião, referindo Vivante, justificar a autonomia "porque o possuidor de boa-fé exercita um direito próprio, que não pode ser restringido ou destruído em virtude das relações existentes entre os anteriores possuidores e o devedor. Cada obrigação que deriva do título é *autônoma* em relação às demais".[4] Isso porque quem firma um título de crédito obriga-se a pagar a soma nele contida, desimportando a sua origem ou causa.

Tal autonomia já estava prevista no art. 43 do Decreto nº 2.044, de 31.12.1908, no sentido de que as "obrigações cambiais são autônomas e independentes umas das outras", e que o "signatário da declaração cambial fica, por ela, vinculado e solidariamente responsável pelo aceite e pelo pagamento da letra, sem embargo da falsificação ou da nulidade de qualquer outra assinatura". O art. 17 da Lei Uniforme, promulgada pelo Decreto nº 57.663, de 24.01.1966, consolidou o princípio. Vê-se, assim, que o título de crédito, em face de sua autonomia, vale e é exigível pelo que nele está contido, não se indagando a origem ou qualquer particularidade ligada ao negócio subjacente, a menos que haja má-fé do portador em detrimento do devedor. O Superior Tribunal de Justiça difundiu esta ideia: "Nas obrigações cambiais, a causa que lhes deu origem não constitui meio de defesa. Neste ponto se diferenciam os títulos de crédito abstratos dos causais. Nestes, a sua eficácia é nenhuma se o negócio jurídico subjacente inexistir ou for ilícito. Naqueles, esses mesmos vícios não impedem que a obrigação cartular produza seus efeitos".[5]

Essa inteligência foi reiterada no REsp. nº 259.819/PR, da Quarta Turma do STJ, j. em 05.12.2006, *DJU* de 05.02.2007, com a seguinte ementa: "Consoante entendimento desta Corte, o fato de achar-se a nota promissória vinculada a contrato não a desnatura como título executivo extrajudicial".

Tal concepção está fulcrada na ideia tradicional de título de crédito, que não permite sequer adentrar no estudo ou na discussão da causa que lhe deu origem. Prestou-se a muitos abusos, verificados especialmente quando contratos outros são acompanhados da emissão de uma cártula, em geral nota promissória. Lançam-se os valores contratados, e que se encontram descritos num título de abertura de crédito, de um empréstimo bancário, de um financiamento, entre outras situações.

Tendo em vista que dominam a boa-fé e o interesse público nas relações interpessoais, o princípio da autonomia absoluta vem sofrendo restrições, não mais preponderando. O Superior Tribunal de Justiça, dando continuidade ao entendimento que antes vinha apregoado pelos Tribunais Estaduais, acentuou a relatividade do princípio, no sentido de que, sendo irregular

---

[3] *Títulos de Crédito* (em conformidade com o Novo Código Civil), p. 31.

[4] *Curso de Direito Comercial*, 2º vol., p. 291.

[5] Recurso Especial nº 162.032/RS. 3ª Turma, de 26.10.1999, *DJ* de 17.04.2000.

o contrato que origina o título, não mantém esta autonomia a ponto de escoimar ilicitudes, como revelam as seguintes decisões:

> "A nota promissória vinculada ao contrato de abertura de crédito não goza de autonomia, em face da própria iliquidez do título que a originou".[6]
>
> "A obrigação cambial é autônoma mas o valor da nota promissória deve guardar coerência com os termos do contrato".[7]
>
> "Embora não se negue que a cambial conserve a sua autonomia, o valor nela consignado deve guardar coerência com os termos do contrato. Sua apuração decorre das cláusulas contratuais e da aplicação dos fatores de correção ajustados".[8]

Ademais, a seguinte decisão da mesma Corte reflete a prevalência da orientação:

> "A jurisprudência desta Corte Superior é no sentido de que a nota promissória vinculada a um contrato de abertura de crédito perde a sua autonomia ante a iliquidez do título que a originou, acarretando, portanto, na nulidade da execução por ela embasada. Súmula 258/STJ.
>
> Entretanto, a vinculação de uma nota promissória a um contrato retira a autonomia de título cambial, mas não, necessariamente, a sua executoriedade. Assim, quando a relação jurídica subjacente estiver consubstanciada em contrato que espelhe uma dívida líquida, como no caso, não há empecilho ao prosseguimento da execução. Diversamente, se estiver amparada em contrato que não espelhe dívida líquida, como se verifica do contrato de abertura de crédito, não será possível a execução.
>
> Dessa forma, este Tribunal tem admitido a execução de nota promissória vinculada a contrato de mútuo que contenha valor determinado, por se entender que o contrato traduz a existência de dívida líquida e certa. Precedentes".[9]

4. CARTULARIDADE

Este princípio diz respeito à forma como o título de crédito se exterioriza. Refere-se à sua materialização, que se dá numa cártula, e se manifesta num pequeno escrito ou num documento escrito de tamanho médio. É como se expressa Hilário de Oliveira: "Este instrumento é também cartular, pois o direito materializado pelos seus possuidores repousa inteiramente no próprio título".[10]

O título de crédito necessariamente deve estar representado por um documento, um papel, no qual deverão estar inseridos todos os requisitos para que resulte válido. Tal documento (cártula) é o instrumento indispensável para o exercício do direito de crédito nele contido.

---

[6] STJ. Agravo Regimental em Agravo de Instrumento nº 288.445/SC. Relator: Min. Barros Monteiro. 4ª Turma. Julgado em 14.11.2000, *DJ* de 18.12.2000.

[7] STJ. Recurso Especial nº 236.699/SP. Relator: Min. Waldemar Zveiter. 3ª Turma. Julgado em 19.02.2001, *DJ* de 02.04.2001.

[8] STJ. Recurso Especial nº 147.157/ES. Relator: Min. Waldemar Zveiter. 3ª Turma. Julgado em 04.06.1998, *DJ* de 10.08.1998.

[9] AgRg nos EDcl no REsp nº 1367833/SP. Relator: Min. Marco Aurélio Bellizze. 3ª Turma. Julgado em 16.02.2016, *DJe* de 19.02.2016.

[10] *Títulos de Crédito*, ob. cit., p. 48.

Waldemar Ferreira acentua essa característica: "Têm os títulos de crédito, em primeiro lugar, o que é de substância, existência documental. Daí a justeza da doutrina de Cesare Vivante. São eles os documentos necessários para o exercício do direito literal e autônomo que neles se contém. Sendo documentos, têm existência material. Constam de papéis escritos em que se consigna o direito, para cujo exercício são substanciais".[11]

Fran Martins, refletindo o conceito dado por Vivante, enfatiza ser o título um documento. Ou seja, "para ter um título de crédito, é indispensável que exista um documento, isto é, um escrito em algo material, palpável, corpóreo. Não será, desse modo, título de crédito uma declaração *oral*, ainda mesmo que essa declaração esteja, por exemplo, gravada em fita magnética, ou em disco, e possa ser reproduzida a qualquer instante. Para ser título de crédito é necessário que a declaração conste de um documento *escrito*: poderá esse documento ser um papel, um pergaminho, um tecido, mas de qualquer modo deve ser uma coisa corpórea, material, em que se possa *ver* (e não apenas *ouvir*, como no caso do disco) inscrita a manifestação de vontade do declarante. Não é preciso, sequer, que todas as declarações constantes do título sejam grafadas de próprio punho do declarante. Mas, em qualquer circunstância, deve ser um *escrito*, lançado em documento corpóreo, em regra uma coisa móvel, para facilitar a circulação dos direitos, já que esses, incorporados no título, circulam com o mesmo".[12]

De tamanha importância a característica, que se torna condição para o exercício da ação executiva. O próprio documento, e não cópia do mesmo, deve ser apresentado para a exigibilidade do crédito que representa, e, inclusive, para o pedido de falência baseado na falta de pagamento. Sofre alguma relatividade esse princípio, especialmente no tocante às duplicatas, cuja execução não exige a sua formalização por completo, desde que instruída com os elementos ensejadores de sua emissão. É o que se depreende do art. 15, § 2º, da Lei nº 5.474, de 18.07.1968, com alteração da Lei nº 6.458, de 1º.11.1977, desde que acompanhado o título de documento hábil comprobatório da entrega e recebimento da mercadoria.

5. INDEPENDÊNCIA

A independência não é uma característica de todos os títulos de crédito, mas apenas de alguns; isto é, daqueles que não dependem da validade de um negócio subjacente, ou não surgem de um ato originário do qual decorre o título. Tais títulos, regulados por lei específica, possuem independência, bastando por si mesmos, como refere Rubens Requião: "Existem muitos títulos, como acentua Vivante, que intensificam uma qualidade particular, que é a *independência*. São títulos de crédito regulados pela lei, de forma a se bastarem a si mesmos. Não se integram, não surgem nem resultam de nenhum outro documento. Não se ligam ao ato originário de onde provieram. É o caso da letra de câmbio".[13]

A independência, como se depreende do conceito acima, conduz à autonomia, com a qual se confunde, embora a última possa abranger, também, a separação das obrigações daqueles que se colocam no título como coobrigados, o que se verá mais destacadamente no subitem seguinte. Em última instância, ambas as figuras tem o mesmo conteúdo, mas estendendo-se a autonomia a separar os limites de responsabilidade de cada coobrigado.

---

[11] *Tratado de Direito Comercial*, São Paulo, Editora Saraiva, 1962, 8º vol., pp. 88-89.

[12] *Títulos de Crédito*, 13ª ed., Rio de Janeiro, Editora Forense, 2000, vol. I, p. 05.

[13] *Curso de Direito Comercial*, 2º vol., p. 292.

6. ABSTRAÇÃO

Verifica-se, no fundo, uma proximidade com a característica da autonomia. Sensível é, porém, a diferença. Pela abstração, nada tem a ver o título com o contrato subjacente, embora exista. Não interessa o contrato em si. Não se ingressa na idoneidade da obrigação principal. Não se leva em conta a não ser o título, sendo irrelevante o que impôs a sua emissão. Simplesmente considera-se o valor ou a obrigação inserida no título. Já a autonomia descortina quando a obrigação se põe em relação a duas pessoas que não contrataram entre si. Quem exige não é o credor originário; ou o devedor não é aquele que assumiu primeiramente o compromisso. Há total desvinculação do negócio original ou básico, pois aqueles que figuram na relação última não participaram da avença original. É o caso da obrigação do avalista que não tem a menor pertinência com a *causa debendi*. Trata-se de obrigação formal e autônoma, não podendo aquele que assinou o aval ingressar na validade ou não da obrigação.

José Gonçalves Dias chega ao extremo na defesa da abstração, ao defender que "se o contrato originário é nulo por falta de consentimento ou de objeto possível, por erro na manifestação ou na declaração da vontade, por simulação etc., nenhum desses defeitos pode ter qualquer influência nociva na relação cambiária que a letra ostenta".[14]

Costumam alguns classificar a abstração como um subprincípio da autonomia, integrando-a. Em ambas, desliga-se o título de crédito do ato ou fato jurídico que levara a firmar a obrigação. Já, porém, quanto à autonomia, esse desligamento é mais extenso. Além de envolver o desligamento do negócio, diz respeito àquele que é chamado a responder, como ao avalista. Exclusivamente as exceções pessoais próprias ou dele poderá arguir, de acordo com uma velha e tradicional ideia que se imprimiu aos títulos de crédito.

Pela explicação que dá José A. Saraiva, a autonomia e a abstração se identificam, para quem as exceções pessoais restringem-se às partes que contrataram entre si, não alcançando os coobrigados que aparecerem: "Como sabemos, pela sua forma, a cambial é crédito abstrato, requisito essencial à sua evolução.

A promessa abstrata forma presunção *juris* da existência real de causa entre as partes, que diretamente entraram no acordo.

Constitui, porém, presunção *juris et de jure* para as partes, que não estiveram em contato direto.

Desde que o tomador endossa a cambial, cessa para o emitente, em face do endossatário, a defesa derivada da relação de causa.

Neste, como nos casos similares, o vínculo fica de tal maneira desprendido da relação de causa, que, por esta, ele não pode absolutamente ser influenciado".[15]

7. A INOPONIBILIDADE DAS EXCEÇÕES

Decorre a inoponibilidade especialmente dos princípios da autonomia e da abstração, levando a formar o conceito de que aos terceiros são inoponíveis as exceções pessoais. Na defesa, não se apresentam como suscetíveis para a sua alegação as matérias pertinentes à causa de origem. Realmente, aquele que adquiriu o título, em geral por endosso, não tendo participado do contrato que o originou, não sofrerá ataques no pertinente à validade ou não de tal relação original. Para a própria segurança do crédito transmitido, não se faz acompanhar o mesmo das restrições fundadas em direito pessoal, ou de questões que dizem respeito exclusivamente

---

[14] *Da Letra e da Livrança*, Famalicão, Portugal, Grandes Oficinas Gráficas Minerva, 1939, p. 284.

[15] *A Cambial*, Rio de Janeiro, José Konfino Editor, 1947, vol. III, p. 112.

aos que formaram o título. Consoante as palavras de Pontes de Miranda, "se o saque não se revestiu da aparência cambiária, a sorte dele está noutro direito que o direito cambiário".[16]

Exemplo de inoponibilidade está no art. 17 da Lei Uniforme da Letra de Câmbio e das Notas Promissórias, aprovada pelo Decreto n° 57.663, de 24.01.1966, nestes termos: "As pessoas acionadas em virtude de uma letra não podem opor ao portador exceções fundadas sobre as relações pessoais delas com o sacador ou com os portadores anteriores, a menos que o portador ao adquirir a letra tenha procedido conscientemente em detrimento do devedor".

O princípio dirige-se a regular a relação do obrigado com o credor, impedindo a discussão de relações pessoais daquele com portadores anteriores, ou do credor com obrigados anteriores. Obviamente, se há um vício na relação pessoal do atual devedor com o portador do título, poderá este ser discutido, o mesmo se dando relativamente a aspectos não pessoais. É o entendimento de Fran Martins: "Certamente, há exceções *oponíveis*: assim, havendo defeito de forma do título (faltando, por exemplo, um requisito essencial), pode o obrigado escusar-se do pagamento ao portador porque não foi observado o rigor cambiário. Mas essa não é uma exceção baseada nas relações *pessoais* do devedor com os obrigados anteriores, em que se baseia o princípio da inoponibilidade. O fundamento desta é que, num título de crédito, as obrigações são independentes umas das outras e por tal razão o devedor não se pode escusar de cumprir a obrigação assumida alegando ao portador suas relações com qualquer obrigado anterior. Naturalmente, se há relações pessoais entre o portador e o devedor, este pode alegá-las, opondo-se ao pagamento".[17]

Encontra certa restrição o princípio se causais os títulos, como duplicatas, observando decisão do Superior Tribunal de Justiça: "Banco que recebe em operação de desconto duplicata fria e a protesta, encaminhando o nome do devedor ao Serasa, detém legitimidade para figurar no polo passivo de ação de anulação de título, cancelamento de protesto e reparação de danos morais. Ainda que a instituição financeira atue por imperativo legal, no exercício regular de seu direito, sendo-lhe inoponível as exceções pessoais do devedor, tais objeções são intrínsecas à responsabilidade civil da instituição bancária e, portanto, encerram questões meritórias. Podem ser causas de exclusão da responsabilidade do Banco-endossatário, mas não de sua legitimidade passiva".[18]

Havendo má-fé, mesmo em outros títulos, permite-se a exceção: "Em regra, na linha dos precedentes desta Corte e do Supremo Tribunal Federal, não se permite ao avalista da nota promissória opor exceção pessoal do avalizado ou discutir a *causa debendi*... II – Excepcionalmente, como nos casos de má-fé do beneficiário do título ou de nulidade do negócio subjacente por erro, dolo ou fraude, é dado ao avalista a discussão da causa originária da cártula. III – Não tendo as instâncias ordinárias abordado tema de possível exceção à regra da inoponibilidade, que se assentaria na seara dos fatos, resta vedado à instância especial o exame das provas dos autos".[19]

8. CIRCULAÇÃO

Embora normalmente se inclua a circulação como fator de classificação dos títulos de crédito, induvidosamente se amolda às características a circulação, já que é próprio dos mes-

---

[16] *Tratado de Direito Cambiário*, 2ª ed., São Paulo, Max Limonad Editor, 1954, vol. I, p. 82.

[17] *Títulos de Crédito*, vol. I, p. 13.

[18] Agravo Regimental no Recurso Especial n° 216.673/MG. 3ª Turma. Julgado em 22.10.2001, *DJ* de 19.11.2001.

[19] STJ. Recurso Especial n° 249.155/SP. 4ª Turma. Julgado em 18.05.2000, *DJ* de 07.08.2000.

mos passarem de uma pessoa para outra. Na expressão de Vivante, circulam com todos os acessórios, ativos e passivos.[20] Parte do princípio de que as riquezas circulam, transferem-se, numa constante mobilização. O crédito formado por obrigações também é mobilizável, ou transferível. E uma das funções básicas está na transferência do título representativo do crédito, o que se dá, em geral, por endosso ou cessão. Todos os títulos de crédito, em princípio, são transferíveis, seja nota promissória, letra de câmbio, cheque, e até as cartas representativas de pagamento, como as cédulas de crédito rural, industrial ou comercial.

Compreendendo na circulação a cessão, ao operar-se não se dá a alteração do conteúdo, mas apenas de sujeitos na relação jurídica. Conforme leciona Gustavo Haical, transfere-se o título e, assim, "o crédito com suas vantagens e vícios. Com a translação do crédito do patrimônio do cedente para o do cessionário, ocorre a inclusão do último na relação jurídica, que sofre alteração quanto à sua estrutura, pois não são mais idênticos seus sujeitos", dando-se o ingresso de um terceiro na relação. (...). "Os créditos, ao serem transferidos, não podem sofrer alteração em seu conteúdo. Em razão disso, o crédito não pode vir a enfraquecer pela cessão, com a extinção de garantias, privilégios ou direitos a ele vinculados".[21]

Dadas as demais características que marcam os títulos de crédito, como a abstração, a autonomia, a inoponibilidade, imprime-se aos mesmos uma forte idoneidade, levando à certeza do que contêm, fator este que propulsiona a mobilidade. Aceita-se a transferência com facilidade, justamente por causa de sua validade, prestigiando-se o título pelo que encerra. Por não ter tanta importância o negócio jurídico subjacente, é que merece credibilidade, e facilita a sua movimentação de uma pessoa para outra.

Na análise dos principais títulos, abordar-se-á o endosso específico de cada um deles, sendo que, em item à parte, as implicações previstas no Código Civil.

9. FORMALISMO

Das demais características examinadas, conclui-se ser da própria essência do título de crédito o formalismo, pelo qual deve ele preencher todos os requisitos exigidos por lei, a fim de se lhe emprestar validade. Não existe liberdade para as pessoas quanto aos requisitos dos títulos de crédito. Encontram-se previstos em lei, que os considera indispensáveis para a própria eficácia do título.

É do conhecimento de todos que cada título possui uma forma própria, a qual vem prevista em lei. A regulamentação que trata da letra de câmbio e da nota promissória, do cheque e da duplicata, exemplificativamente, descreve os elementos que conterão os títulos, os quais não poderão faltar. Para a própria finalidade da certeza e liquidez, faz-se necessária a sua obediência no preenchimento de tais requisitos.

Entrementes, alguns dados podem ser dispensados, como, *v. g.*, no que diz com a nota promissória, cujo art. 75 da Lei Uniforme descreve seus requisitos e, de outro lado, o art. 76 dá as diretrizes no caso de omissão de certas formalidades: "O título em que faltar alguns dos requisitos indicados no artigo anterior não produzirá efeito como nota promissória, salvo nos casos determinados das alíneas seguintes:

A nota promissória em que se não indique a época do pagamento será considerada à vista.

Na falta de indicação especial, o lugar onde o título foi passado considera-se como o lugar do pagamento e, ao mesmo tempo, o lugar do domicílio do subscritor da nota promissória.

---

20 *Trattato de Diritto Commerciale*, vol. III, p. 160.
21 *Cessão de Crédito*, São Paulo, Editora Saraiva, 2013, pp. 25 e 31.

A nota promissória que não contenha indicação do lugar onde foi passada considera-se como tendo-o sido no lugar designado ao lado do nome do subscritor".

Por outro lado, o art. 1º, nº 4, impõe a colocação da época do pagamento na letra de câmbio. Mas, o art. 2º salienta que, na falta da menção da época, entende-se como pagável à vista.

O nº 7 do mesmo art. 1º manda que se aponham a data e o lugar onde a letra é passada. A sua omissão, todavia, importa em considerar-se como tendo ocorrido no lugar designado ao lado do nome do sacador (art. 2º). A jurisprudência, no entanto, sobre a data, ressaltou: "A ausência da data da emissão na nota promissória constitui irregularidade formal no título, a impedir a cobrança no valor respectivo pela via executiva".[22]

Impõe-se o apego à forma justamente para inspirar confiança, e, em face do rigor no preenchimento dos requisitos no texto, imprime-se seriedade ao título, revestindo-o de credibilidade junto a terceiros.

10. SOLIDARIEDADE

Possível que no título de crédito apareçam outros obrigados ou coobrigados, além do emitente ou devedor principal, ou aceitante. De qualquer um deles faculta-se ao credor exigir o pagamento. Há uma solidariedade de todos no pagamento, posto que é inerente aos títulos de crédito a possibilidade de se procurar o recebimento junto a qualquer um dos devedores comuns, nos termos do art. 275 do Código Civil, em que se insere, no que interessa, que "o credor tem direito a exigir e receber de um ou de alguns dos devedores, parcial ou totalmente, a dívida comum".

Todavia, não se trata de uma solidariedade nos estritos termos do direito civil, porquanto àquele que pagou pelo devedor principal, ou em lugar daquele que se obrigou antes dele, reserva-se o direito de ressarcir-se de todo o montante. Assim reza o art. 49, item 1º, da Lei Uniforme relativa às Letras de Câmbio e Notas Promissórias: "A pessoa que pagou uma letra pode reclamar dos seus garantes: 1º – a soma integral que pagou". Isto porque as obrigações são autônomas entre si.

Na diretriz do Código Civil, o devedor que acorreu para satisfazer a dívida tem o direito de exigir o ressarcimento dos demais na quota-parte que cumpria a eles atender. Assim garante o art. 283 do Código Civil: "O devedor que satisfez a dívida por inteiro tem direito a exigir de cada um dos codevedores a sua quota, dividindo-se igualmente por todos a do insolvente, se o houver, presumindo-se iguais, no débito, as partes de todos os codevedores".

De sorte que a solidariedade em direito cambiário não é aquela do direito civil em si. Tem-se uma solidariedade no sentido de qualquer um sujeitar-se a ser demandado, mas não no sentido de assumirem conjuntamente, em partes iguais, a obrigação. Está-se diante de uma solidariedade especial, com definição própria.

11. PREDOMINÂNCIA DO CARÁTER *PRO SOLVENDO*

Os títulos de crédito têm natureza *pro solvendo*, eis que entregues para serem saldados ou pagos daí a certo tempo. É *pro solvendo* o título quando não significa a efetivação do pagamento com a sua simples entrega. Tanto que representa uma quantia em dinheiro, que o credor receberá em momento oportuno. A posse ou propriedade do documento não importa em disposição da cifra que encerra. Ademais, permite a discussão da *causa debendi*. Mesmo

---

[22] STJ. Recurso Especial nº 167.221/MG. Relator: Min. Aldir Passarinho Júnior. 4ª Turma. Julgado em 25.10.1999, *DJ* de 29.11.1999.

que verificada a prescrição, não se afasta a ação ressarcitória por enriquecimento indevido. Segue Luiz Emygdio F. da Rosa Júnior: "a) Ocorrendo prescrição ou decadência de natureza cambiária, o portador do título tem ação de enriquecimento sem causa em face do devedor, baseado na relação causal que originou o título (Lei do Cheque, art. 62, e Decreto nº 2.044/1908, art. 48); b) O devedor acionado pelo credor com quem se relaciona diretamente no título pode, em embargos, arguir a relação causal entre eles existentes para não pagar ou pagar a menor o título executado (Decreto nº 2.044/1908, art. 51), e da mesma forma o devedor, quando acionado por terceiro adquirente de má-fé (LUG, art. 17, e Lei do Cheque, art. 25). Disso resulta que, em regra, o título de crédito é emitido com natureza *pro solvendo* (para pagamento), e, assim, a relação causal só se extingue com o pagamento do título de crédito".[23]

A mera entrega do título não extingue o crédito. Mesmo porque o pagamento se concretiza quando vencer o título, com a entrega da importância lançada em sua face.

O título *pro soluto* acarreta a extinção da obrigação com a sua transferência ao credor, pois corresponde ao pagamento. Numa escritura pública, assinala-se expressamente a quitação com a simples tradição do título. Reclama-se, para operar este efeito, de cláusula explícita, o que raramente acontece, dadas as cautelas que se deve ter na interpretação. Acontece que, especialmente na compra e venda, uma vez conferida essa feição, só resta ao comprador executar o título, não lhe assistindo a resolução por inadimplemento.

12. A EXECUTIVIDADE DO TÍTULO

Justamente porque os títulos de crédito são formalizados de acordo com as exigências estatuídas em lei, e desde que atendam os requisitos previstos, caracterizam-se como líquidos e certos, e comportam a exigibilidade da obrigação ou do valor representado por meio do processo de execução regulado pelo Código de Processo Civil.

O título dá certeza à obrigação porque a sua confecção segue os ditames e padrões que a lei estabelece. Determina-se quem deve, porque deve, quanto deve e quando se cumprirá a obrigação. Definido, pois, o *an debeatur*, tornando-se profundamente difícil levantar uma discussão. Outrossim, encontrando-se definido o valor, vindo expressamente referido, ou delineada e firmada a obrigação, não há mais controvérsias no pertinente ao *quantum debeatur*.

No tocante à cifra do valor, havendo sua alteração, chamam-se à responsabilidade, pelo novo montante, aqueles que assinaram posteriormente a alteração, por força do art. 69 da Lei Uniforme: "No caso de alteração do texto de uma letra, os signatários posteriores a essa alteração ficam obrigados nos termos do texto alterado; os signatários anteriores são obrigados nos termos do texto original".

Com tais elementos, o título enseja a exigibilidade por meio do processo de execução judicial. Em se tratando de letra de câmbio ou nota promissória, a previsão está no art. 49 do Decreto nº 2.044: "A ação cambial é a executiva. Por ela tem também o credor o direito de reclamar a importância que receberia pelo ressaque (art. 38)".

A cobrança judicial de duplicata ou triplicata será efetuada em conformidade com o processo aplicável aos títulos executivos extrajudiciais, o Livro II da Parte Especial do Código de Processo Civil de 2015, aprovado pela Lei nº 13.105, de 16.03.2015, quando se tratar: "I – de duplicata ou triplicata aceita, protestada ou não; II – de duplicata ou triplicata não aceita, contanto que, cumulativamente: a) haja sido protestada; b) esteja acompanhada de documento hábil comprobatório da entrega e recebimento da mercadoria; e c) o sacado não

---

[23] *Títulos de Crédito*, Rio de Janeiro, Editora Renovar, 2000, p. 53.

tenha, comprovadamente, recusado o aceite, no prazo, nas condições e pelos motivos previstos nos arts. 7º e 8º desta Lei" (art. 15 da Lei nº 5.474/1968).

Já quanto ao cheque, o art. 47 da Lei nº 7.357, de 02.09.1985, dispõe: "Pode o portador promover a execução do cheque...".

Procede-se à execução de acordo com os requisitos do Código de Processo Civil.

13. OBRIGAÇÃO QUESÍVEL

Costuma-se dizer que o direito está incorporado ou incrustado no título. É indispensável o título para o exercício do direito de crédito. Em princípio, quem está de posse do título é titular do crédito nele inserido. Constitui ele o meio necessário para a pretensão do direito.

Tendo o título tamanha importância, sem o qual não se exerce o direito, conclui-se ser *quérable* a obrigação cambiária, isto é, quesível, ou de apresentação. É perseguível, na expressão de Pontes de Miranda,[24] devendo o portador ir ao obrigado. A pretensão do crédito está na dependência da apresentação do documento que o representa, tanto para o aceite como para o pagamento. Já assim dispôs o art. 38 da Lei Uniforme: "O portador de uma letra pagável em dia fixo a certo termo de data ou de vista deve apresentá-la a pagamento no dia em que ela é pagável ou num dos dois dias úteis seguintes".

Uma vez efetuado o pagamento, cabe o resgate, isto é, a entrega do título ao devedor que o satisfaz. Em outras palavras, para o cumprimento da obrigação nele inserida, reveste--se o devedor do direito de impor a entrega do documento. É princípio consagrado que o pagamento se dá contra a entrega do título, o que não afasta, porém, a validade da declaração do pagamento, na qual se insere a quitação. Não se requer que, além da entrega, se aponha no verso ou em outro local a referência de que o valor restou pago. Mesmo assim, se o pedir o devedor, cabe a quitação, segundo contém o art. 39 da Lei Uniforme: "O sacado que paga uma letra pode exigir que ela lhe seja entregue com a respectiva quitação".

Como quesível, o título de crédito é exigível no domicílio do devedor, ao contrário do título *portable*, reclamável no domicílio do credor.

---

[24] *Tratado de Direito Cambiário*, São Paulo, Max Limonad Editor, 1954, vol. I, p. 14.

Capítulo III
Classificação dos Títulos de Crédito

1. PRINCIPAIS ESPÉCIES

Procura-se destacar as diversas espécies de títulos de crédito, para tornar mais definida a natureza de cada um. Estabelecem-se as classes, sempre tendo em conta determinados critérios. A doutrina tem um consenso bastante unânime nos critérios, destacando-se quatro principais: quanto à natureza, quanto à finalidade, quanto à forma de circulação e quanto à causa de origem ou negócio subjacente. Não se olvida, entretanto, a adoção de outros modos de classificar os títulos de crédito, também de certa relevância, como se abordará adiante.

2. QUANTO À NATUREZA DO CONTEÚDO DO CRÉDITO

Trata-se da distinção dos títulos levando em conta o seu conteúdo ou o tipo de crédito que eles encerram. Há títulos que representam valores a serem pagos, ou a entrega de bens, ou prestações para o cumprimento, e outros que envolvem obrigações pessoais, que serão prestadas, como de fazer ou não fazer.

Os primeiros revelam-se na seguinte ordem:

Aqueles títulos de crédito *propriamente ditos*, ou *próprios*, que abrangem a prestação de uma quantia em dinheiro ou em outra coisa fungível. Segundo Vivante, são os títulos próprios, dirigidos a uma prestação de crédito, ou ao cumprimento de uma obrigação monetária, ou constituída de dinheiro. A pessoa se compromete a entregar determinada cifra monetária ou outros bens fungíveis (como cereais), numa data aprazada. Os mais conhecidos exemplificam-se na nota promissória, na letra de câmbio, no cheque, na duplicata, no conhecimento de depósito e na cédula de produto rural, instituída pela Lei nº 8.929, de 22.08.1994, que é a promessa da entrega de produtos rurais, em geral pelo adiantamento de quantias em dinheiro.

Aparecem, em seguida, a relação dos títulos de crédito *impróprios*, e, entre eles, os que abrangem *direitos reais*, pelos quais a pessoa se obriga a entregar determinado bem ou uma coisa, como no conhecimento de transporte, no qual se descreve o bem a ser entregue; e no conhecimento de depósito de coisas infungíveis, em que também consta a individuação dos bens que serão depositados junto a uma pessoa que se compromete à custódia.

Dentro da classe dos impróprios, também estão os que encerram *direitos societários*, representativos de valores integrantes da sociedade, como as debêntures, as ações das sociedades anônimas e em comandita por ações, e os cupons de dividendos em ações de sociedades comerciais, que constituem o direito do acionista aos dividendos decorrentes dos lucros das ações, que circulam por meio da mera venda, ou por meio de pregões nas bolsas de valores. Os próprios certificados de desconto bancário e as letras financeiras bancárias envolvem a participação dos rendimentos de aplicações financeiras. Permitem ao portador ter uma participação em interesses sociais. São conhecidos, também, como títulos de participação.

Inclui-se, dentro da classe dos títulos impróprios, na visão de alguns autores, o cheque, que se conceitua como uma ordem de pagamento à vista, em favor de uma pessoa designada, ou ao portador, revestindo-se das vantagens dos títulos de crédito propriamente ditos, com a garantia da executividade e do pronto pagamento mediante a sua apresentação.

Por fim, na mesma categoria há aqueles títulos de crédito que dão *direito a um serviço qualquer*, não relacionado nas causas anteriores, como os bilhetes de viagem ou de transporte, vales, tíquetes, e legitimam o credor ao recebimento de alguns serviços ou prestações, estando o possuidor legitimado como contraente originário. O devedor deve prestar uma obrigação, desde que o credor apresente título de legitimação. São os *títulos de legitimação*, que conferem ao possuidor a legitimidade de um direito. Comprovam o seu direito.

3. QUANTO AO GRAU DE ABSTRAÇÃO DO TÍTULO

Esta divisão revela certa proximidade com a anterior.

Existem títulos *cambiários propriamente ditos*, que alguns consideram títulos de crédito próprios, encerrando a verdadeira natureza de títulos cambiários, em que sobressaem a abstração, o formalismo, a confiança que merece quem assina, e a circularidade. Destacam-se a nota promissória, que é uma promessa de pagamento, e a letra de câmbio, esta como ordem de pagamento, ambas de uma importância certa a uma pessoa determinada ou à sua ordem. Também, embora algumas divergências, inclui-se o cheque, que é uma ordem de pagamento à vista, em favor do subscritor ou de outra pessoa que consta escrita, ou simplesmente ao portador, o que bem expressa a circularidade.

Há, de outro lado, os títulos *cambiariformes*, classificados de títulos de crédito impróprios, isto é, aqueles que têm a forma de cambiários, pelo menos na exigibilidade do crédito, apresentando todos os requisitos de certeza e liquidez dos títulos cambiários, sendo nota primordial de sua caracterização a origem causal, e permitindo a discussão do fundamento que lhes deu origem, porquanto existem em função de um negócio que determinou a sua emissão. Exemplo típico está na duplicata, cuja emissão depende da prévia venda de mercadorias ou da prestação de serviços. Citam-se outros exemplos: o conhecimento de transporte ou de frete, o conhecimento de depósito, os bilhetes de passagem, as notas de entrada para assistir espetáculos públicos. Neste ramo de títulos, encontram-se as cédulas (pignoratícias ou hipotecárias) de crédito, firmadas com instituições financeiras, como as de crédito rural, industrial, comercial, habitacional, e a cédula de crédito bancário, utilizada para o simples empréstimo e para o contrato de abertura de crédito. Incluem-se, ainda, a nota promissória rural, a nota de crédito rural, industrial ou comercial, e a duplicata rural.

Relativamente à duplicata, depois de assinada, adquire abstração, não mais carecendo de buscar a causa, de acordo com o seguinte aresto do STJ: "A duplicata mercantil, apesar de causal no momento da emissão, com o aceite e a circulação adquire abstração e autonomia, desvinculando-se do negócio jurídico subjacente, impedindo a oposição de exceções pessoais a terceiros endossatários de boa-fé, como a ausência ou a interrupção da prestação de serviços ou a entrega das mercadorias.

Hipótese em que a transmissão das duplicatas à empresa de *factoring* operou-se por endosso, sem questionamento a respeito da boa-fé da endossatária, portadora do título de crédito, ou a respeito do aceite aposto pelo devedor.

Aplicação das normas próprias do direito cambiário, relativas ao endosso, ao aceite e à circulação dos títulos, que são estranhas à disciplina da cessão civil de crédito.

Embargos de divergência acolhidos para conhecer e prover o recurso especial".[1]

---

[1] EREsp 1439749/RS, da 2ª Seção, relatora Ministra Maria Isabel Gallotti, j. em 28.11.2018, *DJe* de 06.12.2018.

4. QUANTO À FINALIDADE

Essa classificação, como o próprio nome o diz, leva em conta a finalidade a que se presta o título de crédito. Quando se cria um título, tem-se em vista um objetivo, ou vislumbra-se um fim específico. Várias finalidades determinam a constituição do título, como a sua *negociação*, em que os emitentes instituem para efetuar pagamentos, ou receber valores pela sua transferência. É o caso da letra de câmbio, da nota promissória e do cheque.

Outros títulos são estabelecidos para *representar um direito real sobre uma mercadoria*. O conhecimento de transporte e o conhecimento de depósito efetivamente firmam o direito do portador sobre o objeto de tais conhecimentos.

Dentro da classificação quanto à finalidade, podem-se colocar os títulos emitidos pelas empresas visando à *obtenção de recursos monetários*, exemplificados nas ações, debêntures e outros títulos que representam crédito a ser recebido no futuro, e que são negociados com o público em geral. Quem é portador de uma ação, ao mesmo tempo em que efetuou o pagamento da mesma, além da faculdade de negociá-la, habilita-se a receber um crédito relativo aos dividendos produzidos pela ação.

Nessa classe, há outro tipo de enfoque, dado por Paulo Roberto Colombo Arnoldi, apresentando duas espécies:

1 – Crédito produtivo: destina-se à criação de novos bens agrícolas, mobiliário e imobiliário. São os investimentos para constituição de empresas, fornecimento de capital e trabalho.

2 – Crédito para consumo: para gastos imediatos de subsistência na satisfação de necessidade individual.[2]

5. QUANTO À FORMA DE CIRCULAÇÃO

A circulação constitui uma característica fundamental dos títulos de crédito. A emissão encontra como motivo justamente a negociação, que faz mobilizar as riquezas, utilizando-se o título de crédito como papel-moeda. O crédito é um bem, um valor, ou uma riqueza, que deve circular. A mobilização é que dinamiza o progresso ou o desenvolvimento da economia. Pondera Tullio Ascarelli que a mobilização da riqueza e dos bens levou à circulação dos títulos de crédito: "Foi justamente através dessa mobilização que pode ser satisfeita a necessidade de crédito no mundo moderno, o que facilitou as realizações da economia e a exploração dos inventos técnicos. Não parece, pois, um paradoxo a afirmação de que os instrumentos jurídicos concorrem para caracterizar a economia atual".[3]

É normal a circulação dos títulos, os quais constituem um fecundo meio de dinamização das atividades negociais. Justamente por causa da seriedade dos títulos, das qualidades quanto à segurança, constituem a circulação do bem que representam. Tem realce, no caso, a duplicata, que é negociada com instituições financeiras, possibilitando um meio eficaz e rápido de transformá-la em dinheiro.

Para muitos, a única classificação digna de observar é quanto à circulação, definida como a transferência de um título de uma pessoa para outra. Se é negociável, deve ser circulável, por ser ínsito à sua natureza.

---

[2] *Teoria Geral dos Títulos de Crédito*, Rio de Janeiro, Editora Forense, 1998, p. 41.

[3] *Teoria Geral dos Títulos de Crédito*, tradução de Nicolau Nazo, 2ª ed., São Paulo, Editora Saraiva, 1969, pp. 11-12.

Nesta classe, dividem-se em *ao portador, à ordem,* e *nominativos.* Passa-se a examinar cada espécie.

5.1. Títulos ao portador

5.1.1. Conceito de título ao portador

Os títulos ao portador mereceram a disciplina em um capítulo especial, dada a sua importância e as consequências práticas.

Como o nome está a indicar, são os títulos emitidos para uma pessoa não indicada ou nomeada. Não se coloca, no texto, o nome do indivíduo beneficiado. É devida a prestação à pessoa que apresenta ou porta o título. Aquele que recebe o documento pode transferi-lo pelo simples passe ou entrega a outrem, assumindo a presunção de ser o proprietário. O obrigado a pagar deve fazê-lo a quem o apresentar. De outro lado, se omitida a indicação do favorecido, e operar-se a transferência posterior, o novo portador está autorizado a escrever o seu nome, e a reclamar o pagamento à sua pessoa.

Oportuna a visão de Sílvio de Salvo Venosa, para quem constitui "o documento pelo qual o seu emitente obriga-se a uma prestação ao portador que com ele se apresentar".[4] Trata-se, já na visão de M. M. de Serpa Lopes, "de um documento onde se encontra lançada a promessa do emitente de realizar a prestação prometida, devidamente por ele firmada".[5] Mantém-se em branco o nome do beneficiário, sendo negociável pela mera tradição. É necessária a indeterminação do credor.

Para a circulação, escreve Pinto Ferreira, "basta a simples apresentação do título ao portador, no qual não é designada a pessoa que com ele é favorecida, para configurá-la como titular do direito que nele se contém".[6]

Constitui o título com mais facilidade de circulação, pois se leva a efeito pela simples tradição manual, de conformidade com o art. 904 do Código Civil: "A transferência do título ao portador se faz por simples tradição".

Em sua ampla generalidade, desde que as leis que regulamentam os títulos não obriguem a colocação do nome do favorecido, podem os títulos de crédito ser ao portador, sendo exemplos o cheque, as letras emitidas pelo Tesouro Nacional, os bilhetes de loteria, as letras hipotecárias, bilhetes de ingresso em casas de espetáculos, bilhetes de rifa, títulos de capitalização, vales postais ao portador, cupons para sorteio de mercadorias e outros papéis representativos de créditos ou direitos. Como se verá adiante, pelo art. 907 não é válido o título ao portador sem expressa autorização de lei específica. Entrementes, essa disposição tem validade com a entrada em vigor do Código Civil, não atingindo os títulos anteriores, cuja legislação não obrigava a colocação do nome do destinatário ou do credor.

Em suma, grande parte dos documentos significativos de crédito inclui-se na relação de título ao portador, inclusive as fichas de cassinos ou casas de jogos, de telefones públicos, pois igualmente encerram conteúdo econômico, dando ao portador um direito de participar de espetáculos ou de utilizar um serviço. Adroaldo Furtado Fabrício destaca, sobre o assunto: "Embora não se destinem precipuamente à circulação, nem contenham em si mesmos os termos de promessa de prestação, esses signos podem passar de mão em mão, por número indeterminado de pessoas, até chegar àquela que os apresente ao emissor, cobrando a prestação.

---

[4]   *Direito Civil – Contratos em Espécie e Responsabilidade Civil,* São Paulo, Editora Atlas S.A., 2001, p. 367.

[5]   *Curso de Direito Civil,* 2ª ed., Rio de Janeiro, Livraria Freitas Bastos S.A., 1962, vol. V, p. 139.

[6]   *Da Ação de Anulação e Substituição de Títulos ao Portador,* São Paulo, Editora Saraiva, 1986, p. 82.

Cumprem, pois, nitidamente, o papel de títulos ao portador, e outra coisa não são, pelo menos no aspecto funcional, dado que se obrigou a prestar quem os pôs em circulação, e a prestação é devida a quem quer que os apresente. Apenas a forma sofre variável grau de simplificação".[7]

Uma vez encaminhados ao destinatário, especialmente o que acontece com o talão de cheques, e verificado o extravio, responde a instituição financeira pelos danos ocasionados, como já afirmou o STJ: "O banco é responsável pela entrega do talonário de cheques ao correntista de forma eficaz e segura, de modo que se opta, como atração à captação da clientela, pelo seu fornecimento diretamente no domicílio, pelo correio, atrai para si os ônus da imperfeição do serviço, quando o documento é desviado por terceiro antes de chegar às mãos do destinatário e utilizado por fraudadores que utilizaram a cártula para aquisição de bens junto ao comércio, que, não pago, apresentou os títulos a protesto contra o nome do correntista".[8]

Comumente, dividem-se em duas grandes categorias:

a) Títulos ao portador públicos, emitidos por um ente de direito público federal, estadual ou municipal, apontando-se como exemplos as apólices da dívida pública, as letras e obrigações do Tesouro Nacional e os bilhetes de loterias oficiais;

b) Títulos ao portador particulares, desde que emitidos por pessoa física ou jurídica privada, conhecendo-se como mais comuns as letras hipotecárias, as debêntures, os bônus de banco, os títulos não nominativos de obrigações pignoratícias, bilhetes de ingresso em casas de espetáculos, de loteria, de rifas, de passagens de ônibus, de estradas de ferro, ou conhecimento de embarque ou de transporte, e os títulos de crédito em geral.

Pontes de Miranda fornece a classificação quanto ao conteúdo dos títulos: "a) títulos que têm por objeto soma de dinheiro, ou coisa fungível (apólice de dívida pública, letra de câmbio); b) títulos que representam coisas não fungíveis, objetos e mercadorias (faturas aceitas, conhecimentos de carga)...; c) títulos que conferem direitos de sócios (ações de sociedades por ações, cooperativas); d) títulos que dão direito a prestação de serviço (passagens de ônibus, estradas de ferro, ingressos de teatros, convites) ou de outra utilidade (cartões de aluguel)".[9]

Algumas características destacam-se, sendo de elevada importância a sua descrição.

Na maior parte dos títulos, sobressaem a cartularidade, em que o crédito ou o direito se materializa no documento; a autonomia, pela qual o possuidor de boa-fé pode exercitar um direito próprio, com total desvinculação das relações existentes entre os anteriores possuidores e o devedor; a literalidade, dando ênfase ao conteúdo do título, valorizando-se apenas aquilo que nele está escrito; a abstração, que separa a exigibilidade do negócio jurídico que serviu de base para sua criação.

O Código Civil de 1916 tratava do assunto nos artigos 1.505 a 1.511, em redação diferente daquela do Código de 2002. Os dispositivos do anterior diploma, além de extensos, não primavam pela clareza e objetividade.

---

[7] *Comentários ao Código de Processo Civil*, Rio de Janeiro, Editora Forense, 1980, vol. VIII, tomo III, p. 292.

[8] Recurso Especial nº 332.106/SP. Relator: Min. Aldir Passarinho Junior. 4ª Turma. Julgado em 04.10.2001, *DJ* 04.03.2002.

[9] *Tratado de Direito Privado*, 3ª ed., 2ª reimp., São Paulo, Editora Revista dos Tribunais, 1984, tomo XXXIII, pp. 33-34.

5.1.2. Transferência pela tradição

Decorre da própria natureza dos títulos ao portador a transmissibilidade, ou o endosso. Não é necessária uma fórmula para a transferência. Nem se requer que se escreva o nome do titular favorecido. Como não consta o nome da pessoa beneficiada, fica em branco o lugar onde o mesmo seria colocado. Expõe, sobre o assunto, Caio Mário da Silva Pereira que o título "se transmite por simples tradição manual, sem declaração de favorecido originário, e sem qualquer comunicação ou notificação ao subscritor ou emissor; é tão importante esta faculdade, que não falta quem a considere a característica do título".[10] Já Maria Helena Diniz também destaca o traço marcante da "possibilidade de ser transmitido por simples tradição manual, independentemente de anuência do devedor, por ser-lhe indiferente a transmissão do direito de crédito, já que se obrigou para com a pessoa que detenha o título e o apresente, reclamando a prestação devida".[11]

O título de crédito ao portador mais conhecido é o cheque.

Aqueles títulos em que a lei específica impõe a colocação do nome do credor se excluem da classe dos títulos ao portador, posto contrariar a sua própria natureza, que impede a indicação da pessoa a quem se deve pagar. Assim, tem-se, na classe dos títulos que não podem ser ao portador, v. g., a letra de câmbio (item 6 do art. 1º da Lei Uniforme), a nota promissória (item 5 do art. 75 da Lei Uniforme). Não se consideram letra de câmbio ou nota promissória o escrito no qual faltarem os requisitos determinados nos arts. 1º e 75, entre os quais se encontra o nome da pessoa a quem ou à ordem de quem deve ser paga (arts. 2º e 76).

Incluem-se, ainda, a duplicata (inc. IV do art. 2º da Lei nº 5.474/1968), a cédula de crédito industrial (inc. III do art. 14 do Decreto-Lei nº 413/1969), a cédula de crédito rural pignoratícia (inc. III do art. 14 do Decreto-Lei nº 167/1967) e a cédula de crédito rural hipotecária (inc. III do art. 20 do Decreto-Lei nº 167/1967). Igualmente as ações nas sociedades anônimas, que devem ser nominativas, por força do art. 20 da Lei nº 6.404/1976, na redação da Lei nº 8.021/1990, que assim está redigido: "As ações devem ser nominativas". Na mesma impossibilidade de serem ao portador, incluem-se as debêntures previstas no art. 63 da Lei nº 6.404, em razão da mesma Lei nº 8.021/1990 e da Lei nº 9.457/1997.

5.1.3. Direito à prestação contida no título ao portador

Mediante a mera apresentação ao devedor, segundo encerra o art. 905, nasce o direito à prestação contida no título: "O possuidor de título ao portador tem direito à prestação nele indicada, mediante a sua simples apresentação ao devedor".

Idêntico tratamento está previsto na Lei Uniforme relativa à letra de câmbio e à nota promissória. Desnecessária qualquer providência outra, como, se transmitido o título, a notificação do emitente para lhe dar ciência, ou o seu consentimento expresso. Ao devedor não assiste qualquer oposição, já que se lhe veda impedir o endosso. O detentor do título reveste-se do direito de reclamar o pagamento junto ao subscritor ou emissor, se não houver endosso, ou junto ao devedor que aparece no título, sendo alheias ao portador eventuais questões verificadas entre o emissor e o devedor. Dominam os princípios da abstração e da autonomia, como é próprio dos títulos de crédito em geral. É que todos os títulos de crédito, quando em circulação, adquirem tais atributos, o que lhes dá credibilidade, tendo valor por

---

[10] *Instituições de Direito Civil*, 10ª ed., Rio de Janeiro, Editora Forense, 1997, vol. III, p. 353.
[11] *Curso de Direito Civil*, 6ª ed., São Paulo, Editora Saraiva, 1989, 3º vol., p. 499.

si mesmos. Há o reconhecimento da legitimidade de quem o porta, decorrendo automaticamente o direito ao crédito.

De outro lado, para se efetuar o pagamento, cumpre ao portador entregar o título. Equivale a afirmar que o pagamento se faz à vista do título. Elucida Antônio Chaves: "Se a obrigação fundamental do emissor é efetuar o pagamento no tempo devido, constitui direito seu, reconhecido por todos os códigos, exigir a apresentação do mesmo ao efetuar o desembolso".[12]

No parágrafo único aparece enfatizada a autonomia, afastando qualquer restrição quanto ao emitente que porventura queira se opor ao pagamento: "A prestação é devida ainda que o título tenha entrado em circulação contra a vontade do emitente".

Apenas se adquirido o título de má-fé, com fraude ou simulação, ou se houve apropriação indevida, reconhece-se como justa a oposição do emitente ou devedor.

A falta de origem, nos títulos causais, enseja, no entanto, a oposição, o que é comum nas duplicatas. Pelo mero fato de se efetuar a transferência, não acarreta a obrigatoriedade de pagar. Nesta parte, convém lembrar que os títulos de crédito, mesmo que transferidos, e desde que eivados de nulidades, são contestáveis. Aliás, pelos termos do parágrafo único, somente é afirmado que a vontade do emitente não é suficiente para impedir o pagamento. Retira-se do texto a viabilidade de impedir o pagamento se razões plausíveis e fortes forem constatadas.

5.1.4. *Exceções alegáveis pelo devedor no título ao portador*

Mais um ponto de grande controvérsia traz o art. 906 que aparece nas leis especiais que disciplinam os títulos de crédito. Eis sua redação: "O devedor só poderá opor ao portador exceção fundada em direito pessoal, ou em nulidade de sua obrigação".

A rigor, é restrito o âmbito de oposição que a lei reconhece ao devedor, amparando o não pagamento. Duas as situações que lhe socorrem: a exceção fundada em direito pessoal, ou a nulidade da obrigação.

A primeira abrange os motivos que nascem do próprio devedor, como a coação, a simulação, o erro, a incapacidade. Consistiria o que se denomina nulidade interna, assim conceituada por M. M. de Serpa Lopes: "Entende-se por nulidade interna aquela que diz respeito ao título ao portador como um negócio jurídico, dado nele existir, inegavelmente, uma declaração de vontade. Consequentemente, tudo quanto for concernente ao defeito de capacidade do emissor é matéria arguível em defesa à exigibilidade da obrigação".[13]

A segunda envolve a nulidade na causa de emissão do título, e na sua exteriorização, sendo comum, *v. g.*, a falta de causa nas duplicatas, ou a falsidade no preenchimento e na assinatura, ou o não atendimento dos requisitos estabelecidos para o título ter validade. Para Serpa Lopes, essa nulidade é relativa à autenticidade do título ao portador, "o que se dá no caso de sua falsificação completa ou da respectiva assinatura".[14]

A própria redação do art. 906 abre amplo campo de debate, ao assinalar como motivo de exceção a nulidade da obrigação do devedor. Havendo qualquer razão para se opor, desde que fundada em lei, é garantido o direito à exceção. Está o devedor impedido de levantar questões relacionadas entre o emitente e o portador. O que ocorreu entre aquele que transferiu e aquele que recebeu o título, não diz respeito ao devedor. Mesmo assim, no caso de endosso, é sua

---

[12] *Tratado de Direito Civil – Obrigações*, São Paulo, Editora Revista dos Tribunais, 1984, vol. II, tomo II, p. 1.576.

[13] *Curso de Direito Civil*, ob. cit., vol. V, p. 153.

[14] *Idem, ibidem.*

atribuição verificar o correto encadeamento, ou seja, se o título procede do emitente até o nome do portador, quando do endosso em preto, na exata explicação que se desenvolveu ao art. 901. Não se tem como bom o pagamento se constar, no título, o nome de um favorecido que não seja o portador, transformando a cártula em nominal.

5.1.5. Nulidade do título ao portador emitido sem autorização de lei especial

Há uma tendência de alijar do direito os títulos ao portador, dada a dificuldade de identificar o favorecido, para efeitos perante a Receita Federal. Pelo teor do artigo 907, são válidos os títulos de crédito ao portador se na lei especial que os regulamenta existir previsão. É o que se encontra em seu texto: "É nulo o título ao portador emitido sem autorização de lei especial".

Há leis que contêm expressamente a autorização.

Nesse sentido, a Lei nº 7.357, de 1985, no art. 8º, parágrafo único, faculta a emissão de cheque ao portador, quando prescreve: "Vale como cheque ao portador o que não contém indicação do beneficiário e o emitido em favor de pessoa nomeada com a cláusula 'ou ao portador', ou expressão equivalente". No entanto, com a Lei nº 9.069/1995, art. 69, foi limitado o pagamento de cheques sem a identificação do beneficiário, ou ao portador, até o valor de R$ 100,00.

A Lei nº 7.684/1988, no art. 1º, § 2º, letra "h", também faculta a emissão de letras hipotecárias ao portador, prescrevendo: "A denominação ao portador ou o nome do titular, se nominativa, e a declaração de que a letra é transferível por endosso, se endossável".

Como salientado na análise ao artigo 904, sempre que os diplomas exigirem a colocação do nome do favorecido ou tomador, depreende-se a proibição de se expedir os títulos ao portador. Todavia, havendo omissão da lei especial, tem aplicação o art. 907, isto é, não surte efeitos jurídicos o título ao portador, mas, naturalmente, isto apenas em relação aos títulos que se formaram a partir da vigência deste Código Civil. Entende-se, como já se defendeu, que não dispondo a lei especial, como requisito, a colocação do nome do credor ou portador, é válido o título ao portador. Evidente que os títulos de crédito emitidos antes do Código de 2002 não perderão sua validade, já que inexistente, então, previsão semelhante à do art. 907.

5.1.6. Substituição do título ao portador dilacerado

Título dilacerado é aquele rasgado, lacerado ou despedaçado, embora não completamente, pois, para valer, e ensejar algum direito, deve manter caracteres e elementos que lhe confiram a originalidade ou autenticidade. Com o uso, ou de tanto manusear, é possível venha o documento representativo do crédito a sofrer na sua exterioridade, perdendo a forma original, o seu viço e apresentação, mas conservando os dizeres da obrigação devida a um credor.

Os títulos ao portador são passíveis das vicissitudes da deterioração, eis que, normalmente confeccionados de papel, sofrem com o passar do tempo e com a sua transferência de uma pessoa para outra. É comum que sejam mantidos ou guardados em locais de má conservação, em bolsos onde acabam amassados, ou em carteiras, sacolas, gavetas, pastas, junto com outros documentos, sofrendo não apenas pela ação do tempo, e sim, sobretudo, pela falta de um melhor acondicionamento, ou pela constante transferência de lugar, ora ficando dobrados, ou amarrotados, ou socados no fundo de um compartimento sob outros objetos.

Sem dúvida, a assinatura deverá estar conservada, de modo a garantir a identificação do obrigado. Mesmo que rasgado ou partido em duas ou mais partes o documento, hão de se ajustar e combinar os pedaços, formando um todo, sem solução de continuidade na escrita, aferindo-se claramente o seu conteúdo, e notando-se a inexistência de falsidade ou a combinação de peças diferentes de documentos.

É elemento indispensável a identificação do título, apesar dos estragos verificados, que não podem, todavia, redundar na destruição total. Para aferir-se a identificação, importa que permaneçam identificáveis os elementos que levem ao nome do devedor, ao valor lançado em seu corpo, à data da emissão, e à assinatura daquele que se obrigou. Todavia, se perfeitamente detectáveis esses requisitos, não se justifica a medida de substituição. Pondera Adroaldo Furtado Fabrício: "Enquanto o título, embora tendo sofrido alguma deterioração, apresente ainda completos e inconfundíveis todos os elementos necessários à sua perfeita identificação e à de todas as características da obrigação nele corporificada, de tal modo que os estragos sofridos pela cártula em nada comprometam sua credibilidade nem gerem dúvidas sobre o teor respectivo, não se justifica a recartulação. Não é razoável que o portador ou os sucessivos portadores a todo o momento importunem o devedor com solicitações desnecessárias da substituição. Tal exigência só será de atender-se quando a circulação fique comprometida pela insegurança decorrente da danificação, afetando pontos essenciais (série, número, valor, assinatura etc.)".[15]

Ao portador se assegura o direito de exigir a substituição por outro título, no que se revela incisivo o art. 908: "O possuidor de título dilacerado, porém identificável, tem direito a obter do emitente a substituição do anterior, mediante a restituição do primeiro e o pagamento das despesas".

Acontece que o dilacerado encontra restrições, tanto para o endosso como para o próprio pagamento. O devedor poderá opor objeções quando procurado para honrar a obrigação. Devido ao estado precário em que se encontra, justificam-se as dúvidas e até a recusa.

Concordando o emitente ou devedor na substituição, faz-se a mesma pela entrega de outro título de crédito, igual ou equivalente ao dilacerado, arcando o portador com as despesas que a medida comporta.

O Código de Processo Civil de 1973 traçava o caminho para obter a substituição, se manifestada a recusa do emitente, considerando como motivo para a ação a "destruição parcial". Entrementes, o significado equivalia a "dilaceração", pois em ambas as expressões deviam restar elementos que identificassem o título, consoante o art. 912 do estatuto acima: "Ocorrendo destruição parcial, o portador, exibindo o que restar do título, pedirá a citação do devedor para em 10 (dez) dias substituí-lo ou contestar a ação".

O procedimento estava indicado no parágrafo único: "Não havendo contestação, o juiz proferirá desde logo a sentença; em caso contrário, observar-se-á o procedimento ordinário".

Cuidava-se, explica novamente Adroaldo Furtado Fabrício, de ação cominatória, sendo o "objetivo final ver condenado o devedor a um *facere*, a uma prestação de fato consistente na lavratura de uma nova cártula".[16] Incidia a cominação de multa, caso não houvesse o cumprimento, em consonância com o art. 287 do Código de Processo Civil/1973.

A sentença não condenava a emitir uma declaração de vontade, eis que esta já havia ocorrido quando da emissão do título. Mandaria unicamente a dar uma nova forma ao título, ou a substituí-lo. Não atendendo o devedor, apesar da pena pecuniária, valeria a sentença como expressão material do título.

O Código de Processo Civil de 2015 não disciplina a matéria. Segue-se o procedimento comum, em atenção ao seu art. 1.049: "Sempre que a lei remeter a procedimento previsto na lei processual sem especificá-lo, será observado o procedimento comum previsto neste Código". É de se atender, no entanto, o disposto no § 1º do art. 1.046: "As disposições da Lei

---

[15]   *Comentários ao Código de Processo Civil*, vol. VIII, tomo III, p. 371.

[16]   *Idem*, p. 374.

nº 5.869, de 11 de janeiro de 1973, relativas ao procedimento sumário e aos procedimentos especiais que forem revogadas aplicar-se-ão às ações propostas e não sentenciadas até o início da vigência deste Código".

5.1.7. *Perda, ou extravio, ou desapossamento do título ao portador*

Sendo o título ao portador, o seu pagamento se dá a quem o apresentar, já que possível a cessão ou transferência pela simples tradição. Desonera-se o devedor da obrigação mediante a entrega do valor correspondente ao portador, sem indagar ou preocupar-se com a pessoa do apresentante, presumindo-se que tenha sido válida e regular a transferência.

A disciplina está condensada no art. 909 do Código Civil: "O proprietário, que perder ou extraviar título, ou for injustamente desapossado dele, poderá obter novo título em juízo, bem como impedir sejam pagos a outrem capital e rendimentos".

Pela norma do art. 909 acima, três situações comportam a providência de medidas judiciais para evitar o indevido pagamento a quem apresentar o título:

a) a sua perda;
b) o extravio;
c) o injusto desapossamento.

Pela primeira, considerando que o título enquadra-se como uma coisa móvel, mais propriamente um papel, sujeita-se à perda nas idas e vindas do portador, ou em seus deslocamentos de um lugar para outro. Já o extravio acontece quando é guardado em local, não mais se recordando o titular; ou no mero esquecimento do título em lugar que não é lembrado; ou no desaparecimento durante a mudança de moradia. Há muita proximidade das hipóteses configuráveis com a perda. O injusto desapossamento corresponde à subtração do título por estranho, verificado pelo furto (a mera subtração de coisa móvel), ou pelo roubo (a subtração mediante força ou grave ameaça). Acrescenta J. M. de Carvalho Santos a apropriação indevida, ou a situação da entrega do título "em confiança a outrem, negando-se este a fazer a restituição".[17]

O Código Civil de 1916 (art. 1.509) enquadrava os três casos em um único, consistente no injusto desapossamento. Mas a doutrina costumava incluir nesta previsão todos os desapossamentos por motivos estranhos à vontade do titular e à disposição da lei. Nesta visão, ocorria a figura com a retirada do título por meio sub-reptício ou violento, com a recusa de devolução por quem recebera o título para a guarda, com a perda ou o extravio.

Em vista do art. 909, que reproduz disposição do art. 1.509 do Código anterior, assegura-se ao proprietário a obtenção de novo título em juízo, bem como impedir que sejam pagos a outrem o capital e os rendimentos.

No regime do Código de Processo Civil de 1973, ingressava-se em juízo com uma ação de recuperação de título (se estivesse na posse de outrem), ou de anulação e substituição por outro (na perda ou extravio), consoante o art. 907: "Aquele que tiver perdido título ao portador ou dele houver sido injustamente desapossado poderá:

I – reivindicá-lo da pessoa que o detiver;
II – requerer-lhe a anulação e substituição".

---

[17] *Código Civil Brasileiro Interpretado*, 7ª ed., Rio de Janeiro, Livraria Freitas Bastos S.A., 1961, vol. XX, p. 75.

Cumulava-se o pedido com a pretensão de impedir o pagamento do capital e dos juros a outrem.

Sob a égide do CPC/2015, adota-se o procedimento comum, previsto em seu art. 318.

Mesmo que se encontre indevidamente em mãos de estranho, porém, deve-se requerer a anulação e substituição se a recuperação for impraticável, como se o título sofreu danos ou deteriorações materiais que dificultem ou inviabilizem a circulação.

De outro lado, a destruição total equipara-se à perda, justificando a anulação e substituição.

A recuperação realiza-se com a ação reivindicatória, submetida ao rito comum, não se exigindo a má-fé do demandado, como defende Adroaldo Furtado Fabrício, caminho que pode se estender ao regime do Código de 2015: "Tanto isso é verdade que nem mesmo aquele que adquiriu em bolsa ou leilão se forra à reivindicação, embora tenha direito, neste caso, ao reembolso do preço pago".[18]

Algumas observações fazem-se necessárias quanto ao procedimento na perda ou no extravio, na destruição total e na impossibilidade de recuperação. Explicita-se o regime de tramitação sob a disciplina do CPC/1973.

Para a ação de anulação e substituição, eis o caminho delineado pelo art. 908 da lei processual de 1973: "No caso do nº II do artigo antecedente, exporá o autor, na petição inicial, a quantidade, espécie, valor nominal do título e atributos que o individualizem, a época e o lugar em que o adquiriu, as circunstâncias em que o perdeu e quando recebeu os últimos juros e dividendos, requerendo:

> I – a citação do detentor e, por edital, de terceiros interessados para contestarem o pedido;
> II – a intimação do devedor, para que deposite em juízo o capital, bem como juros ou dividendos vencidos ou vincendos;
> III – a intimação da Bolsa de Valores, para conhecimento de seus membros, a fim de que estes não negociem os títulos".

Desde que suficientemente justificado o pedido, com a menção específica da quantidade, espécie e o valor nominal do título, segundo deflui do art. 909 do CPC/1973 (o dispositivo citado não possui correspondência no CPC/2015), de imediato o juiz ordenava, em especial, duas providências: a intimação do devedor para o depósito em juízo do capital e dos juros e dividendos vencidos ou vincendos; e a intimação da Bolsa de Valores, ou da pessoa com a qual possivelmente se encontra o título, para não negociá-lo, nem pagar os rendimentos ou o capital. Essas providências de preservação dos direitos estendem-se mesmo para a ação de reivindicação, se motivos justos vierem do pedido.

Em qualquer das pretensões, de suma relevância o bloqueio do pagamento e da circulação.

Com as providências ordenadas, inclusive prévia e cautelarmente, se motivos ponderáveis as ensejassem, seguia-se a citação, que se efetuaria na pessoa do detentor, em seu endereço, se conhecido, por mandado, ou por edital, caso desconhecido e ignorado o endereço. Para invalidar possíveis pagamentos a terceiros interessados, e transferências dos títulos, citavam-se os mesmos por edital. Com essa medida, eliminava-se a alegação da aquisição ou recebimento de boa-fé.

---

[18] *Comentários ao Código de Processo Civil*, vol. VIII, tomo III, p. 309.

Condicionava-se a admissão da contestação, na esteira do art. 910 do CPC/1973 (o dispositivo citado não possui correspondência no CPC/2015), que vinha acompanhado do título reclamado. A toda evidência, isso se entranhada na ação prova irrefutável de que se encontrasse o documento com o réu, e dirigido o pedido à reivindicação.

A procedência da ação importava em determinar a confecção de novo título, em prazo fixado, declarando-se invalidado o outro. É o que se denominava recartulação, que se concedia desde que provada a existência de título anterior. A sentença tinha força constitutiva, eis que servia de novo título, se não atendida a ordem, que poderia acompanhar-se da cominação permitida pelo art. 287 (o dispositivo citado não possui correspondência no CPC/2015) do diploma processual civil. Necessário, outrossim, que fosse determinada a inserção dos mesmos elementos que constavam no título anterior.

Por força do parágrafo único do art. 909 do Código Civil, se o pagamento do valor do título houver sido efetuado pelo devedor a terceiro antes da ciência da ação, exonera-se ele de qualquer responsabilidade, a menos se se provar que tinha conhecimento do fato: "O pagamento, feito antes de ter ciência da ação referida neste artigo, exonera o devedor, salvo se se provar que ele tinha conhecimento do fato".

Por último, contemplava o art. 913 do Código de Processo Civil de 1973 (o dispositivo citado não possui correspondência no CPC/2015), em conteúdo criticado pela doutrina de então: "Comprado o título em bolsa ou leilão público, o dono que pretender a restituição é obrigado a indenizar ao adquirente o preço que este pagou, ressalvado o direito de reavê-lo do vendedor". Presume-se que o comprador desconhecia a subtração, ou a perda ou extravio do título, o que fazia concluir que não recebera da Bolsa a intimação do inc. III do art. 908 (o dispositivo citado não possui correspondência no CPC/2015).

Mesmo que sabedor o proprietário da aquisição por outrem, era permitida a ação, desde que depositado o respectivo valor.

O procedimento no CPC/2015 é o comum, com a postulação do pedido, a citação do demandado e demais atos processuais, devendo a petição inicial conter todos os elementos do título, a fim de caracterizá-lo perfeitamente.

5.2. Títulos à ordem

5.2.1. Conceito de título à ordem

O direito que disciplina os títulos cambiários e outros títulos de crédito com força cambiariforme converge no sentido de favorecer a circulação, com o que se visa outra finalidade, que é a movimentação das riquezas.

Neste sentido, o título pode conter a indicação da pessoa a quem se deve efetuar o pagamento, ou à sua ordem. Paga-se a um beneficiário que está indicado no título, ou a quem este ordenar que se faça. Inserindo a cláusula para pagar à pessoa que o beneficiário referir, diz-se à ordem o título. Nessa situação, trata-se de título eminentemente circulável, efetuando-se a transferência por meio de endosso por escrito.

Costuma-se afirmar que está situado o título à ordem entre aquele nominativo e o ao portador. A diferença reside, quanto ao nominativo, na circunstância do nome da pessoa favorecida constar escrito em seu texto, e não nos livros de registro dos títulos de crédito; no pertinente ao portador, estampa-se no fato de trazer o nome de quem indicará como beneficiário.

Insere-se a cláusula 'pague-se à ordem de...', isto é, à pessoa que o portador endossar, constando a expressão ao lado do nome indicado. O art. 910 do Código Civil aponta onde deve ser lançada a ordem: "O endosso deve ser lançado pelo endossante no verso ou anverso do próprio título".

Outrossim, há a faculdade de se designar a pessoa do endossatário. Trata-se apenas de uma faculdade, e não de uma obrigação. Se dado o endosso no verso do título, é expresso o § 1º do mesmo art. 910 de que basta a simples assinatura: "Pode o endossante designar o endossatário, e para validade do endosso, dado no verso do título, é suficiente a simples assinatura do endossante".

Na verdade, sabe-se que todo título é circulável, e, assim, traz ínsita a cláusula do endosso. Mesmo que não venha a expressão 'pague-se à ordem', permite-se a transferência. O art. 11 da Lei Uniforme sobre letra de câmbio e nota promissória dispõe sobre o assunto: "Toda letra de câmbio, mesmo que não envolva expressamente a cláusula à ordem, é transferível por via de endosso". Assim, normalmente a transmissibilidade se efetiva graças à cláusula 'à ordem', presente nos títulos de crédito próprios, e que se constituem da letra de câmbio, da nota promissória, do cheque e da duplicata, sem afastar a viabilidade de se lançar em outros títulos. No entanto, não se conclua que a ausência da cláusula "à ordem" impede a transferência.

Acontece que domina o princípio de que os títulos de crédito são exigíveis por aquele que tem a sua posse. A mera apresentação obriga ao pagamento pelo devedor.

De modo geral, pois, a menos que conste ordem em sentido contrário, basta a assinatura no verso do título, lançada pelo credor ou portador, para permitir a transferência, como, aliás, é expressa a segunda parte do acima transcrito § 1º do art. 910 do Código Civil.

Isto porque a circulação se opera pelo endosso em branco ou em preto. Pelo primeiro, não se identifica a pessoa a quem a cambial é transferida; já pelo segundo, aponta-se quem será o novo credor.

Todavia, não basta a simples colocação da cláusula "à ordem", ou da assinatura. É complemento essencial a tradição do título, exigência que manifestamente exige o § 2º do art. 910 do Código Civil: "A transferência por endosso completa-se com a tradição do título".

Se aposto o endosso e, após, mediante referência expressa, ficar cancelado, não vale ou prospera a cláusula de transferência, consoante regra do § 3º, também do art. 910: "Considera-se não escrito o endosso cancelado, total ou parcialmente".

De outro lado, está permitida a cláusula "não à ordem", o que exclui a transferência para terceiro, ou a circulação. Raramente utiliza-se esta limitação, a qual se justifica quando se pretende ligar o título à causa que lhe deu origem. Algumas leis reservam o direito de aposição da cláusula "não à ordem", como acontece com a Lei Uniforme sobre a letra de câmbio e a nota promissória, no art. 11, e a Lei do Cheque (Lei nº 7.357, de 02.09.1985), no art. 17, em seu § 1º.

Uma vez concretizada a transferência, malgrado a proibição, os efeitos são da cessão civil. De observar, porém, que a restrição do endosso não impede a cessão, com os efeitos regulados pela lei civil, e realizável por meio de um termo de transferência. Não se mantêm os privilégios aportados pelas leis que disciplinam os títulos de crédito, como o aval e a prescrição de três anos, desaparecendo, também, a garantia junto ao cedente, que fica responsável unicamente quanto à existência do crédito, e não pela solvabilidade do devedor.

Quanto à nota promissória que não venha com denominação, ou o documento sem nome mas com natureza de nota promissória, impõe o art. 19 do Anexo II da referida Lei Uniforme que se insira a cláusula "à ordem".

Efetuando a transferência, aquele que transmite o título fica responsável pela aceitação e pelo pagamento, no que é expresso o art. 15 da Lei Uniforme, no pertinente à letra de câmbio e à nota promissória. Operando-se vários endossos, estabelece-se uma cadeia de coobrigados, ligando-os à solidariedade. Ao credor, abre-se a opção de escolher qualquer um ou mais de um dos endossantes, para reclamar o crédito, e mais o sacador, o aceitante e os respectivos avalistas. Tais coobrigados estão impedidos de arguir qualquer defeito do negócio perante o terceiro, eis que não participou este da relação jurídica fundamental.

Além dos títulos de crédito propriamente ditos, os demais também permitem a cláusula "à ordem", como as cédulas de crédito rural, industrial, comercial, à exportação e a habitacional.

Lembra-se que imperam dois princípios que amparam o portador do título, os quais são a abstração e a inoponibilidade das exceções ao terceiro de boa-fé.

O Código Civil anterior não disciplinou a matéria.

5.2.2. O endosso

O art. 910 do Código Civil, no item anterior transcrito, traz normas de natureza formal sobre o lançamento do endosso no título de crédito. Permite que se lance no verso ou anverso do título, isto é, na parte da frente ou nas costas. A matéria não envolve maiores dificuldades, pois restringe-se ao lançamento da assinatura pelo endossante.

Já a Lei Uniforme sobre a letra de câmbio e a nota promissória, quando disciplinou o endosso, previu no art. 13 a possibilidade de ser lançado numa folha ligada à letra: "O endosso deve ser escrito na letra ou numa folha ligada a esta (anexo). Deve ser assinado pelo endossante". A Lei nº 7.357, cuidando do cheque, estabeleceu regra semelhante no art. 19: "O endosso deve ser lançado no cheque ou na folha de alongamento e assinado pelo endossante, ou seu mandatário com poderes especiais". O § 1º, quanto ao endosso em branco, impõe, para lhe dar validade, que seja lançado no verso do cheque ou na folha de alongamento. No pertinente à duplicata, em face do art. 25 da Lei nº 5.474, ordenando que se aplique à mesma a legislação sobre letras de câmbio, inclusive sobre a circulação, têm incidência as mesmas regras estabelecidas para a letra de câmbio e a nota promissória.

O § 1º explicita com mais detalhe a regra do *caput* do art. 910. Autoriza que o endossante designe o endossatário, configurando o endosso "em preto". No endosso em branco, lançado no verso do título, basta a simples assinatura do endossante. Naturalmente, sendo em preto, se nomeará o endossatário, o que se permite que se faça também no verso. Não se depara com alguma inconveniência para que se lance no verso, o que, aliás, é mais apropriado, dada a existência de espaço para a escrita da cláusula respectiva.

Conforme o § 2º do art. 910, o simples endosso sem a tradição não consuma a transferência. Dois os atos que se exige: a assinatura, com ou sem a menção do favorecido, e a tradição. Embora a aposição de cláusula de endosso, ou o lançamento da assinatura, mas continuando o título com o endossante, entende-se que não se consumou a transferência. Presume-se que há um cancelamento tácito. E justamente no § 3º cuida-se do cancelamento expresso. Permite-se ao endossante o cancelamento, que se concretiza por meio de uma disposição escrita, como "endosso cancelado", ou "endosso sem efeito". Para levar a efeito um segundo endosso, faz-se necessária a averbação do cancelamento expressamente. Do contrário, mantendo-se o endosso anterior, e operando-se a tradição, a conclusão é que o segundo endosso não tem valor. Como segundo endosso se compreende aquele que aparece embaixo do outro, se nenhum deles for datado.

A Lei Uniforme sobre letras de câmbio e notas promissórias, no art. 16, segunda parte, também disciplina o cancelamento do endosso, assim configurado quando for riscado: "Os endossos riscados consideram-se, para este efeito, como não escritos".

5.2.3. O legítimo possuidor do título à ordem

Contempla o art. 911 do Código Civil os títulos com endossos numerados, ou efetuados em série: "Considera-se legítimo possuidor o portador do título à ordem com série regular e ininterrupta de endossos, ainda que o último seja em branco".

Há uma série regular e ininterrupta de endossos. Nessa forma de identificá-los, é legítimo portador aquele que se encontra na ordem do encadeamento constante no verso do título. O portador deve tê-lo recebido daquele a quem foi passado imediatamente antes. Evidente que não é legítimo apresentante o portador que não se encontra no último lugar da sucessão de transferências. Não se admite como legítimo o apresentante que não está colocado na última posição de transferência, pois não é o último endossatário.

Há sucessão de endossos quando o credor ou portador transfere o título. Aquele que o recebeu, por sua vez, endossa para outra pessoa. Esta, que é endossatária, segue na transferência, tornando-se endossante. Naturalmente, o pagamento efetua-se para aquele que consta em último lugar, e não para alguns dos endossantes anteriores, que figuravam, por sua vez, como endossatários daqueles que lhe passaram o título.

Não se impede que seja com o banco o último endosso, ou que o endossante simplesmente tenha aposto sua assinatura no título. É necessário que o portador figure como último endossatário, ou que ele não tenha efetuado a transferência.

A Lei Uniforme sobre letras de câmbio e notas promissórias contém regra equivalente, no art. 16: "O detentor de uma letra é considerado portador legítimo se justifica o seu direito por uma série ininterrupta de endossos, mesmo se o último for em branco".

5.2.4. Responsabilidade na verificação dos endossos emitidos em série

De grande significação prática a regra do parágrafo único do artigo 911 do mesmo Código Civil: "Aquele que paga o título está obrigado a verificar a regularidade da série de endossos, mas não a autenticidade das assinaturas".

Aquele a quem é apresentado o título, para a finalidade de pagamento, compete verificar a sequência na cadeia dos endossos, ou a regularidade de sua série. Não é dever seu aferir ou examinar a autenticidade das assinaturas, a não ser a do último endossante, como já se manifestou antiga jurisprudência: "O banco somente responde pela assinatura do último endosso lançado no cheque".[19]

Sendo os títulos de crédito transferíveis, ou circuláveis, e constituindo um de seus elementos próprios a possibilidade da tradição, impossível é impor ao devedor aferir a autenticidade de todas as assinaturas. Reserva-se a ele unicamente certificar-se do correto encadeamento, ou sequência, ou regularidade de endossos, até chegar ao portador. Sendo sacado um estabelecimento bancário, a responsabilidade vai além: cumpre que se confira a assinatura do emitente com aquela que consta nos arquivos ou contas bancárias. Se a falsificação revelar-se grosseira, tem recaído no banco a responsabilidade pelo ressarcimento do prejuízo.

A jurisprudência já focalizou esse aspecto: "... I – Consoante proclamado em precedentes da Turma, o banco cobrador ou apresentante está desobrigado de verificar a autenticidade da assinatura do endosso. Por outro lado, tal não significa que a instituição financeira estaria dispensada de conferir a regularidade dos endossos, aí incluída a legitimidade do endossante. II – Igual responsabilidade incumbe ao banco sacado, nos termos do art. 39 da Lei do Cheque. III – Age em exercício regular de direito (art. 160-I do Código Civil) o banco que se

---

[19] TJRJ. Apelação Cível nº 11.685. 5ª Câmara Cível. Julgado em 22.04.1980, *in Revista dos Tribunais*, 543/221.

recusa a pagar cheque com irregularidade no endosso, não se podendo imputar à instituição financeira, pela devolução de cheque com esse vício, a prática que culmine em indenização. IV – No caso, fica ressalvado que a improcedência do pedido de indenização não exime o banco da obrigação de pagar o cheque, uma vez demonstrado no curso da ação art. 462 do CPC a regularização do endosso".[20] O citado art. 160, I, equivale ao art. 188, I, do atual Código Civil. Já o art. 462 do CPC/1973 corresponde ao art. 493 do CPC/2015.

A análise do art. 911 estende-se a todos os títulos de crédito. Havia disciplina unicamente quanto à letra de câmbio e à nota promissória, não se olvidando, porém, que as leis regulamentadoras de outros títulos, como a da duplicata, também estabelecem a incidência subsidiária da Lei Uniforme.

5.2.5. Ineficácia de cláusula subordinando o endosso a condições

O endosso não permite limitações nem se subordina a condições. O art. 912 é claro a respeito: "Considera-se não escrita no endosso qualquer condição a que o subordine o endossante".

Nada alegará o endossante que deva ser obedecido pelo endossatário, não transferirá alguns dos direitos, nem exigirá o cumprimento de obrigações. Procede-se o endosso simplesmente porque se quer endossar. Não se está vendendo um título, com a referência ao preço. Aprofunda-se no exame Carlos Henrique Abrão: "Elementar frisar, também, que o endosso necessita ser incondicionado e integral, ou seja, dizer respeito ao título e à declaração nele constante. A transferência se viabiliza de forma incondicionada, dado que não se sujeita à condição suspensiva, restritiva, ou de qualquer espécie, de tal sorte que a eventual subordinação se alinha à cláusula não escrita".[21]

Sabe-se, entretanto, que o endosso contém subjacentemente um negócio. Representa uma transação, o que é comum no *factoring*. Entrementes, a expressão relativa ao endosso é simplesmente significativa de transferência, despida de cláusulas, exceto aquela que expressa não ser à ordem.

A Lei Uniforme adotada pelo Decreto nº 57.663/1966 traz uma regra de idêntico sentido, no artigo 12, embora em termos diferentes: "O endosso deve ser puro e simples. Qualquer condição a que ele seja subordinado considera-se não escrita".

A Lei do Cheque contempla o conteúdo no art. 18: "O endosso deve ser puro e simples, reputando-se não escrita qualquer condição a que seja subordinado".

Os demais diplomas que cuidam de outros títulos de crédito não contêm tal prescrição.

O parágrafo único do art. 912, envolvendo certa redundância, enquadra como nulo o endosso parcial: "É nulo o endosso parcial".

Daí decorre que está vedada a transferência de parte do crédito lançado num documento. A Lei Uniforme (Decreto nº 57.663/1966), na 2ª alínea do art. 12, já proclamara a nulidade: "O endosso parcial é nulo".

5.2.6. Mudança do endosso em branco para endosso em preto

O endosso em branco encerra a autorização ao endossatário de mudá-lo para endosso em preto, a teor do art. 913: "O endossatário de endosso em branco pode mudá-lo para endosso

---

[20]   STJ. Recurso Especial nº 304.192/MG. 4ª Turma. *DJU* de 25.06.2001, p. 00195.

[21]   *Do Endosso*, p. 8.

em preto, completando-o com o seu nome ou de terceiro; pode endossar novamente o título, em branco ou em preto; ou pode transferi-lo sem novo endosso".

Pela regra transcrita, é possível transformá-lo em endosso em preto, o que se dá quando se coloca o nome do endossatário, ou de terceira pessoa, que passará a ser endossatária. Ao mesmo tempo, àquele que recebe o título se autoriza a transferência em branco ou em preto. Faculta-se-lhe, por último, a transferência pela mera tradição, sem novo endosso lançado.

As disposições já eram claras na Lei Uniforme sobre letras de câmbio e notas promissórias, no art. 14: "O endosso transmite todos os direitos emergentes da letra.

Se o endosso for em branco, o portador pode:

1º) preencher o espaço em branco, quer com seu nome, quer com o nome de outra pessoa;

2º) endossar de novo a letra em branco ou a favor de outra pessoa;

3º) remeter a letra a um terceiro, sem preencher o espaço em branco e sem a endossar".

Igualmente vem a previsão no art. 20 da Lei do Cheque: "O endosso transmite todos os direitos resultantes do cheque. Se o endosso é em branco, pode o portador:

I – completá-lo com o seu nome ou com o de outra pessoa;

II – endossar novamente o cheque, em branco ou à outra pessoa;

III – transferir o cheque a um terceiro, sem completar o endosso e sem endossar".

Ampla, pois, a liberdade assegurada no endosso em branco, abrindo ensanchas para a continuidade das transferências.

Os regramentos que tratam dos demais títulos de crédito não contemplam normas iguais.

5.2.7. *A responsabilidade do endossante no cumprimento da prestação e direito de regresso*

A regra básica do art. 914 está no princípio de que o endossante não responde pelo cumprimento da prestação constante do título, a menos que venha cláusula expressa em contrário: "Ressalvada cláusula expressa em contrário, constante do endosso, não responde o endossante pelo cumprimento da prestação constante do título".

O princípio é de grande relevância, já que diametralmente oposto ao artigo 15 da Lei Uniforme sobre letras de câmbio e notas promissórias, o qual se aplica também à duplicata (art. 25 da Lei nº 5.474/1968) e aos títulos de crédito rural e industrial (respectivamente art. 60 do Decreto-Lei nº 167/1967, e art. 52 do Decreto-Lei nº 413/1969).

Eis a redação do art. 15 mencionado: "O endossante, salvo cláusula em contrário, é garante tanto da aceitação como do pagamento da letra".

A Lei do Cheque, em seu art. 21, igualmente encerra conteúdo oposto: "Salvo estipulação em contrário, o endossante garante o pagamento". Todavia, ressalva o parágrafo único: "Pode o endossante proibir novo endosso; neste caso, não garante o pagamento a quem seja o cheque posteriormente endossado".

O art. 914 introduz, portanto, uma nova ordem quanto ao direito de regresso nos títulos de crédito. Todavia não há de se olvidar o art. 903, pelo qual perduram a reger a matéria as leis especiais que tratam dos títulos de crédito. A menos que lei própria expresse o contrário, predomina a não responsabilidade.

A inovação sofreu justas críticas de Carlos Henrique Abrão, ao salientar que a eliminação pura e simples da responsabilidade do endossante leva "à uma situação inequívoca de dificuldade a permear a relação entre o endossatário e o devedor principal, além de abrir ensanchas à discussão de objeções e exceções presentes no curso das respectivas tradições".[22]

Pelo § 1º, uma vez contenha a cláusula a responsabilidade, o endossante se torna devedor solidário: "Assumindo responsabilidade pelo pagamento, o endossante se torna devedor solidário". Firma-se a obrigação de honrar o título, se não o fizer o devedor. No entanto, o § 2º mune o endossante de ação de regresso contra os coobrigados anteriores: "Pagando o título, tem o endossante ação de regresso contra os coobrigados anteriores". Está facultada a busca da quantia paga junto ao emitente do título e aos seus avalistas, o que é comum nas leis especiais que tratam dos títulos de crédito.

5.2.8. *Exceções alegáveis pelo devedor perante o portador*

Discrimina o art. 915 do Código Civil as exceções de defesa asseguradas ao devedor: "O devedor, além das exceções fundadas nas relações pessoais que tiver com o portador, só poderá opor a este as exceções relativas à forma do título e ao seu conteúdo literal, à falsidade da própria assinatura, a defeito de capacidade ou de representação no momento da subscrição, e à falta de requisito necessário ao exercício da ação".

Podem as exceções ser desta maneira enumeradas e explicadas:

a) Exceções fundadas em relações pessoais com o portador. Essas exceções envolvem a causa subjacente, quando o devedor emitiu o título. Todas as causas de nulidade contratual são invocáveis, mas sempre restritamente ao âmbito do devedor e do portador. São alegáveis os vícios de consentimento, como erro, dolo, coação, simulação, fraude. Já se o devedor não foi o emissor, isto é, se verificado o endosso, contra o portador não socorre a defesa com base em tais exceções, eis que o título desprende-se da causa e dos vícios que lhe deu origem, segundo defende Silvio Rodrigues, acrescentando: "As únicas defesas que pode o emissor opor ao portador de boa-fé são: seu direito pessoal contra o detentor, ou nulidade interna ou externa do título".[23]

b) As exceções relativas à forma do título. Neste campo, cabe invocar a falta de requisitos formadores do título, como a ausência de data de emissão.

c) As exceções relativas ao conteúdo literal. Essas exceções abrangem os elementos escritos, que dizem mais com o valor, a data, o local de pagamento. Em se tratando de título causal, o sentido vai mais longe. Ao devedor reconhece-se o direito de apresentar as exceções que tem contra o emitente, ou aquele que formou o título. Isto especialmente na duplicata, no que é bastante pacífica a orientação do STJ: "O Banco que recebe por endosso, em operação de desconto, duplicata sem causa, responde pela ação de sustação de protesto e deve indenizar o dano dele decorrente, ressalvado seu direito contra o endossante".[24]

Em outra decisão: "O agravante levou a protesto título sem causa, deixando de tomar as devidas precauções, o que enseja a sua responsabilidade por tal conduta... Configurando

---

[22] *Idem*, p. 99.

[23] *Direito Civil*, 3ª ed., São Paulo, Max Limonad Editor, vol. III, p. 426.

[24] Recurso Especial nº 195.842/SP. 4ª Turma. *DJ* de 29.03.1999.

o acórdão recorrido a responsabilidade do Banco endossatário pela cobrança indevida de duplicata incompleta, sem a documentação comprobatória de seus requisitos legais, fica mantida a sua posição de parte vencida".[25]

d) A defesa que envolve a própria assinatura, como a falsidade ou reprodução por terceiro.

e) Os defeitos de capacidade ou de representação quando da subscrição. É exemplo da assinatura por pessoa interditada ou menor, ou por mandatário sem poderes para o ato.

f) Falta de requisito necessário ao exercício da ação. Abrangerá a defesa a utilização de um procedimento judicial impróprio, por não preencher o título os elementos que lhe dão certeza e liquidez. Na execução de duplicata sem aceite, não acompanha, *v.g.*, a prova do encaminhamento e do recebimento da mercadoria.

O art. 17 da Lei Uniforme sobre letras de câmbio e notas promissórias traz regra equivalente à do art. 915: "As pessoas acionadas em virtude de uma letra não podem opor ao portador exceções fundadas sobre as relações pessoais delas com o sacador ou com os portadores anteriores, a menos que o portador ao adquirir a letra tenha procedido conscientemente em detrimento do devedor".

5.2.9. *Limitação na oposição de exceções ao portador*

A rigor, como também se depreende do art. 915 da lei civil, unicamente as relações pessoais entre portador e devedor são alegáveis como defesa. Tudo que ocorreu entre o anterior portador e o devedor está fora do âmbito de defesa, pois são estranhas àquele que se apresenta para receber o crédito. Exceto isto se, ao adquirir o título, tiver o último procedido de má-fé, a qual se ostenta em condutas tais como a apropriação indevida do título, falsificação de assinatura, comprovação de pagamento com o conhecimento do portador. O art. 916 do Código Civil dispõe a respeito: "As exceções, fundadas em relação do devedor com os portadores precedentes, somente poderão ser por ele opostas ao portador, se este, ao adquirir o título, tiver agido de má-fé".

É princípio inerente à circulação dos títulos de crédito que a defesa não pode ir além das relações entre o detentor, ou credor, e aquele que está obrigado a pagar. Trata-se de uma decorrência do só fato de haver o subscritor assinado o título, do que decorre a abstração, ou a autonomia da relação surgida, afastando qualquer ligação com vícios ocorridos num momento em que o título não estava em poder do portador.

O art. 17 da Lei Uniforme, adotada pelo Decreto nº 57.663/1966, conforme visto acima, já deixara firmado que as pessoas acionadas em virtude de uma letra não podem opor ao portador exceções fundadas sobre as relações pessoais delas com o sacador ou com os portadores anteriores, a menos que o portador, ao adquirir a letra, tenha procedido conscientemente em detrimento do devedor.

O art. 25 da Lei nº 7.357/1985, ao dispor sobre o cheque, repete o princípio: "Quem for demandado por obrigação resultante de cheque não pode opor ao portador exceções fundadas em relações pessoais com o emitente, ou com os portadores anteriores, salvo se o portador o adquiriu conscientemente em detrimento do devedor".

---

[25] STJ. AGA nº 235.041/SP. 3ª Turma. *DJ* de 17.12.1999.

Justificam-se tais normas para dar garantia ao portador, que terá a convicção de que receberá a prestação consubstanciada no título.

5.2.10. Endosso-mandato

Todos os direitos constantes no título são exercitáveis, assegurando ao portador não apenas o recebimento do crédito, mas também o endosso ou transferência e o seu oferecimento em caução ou garantia. Esses direitos são mantidos mesmo no endosso-mandato, ou endosso feito por meio de mandato, pelo qual não "se transfere ato contínuo a propriedade do título, mas apenas e tão somente confere ao endossatário a faculdade inerente ao exercício daqueles poderes que lhe são outorgados".[26]

A caracterização está no art. 917 do Código Civil: "A cláusula constitutiva de mandato, lançada no endosso, confere ao endossatário o exercício dos direitos inerentes ao título, salvo restrição expressamente estatuída".

O endossatário não perde os direitos com a cláusula constitutiva de mandato, exceto se vier restrição expressamente convencionada.

No verso do título se apõe a cláusula que revela a constituição de mandato. Essa cláusula conterá poderes inerentes ao mandato. O endossante autoriza o endossatário a cobrar o crédito, ou a exercer outros direitos, como se fosse o próprio endossante.

O endossatário, tendo recebido o título por meio de endosso-mandato, está autorizado a endossar novamente o título, na qualidade de procurador, igualmente lançando dizeres que revelem o mandato, ou que confiram poderes para o novo endossatário praticar. É o que permite o § 1º do art. 917: "O endossatário de endosso-mandato só pode endossar novamente o título na qualidade de procurador, com os mesmos poderes que recebeu".

Mais uma vez cita-se Carlos Henrique Abrão, na seguinte passagem: "Se o endossatário resolver endossar novamente o título, somente poderá fazê-lo dentro daquele parâmetro prefixado, isto é, transferirá os poderes que lhe foram outorgados".[27]

Depreende-se, pois, a possibilidade de se processar os endossos mediante mandatos sucessivos.

O § 2º traz a previsão de que se mantêm os efeitos do mandato no caso de morte ou superveniência de incapacidade do endossante: "Com a morte ou a superveniente incapacidade do endossante, não perde eficácia o endosso-mandato".

A disposição abre uma exceção a respeito da extinção do mandato com a superveniência da morte ou incapacidade do mandante, que vem prevista no inc. II do art. 682 do Código Civil: "Cessa o mandato: ... II – pela morte ou interdição de uma das partes".

Os princípios delineados acima se encontram no art. 18 da Lei Uniforme (Decreto nº 57.663/1966), que trata do endosso-mandato: "Quando o endosso contém a menção 'valor a cobrar' (*valeur en recouvrement*), 'para cobrança' (*pour encaissement*), 'por procuração' (*par procuration*), ou qualquer outra menção que implique um simples mandato, o portador pode exercer todos os direitos emergentes da letra, mas só pode endossá-la na qualidade de procurador.

Os coobrigados, neste caso, só podem invocar contra o portador as exceções que eram oponíveis ao endossante.

---

[26] Carlos Henrique Abrão, *Do Endosso*, p. 58.

[27] *Do Endosso*, p. 98.

O mandato que resulta de um endosso por procuração não se extingue por morte ou sobrevindo incapacidade legal do mandatário".

A Lei nº 7.357/1985, no art. 26, segue no mesmo rumo: "Quando o endosso contiver a cláusula 'valor em cobrança', 'para cobrança', 'por procuração', ou qualquer outra que implique apenas mandato, o portador pode exercer todos os direitos resultantes do cheque, mas só pode lançar no cheque endosso-mandato. Neste caso, os obrigados somente podem invocar contra o portador as exceções oponíveis ao endossante".

O parágrafo único, quanto à não extinção do mandato pela morte ou incapacidade do endossante: "O mandato contido no endosso não se extingue por morte do endossante ou por superveniência de sua incapacidade".

Finalmente, a teor do § 3º do art. 917 do Código Civil, o devedor permanece com os mesmos direitos em arguir as exceções que tinha contra o endossante: "Pode o devedor opor ao endossatário de endosso-mandato somente as exceções que tiver contra o endossante".

Contra o endossatário, estão asseguradas as exceções que lhe reserva a lei para serem levantadas como se o endossante exigisse o crédito ou o acionasse.

5.2.11. *Endosso-penhor*

Tem-se no art. 918 o conhecido endosso-penhor, assim considerado: "A cláusula constitutiva de penhor, lançada no endosso, confere ao endossatário o exercício dos direitos inerentes ao título".

Por este instituto, o título é dado em garantia de uma obrigação contraída pelo credor do título. Em geral, esta forma de garantia é utilizada nos financiamentos bancários. Contraindo um empréstimo, celebra o portador de um título bancário um contrato dando em garantia o título. Aquele que concedeu o financiamento ou empréstimo recebe o título, do qual assume a posição de depositário. No vencimento da obrigação, não acorrendo o devedor para o pagamento, o credor procura receber o valor que está no título dado em penhor, avisando o devedor do mesmo, ou promovendo o processo de execução.

Realmente, a regra acima já confere ao endossatário o exercício dos direitos contidos no título. Esses direitos se consubstanciam no recebimento do crédito. Daí a vantagem para o próprio credor, que se tornou endossatário do título.

Conforme Carlos Henrique Abrão, com o endosso-penhor, "o credor pignoratício se vale da perspectiva decorrente da autonomia da obrigação cambiária, a tal ponto de exigir o crédito existente. Desponta, portanto, o liame de título-garantia a rotular o ato jurídico unilateral, classificando-o no seu fundamento de validade e dele se incorporando aquelas condições que serão utilizadas no exercício regular de direitos".[28]

O § 1º oportuniza que o endossatário, ou aquele que recebeu um endosso-penhor, também endosse o mesmo título, mas na qualidade de procurador daquele que lhe transferiu o título: "O endossatário de endosso-penhor só pode endossar novamente o título na qualidade de procurador".

Finalmente, no § 2º, repete-se um princípio já previsto em outros dispositivos: as exceções que o devedor está habilitado a opor, ao endossatário de endosso-penhor, são unicamente aquelas que ele teria para serem aventadas contra o endossante, a menos que tenha havido conduta de má-fé de parte do endossatário. "Não pode o devedor opor ao endossatário de endosso-penhor as exceções que tinha contra o endossante, salvo se aquele tiver agido de má-

---

[28] *Do Endosso*, p. 65.

-fé". Trata-se do princípio da restrição das defesas àqueles que mantiveram relações pessoais. Não interessam as ocorrências havidas entre terceiros.

O art. 19 da Lei Uniforme (Decreto nº 57.663/1966) contempla normas semelhantes: "Quando o endosso contém a menção 'valor em garantia', 'valor em penhor' ou qualquer outra menção que implique uma caução, o portador pode exercer todos os direitos emergentes da letra, mas um endosso feito por ele só vale como endosso a título de procuração.

Os coobrigados não podem invocar contra o portador as exceções fundadas sobre as relações pessoais deles com o endossante, a menos que o portador, ao receber a letra, tenha procedido conscientemente em detrimento do devedor".

Lembra-se, como já referido anteriormente, que não se dá a transferência da propriedade. O endosso destina-se a garantir outro negócio. O título, tido como bem móvel, passa para terceiro com o escopo de garantir outro negócio. Não se transfere o crédito, que continua pertencendo ao endossante. O endossatário tem um crédito a receber do endossante. Para garantia desse crédito, transfere-se o título, em penhor. Unicamente se persistir a negativa em pagar é que surge o direito em executar o próprio título, junto ao devedor do mesmo.

5.2.12. Aquisição do título à ordem por meio diverso de endosso

O art. 919/CC quer demonstrar que é possível a transferência por meio diverso do endosso: "A aquisição de título à ordem, por meio diverso do endosso, tem efeito de cessão civil".

Ao que parece, a regra destina-se a figuras de compra e venda de títulos, como se dá no *factoring*. O portador do documento creditício opera uma transação por meio de um escrito diferente do endosso. Ao celebrar-se uma avença de compra e venda de bens, como, *v. g.*, de um imóvel, ou de um veículo, realiza-se o pagamento mediante a entrega de títulos, os quais compõem o preço, assumindo seu adquirente os riscos no recebimento do valor que encerram. Igualmente vislumbra-se a hipótese no pagamento de dívidas, quando são as mesmas compensadas por créditos que o devedor tem a receber e passa para o credor.

Na espécie, não acontece um simples endosso dos títulos. Há a ligação com outro negócio, constituindo eles um mero elemento de tal negócio.

Nessas eventualidades, o título perde as características que lhe são próprias, e estão asseguradas no art. 887 do Código Civil, isto é, desaparecem as qualidades da abstração, da autonomia, da literalidade, da independência, entre outras próprias dos títulos de crédito.

De sorte que não se mantêm os privilégios aportados pelas leis que disciplinam os títulos de crédito, como o aval, a prescrição em determinados prazos menores, a inoponibilidade de exceções pessoais. Abre-se o campo para toda série de discussões em torno da validade e exigibilidade.

A regra não encontra parâmetro em dispositivo das leis especiais que regulamentam os títulos de crédito.

5.2.13. Endosso posterior ao vencimento

O endosso posterior ao vencimento está contemplado no art. 920/CC: "O endosso posterior ao vencimento produz os mesmos efeitos do anterior".

A disposição é semelhante à prevista no art. 900 da lei civil, dirigido ao aval. Por conseguinte, mesmo que posterior ao vencimento o endosso, não se descaracterizam os privilégios inerentes aos títulos de crédito.

Salienta-se que a Lei Uniforme sobre letras de câmbio e notas promissórias, em seu art. 20, coincide com a disposição do art. 920 apenas na primeira parte, eis que ressalva: "Todavia, o endosso posterior ao protesto por falta de pagamento, ou feito depois de expirado o prazo fixado para se fazer o protesto, produz apenas os efeitos de uma cessão ordinária de créditos".

Daí concluir-se que a segunda parte do art. 20 continua a reger a letra de câmbio e a nota promissória. Por outros termos, o art. 920 do Código Civil tem incidência somente aos títulos de crédito não regulados pela Lei Uniforme (Decreto nº 57.663/1966). Havendo regras na Lei nº 5.474/1968 (art. 25), e nos Decretos-Leis nº 167/1967 (art. 60) e nº 413/1969 (art. 52), disciplinando, respectivamente, a duplicata e os títulos de crédito rurais e industriais, que mandam aplicar a Lei Cambiária aos mesmos, especialmente no que se refere à circulação, deduz-se que o art. 920/CC não se estende também a mencionados títulos. A esses títulos de crédito, a cessão procedida depois de feito o protesto, ou depois de expirado o prazo para tanto reservado, se enquadra na lição de Carlos Henrique Abrão, que defende a sua "equiparação ao instituto da cessão civil". Entrementes, prossegue, "não perdem a sua característica. Em resumo, continua a ser endosso apesar de algumas limitações inerentes ao fator do vencimento ocorrido".[29]

5.3. Títulos nominativos

5.3.1. Conceito de título nominativo

Constituem aqueles emitidos em nome de uma pessoa certa, definida, ou nomeada, devendo efetuar-se o registro nos livros próprios do emitente. No conceito de João Eunápio Borges, "são emitidos em nome de pessoa determinada e sua transferência se opera mediante um 'termo de transferência', lavrado em livro próprio e assinado pelo cedente e cessionário".[30] Exemplo clássico desses títulos são as ações nominativas na sociedade por ações. A definição se encontra, além de em outros diplomas, no art. 921 do presente Código Civil, no sentido de que é "título nominativo o emitido em favor de pessoa cujo nome conste no registro do emitente".

Embora constituindo um título emitido em nome de uma determinada pessoa, é obrigatório o lançamento ou registro nos livros do emitente para assegurar a garantia de sua inviolabilidade. A exigência do registro está no art. 921 do Código Civil. Esta a principal característica, que o distingue do título à ordem, no qual é colocado o nome da pessoa para quem é dirigido. Devendo ficar lançado em livro ou nos escritos do emitente, lavra-se também o assento ou termo quando da transferência da propriedade. Pontes de Miranda os denomina *títulos valor*, tendo as características da literalidade e da relação jurídica entre o subscritor e o proprietário possuidor.[31]

Assim, sempre deve fazer-se por escrito a transferência. Não se admite o endosso em branco, pois, então, o título seria ao portador. Ou por endosso em preto, ou por um termo de cessão é que se faz a sua transferência, assunto que merecerá um item em separado abaixo. Quem o emite, portanto, deve pagar à pessoa cujo nome está registrado nos livros próprios do titular. Se paga para um terceiro portador, o qual não tem o nome escrito no documento contábil ou em livro onde foi lançado o crédito, paga mal, não merecendo validade a quitação relativamente a terceiros.

Não se confundem com os títulos nos quais se apõe, em sua face, o nome da pessoa a quem se destina o pagamento, como nos cheques, ou nas notas promissórias. Esses títulos, segundo se ficou observado, são à ordem, embora, na literalidade do termo, também possam

---

[29] *Do Endosso*, p. 69.
[30] *Títulos de Crédito*, 2ª ed., 5ª tir., Rio de Janeiro, Editora Forense, 1975, p. 32.
[31] *Tratado de Direito Privado*, 3ª ed., 1984, vol. XXXIII, p. 243.

denominar-se nominais. A distinção está justamente no termo de cessão ou transferência que se faz em outro documento, enquanto os à ordem se transferem pelo mero endosso, que é a colocação da assinatura do titular no verso, não se impondo que se refira a quem é cedido.

Aduz-se que a emissão decorre de um negócio jurídico unilateral, pois há a assinatura de apenas uma pessoa, muito embora venha referido o nome daquele a quem se destina.

Para a confecção, seguem-se as regras ordenadas pelos estatutos da sociedade que cria os títulos, ou os ditames impostos pela lei específica que os prevê. Alguns requisitos mínimos devem atender, que Pontes de Miranda os resume: "... São pressupostos ordinários a indicação da prestação, a data, o tempo e o lugar em que se há de prestar, o nome da pessoa a quem se há de prestar e a assinatura do promitente, ou pessoa em cujo poder está a coisa, em se tratando de títulos representativos".[32]

Com a posse, o nominado habilita-se a apresentar o título, e a receber os juros ou rendimentos que decorrem. Efetuada a entrega do título, transfere-se a posse imediata, verificando-se o endosso, e passando o novo proprietário a merecer a proteção contra eventuais questões pessoais porventura existentes entre o emissor e o primeiro proprietário. Ao endossatário aplicam-se os princípios da abstração e da autonomia, eis que nada tem a ver com a celebração do negócio original.

Os títulos de crédito em geral podem ser nominativos, desde que haja o registro próprio. Para cada espécie incide a legislação própria, inclusive no pertinente à emissão e transferência. Dentre os nominativos, sobressaem as ações e as debêntures, proibindo a lei, segundo já observado, por força do art. 20 da Lei nº 6.404, de 1976, em redação trazida pela Lei nº 8.021, de 1990, que sejam ao portador ou escriturais. Também a Lei nº 9.457, de 1997, afastou as debêntures ao portador e endossáveis. Igualmente consideram-se nominativos as duplicatas, os conhecimentos de transporte e de depósito, entre outros, sempre que se efetuar o registro em livros destinados para esta finalidade e se exija que o título contenha o nome do favorecido.

Não cabe confundir o título nominativo com aquele emitido à ordem de um tomador ou favorecido, no qual aparece o seu nome. Costuma-se, quanto ao cheque, designá-lo de "nominal" se é emitido indicando o nome da pessoa favorecida (art. 8º da Lei nº 7.357/1985) – situação totalmente diferente do título nominativo. Como títulos nominais classificam-se, também, a letra de câmbio e a nota promissória, impondo o art. 1º, nº 6, e o art. 75, nº 5, da Lei Uniforme, que se indique o nome da pessoa a quem ou à ordem de quem se deve pagar. Da mesma forma, a duplicata, regulada pela Lei nº 5.454/1968, a qual conterá o nome do vendedor, que se confunde, em geral, com o credor, quando não endossada (art. 2º, § 1º, inc. IV).

Diferentemente do título nominal, o nominativo não requer que se decline o nome da pessoa a quem se destina, sendo suficiente o mero registro no livro do emitente. A sua perda não tem grande importância, posto que a propriedade e a titularidade se comprovam por meio do registro próprio.

5.3.2. Modo de transferência do título nominativo

Cuida o dispositivo da transferência do título nominativo, matéria já observada acima. Procede-se mediante termo no livro de registro do emitente, mas devendo ser assinado pelo proprietário e pelo adquirente. O art. 922/CC trata da matéria: "Transfere-se o título nominativo mediante termo, em registro do emitente, assinado pelo proprietário e pelo adquirente".

---

[32] *Idem*, p. 245.

Não cuida o dispositivo da transferência feita por meio da mera assinatura no verso, ou a colocação de dizeres próprios do endosso. Isso como regra principal, já que admitida a transferência por endosso onde aparece o nome do endossatário, como autoriza o artigo 923.

A transferência de ações nominativas consta no art. 31, e parágrafos, da Lei nº 6.404/1976, em redação da Lei nº 10.303/2001, que regula as sociedades por ações:

> "A propriedade das ações nominativas presume-se pela inscrição do nome do acionista no livro de 'Registro de Ações Nominativas' ou pelo extrato que seja fornecido pela instituição custodiante, na qualidade de proprietária fiduciária das ações.
>
> § 1º A transferência das ações nominativas opera-se por termo lavrado no livro de 'Transferência de Ações Nominativas', datado e assinado pelo cedente e pelo cessionário, ou seus legítimos representantes".

Sobre a transferência *causa mortis*, por meios judiciais e por meio da Bolsa de Valores, eis a disciplina dos seguintes parágrafos do mesmo art. 31:

> "§ 2º A transferência das ações nominativas em virtude de transmissão por sucessão universal ou legado, de arrematação, adjudicação ou outro ato judicial, ou por qualquer outro título, somente se fará mediante averbação no livro de 'Registro de Ações Nominativas', à vista de documento hábil, que ficará em poder da companhia.
>
> § 3º Na transferência das ações nominativas adquiridas em bolsas de valores, o cessionário será representado, independentemente de instrumento de procuração, pela sociedade corretora, ou pela caixa de liquidação da bolsa de valores".

5.3.3. Transferência por endosso contendo o nome do endossatário

Admite-se a transferência por meio de endosso, devendo constar o nome do endossatário, nos termos do art. 923 do Código Civil: "O título nominativo também pode ser transferido por endosso que contenha o nome do endossatário".

Como se depreende do dispositivo, ao assinalar que a transferência contenha o nome do endossatário, está impondo que o endosso obrigatoriamente será em preto, afastando o em branco, no qual é suficiente a mera assinatura do endossante no verso do título. Pontes de Miranda prevê a hipótese de não constar, quando da emissão do título, o nome da pessoa a quem se transfere: "Se o título é nominativo, mas a lei não o veda sem a inserção do nome do favorecido ao tempo da criação, tem-se de inserir o nome para poderem ser exercidos os direitos oriundos do título. A inserção pode ser pelo subscritor, ou por outrem, inclusive o possuidor, salvo se a lei especial exige que se apresente o título para que se opere a inserção pelo subscritor".[33]

5.3.4. Averbação da transferência por endosso no registro do título

Não se dispensa o registro no livro para tanto criado pela sociedade emitente, como expressamente assinala o § 1º do art. 923 do Código Civil: "A transferência mediante endosso só tem eficácia perante o emitente, uma vez feita a competente averbação em seu registro,

---

[33] *Idem*, p. 255.

podendo o emitente exigir do endossatário que comprove a autenticidade da assinatura do endossante".

Essa exigência impõe-se a fim de ter validade junto ao emitente, e não a outros participantes. Unicamente com a prova do registro está o emitente obrigado a satisfazer os rendimentos decorrentes do título, ou a saldá-lo.

Além disso, faculta o mesmo parágrafo a comprovação da autenticidade da assinatura do endossante. É diferente da regra geral de que ao devedor ou sacado não se exige a prova da autenticidade, limitando-se o seu exame a conferir a cadeia sucessória dos endossos, como consta do art. 40 da Lei Uniforme sobre letras de câmbio e notas promissórias, na sua última parte: "É obrigado a verificar a regularidade da sucessão dos endossos, mas não a assinatura dos endossantes".

O § 2º do art. 923 da Lei Civil assegura ao endossatário, que aparece por último numa série regular e ininterrupta de endossos, a exigir a averbação no registro do emitente, desde que prove a autenticidade das assinaturas de todos os endossantes, e, naturalmente, se o exigir o emitente. Esta providência lhe traz garantia sobre o título, ao mesmo tempo em que dá ciência ao emitente sobre o titular dos dividendos e mesmo para efeito de reembolso, se for alienada a ação. Assim está redigido o dispositivo: "O endossatário, legitimado por série regular e ininterrupta de endossos, tem o direito de obter a averbação no registro do emitente, comprovada a autenticidade das assinaturas de todos os endossantes".

5.3.5. Emissão de novo título

O § 3º do art. 923 do Código Civil oportuniza ao adquirente do título, no qual consta o nome do primitivo proprietário, exigir do emitente a emissão de novo título, já com seu nome, efetuando-se o registro do novo título: "Caso o título original contenha o nome do primitivo proprietário, tem direito o adquirente a obter do emitente novo título, em seu nome, devendo a emissão do novo título constar no registro do emitente".

Essa emissão se opera mediante a devolução do título anterior e tem por finalidade oferecer uma maior garantia, embora, na prática, desde que registrado o título, não ofereça perigo para o portador. O pagamento se efetua sempre àquele que se apresentar com o título, quando se aferirá a coincidência com o registro no livro próprio.

5.3.6. Transformação do título nominativo em à ordem ou ao portador

No curso da vida do título nominativo, está permitida a sua transformação em à ordem ou ao portador se o desejar o proprietário, incumbindo-lhe responder pelos encargos que essa medida exige. O art. 924 cuida do assunto: "Ressalvada proibição legal, pode o título nominativo ser transformado em à ordem ou ao portador, a pedido do proprietário e à sua custa".

A partir de determinado momento, deixa de existir o registro no livro do emitente. Procede-se o seu cancelamento, e se averba a transformação do título em à ordem ou ao portador. Naturalmente, efetuada a alteração, desaparece o caráter nominativo. No caso de se converter em título ao portador, é evidente que não cabe colocar o nome da pessoa beneficiada.

Com essa transformação, procura-se dar maior capacidade de circulação ao título, afastando atos de maior controle, como o registro.

De acordo com a redação do dispositivo, essa transformação é viabilizada quando a lei específica que regula o título não a proíba. Lembra-se que o art. 20 da Lei nº 6.404, de 1976, em redação trazida pela Lei nº 8.021, de 1990, estabelece que as ações somente podem ser nominativas.

5.3.7. Transferência do título e responsabilidade

Exonera-se de responsabilidade o emitente de boa-fé, desde que obedeça as regras próprias da transferência, conforme dispõe o art. 925: "Fica desonerado de responsabilidade o emitente que de boa-fé fizer a transferência pelos modos indicados nos artigos antecedentes".

O dispositivo quer significar que se isenta de responsabilidade o emitente se cumprir as exigências previstas para a circulação dos títulos nominativos. A primeira delas, que é básica, está no registro em livro para tanto destinado, equivalendo o registro a um ato definidor da titularidade e da existência. Comprova-se a propriedade pelo registro, com o que se permite aos terceiros aferirem a sua efetiva realidade. Outra medida de prevenção e de regularidade na circulação está na aposição do nome do endossatário, no caso de transferência do título por endosso. A transferência para título ao portador ou à ordem, contrariando a lei, leva a imputar-se de má-fé aquele que transfere o título, não ficando desonerado das responsabilidades decorrentes.

5.3.8. Averbação no registro para efeitos contra terceiros

O art. 926 cuida de negócio ou medida judicial envolvendo o título, fazendo-se necessária a averbação no registro do emitente, para surtirem efeitos quanto ao emitente e a terceiros: "Qualquer negócio ou medida judicial, que tenha por objeto o título, só produz efeito perante o emitente ou terceiros, uma vez feita a competente averbação no registro do emitente".

A disposição acima é uma ampliação do conteúdo vindo no § 1º do art. 923, em que se subordinou a eficácia, perante o emitente, à averbação no registro do título. Diante da norma em exame, não apenas a transferência, para ter eficácia, depende da averbação no registro do emitente. Também outros atos condicionam-se à tal medida, para surtirem efeitos junto ao emitente ou terceiros. Que outros atos negociais são possíveis?

O negócio pode consistir no oferecimento do título em garantia de outra obrigação, na dação em pagamento, na doação, no pagamento de uma dívida, hipóteses que também envolvem uma transferência. Mesmo a entrega do título para terceira pessoa auferir rendimentos, à semelhança do que ocorre com a figura da constituição de renda, contemplada nos arts. 803 a 807 do Código Civil. E assim também o usufruto, quando o proprietário permanece apenas com a nua-propriedade, e o usufrutuário passa a auferir os rendimentos que decorrem do título.

Já a medida judicial compreende, *v. g.*, a busca e apreensão, o depósito, os direitos sucessórios sobre o título.

A exigência de averbação impõe-se para que o emitente e terceiros fiquem cientes do que se passou com o título.

Entre as partes, a relação jurídica travada possui validade, pois, conforme Pontes de Miranda, "essencial, verdadeiramente, ao negócio jurídico para transferência é a declaração de vontade de quem é, no momento, proprietário do título."[34]

6. QUANTO À MENÇÃO DA CAUSA QUE DÁ ORIGEM

É característica própria dos títulos de crédito serem *abstratos*, ou não ligados a um negócio subjacente. Não interessa o contrato que deu origem, valendo o título por ele próprio, e limitando-se as discussões às formalidades estabelecidas na lei. São casos típicos a nota promissória e a letra de câmbio. Há, no entanto, aqueles que nascem de um negócio, ou de uma

---

[34] *Idem*, p. 250.

causa, figurando como exemplo clássico a duplicata mercantil, que decorre de uma compra e venda ou da prestação de serviços, sendo, pois, *causais*. Permitem que se investigue a sua origem, ou o contrato que determinou a sua emissão.

O Superior Tribunal de Justiça bem destacou a diferença entre uma e outra espécie, ao tratar da cédula de crédito industrial:

> "Como é consabido, alguns títulos de crédito apresentam, como um de seus atributos, a abstração. Assim, o título de crédito abstrato dá origem a obrigações desvinculadas da causa que o gerou, pouco importando a relação fundamental que motivou a sua emissão. Em oposição aos títulos de crédito abstratos estão os causais, que existem em função do antecedente jurídico originário da obrigação cartular. Desta forma, em se tratando de título causal, há de ser observada a convenção constitutiva da relação cambial. (...)
>
> O título em questão (cédula de crédito industrial), não se reveste do atributo da abstração, sendo, pois, um título causal. Neste contexto, a investigação sobre a causa obrigacional é de suma relevância para que se possa averiguar a validade do próprio título; e, por via de consequência, a sua executividade.
>
> Sobreleva realçar, que o crédito oriundo da cédula industrial surgiu para estimular a produção no setor industrial, através de custeio sujeito a determinadas condições impostas pelo legislador; dentre as quais destacam-se: a existência de orçamento, de uma conta vinculada e da fiscalização feita pelo dador do financiamento.
>
> Desta feita, não é sem razão a determinação expressa no art. 2º do DL nº 413/69, segundo a qual: 'o emitente da cédula fica obrigado a aplicar o financiamento nos fins ajustados, devendo comprovar essa aplicação no prazo e na forma exigidos pela instituição financiadora'".[35]

7. QUANTO À SUA ESTRUTURA

Dividem-se os títulos de acordo com o modo de destinação. Há duas espécies: aqueles se emitem como *ordem de pagamento*, sendo que a expedição significa uma determinação para o pagamento, o que se dá nos cheques, nas letras de câmbio e nas duplicatas mercantis; e aqueles que expressam uma *promessa de pagamento*, figurando como exemplo comum a nota promissória, em que uma pessoa promete pagar uma determinada quantia a outra pessoa, num prazo estabelecido e local indicado. Envolve uma promessa direta e unilateral do devedor ao credor, tanto que encerra a expressão 'pagarei' em seu contexto.

8. QUANTO À DESTINAÇÃO

Cuida-se de uma divisão segundo o setor, as atividades ou as pessoas a que se dirige o crédito. Tem-se, nesta ótica, o título de *crédito civil*, destinado a representar valores entregues ou aplicados a pessoas particulares; e o título de *crédito comercial*, com vistas a fornecer cifras para o desenvolvimento de atividades econômicas, como o comércio, a indústria, a construção, o financiamento de insumos para investimentos.

---

[35] Recurso Especial nº 162.032/RS. Julgado em 26.10.1999.

Capítulo IV
A Formalização dos Títulos de Crédito

1. REQUISITOS

O art. 889 e seus dois primeiros parágrafos do Código Civil tratam da formalização dos títulos de crédito de acordo com algumas regras básicas, cuja inobservância, em certos casos, importa na sua anulação. Eis a redação: "Deve o título de crédito conter a data da emissão, a indicação precisa dos direitos que confere, e a assinatura do emitente.

§ 1º É à vista o título de crédito que não contenha indicação de vencimento.

§ 2º Considera-se lugar de emissão e de pagamento, quando não indicado no título, o domicílio do emitente".

Os diplomas que regem especificamente os vários tipos de títulos de crédito também destacam os requisitos ou elementos próprios, sem os quais se desnatura a sua tipicidade, ou perdem a validade como tal. Eis as disposições.

Indicam o art. 889 e seus §§ 1º e 2º exigências comuns e gerais, impostas a todos, e que coincidem, desde que as leis específicas não discriminem outros requisitos. Dizem mais com a forma ou apresentação, impondo-se obrigatoriamente a observância.

O primeiro desses elementos, apesar de omisso o art. 889, mas que se depreende indispensável, diz com a *denominação* do título, muito embora de sua configuração externa se possa chegar à tipicidade própria. Todo título deve conter o nome que o identifica, em conformidade com a sua previsão em lei própria, e adequando-se à espécie que o configura. Inadmissível que se queira dar a utilidade de cheque a um papel que não significa ordem de pagamento, ou se denomine, *v. g.*, nota promissória ou uma letra de câmbio.

Apõem-se a *data* e o *local* da emissão, que representam o momento temporal e o lugar onde se assumiu a obrigação. Não importa em nulidade a omissão. Faltando esses elementos, considera-se que iniciou a ter vida quando da apresentação para o seu cumprimento, e que se pagará onde é o domicílio do obrigado. Na ausência do local, encerra o art. 2º da Lei Uniforme: "Na falta de indicação especial, o lugar designado ao lado do nome do sacado considera-se como sendo o lugar do pagamento, e, ao mesmo tempo, o lugar do domicílio do sacado".

A *indicação precisa dos direitos que confere* ou o *objeto da obrigação* constará no título, constituindo-se na prestação a ser cumprida pela parte que se comprometeu. Realmente, os direitos resumem-se no objeto contido no documento. Em geral, compreendem uma quantia em dinheiro, que será paga ou no ato da apresentação, ou em época marcada. Abrangem, também, mercadorias, ou produtos, como nos conhecimentos de transporte ou de depósito.

Necessário, outrossim, que tenha a *assinatura* do emitente, ou de quem o criou. Na letra de câmbio, quem a expede, a assina, não é o devedor, ao passo que no cheque e na nota promissória o emitente que assina se identifica com o devedor. Não se pode olvidar, no entanto, a possibilidade da emissão do título através de caracteres elaborados em computador, ou de meio equivalente, desde que venha a assinatura digital.

As leis especiais sobre títulos de crédito, em sua totalidade, trazem a descrição dos requisitos. Sem a sua observância, desconfigura-se o título de crédito propriamente dito, mas não invalida o negócio jurídico subjacente, conforme visto acima. Relativamente às letras de câmbio e notas promissórias, são de extrema importância os elementos inseridos no art. 2º e em seus parágrafos, e no artigo 75 da Lei Uniforme.

Destaca-se, como requisito geral, embora não lembrado pelo artigo 889 do Código Civil, e que se aplica à generalidade dos títulos, a *data do pagamento*, que é o momento designado para o cumprimento. Na ausência do elemento, entende-se que se efetuará quando da apresentação, não se olvidando que o cheque, por constituir uma ordem de pagamento, não indicará o dia em que o mesmo deva ser descontado. Quanto às letras de câmbio e às notas promissórias, ao mesmo tempo em que a Lei Uniforme consigna a aposição da época do pagamento, prevê que, na sua falta, entendem-se pagáveis à vista (art. 2º), no que encontra coerência com o § 1º do art. 889. Importa em estabelecer que o vencimento se dá no instante da apresentação pelo portador à pessoa que aparece nomeada no seu texto como obrigada.

A ausência de um dos elementos acima, exceto quanto aos essenciais, como a assinatura do criador do título, retira a cambialidade, ou a executividade, não afetando o negócio em si, que vale, como aponta o artigo 888. Limita-se a nulidade à imprestabilidade do escrito como título de crédito, mas não da convenção ou contrato que as partes celebraram. Anula-se unicamente o título, já que a declaração da vontade que ensejou a obrigação não é afetada. Perdura a valer a obrigação com amparo no direito comum, ou subsiste o negócio subjacente, que apenas se exteriorizou em uma forma que não perfectibiliza o título de crédito. Tem-se um documento que se usará para o acionamento judicial em processo de conhecimento, visando normalmente um juízo condenatório. Prevalece a norma do art. 183 do Código Civil, que dá soberania ao princípio de que a nulidade do instrumento não induz a do negócio, nestes termos: "A invalidade do instrumento não induz a do negócio jurídico sempre que este puder provar-se por outro meio".

Além da falta dos elementos formais, são passíveis de anulação ou nulidade os títulos se surgir alguma causa de invalidade que ofende o negócio jurídico. Está-se, aqui, diante da verificação dos pressupostos de validade dos negócios jurídicos. Para tanto, impõe-se que se averigue se o objeto é lícito ou permitido pela lei, se presente o livre consentimento, e obedecida a forma que a lei prevê. Não subsistirá o título se a origem da obrigação não tem amparo legal, como quando envolve dívida de jogo, ou decorre de obrigação criminosa, ou de uma compra e venda sem objeto, ou se refira a juros onzenários e ofensivos à lei de usura.

Toda gama de defesa se assegura ao devedor, como o ingresso na verificação dos vícios de consentimento (erro ou ignorância, dolo, coação, estado de perigo, lesão da parte, fraude contra credores); da invalidade do negócio jurídico (incapacidade, objeto ilícito ou impossível, motivo ilícito, não obediência à forma prescrita em lei, preterição de solenidade essencial etc.).

No pertinente à capacidade das partes, a título de exemplo, cumpre lembrar que se autoriza às pessoas absolutamente incapazes assumirem obrigações se estão devidamente representadas, precedendo a permissão judicial. Já aos relativamente incapazes, que são assistidos, também não se dispensa a dita autorização, que se deferirá, em qualquer caso, desde que conveniente aos interesses do incapaz. Importante lembrar a norma do art. 42 do Decreto nº 2.044, de 31.12.1908, sobre a capacidade: "Pode obrigar-se, por letra de câmbio, quem tem a capacidade civil ou comercial".

2. OMISSÃO DE REQUISITOS LEGAIS E VALIDADE DO TÍTULO

Segundo se observa da análise de cada título de crédito reconhecido pelo direito positivo brasileiro, domina o princípio da literalidade, que é a observância das regras estabelecidas para a formalização de cada título. Especialmente nos cambiários, a legislação própria discrimina os requisitos a serem observados no seu preenchimento, sem o que não se viabiliza o uso da ação específica assegurada para o exercício do direito creditório.

No pertinente à letra de câmbio, a Lei Uniforme de Genebra, no art. 1º, elenca os elementos que conterá esse título. Não preenchidos os requisitos, o escrito, na forma do art. 2º, deixa de produzir efeito como letra. Todavia, nada impede o ajuizamento da ação de cobrança ou ressarcimento. Retira-se apenas o uso da ação executiva. O mesmo se aplica com relação à nota promissória na falta de atendimento ao disposto no art. 75 da Lei Uniforme.

Em relação ao cheque, as exigências formais constam no art. 1º da Lei nº 7.357/1985, tendo se formado na jurisprudência o entendimento da permissão em preencher os espaços deixados em aberto:

> "Há muito a jurisprudência permite a existência dos chamados 'cheques incompletos', quando emitidos com a omissão de um dos elementos constituintes obrigatórios previstos legalmente, permitindo-se seu preenchimento posterior pelo credo de boa-fé antes de sua cobrança. Nesses termos, veja-se o que consta na Súmula 387 do STF ('A cambial emitida ou aceita com omissões, ou em branco, pode ser completada pelo credor de boa-fé antes da cobrança ou do protesto')".[1]

Já em se tratando de duplicatas, na Lei nº 5.474/1968, em vários de seus cânones, também aparecem discriminados os requisitos, especialmente nos arts. 2º, 15 e 22, § 4º, para tornar exequível a obrigação. Do contrário, reserva-se a ação ordinária para a exigibilidade da obrigação.

E assim quanto a quaisquer outros títulos, como títulos de créditos rurais, industriais, comerciais, à exportação, os de conhecimento de depósito ou de transporte e outros.

Em resumo, a omissão de requisitos específicos afasta a eficácia do documento como título de crédito, mas não retira do documento a força em comprovar a realização de um negócio jurídico, podendo a parte exercer o direito correspondente. Não portando o escrito os requisitos tidos como essenciais, não produz os efeitos próprios inerentes aos títulos de crédito. No entanto, serve para desencadear efeitos probatórios de uma obrigação. É que o negócio jurídico não deixa de existir, permanecendo válido e assegurando o exercício dos direitos que dele emanam.

Todavia, não se pode esquecer que o documento, como prova de obrigação, tem validade, conforme explica Newton De Lucca: "Como já se frisou no comentário ao artigo anterior, a partir do preciso ensinamento de Ascarelli a respeito da assim chamada *conversão da eficácia dos documentos*, o escrito em que faltem alguns dos requisitos considerados essenciais para os títulos de crédito não podem produzir os efeitos próprios previstos para esses títulos, mas certamente pode produzir efeitos meramente probatórios de uma determinada obrigação civil ou comercial".[2]

---

[1] REsp nº 1647871/MT, da 3ª Turma do STJ, relatora Ministra Nancy Andrighi, j. em 23.10.2018, *DJe* de 26.10.2018.

[2] *Comentários ao Novo Código Civil*, Rio de Janeiro, Editora Forense, 2003, vol. XII, p. 130.

O art. 888 do Código Civil veio a consagrar o princípio, cujos termos são os seguintes: "A omissão de qualquer requisito legal, que tire ao escrito a sua validade como título de crédito, não implica a invalidade do negócio jurídico que lhe deu origem".

3. TÍTULO DE CRÉDITO INCOMPLETO AO TEMPO DA EMISSÃO

Domina como regra principal a autorização para o preenchimento de acordo com aquilo que se convencionou, em conformidade com o art. 891 do Código Civil: "O título de crédito, incompleto ao tempo da emissão, deve ser preenchido de conformidade com os ajustes realizados".

Se alguns elementos não vieram lançados, ou estando incompleto o título, autoriza-se que sejam implementados, mas apenas quando em obediência àquilo que as partes acertaram previamente. A antiga Súmula nº 387, do Supremo Tribunal Federal, de 1964, assinalou esse direito: "A cambial emitida ou aceita com omissões, ou em branco, pode ser completada pelo credor de boa-fé antes da cobrança ou do protesto". No que restou endossado pelo STJ: "Há muito a jurisprudência permite a existência dos chamados 'cheques incompletos', quando emitidos com a omissão de um dos elementos constituintes obrigatórios previstos legalmente, permitindo-se seu preenchimento posterior pelo credo de boa-fé antes de sua cobrança. Nesses termos, veja-se o que consta na Súmula 387 do STF ('A cambial emitida ou aceita com omissões, ou em branco, pode ser completada pelo credor de boa-fé antes da cobrança ou do protesto')".[3]

Desde que celebrada a possibilidade de ajustes, são estes admissíveis. É que o portador de um título de crédito em branco recebe mandato implícito para preenchê-lo, devendo fazer-se esta providência em obediência ao contratado entre ele e quem assinou o título.

Veda a lei a colocação de dados não acertados, sendo exemplos a inserção de um valor diferente do contratado, ou a antecipação da data de pagamento, ou a ampliação das obrigações assumidas. Máxime nos títulos causais, a quantia representativa do crédito corresponderá ao valor do negócio. Numa duplicata, a fatura revela a efetiva transação realizada. O preço que está contido manter-se-á na duplicata.

O parágrafo único contém uma ressalva quanto ao terceiro portador, em favor do qual valerão as anotações procedidas, mesmo que dissonantes dos ajustes celebrados: "O descumprimento dos ajustes previstos neste artigo pelos que deles participaram, não constitui motivo de oposição ao terceiro portador, salvo se este, ao adquirir o título, tiver agido de má-fé".

O terceiro, sendo estranho ao negócio, não sofre as consequências dos desvios verificados quando da complementação do instrumento. Nem lhe é ensejado ingressar nas relações contratuais que precederam o endosso ou a circulação. Tem-se a predominância dos princípios da autonomia e da abstração, pelos quais as exceções pessoais daqueles que travaram o negócio não repercutem junto ao portador endossatário. Nem os coobrigados estão autorizados a apresentar defesas reservadas ao emitente e ao sacado. Tais princípios são próprios dos títulos de crédito.

Verificada, porém, a má-fé na aquisição do título pelo portador, muda o enfoque. O obrigado que foi acionado reveste-se do direito de levantar as exceções pessoais.

O art. 10 da Lei Uniforme sobre letra de câmbio e nota promissória tem regra própria sobre a matéria, que coincide com a do referido parágrafo único: "Se uma letra incompleta no momento de ser passada tiver sido completada contrariamente aos acordos realizados, não

---

[3] REsp nº 1.647.871/MT, da 3ª Turma, relatora Ministra Nancy Andrighi, j. em 23.10.2018, *DJe* de 26.10.2018.

pode a inobservância desses acordos ser motivo de oposição ao portador, salvo se este tiver adquirido a letra de má-fé ou, adquirindo-a, tenha cometido uma falta grave".

Tudo em razão do princípio de que, na lição de Sílvio de Salvo Venosa, "o devedor cartular somente pode opor as exceções que lhe são próprias, exceções pessoais, exceções gerais, isto é, as que atingem a incolumidade formal e material do título. Neste molde, por exemplo, qualquer devedor pode alegar a ausência de literalidade em razão de o título estar dilacerado".[4]

4. TÍTULO DE CRÉDITO SEM INDICAÇÃO DE VENCIMENTO

O § 1º do art. 889 considera *à vista o título de crédito que não contenha indicação do vencimento*, norma própria dos títulos de crédito, e prevista para a letra de câmbio e a nota promissória, cujo regramento pela Lei Uniforme é bastante extenso, sobressaindo a alínea 2ª do art. 2º. Já os artigos 33 a 37 destacam as várias espécies de letras em função do vencimento. O cheque, sendo uma ordem incondicional de pagamento de certa quantia, não contém a data do vencimento, o que não acontece com os demais títulos.

5. LUGAR DA EMISSÃO E DO PAGAMENTO NA FALTA DE INDICAÇÃO NO TÍTULO

O § 2º do art. 889 fixa como *lugar de emissão e de pagamento o do domicílio do emitente, se não indicado outro lugar no título*. Tem-se uma norma diferente de algumas regras específicas da letra de câmbio e da nota promissória. Nestas, a omissão de referência importa que se tenha como lugar da emissão ou do saque e que se efetue o pagamento no lugar designado ao lado do nome do sacado (alínea terceira do art. 2º da Lei Uniforme). E não havendo qualquer menção de lugar, cabe ao credor buscar o pagamento no domicílio do devedor.

Realmente, domina o princípio de que o pagamento sempre se efetua no domicílio do devedor, dada a caracterização dos títulos de crédito como títulos *quérable*.

Predominam as regras das leis especiais, analisadas quando da abordagem dos títulos de crédito em espécie.

6. A EMISSÃO A PARTIR DE CARACTERES ELETRÔNICOS

Sobre o assunto, a previsão veio no § 3º do art. 889: "O título poderá ser emitido a partir dos caracteres criados em computador ou meio técnico equivalente e que constem da escrituração do emitente, observados os requisitos mínimos previstos neste artigo".

Desde os primórdios da civilização, a humanidade caminha no sentido do desenvolvimento da comunicação entre os povos. Dito setor teve ao longo dos anos transformações notáveis, capazes de mudar o mundo e aproximar cada vez mais as pessoas.

A evolução tornou-se ainda mais perceptível no século XX, a partir do advento e disseminação da informática. A informática, por suas características e capacidade, passou a ser adotada nas mais variadas regiões do planeta, em vista das possibilidades e facilidades que o sistema proporciona, tornando-a atrativa e até mesmo indispensável nos dias de hoje.

Nesse contexto da evolução humana, encetado a partir da transformação dos meios de comunicação, surge a maior e mais completa ferramenta de transmissão de dados, a Internet, que é a rede de computadores mais utilizada atualmente. A ampliação do uso da Internet revolucionou o mundo e as relações sociais propriamente ditas. Tornou-se um mecanismo

---

[4] *Direito Civil – Contratos em Espécie e Responsabilidade Civil*, ob. cit., p. 366.

de inserção de informações, possibilitando aos usuários da "rede" não só ter acesso *on line* (em tempo real, no mesmo momento) aos acontecimentos ao redor do mundo, mas, também, passou a ser um importante mecanismo para que as pessoas possam realizar negócios jurídicos, estejam onde estiverem.

Essa nova modalidade de comercialização e negociação vem se expandindo a cada dia, recebendo o nome de *e-commerce*. Destarte, pela sua importância e sobretudo pelas infinitas possibilidades apresentadas, o comércio eletrônico merece a atenção de todos, em especial dos legisladores. É neste sentido, que foi inserido dentro do novo Código Civil o § 3º do art. 889.

Dito dispositivo surge justamente da necessidade de se regular a matéria e adequar o direito às transformações trazidas pela Internet.

Entrementes, é preciso que se tenha uma melhor noção da forma com que se dá a negociação feita por computador. A Internet funciona através de um sistema de computadores que estão sempre interligados, sendo capazes de se corresponderem nas mais diferentes partes do mundo, de qualquer lugar, em qualquer tempo. Constitui, em síntese, uma grande rede descentralizada, que permite aos computadores compartilharem informações e serviços, ampliando sobremaneira a comunicação.

O funcionamento mais simples requer um computador, um *modem* (periférico que modula as informações, em forma de sinais, para que trafeguem pelos meios de comunicação) e uma linha telefônica (de discagem ou de conexão direta). O avanço da tecnologia, porém, possibilitou formas mais avançadas de conexão como RDSI (Rede Digital de Serviços Integrados), ou ISDN (*Integrated Service Digital Network*), ASDL (*Asymmetric Digital Subscriber Line*), Linha de Assinantes Digital Assimétrica e, finalmente, o *Cable-modem* (dispositivo que possibilita altas taxas de transferência de dados, utilizando, mais comumente, as conexões criadas pelas operadoras de TV a cabo). Este é o aparato tecnológico necessário para que o usuário possa navegar na "rede".

Há, ainda, o sistema *Wap* (*Wireless Application Protocol*), que é um ambiente semelhante à *Web*, que permite o acesso à Internet através de telefones celulares e em velocidade mais baixa do que o acesso por computadores. A visualização dos *sites* (local onde estão as páginas eletrônicas) é possibilitada através de *microbrowser*, que é uma versão dos navegadores utilizados para a *Web*.

O surgimento da internet ocorreu durante a década de 1960, no auge da então chamada "guerra fria". Inicialmente desenvolvida pelo Departamento de Defesa dos EUA, foi utilizada de forma restrita a pesquisadores durante vários anos. Destas pesquisas resultou a criação do protocolo utilizado até hoje, conhecido como TCP/IP, que permite a identificação dos usuários da rede. O protocolo TCP/IP é formado por dois componentes, sendo o TCP (*Transmission Control Protocol*) o protocolo de controle de transmissão, enquanto o IP (*Internet Protocol*) é o protocolo da Internet. Somente na década de 1990 é que o sistema desenvolvido passou a ser conhecido como Internet e a ter os padrões atuais.

Tal tecnologia permite a comunicação entre computadores, chamada de troca eletrônica de dados, ou EDI (*Electronic Data Interchange*), que é figura essencial do comércio eletrônico, possibilitando a troca de dados digitalmente por meio dos computadores, ampliando sobremaneira a velocidade nas operações comerciais.

Em vista da facilidade e agilidade oferecida atualmente com o uso da Internet, muitos negócios têm sido realizados por esse meio, inclusive a firmação de contratos, chamados de contratos eletrônicos, em razão do meio utilizado. Erica Brandini Barbagalo traz a definição exata desse novo instrumento contratual, diferenciando-o dos contratos tradicionalmente usados no nosso direito: "Em consonância com o já exposto, no sentido de que a distinção entre contrato eletrônico e contratos tradicionais está no meio utilizado para a manifestação das vontades e na instrumentalidade do contrato – o que assegura aos contratos eletrônicos características peculiares –, definimos como contratos eletrônicos os acordos entre duas ou mais pessoas para, entre si, constituírem, modificarem ou extinguirem um vínculo jurídico, de natureza patrimonial, expressando suas respectivas declarações de vontade por computadores interligados entre si".[5]

Considerando que a diferença principal entre contrato eletrônico e o contrato tradicionalmente conhecido está na forma ou instrumento utilizado para o negócio – por meio de computadores –, para que tenha validade e surta efeito jurídico o contrato eletrônico necessita conter todos os requisitos exigidos nos demais contratos, como capacidade e legitimidade das partes, objeto lícito e consentimento dos contratantes. No que diz respeito à forma, evidente que aqueles contratos que exigem a especial, com solenidades próprias, não podem ser celebrados por meio da Internet.

Os contratos eletrônicos adquirem uma segurança peculiar, que permite garantir a identidade das partes contratantes e a autenticidade do conteúdo do documento, o que se dá através da assinatura digital, identificando a pessoa que envia a mensagem e a pessoa que a recebe. Tal aspecto é ressaltado por Erica Brandini Barbagalo: "A segurança quanto às questões da identidade da parte remetente e da autenticidade do conteúdo da mensagem enviada por redes de computadores é a função da assinatura digital, que cumpre as principais atribuições da assinatura manuscrita: a imputação da mensagem a uma pessoa concreta e, portanto, a possibilidade de identificação de sua autoria. E vai além. A tecnologia aplicada à assinatura digital permite cifrar o conteúdo da mensagem eletrônica de tal forma que, se este for alterado, a assinatura digital o indicará, pois esta também será alterada e seu reconhecimento pelo destinatário restará prejudicado. A assinatura manuscrita, por sua vez, não assegura a integridade do conteúdo da mensagem".[6] No entanto, tal garantia da identidade é presumida, em vista da possibilidade do uso do correio eletrônico por terceira pessoa.

As chaves deverão ter a certificação feita pelo Tabelião ou deverá ser pública, atestando que pertence ao titular indicado.

Quanto à certificação pelo Tabelião público das chaves, ou segredo, ou senha, a parte interessada efetuará um pedido, que será lançado em ficha própria, através de papel, por ele subscrita, onde constarão os dados suficientes para a identificação, ficando arquivado no Cartório.

Costuma-se considerar original o documento eletrônico quando se dá a assinatura mediante sistema criptográfico da chave pública. A utilização da criptografia é explicada por Luiz Henrique Ventura: "Um homem pretende enviar uma carta para sua amante, mas não quer que o marido dela, caso a intercepte, a leia e a compreenda. Então, ele combina com ela um código, que somente eles conhecem. Ele diz que no lugar das letras escreverá números. Assim, o 'A' será '1', o 'B' será '2', o 'C' será '3', e assim por diante...".[7] De modo que, se interceptada a mensagem, a pessoa não conseguirá entendê-la.

A criptografia é apenas um dos métodos, podendo haver outros.

Questões que trazem muitas discussões e divergências doutrinárias dizem respeito quanto ao local de formação do contrato eletrônico e no tocante à definição do momento em

---

[5]   *Contratos Eletrônicos*, São Paulo, Editora Saraiva, 2001, p. 37.
[6]   Ob. cit., pp. 40-41.
[7]   *Comércio e Contratos Eletrônicos*, São Paulo, EDIPRO – Editores Profissionais Ltda., 2001, p. 36.

que se tem como perfeito o contrato, ou seja, o momento em que o contrato passa a obrigar ambas as partes contratantes.

Relativamente ao local de formação do contrato, a regra geral é de que o contrato é realizado no local onde se fez a proposta, ou seja, no local onde se encontra o proponente, embora se cuide de critério às vezes de difícil verificação, eis que há situações onde não se pode afirmar com certeza o local em que se encontra o proponente. O ideal, no caso, seria constar na proposta o local onde ela é realizada, ou que as partes estipulassem o local de formação do contrato. Ausentes essas indicações, o melhor é considerar como local de formação do contrato o domicílio principal do proponente, até porque essa é a orientação adotada pelo Código com relação ao emitente do título, dispondo, no § 2º do art. 889, que se considera *lugar de emissão e de pagamento, quando não indicado no título, o domicílio do emitente*, requisito a ser observado quanto aos títulos de crédito criados por computador, como será frisado posteriormente.

No tocante ao momento de formação do contrato, deve-se ter em foco, inicialmente, se o contrato pode ser considerado firmado entre presentes ou entre ausentes. Se o contrato está na categoria dos firmados entre presentes (onde há simultaneidade nas declarações das partes, como nos contratos realizados em *chats* – ambientes de conversação – ou por videoconferência, situações análogas a dos contratos firmados por telefone), tem-se por celebrado no momento em que a aceitação é emitida pelo oblato, ou seja, no momento em que o aceitante concorda com a realização do negócio. Já nos contratos firmados entre ausentes (quando não há simultaneidade nas informações – caso dos contratos enviados por *e-mail* ou, ainda, nas compras realizadas em *web sites* – páginas eletrônicas – onde existem contratos com cláusulas preestabelecidas e considerados contratos de adesão), o momento da formação é aquele em que o oblato expede a aceitação, adotando-se, nesse caso, a teoria da agnição ou declaração, na modalidade da expedição, embora muitos entendam que deve ser aplicada a teoria da recepção, pela qual somente se considera formado o contrato no momento em que o proponente recebe a aceitação, teoria esta adotada na maior parte dos países.

Relativamente aos títulos de crédito, objeto do presente estudo, como correspondem a uma declaração unilateral de vontade, torna-se necessário, para que o título tenha validade, eficácia e possa circular, que o aceite do sacado seja efetuado de maneira a não ensejar suspeitas quanto à sua veracidade.

Assim, no título de crédito emitido por computador, onde o aceite e as demais assinaturas se dão por meio da internet, a veracidade da anuência do sacado se dá por meio da sua assinatura eletrônica, que aparece quando do envio do *e-mail*. A segurança está no fato de que, para poder ter acesso à caixa postal do correio eletrônico, é necessário que a pessoa digite uma senha, que é do conhecimento exclusivo do titular da assinatura digital. Logo, ao enviar um *e-mail* confirmando e aceitando a emissão de um título de crédito, aparecerá o endereço eletrônico do sacado, que é a sua assinatura digital. Essa confirmação deverá ser arquivada na escrituração do emitente do título – sacador –, pois será a prova do aceite em caso de ser arguida a ausência de consentimento do sacado.

O Tribunal de Justiça de São Paulo tem considerado válida a emissão de título de crédito, inclusive admite o protesto, o que bem revela o presente voto do Desembargador Souza Lopes:

> "Isso porque, com o advento da Lei nº 9.492/97, passou-se a admitir no ordenamento jurídico o chamado protesto de 'duplicata virtual', ou seja, de duplicata emitida por meio magnético ou de gravação eletrônica de dados, conforme estabelece o parágrafo único do artigo 8º:

'Poderão ser recepcionadas as indicações a protestos das Duplicatas Mercantis e de Prestação de Serviços, por meio magnético ou de gravação eletrônica de dados, sendo de inteira responsabilidade do apresentante os dados fornecidos, ficando a cargo dos Tabelionatos a mera instrumentalização das mesmas.'

O insigne Desembargador Silveira Paulilo, que integra a Colenda 21ª Câmara de Direito Privado, deste Tribunal, quando do julgamento da Apelação nº 7.205.800-1, trouxe à baila a lição de Fábio Ulhôa Coelho: 'o direito em vigor dá sustentação à execução da duplicata virtual, porque não exige especificamente a sua exibição em papel, como requisito para liberar a prestação jurisdicional satisfativa. Institutos assentes no direito cambiário nacional, como são o aceite por presunção, o protesto por indicações e a execução da duplicata não assinada permitem que o empresário, no Brasil, possa informatizar por completo a administração do crédito concedido. (...) O instrumento de protesto da duplicata, realizado por indicações, quando acompanhado do comprovante de entrega das mercadorias, é título executivo extrajudicial. É inteiramente dispensável a exibição da duplicata, para aparelhar a execução, quando o protesto é feito por indicações do credor (LD, art. 15, § 2º). O registro magnético do título, portanto, é amparado no direito em vigor, posto que o empresário tem plenas condições para o protestar e executar. Em juízo, basta a apresentação de dois papéis: o instrumento de protesto por indicações e o comprovante da entrega das mercadorias' (Manual de Direito Comercial, 13ª edição, São Paulo: Saraiva, 2002, p. 465/466).

Ademais, o que se tem notado é que o entendimento do Egrégio Tribunal de Justiça do Estado de São Paulo tem sido no sentido de que, para a caracterização do título executivo extrajudicial, quando se fala em duplicata virtual, a nota fiscal e o comprovante de recebimento, bem como o protesto por indicação, são requisitos suficientes para sua configuração. Nesse sentido:

'Execução. Duplicata. Petição inicial da execução instruída com a nota fiscal-fatura, comprovante de entrega das mercadorias e instrumento de protesto, tirados por indicação. Requisitos necessários e suficientes ao manejo da ação executiva. Inteligência do artigo 8º, parágrafo único, da Lei 9.492/1997 e artigo 15, § 2º, da Lei nº 5.474/68. Recurso provido.' (38ª Câm. Dir. Priv., Agravo de Instrumento nº 0046044-29.2013.8.26.0000, rel. Fernando Sastre Redondo, j. 03/04/2013).

'Execução. Duplicatas virtuais. Petição inicial instruída com o instrumento de protesto por indicação e documento hábil à comprovação da entrega das mercadorias. Admissibilidade. Exegese conjunta do art. 15, § 2º, da Lei nº 5.474/68 com o art. 8º, parágrafo único, da Lei 9.492/97. Título dotado de força executiva. Execução que comporta seguimento. Apelo provido.' (11ª Câm. Dir. Priv., Apelação nº 0012631-67.2010.8.26.0020, rel. Rômolo Russo, j. 14/03/2013).

'Embargos à execução. Duplicatas mercantis. Pretensão de ser declarada a inexigibilidade dos títulos em razão da ausência de aceite e de documento hábil para embasar a execução. Inadmissibilidade: A duplicata protestada sem aceite é título causal e necessita da comprovação do recebimento das mercadorias no caso de compra e venda ou de efetiva prestação dos serviços contratados. Protesto por indicação. Execução suficientemente instruída. Juntados aos autos notas fiscais-faturas, comprovantes de recebimento das mercadorias devidamente assinados, ordens de protesto e instrumentos de protesto. Sentença mantida. Recurso desprovido.' (37ª Câm. Dir. Priv., Apelação nº 0001666-17.2007.8.26.0511, rel. Israel Góes dos Anjos, j. 19/02/2013).

'Cambial. Execução por quantia certa contra devedor solvente – Ação lastreada em duplicata emitida eletronicamente e protestada por indicação, exibidas as notas fiscais de saída das mercadorias Possibilidade Precedentes jurisprudenciais. Apelação provida.' (12ª Câm. Dir. Priv., Apelação nº 0026038-50.2012.8.26.0577, rel. Jacob Valente, j. 20/02/2013)".[8]

Igualmente no Superior Tribunal de Justiça, admitindo também a execução:

"Nos termos da jurisprudência desta eg. Corte, 'As duplicatas virtuais – emitidas e recebidas por meio magnético ou de gravação eletrônica – podem ser protestadas por mera indicação, de modo que a exibição do título não é imprescindível para o ajuizamento da execução judicial. Lei 9.492/97.' (REsp 1.024.691/PR, Rel. Ministra Nancy Andrighi, Terceira Turma, *DJe* de 12/04/2011).

3. A apresentação do boleto bancário, acompanhado do instrumento de protesto e das notas fiscais e respectivos comprovantes de entrega de mercadoria, supre a ausência física do título cambiário, autorizando o ajuizamento da ação executiva. Precedentes".[9]

7. CLÁUSULAS PROIBIDAS NOS TÍTULOS DE CRÉDITO

O Código Civil, no art. 890, cuida da proibição de se incluírem certas cláusulas nos títulos de crédito: "Consideram-se não escritas no título a cláusula de juros, a proibitiva de endosso, a excludente de responsabilidade pelo pagamento ou por despesas, a que dispense a observância de termos e formalidade prescritas, e a que, além dos limites fixados em lei, exclua ou restrinja direitos e obrigações".

Destacam-se, pois, as seguintes cláusulas proibidas de serem inseridas nos títulos, as quais não possuem qualquer valor se apostas:

a) A cláusula que prevê juros, importando em não se admitir sua inclusão nos títulos de crédito. Conterão eles valores certos, de modo a afastar qualquer dúvida sobre o montante devido, que já deverá estar inserido na cártula.

Entrementes, em relação à letra de câmbio e à nota promissória, a Lei Uniforme admite a exigibilidade de juros, nos artigos 48 e 49, na taxa de 6% ao ano, o qual sofreu a reserva estabelecida no art. 13 do Anexo II da Lei Uniforme, autorizando aos Países signatários estabelecerem taxas diferentes. Igualmente, dentre outros diplomas específicos, o Decreto-Lei nº 167, de 1967, autoriza a inclusão de taxa de juros, segundo deflui de seus artigos 14, inc. VI, 20, inc. VI, 25, inc. VII, e 27, que cuidam da cédula de crédito rural e da nota de crédito rural; o Decreto-Lei nº 413, de 1969, quando descreve os requisitos dos títulos de crédito industrial, no art. 14, e, por extensão, aos títulos de crédito industrial, comercial, à exportação, já que aos mesmos se aplica o mencionado Decreto-Lei nº 413.

Portanto, essas regras acima predominam, por força, conforme já referido, do art. 903.

---

[8] Apelação nº 0001529-59.2010.8.26.0372, da 17ª Câmara de Direito Privado, j. em 08.05.2013, data de registro 21.05.2013.

[9] AgInt no AREsp nº 1.322.266/PR, da 4ª Turma, Rel. Min. Raul Araújo, j. em 23.04.2019, *DJe* de 22.05.2019.

Acresce observar que a proibição de inserir não impede a cobrança em ação ordinária, de acordo com a posição da doutrina, anotada Newton de Lucca: "A doutrina nunca pôs em dúvida, ao que se saiba, a possibilidade de serem cobrados, pela via da ação ordinária, esses juros pactuados na cambial. Tanto em Saraiva (cf. *A Cambial*, Rio de Janeiro, Ed. Jornal do Comércio, 1912, § 234, p. 551), quanto em Magarinos Torres (cf. *Nota Promissória*, 2ª ed., Rio de Janeiro, Forense, 1969, nº 51, p. 135) e em José Maria Whitaker (cf. *Letra de Câmbio*, 2ª ed., São Paulo, Saraiva, 1932, nº 23, p. 85), tal cobrança sempre foi expressamente admitida. Era preciso, pois – a dar-se preferência por tal solução –, que o legislador do novo Código Civil tivesse dito expressamente que todas as cláusulas por ele tidas como não escritas no título seriam assim consideradas para os efeitos de natureza cartular".[10]

b) A cláusula que proíbe o endosso. É da natureza dos títulos de crédito a sua circulação, autorizando a transmissibilidade, não tendo qualquer validade disposições em contrário, a menos que a lei própria estabeleça diferentemente. Nesse particular, mesmo os títulos nominativos são endossáveis. Todavia, quanto à letra de câmbio e à nota promissória, é possível a cláusula não à ordem, conforme se depreende do artigo 11 da Lei Uniforme. Com tal restrição, exclui-se a transferência a terceiro, ou a circulação do título cambial, mas não a sua cessão com efeitos civis, na previsão do mesmo dispositivo, na 2ª alínea. Efetuando-se o endosso, presente tal cláusula, cedem-se unicamente os direitos de crédito, sem as peculiaridades da abstração e da autonomia.

Nos demais títulos, não se encontram normas vedando o endosso.

c) A cláusula excludente de responsabilidade pelo pagamento ou por despesas, visto que tiraria o efeito do próprio título. De nada adianta emitir um título se, em seu bojo, vem uma disposição isentando o obrigado de pagamento. Não cabe limitar a responsabilidade do obrigado ou coobrigado. De idêntico modo, não é admissível o endosso parcial, vindo expresso, a respeito, o art. 12 da Lei Uniforme, quanto à letra de câmbio e à nota promissória. Em relação ao aval, porém, o art. 30 da Lei Uniforme autoriza que seja prestado para garantia total ou em parte do pagamento.

d) A cláusula que dispense a observância de termos e formalidades prescritas. Se a lei estabelece determinadas exigências para a validade dos documentos como títulos de crédito, não se faculta às partes dispor o contrário. A omissão no preenchimento de certos dados não inutiliza o instrumento como título, consoante assinalam os artigos 2º e 76 da Lei Uniforme, sendo tolerada a complementação pelo portador.

e) A cláusula que, além dos limites fixados em lei, exclua ou restrinja direitos e obrigações. Unicamente os direitos e obrigações que estão na lei podem ser averbáveis no título. Não cabe aos envolvidos no negócio a criação de mais direitos e obrigações, nem excluir ou restringir aqueles que a lei assim não faz, no que está em consonância com a Lei Uniforme e outros diplomas que tratam de títulos de crédito especiais.

---

[10] *Comentários ao Novo Código Civil*, vol. XII, p. 166.

8. A GARANTIA DO AVAL NO TÍTULO DE CRÉDITO

8.1. Caracterização

Cuida-se o aval de uma garantia pela qual uma pessoa, dita avalista, garante, total ou parcialmente, o cumprimento de uma obrigação assumida por terceiro, sendo que esta obrigação deve, obrigatoriamente, estar representada em um título de crédito. Hilário de Oliveira aduz que "o aval nasce da simples inserção da assinatura que venha a ser identificada no título cambiário, estando adstrito ao valor da cártula e somente exequível enquanto viger o saque".[11] Segundo Adelgício de Barros Correia Sobrinho, o termo aval advém do árabe *hawala* ou *hauãla*; é conhecido no direito italiano como *avallo*, e no direito francês pelas denominações *aval*, ou *faire valoir*.[12] Como princípio geral, o aval dá origem a uma obrigação autônoma e independente da avalizada, ficando o avalista vinculado à obrigação, e permanecendo solidariamente responsável pelo seu cumprimento, juntamente com o devedor. A autonomia e a independência são reafirmadas pela jurisprudência, consoante revela o REsp. nº 26.004/SP, da Terceira Turma do STJ, j. em 28.11.2006, *DJU* de 18.12.2006: "O aval, espécie de obrigação cambial, é autônomo em relação à obrigação do devedor principal e se constitui no momento da aposição da assinatura do avalista no título de crédito.

Existente a obrigação desde a emissão do título, o avalista era devedor solidário no momento do óbito, constituindo o transcurso da data do vencimento apenas requisito para a exigibilidade do montante devido.

A morte do responsável cambiário é modalidade de transferência anômala da obrigação que, por não possuir caráter personalíssimo, é repassada aos herdeiros, mesmo que o óbito tenha ocorrido antes do vencimento do título". O avalista ingressa em uma relação jurídica já existente com a finalidade de assegurar o cumprimento da obrigação assumida pelo devedor ou coobrigado. Em outras palavras, sua função é a de garantir o pagamento, como salienta João Eunápio Borges: "Enquanto, porém, a função de garantia é um simples acessório das outras declarações cambiais, cuja finalidade precípua é a de criar a letra de câmbio (saque) ou transmiti-la (endosso) ou completá-la pelo aceite, a função específica e única do aval é a garantia do pagamento – o aval é a garantia tipicamente cambiária, literal e expressa".[13]

Pelo princípio da autonomia e independência, não mantém vínculo com nenhum tipo de relação jurídica que deu causa à sua emissão, passando a ser apenas uma obrigação constante em sua cártula. Há, também, o princípio da abstração, tornando o título sem qualquer relação com a origem da sua emissão. Fica o aval feito no título vinculado unicamente ao título e aos seus princípios regedores.

O Código Civil regulamentou o aval de modo geral, não afastando, porém, o regramento específico constante em alguns títulos de crédito, em função do art. 903, já observado. Daí que, além da análise que ora se procede, em outros momentos se abordará a matéria, então no pertinente ao título que admite a figura.

Inicia o Código a tratar do assunto no art. 897, com o seguinte teor: "O pagamento de título de crédito, que contenha obrigação de pagar soma determinada, pode ser garantido por aval".

---

[11] *Títulos de Crédito*, ob. cit., p. 57.

[12] Dos efeitos da outorga uxória no aval e na fiança após o código civil de 2002, disponível na página <http://jus2.uol.com.br/doutrina/texto.asp?id=3905>, p. 4.

[13] *Do Aval*, 4ª ed., Rio de Janeiro, Editora Forense, 1975, p. 16.

Como dessume do dispositivo, em qualquer título de crédito é autorizado o aval, o que já ocorre com os títulos de crédito em geral, cujas leis regulamentadoras mandam que se aplique a Lei Cambiária. Assim ocorre, *v.g.*, com os Decretos-Leis nº 167, de 1967, e nº 413, de 1969, respectivamente nos artigos 60 e 52, matéria abordada quando do estudo específico desses assuntos. Mesmo em títulos não criados por lei, mas que podem ser instituídos mesmo pelas partes, são admitidos, já que não vedada a criação de títulos atípicos.

Unicamente a obrigação contida no título é exigível do avalista, com a decorrência que advêm do exercício da exigibilidade do crédito do título. Se outras obrigações surgem no curso da relação, e mesmo do processo judicial, não se tornam elas da responsabilidade do avalista. Assim a condenação de indenização na litigância de má-fé, em processo movido contra o devedor principal, como já se pronunciou o STJ: "Responde o avalista, do mesmo modo que o avalizado, pelo que emerge do título. Não pode ser responsabilizado, entretanto, pela conduta processual do avalizado. Assim, não é possível exigir-lhe o pagamento, devido em decorrência da litigância de má-fé daquele".[14]

Embora pareça estranho, revela-se plenamente possível a prestação do aval pelos signatários do título. Não se encontra alguma vedação na lei. Tanto que a Lei Uniforme sobre letra de câmbio e nota promissória afirma expressamente a autorização para um dos signatários do título prestar o aval, de acordo com seu art. 2º, segunda alínea. De modo idêntico quanto ao cheque, forte no art. 25, segunda alínea, da Lei Uniforme sobre o cheque.

8.2. Proibição de aval parcial

No referente ao aval parcial, é vedado pelo parágrafo único do artigo 897: "É vedado o aval parcial".

Entrementes, no que pertine à letra de câmbio e à nota promissória, há permissão pelo art. 30, 1ª alínea, da Lei Uniforme: "O pagamento de uma letra pode ser no todo ou em parte garantido por aval". Os demais diplomas que tratam de outros títulos de crédito não preveem a figura, razão que leva a incidir a limitação estabelecida no Código Civil.

Não se pense que a disposição contida em algumas leis, como a de nº 5.474/1968 (Lei das Duplicatas), ordenando a incidência da legislação sobre emissão, circulação e pagamento das letras de câmbio para as duplicatas, tenha o condão de admitir o aval parcial. Diante da previsão genérica da proibição, somente uma disposição expressa contida na norma legal que rege determinado título de crédito poderá ter aplicação. Quanto ao cheque, porém, parece que o art. 29 da Lei nº 7.357/1985 firma a possibilidade do oferecimento da garantia parcial: "O pagamento do cheque pode ser garantido, no todo ou em parte, por aval prestado por terceiro, exceto o sacado, ou mesmo por signatário do título".

8.3. Local de aposição do aval

Indica o art. 898 do Código Civil a forma e o local da colocação do aval: "O aval deve ser dado no verso ou no anverso do próprio título".

O aval, para ter validade, será lançado no próprio título, eis que todas as obrigações cambiárias e os créditos lastrados em títulos devem estar presentes na cártula, não se compreendendo como cambiais obrigações previstas em documento separado. Somente é possível falar em aval se existente ele no mesmo instrumento em que reconhecida a dívida avalizada,

---

[14] Recurso Especial nº 4.685. 3ª Turma. Julgado em 18.12.1990.

como ressalta Rubens Requião: "A simples assinatura do próprio punho do avalista ou de seu mandatário especial é suficiente para a validade do aval. A Lei Uniforme, todavia, exige que essa assinatura seja posta na face anterior da letra, a não ser que se trate de assinatura do sacado ou do sacador, cujo aval pode ser dado em qualquer parte do título... O aval deve ser dado no próprio título".[15]

A lição de Waldemar Ferreira não deixa dúvidas quanto à ineficácia do aval dado fora do título: "É no título que se dá o aval, inexistente fora dele.

Incompreende-se o aval por documento separado, mesmo que passado por escritura em notas tabelioas...

Sendo a cambial título perfeito e completo, bastante por si mesmo para o exercício literal do direito creditório nele contido, todas as obrigações dele emergentes devem se exarar no seu título, quando muito em folha de alongamento ou adminículo que se torne necessário.

Inócuo será o aval dado em documento separado, a menos que de seus termos resulte o intuito explícito do signatário de se obrigar como fiador, caso em que valerá como esta; mas a fiança não se presume".[16]

No mesmo sentido, De Plácido e Silva: "O aval tem que ser dado no próprio título, onde sua função de garantia vai ter efeitos. Se é prestado em outro documento que não o título cambiário, deixa de representar uma obrigação cambial para o avalista, pois que, conforme é princípio assentado, somente se considera como obrigação escrita no título cambiário o que nele se contém".[17]

As lições acima coadunam-se para títulos de crédito diferentes da letra de câmbio. O art. 31 da Lei Uniforme sobre letra de câmbio e nota promissória autoriza que se escreva a garantia na própria letra ou numa folha anexa, consoante se analisará adiante. Não, porém, em documento separado, matéria que já mereceu o exame do Superior Tribunal de Justiça: "Válido o aval em folha anexa ao título que se entende como seu prolongamento. Não, entretanto, em documento à parte".[18]

Outrossim, impossível a adoção do aval em instrumentos outros cujas leis regulamentadoras não o prevejam, como, *v.g.*, em contratos, consoante já decidido: "Execução. Ilegitimidade passiva. Não existe avalista em contrato. O aval refere-se única e exclusivamente a título de crédito...".[19]

O Superior Tribunal de Justiça já se manifestou a respeito: "O aval é garantia que se constitui em título cambial, não em contrato bancário; neste, a garantia de terceiro pode ser a fiança, não o aval".[20]

No mais, há especificações nas leis que disciplinam particularmente os títulos de crédito, como na letra de câmbio, na nota promissória, no cheque, na duplicata, e em outros títulos, que restaram analisadas. A regra do art. 898 nada acrescenta de novo em relação à regulamentação que trata de tais títulos.

---

[15]   *Curso de Direito Comercial*, 2º vol., p. 343.

[16]   *Tratado de Direito Comercial*, 8º vol., pp. 222-223.

[17]   *Vocabulário Jurídico*, 7ª ed., Rio de Janeiro, Editora Forense, 1982, vol. I, p. 258.

[18]   Recurso Especial nº 4.522-SP. 3ª Turma. Julgado em 10.12.1990.

[19]   TJRGS. Apelação Cível nº 70000734327. 19ª Câmara Cível.

[20]   Recurso Especial nº 255.139-PR. Relator: Min. Ruy Rosado de Aguiar. 4ª Turma. Julgado em 29.08.2000, *DJ* de 09.10.2000.

8.4. Forma e cancelamento do aval

Lança-se o aval mediante a mera assinatura, se aposto no anverso do título, de conformidade com o parágrafo 1º do art. 898. "Para a validade do aval, dado no anverso do título, é suficiente a simples assinatura do avalista".

Se o § 1º define como suficiente a simples assinatura do avalista no anverso do título, decorre naturalmente que a mesma não basta se dada no verso. Se lançado em outro local, é sempre necessária a referência de que se trata de aval, para não gerar confusões ou dúvidas, como decorre do próprio dispositivo, que entende como suficiente a simples assinatura se apenas colocada no anverso. Acompanhará, portanto, alguma referência específica ou indicativa de que se trata de aval, sendo comuns as expressões "bom para aval", "avalizo", "em aval", "em garantia".

O § 2º do art. 898 considera não escrito o aval cancelado, o que leva a concluir pela possibilidade do cancelamento: "Considera-se não escrito o aval cancelado". A regra tem grande importância prática. Todavia, uma vez formalizado o título, encaminhado ao credor, não mais se admite o cancelamento unilateral, ou por vontade do devedor. Chegando às mãos do titular do crédito, consuma-se a relação contratual, com a exigibilidade da quantia perante aqueles que se obrigaram. Unicamente se declarada alguma nulidade tem-se, então, o cancelamento.

8.5. Equiparação do avalista à pessoa indicada, ou ao emitente, ou ao devedor final

Indica o art. 899 do diploma civil as pessoas a que equipara o aval, ou trata da equiparação do aval ao avalizado: "O avalista equipara-se àquele cujo nome indicar; na falta de indicação, ao emitente ou devedor final".

Aquele que dá aval assume a obrigação pelo pagamento da dívida, solidariamente com o devedor, adquirindo a responsabilidade daquele que vem a garantir, como ressalta De Plácido e Silva: "O *avalista* é solidário e assume a posição da pessoa a quem avaliza. Está equiparado a esta e sobre ele recai a obrigação com a mesma força, como se fosse o *principal pagador*, se a este avalizou".[21]

O clássico Salustiano Orlando de Araújo Costa destacava a posição do avalista frente à obrigação avalizada: "O dador do *aval*, ou caução, torna-se corréu *debendi*, e não lhe é permitido excepcionar com a falta de intimação dos protestos, por isso que, não sendo estes necessários para assegurar a responsabilidade dos aceitantes da letra, também não pode aproveitar aos que se constituem abonadores e garantes solidários das mesmas".[22]

Essa solidariedade do avalista juntamente com o devedor já vinha prevista no art. 15 do Decreto nº 2.044/1908, dispondo que o "avalista é equiparado àquele cujo nome indicar", e consta no art. 32, 1ª alínea, da Lei Uniforme, no sentido de que o "dador de aval é responsável da mesma maneira que a pessoa por ele afiançada".

Essa solidariedade alcança o próprio contrato de mútuo, se assumida a responsabilidade pelo avalista, o que ensejou a Súmula nº 26 do STJ, de 1991: "O avalista de título de crédito vinculado a contrato de mútuo também responde pelas obrigações pactuadas, quando no contrato figurar como devedor solidário".

8.6. Direito de regresso e responsabilidade do avalista na nulidade da obrigação

Pelo direito de regresso, preceituado no parágrafo 1º do art. 899, ao avalista se reserva o exercício de ação contra o seu avalizado e demais coobrigados anteriores. Eis a disposição:

---

[21] *Noções Práticas de Direito Comercial*, vol. II, p. 492.

[22] *Codigo Commercial do Brasil*, 7ª ed., Rio de Janeiro, Livraria Francisco Alves, 1912, p. 468.

"§ 1º Pagando o título, tem o avalista ação de regresso contra o seu avalizado e demais coobrigados anteriores".

O art. 32, 3ª alínea, da Lei Uniforme sobre letra de câmbio e nota promissória traz disposição semelhante: "Se o dador de aval paga a letra, fica sub-rogado nos direitos emergentes da letra contra a pessoa a favor de quem foi dado o aval e contra os obrigados para com esta em virtude da letra". O direito de regresso é a partir do responsável imediatamente anterior, o que assumiu a obrigação em um lugar precedente daquele que pagou. Por outras palavras, se o avalista aparece em um grau posterior a outro obrigado, contra todos os anteriores obrigados e garantidores tem a ação de reembolso, podendo acionar um ou todos conjuntamente. Aquele que paga um título de crédito, pois, adquire a totalidade dos direitos emergentes, ficando com a faculdade de agir tanto contra o avalizado como contra todos os demais obrigados para com este, segundo resta bem claro na 3ª alínea do art. 32.

Em sintonia com o parágrafo 2º, subsiste a obrigação do avalista, que é autônoma em relação à do avalizado: "Subsiste a responsabilidade do avalista, ainda que nula a obrigação daquele a quem se equipara, a menos que a nulidade decorra de vício de forma". Tem-se, no preceito, o acolhimento do princípio da autonomia substancial do aval.

O art. 32, 2ª alínea, da Lei Uniforme firma o mesmo princípio: "A sua obrigação mantém-se, mesmo no caso de a obrigação que ele garantiu ser nula por qualquer razão que não seja um vício de forma". Fábio Ulhôa Coelho destaca essa autonomia: "A obrigação do avalista é autônoma em relação à do avalizado, como esclarece a própria lei. Eventual nulidade da obrigação do avalizado não compromete a do avalista. Quando a lei equiparou as responsabilidades de um e de outro coobrigado, pretendeu, em suma, apenas prescrever que o avalista responde pelo pagamento do título perante todos os credores do avalizado e, uma vez realizando o pagamento, poderá voltar-se contra todos os devedores do avalizado, além do próprio evidentemente".[23]

Acrescenta-se que a responsabilidade não encontra limites em vícios do título ou da vontade das pessoas que assinam, como está previsto no art. 7º da Lei Uniforme, que se procura dar aplicação ao aval: "Se a letra contém assinaturas de pessoas incapazes de se obrigarem por letras, assinaturas falsas, assinaturas de pessoas fictícias, ou assinaturas que por qualquer outra razão não poderiam obrigar as pessoas que assinaram a letra, ou em nome das quais ela foi assinada, as obrigações dos outros signatários nem por isso deixam de ser válidas".

As disposições acima estendem-se a todos os títulos de crédito, sendo que antes se restringiam aos títulos regulamentados pela Lei Uniforme.

Quanto à responsabilidade, conveniente traçar a distinção entre aval, endosso e fiança, o que é demonstrado por De Plácido e Silva: "Nesta razão, o *avalista* – pessoa que vem servir de garantia do cumprimento da obrigação por parte de qualquer um de seus devedores ou coobrigados, – não se confunde com o *endossante*. O *avalista* era um estranho ao título. Vem a ele, como interveniente, para *garantir* o cumprimento da obrigação. O endossante é o proprietário do título que transfere a propriedade dele a outrem. Era *parte nele*.

Além disso, o endossante tem individualidade própria...

Por outro lado, o aval é figura jurídica, que se distingue da fiança.

O *fiador* assume uma obrigação subsidiária: é compelido a pagar, quando o afiançado não o faz.

---

[23] *Manual de Direito Comercial*, pp. 228-229.

O *avalista* é solidário e assume a posição da pessoa a quem avaliza. Está equiparado a esta e sobre ele recai a obrigação com a mesma força, como se fosse o *principal pagador*, se a este avalizou".

Adiante, continua o mesmo jurista, ressaltando a diferenciação quanto à responsabilidade do avalista, do endossante e do fiador: "Desse modo, *avalista, endossante* e *fiador*, juridicamente, são figuras distintas e inconfundíveis.

E, por essa mesma razão, suas responsabilidades diferem, como diferem os seus direitos.

A responsabilidade do endossante é limitada aos endossatários que estão a seguir do seu endosso. Quem estiver para trás dele não é beneficiado com a sua responsabilidade. Ao contrário, responde perante ele pela obrigação contida no título.

O fiador é responsável pelo pagamento, quando o devedor não o faz.

O avalista é responsável perante todos aqueles que podem exigir do avalizado o pagamento da obrigação, mesmo que esta exigência se processe imediatamente contra si, sem qualquer investida direta contra aquele a quem avaliza.

Pelo aval, o avalista *solidariza-se* à obrigação do avalizado. E por esta justa razão está identificado como um codevedor, embora lhe assista o direito de haver do avalizado o que tenha desembolsado em pagamento da dívida".[24]

8.7. Aval posterior ao vencimento e outorga uxória

O aval posterior veio a ser introduzido, no Código Civil, através do art. 900, sendo, pois, um dos poucos dispositivos que se aplicam à generalidade dos títulos de crédito: "O aval posterior ao vencimento produz os mesmos efeitos do anteriormente dado".

Está proclamada a eficácia do aval, prestado antes ou depois do vencimento.

Dificilmente ocorrerá a situação aventada no dispositivo acima, posto que a caracterização da mora desestimula a prestação da garantia. As leis que tratam dos títulos de crédito não preveem a hipótese.

Dada a omissão das leis específicas, costumava a doutrina não lhe atribuir efeitos, como refere João Eunápio Borges, ao escrever, citando vasta doutrina: "Saraiva, autoridade a que primeiro se deve recorrer no silêncio da lei, ensina que o aval posterior ao vencimento não produz efeitos cambiais, mas unicamente os de fiança, civil ou mercantil, conforme o caso e sua constituição (*A Cambial*, 2ª ed., § 94)".[25]

No entanto, admite a validade, amparado em Pontes de Miranda: "Pontes de Miranda, a meu ver com a razão, sustenta a possibilidade do aval posterior ao vencimento, com os mesmos efeitos cambiais do que é prestado durante a fase circulatória do título (*A Cambial*, nº 10, p. 235).

A meu ver, mesmo em face da Lei Uniforme, a solução é a mesma: a eficácia cambial do aval posterior ao vencimento".[26]

Com a inovação do Código Civil, fica solucionada a discussão, passando a ter valor dito aval, em quaisquer títulos de crédito, sendo esta, a do art. 895 (garantia dada pelo cheque em circulação), a do art. 919 (aquisição de título por modo diverso do endosso) e a constante no art. 920 (endosso posterior ao vencimento) quatro das raras inovações trazidas pelo Código

---

[24] *Noções Práticas de Direito Comercial*, vol. II, pp. 491-492.

[25] *Do Aval*, p. 156.

[26] *Idem*, p. 158.

Civil sobre o assunto. De modo que não se diferencia o aval oferecido antes ou depois do vencimento, sempre ocorrendo os efeitos que lhe são característicos.

Relativamente à outorga uxória, a matéria merece especial atenção, em sendo um dos avalistas casado, exceto se o for pelo regime matrimonial de separação absoluta de bens. Para tanto, importante a leitura do art. 1.642, inc. IV, do Código Civil: "Qualquer que seja o regime de bens, tanto o marido quanto a mulher podem livremente: (...) IV – demandar a rescisão dos contratos de fiança e doação, ou a invalidação do aval, realizados pelo outro cônjuge com infração do disposto nos incisos III e IV do art. 1.647".

No que interessa ao assunto, encerra o art. 1.647, inc. III: "Ressalvado o disposto no art. 1.648, nenhum dos cônjuges pode, sem autorização do outro, exceto no regime da separação absoluta: (...) III – prestar fiança ou aval".

Ficou excepcionado da necessidade da vênia conjugal o aval prestado por pessoa casada pelo regime de separação absoluta.

Assim, tanto quanto se exige na fiança, para o cônjuge prestar aval é necessária a outorga do outro cônjuge. Havendo a autorização, permanece válida a garantia. Não que responde com seus bens aquele que concedeu a autorização. Unicamente torna válido o contrato. Inexistindo o consentimento, desaparece a validade, habilitandose o outro cônjuge a pleitear a invalidação. Ou seja, o cônjuge que dá autorização para que seu consorte preste aval não é fiador nem avalista, uma vez que somente o autorizado ostenta tal qualidade. Impossível defender a tese de que apenas caracteriza a inoponibilidade do título ao cônjuge que não assentiu, ou seja, que fica resguardada tão somente a sua meação. Os termos da lei não deixam margem para dúvidas. Denota-se a ênfase trazida pela lei civil à proteção da família, inadmitindo-se atos que importem em periclitar a segurança ou sua estabilidade econômica.

Todavia, se o aval trouxe benefícios à família, ou veio prestado em um negócio necessário para a economia familiar, não se revela justa a oposição do outro cônjuge. Se emprestar um dos cônjuges sócio de empresa a garantia a um investimento cujo resultado redunde em benefício do sustento de todos, implicitamente, além do consentimento tácito, emerge a comunhão na concessão do aval, sendo irrelevante a falta da vênia conjugal formalizada. Para ensejar o remédio da defesa da meação, ao cônjuge cabe a prova de que não existiu favorecimento ao casal, na linha consolidada pelo STJ: "O acórdão recorrido assentou expressamente que nenhuma prova de que a dívida não trouxe benefícios à família foi produzida. Neste contexto, é inviável o conhecimento de recurso especial quando a análise da controvérsia demanda o reexame de elementos fático probatórios, a teor da Súmula nº 7 do Superior Tribunal de Justiça.

'Se o aval foi prestado pelo marido em garantia de dívida da sociedade de que faz parte, cabe à mulher que opõe embargos de terceiro o ônus da prova de que disso não resultou benefício para a família' (REsp. nº 148.719/SP. Relator: Min. Ari Pargendler. 3ª Turma. Julgado em 27.03.2001, *DJ* 30.04.2001 p. 130)".[27]

De grande relevância que a necessidade de autorização se estende à prestação do aval em todos os casos e títulos, mesmo os regidos por leis especiais. Não tem, na hipótese, aplicação o disposto no art. 903 do Código Civil (matéria analisada no Capítulo I, itens 1 e 2 da presente obra). Acontece que as regras de imposição da outorga uxória não se encontram previstas no ordenamento do Código Civil que disciplina os títulos de crédito (Título VIII do Livro I da Parte Especial), mas sim em dispositivos que regem de modo geral as relações patrimoniais entre os cônjuges, admitindo-se exceções unicamente se contemplados casos específicos.

---

[27]   AgRg no Ag. nº 702.569-RS. 3ª Turma. Julgado em 25.08.2009, *DJe* de 09.09.2009.

Embora a ressalva do art. 1.647, que dispensa a vênia conjugal no casamento com separação absoluta de bens, o STJ entendeu contrariamente, exigindo a autorização mesmo em tal regime de bens:

> "É necessária a vênia conjugal para a prestação de aval por pessoa casada sob o regime da separação obrigatória de bens, à luz do artigo 1647, III, do Código Civil. A exigência de outorga uxória ou marital para os negócios jurídicos de (presumidamente) maior expressão econômica previstos no artigo 1647 do Código Civil (como a prestação de aval ou a alienação de imóveis) decorre da necessidade de garantir a ambos os cônjuges meio de controle da gestão patrimonial, tendo em vista que, em eventual dissolução do vínculo matrimonial, os consortes terão interesse na partilha dos bens adquiridos onerosamente na constância do casamento.
>
> Nas hipóteses de casamento sob o regime da separação legal, os consortes, por força da Súmula nº 377/STF, possuem o interesse pelos bens adquiridos onerosamente ao longo do casamento, razão por que é de rigor garantir-lhes o mecanismo de controle de outorga uxória/marital para os negócios jurídicos previstos no artigo 1647 da lei civil".[28]

Aduz-se que há um prazo de decadência para a iniciativa da anulação, que é de dois anos, estabelecido no art. 1.649, *caput*, do Código Civil: "A falta de autorização, não suprida pelo juiz, quando necessária (art. 1.647), tornará anulável o ato praticado, podendo o outro cônjuge pleitear-lhe a anulação, até 2 (dois) anos depois de terminada a sociedade conjugal".

Por último, a inteligência do STJ é que a exigência da outorga uxória limita-se aos títulos de crédito regulados pelo Código Civil: "Segundo entendimento jurisprudencial, 'A interpretação mais adequada com o referido instituto cambiário, voltado a fomentar a garantia do pagamento dos títulos de crédito, à segurança do comércio jurídico e, assim, ao fomento da circulação de riquezas, é no sentido de limitar a incidência da regra do art. 1.647, inciso III, do CCB aos avais prestados aos títulos inominados regrados pelo Código Civil, excluindo-se os títulos nominados regidos por leis especiais.' (REsp 1.526.560/MG, Rel. Ministro Paulo de Tarso Sanseverino, Terceira Turma, julgado em 16/03/2017, *DJe* de 16/05/2017)".[29]

---

[28] Recurso Especial nº 1.163.074/PB. 3ª Turma. Julgado em 15.12.2009, *DJe* de 4.02.2009, *RT* vol. 892, p. 237.

[29] AgInt no REsp nº 1.736.228/BA, da 4ª Turma, rel. Min. Raul Araújo, j. em 7.05.2019, *DJe* de 17.06.2019.

Capítulo V
A Circulação dos Títulos de Crédito

1. IMPLICAÇÕES NA TRANSFERÊNCIA DO TÍTULO

A transferência dos títulos de crédito se opera por meio do endosso, ou da mera transmissão. É própria dos títulos de crédito a sua circulação. Sobre o assunto, adiciona Luiz Emygdio Franco Rosa Júnior: "O título de crédito nasce para circular e não para ficar restrito à relação entre o devedor principal e seu credor originário. Daí a preocupação do legislador em proteger o terceiro adquirente de boa-fé para facilitar a circulação do título".[1]

Mesmo aos nominativos é conferido o direito. Nada impede, todavia, a colocação de cláusula restritiva, ou não à ordem, estando reservada a sua previsão à letra de câmbio. Todos os direitos que constam no título são transferidos para o endossatário, destacando-se, além do recebimento do crédito, as medidas asseguradas para a sua efetivação, como a execução, o protesto e a ação de ressarcimento. Garante-se, outrossim, nova transferência. Não comportaria o endosso se restringidos os direitos reconhecidos ao endossatário, como, *v.g.*, de não efetuar o protesto, ou de não cobrar os encargos que comportam o título.

Nessa ampla dimensão vem o art. 893: "A transferência do título de crédito implica a de todos os direitos que lhe são inerentes".

Regra equivalente se encontra no artigo 14 da Lei Uniforme sobre letra de câmbio e nota promissória: "O endosso transmite todos os direitos emergentes da letra". A Lei do Cheque, no artigo 20, repete a previsão: "O endosso transmite todos os direitos resultantes do cheque".

A Lei nº 10.931/2004, que substituiu a Medida Provisória nº 2.160-25/2001, instituidora da cédula de crédito bancário, no art. 29, § 1º, expressamente consigna a regra acima: "A Cédula de Crédito Bancário será transferível mediante endosso em preto, ao qual se aplicarão, no que couberem, as normas do direito cambiário, caso em que o endossatário, mesmo não sendo instituição financeira ou entidade a ela equiparada, poderá exercer todos os direitos por ela conferidos, inclusive de cobrar os juros e demais encargos na forma pactuada na Cédula".

Sobre a transferência das ações, Newton de Lucca apresenta um exemplo significativo: "Assim, exemplificativamente no que se refere aos títulos de crédito típicos ou nominados, quando se transfere uma ação de sociedade anônima, transmite-se simultaneamente o direito aos cupons, ao recebimento dos dividendos declarados nas assembleias gerais, o direito a voz e a voto nessas mesmas assembleias gerais, o de recuperação do título eventualmente extraviado e assim por diante, quer sejam direitos de garantia, quer sejam os decorrentes de lei ou daqueles que derivam do contexto da própria cártula".[2]

---

[1]   *Títulos de Crédito*, 7ª ed., Rio de Janeiro, Editora Renovar, 2011, p. 215.

[2]   *Comentários ao Novo Código Civil*, vol. XII, pp. 174-175.

2. TÍTULO DE CRÉDITO EM CIRCULAÇÃO DADO EM GARANTIA

É possível dar o título de crédito em garantia, ou tornar-se objeto de medidas judiciais, faculdade que veio expressamente contemplada pelo Código Civil, em seu art. 895, que expressa: "Enquanto o título de crédito estiver em circulação, só ele poderá ser dado em garantia, ou ser objeto de medidas judiciais, e não, separadamente, os direitos ou mercadorias que representa".

Em verdade, sempre existiu a prática de dar em garantia o título de crédito, não importando a espécie. Na hipótese trazida pelo Código, somente o título sujeita-se a servir de garantia, vedada a restrição ou a referência a direitos dele decorrentes. Outrossim, como encerra o preceito, são permitidas outras medidas judiciais, entendendo-se como o arresto, o sequestro, a penhora.

O título de crédito, em circulação, transfere-se para outra pessoa, a quem se assegura o exercício de todos os direitos nele contidos. O endossatário ou adquirente tem a faculdade de dá-lo em garantia de obrigações suas. E aos credores do titular do título está assegurada a penhora e mais providências garantidoras de direitos.

A garantia se efetua por meio da caução do título. O portador contrai obrigações e oferece o título de crédito como garantia. Quanto à caução, no conceito de Amador Paes de Almeida, constitui "a garantia que o devedor oferece ao credor, tornando efetiva a sua responsabilidade. A caução do título se equipara ao penhor, vinculando-o ao pagamento da obrigação principal".[3]

É comum as pessoas oferecerem em garantia um título de crédito. A falta de cumprimento da obrigação assumida importa em o credor promover a sua execução.

A garantia prestada é do título de crédito, e não dos direitos que ele encerra, como de unicamente uma parcela do valor representado, ou da faculdade de execução dos juros. Os títulos representativos de mercadorias são transferíveis com a totalidade dos direitos contidos. Um certificado ou conhecimento de depósito circula com toda a gama de direitos que representa. Não se autoriza ao portador a transferência das mercadorias depositadas ou entregues a um transportador. Muito menos se aceita a transferência somente da parcela relativa aos rendimentos, já que se opera o endosso do título.

Sendo a garantia prestada do título de crédito apenas, significa que, não cumprido o negócio garantido pelo título, o credor passará a ter direito tão somente de buscar o recebimento dos direitos representados pela cártula, isso se já ocorrido o vencimento. E, se o devedor do título não solvê-lo, habilita-se o portador a ingressar com a competente ação executiva visando receber os direitos que encerra, pleiteando medidas de penhora, arresto e sequestro. Não se admitindo uma ação para finalidade de buscar as mercadorias que constam depositadas, cabe ao credor somente a execução do título, que se realizará nas ditas mercadorias.

Lembra-se que, presentemente, consoante os arts. 1.451 a 1.460 do Código Civil, veio introduzido o penhor de direitos e títulos de crédito. Para a execução, o credor cobrará o crédito empenhado, sem permitir-se que busque somente os bens dados em penhor.

Finalmente, o dispositivo acima é um dos poucos cuja disciplina não se encontra nas leis especiais que tratam dos títulos de crédito, passando, pois, a incidir plenamente.

3. IMPOSSIBILIDADE DE REIVINDICAÇÃO, JUNTO AO PORTADOR, DE TÍTULO ADQUIRIDO DE BOA-FÉ

Para emprestar segurança ao título, impor a sua credibilidade e garantir a própria subsistência, justifica-se a proibição de se reivindicá-lo junto ao adquirente de boa-fé, o que

---

[3] *Teoria e Prática dos Títulos de Crédito*, p. 37.

ficou expressamente consignado no art. 896 do Código Civil: "O título de crédito não pode ser reivindicado do portador que o adquiriu de boa-fé e na conformidade das normas que disciplinam a sua circulação".

Justifica-se a norma, ainda, em razão dos princípios da autonomia e da abstração que acompanham os títulos de crédito. Aquele que adquiriu, desde que tenha procedido de boa-fé, torna-se titular do crédito representado, ficando completamente alheia a ele a relação subjacente, desenvolvida entre o emitente e o anterior portador.

Sobre a autonomia, aduz Newton De Lucca, que transcreve Ascarelli: "A norma consagra um dos princípios fundamentais dos títulos de crédito que é o da autonomia cartular. Dois são os sentidos desse princípio consoante a lição primorosa de Ascarelli: 'a) segundo um significado, ao falar em autonomia quer-se afirmar que não podem ser opostas ao subsequente titular do direito cartular as exceções oponíveis ao portador anterior, decorrentes de convenções extracartulares, inclusive, nos títulos abstratos, as causais...; b) segundo um outro significado, ao falar em autonomia, quer-se afirmar que não pode ser oposta ao terceiro possuidor do título a falta de titularidade de que lho transferiu'".[4]

A questão deve ser mais amplamente esmiuçada. Não cabe a reivindicação do título junto ao portador com base nos possíveis vícios verificados quando da emissão. As relações pessoais entre o emitente e o devedor, e isto especialmente quanto à letra de câmbio e à nota promissória, não refletem consequências perante terceiros, posto que estranhos ao negócio. Se, porém, surgirem causas de nulidade, invalidando o título, autorizam-se as medidas judiciais, inclusive de busca e apreensão. Desde que criminosa a circulação, por ter o endossante subtraído o título, ou ter ele preenchido uma cifra irreal, à pessoa que é colocada como devedora reservam-se os remédios judiciais para declarar a invalidade, e mesmo a apreensão. A fim de prevalecer plenamente o dispositivo, insta que tenha tido uma origem lícita e que o valor nele inserido seja real.

De modo que, no âmbito dos terceiros de boa-fé, a quem se endossou ou transferiu o documento, sobressai a abstração da causa, ou domina a autonomia, se válido o título, e tenha origem lícita.

A expressão constante no final do art. 896 – 'na conformidade das normas que disciplinam a sua circulação' – dá força ao acima defendido, já que a procedência delituosa, se for o caso, não acarreta efeitos lícitos.

As leis especiais que regem os títulos de crédito contêm, em geral, regras sobre o assunto.

---

[4] *Comentários ao Novo Código Civil*, vol. XII, p. 188.

Capítulo VI
Pagamento dos Títulos de Crédito

1. OS RESPONSÁVEIS NA OBRIGAÇÃO CAMBIAL

Sabe-se que a responsabilidade cambiária é diferente da responsabilidade civil. O titular de um crédito está habilitado a exigi-lo de qualquer um dos obrigados. Nesta parte, é solidária a obrigação, mas não no sentido de exigir o que paga, como quando há avalistas conjuntos, a parte correspondente a cada um, junto aos demais coobrigados. Aquele que se encontra em uma ordem sucessiva na cadeia obrigacional, e que paga, tem o direito de reembolsar-se, contra o anterior ou anteriores, do total do valor satisfeito. Ressalva-se a exigibilidade integral do montante entregue.

Há uma vinculação legal de todos os obrigados – sacador, aceitante, endossadores, avalistas – ao pagamento integral do título, facultando-se ao credor ou portador do título o direito de eleição ou escolha, e sem que assista aos coobrigados o benefício de ordem, no sentido de impor que o devedor principal, ou o primeiro avalista cumpra a obrigação. Eis como está no art. 47 da Lei Uniforme: "Os sacadores, aceitantes, endossantes ou avalistas de uma letra são todos solidariamente responsáveis para com o portador. O portador tem o direito de acionar todas as pessoas individualmente (ou coletivamente), sem estar adstrito a observar a ordem por que elas se obrigaram". Assim, encontrando-se o devedor principal em recuperação judicial, ao credor se faculta a exigibilidade do crédito perante os demais codevedores, como se encontra consubstanciado no Tema 885 do STJ, com a seguinte tese: "A recuperação judicial do devedor principal não impede o prosseguimento das execuções nem induz suspensão ou extinção de ações ajuizadas contra terceiros devedores solidários ou coobrigados em geral, por garantia cambial, real ou fidejussória, pois não se lhes aplicam a suspensão prevista nos arts. 6º, *caput*, e 52, inciso III, ou a novação a que se refere o art. 59, *caput*, por força do que dispõe o art. 49, § 1º, todos da Lei n. 11.101/2005".[1]

Há, também, a Súmula 581, da mesma Corte, de 2015: "A recuperação judicial do devedor principal não impede o prosseguimento das ações e execuções ajuizadas contra terceiros devedores solidários ou coobrigados em geral, por garantia cambial, real ou fidejussória".

Aquele que paga se assegura do direito de receber, junto ao obrigado anterior, que o precede na ordem sucessiva, a totalidade do valor, ou parte do mesmo. Não há a solidariedade do direito comum, posto que a posição de cada coobrigado tem existência própria, especial, de puro direito cambial. Pelo menos isso no direito cambiário. Assim como ao portador se faculta acionar a quem quiser, ao que paga se autoriza voltar-se contra aquele que estava

---

[1] REsp nº 1.333.349/SP, da 2ª Seção, rel. Min. Luis Felipe Salomão, j. em 26.11.2014, *DJe* de 02.02.2015.

obrigado, direito que está no mesmo art. 47, em sua terceira parte: "O mesmo direito possui qualquer dos signatários de uma letra quando a tenha pago".

Esta a classificação dos responsáveis obrigados:

a) Os principais, ou diretos, que são os aceitantes nas letras de câmbio e nas duplicatas mercantis, e os emitentes e respectivos avalistas na nota promissória.

b) Os obrigados secundários, ou regressivos, compreendendo os sacadores na letra de câmbio e duplicata, os endossadores e os respectivos avalistas na nota promissória.

Necessárias algumas abordagens específicas.

Desde que se dê a circulação do título, via endosso, o sacador, com o saque da letra de câmbio e da duplicata, obriga-se junto ao portador, se o devedor não honrar o pagamento. Assim está no art. 15 da Lei Uniforme: "O endossante, salvo cláusula em contrário, é garante tanto da aceitação como do pagamento da letra".

Uma vez verificado o aceite da letra de câmbio e da duplicata, se desacompanhada esta dos comprovantes do negócio, cria-se a obrigação cambial. Com a nota promissória, o endossador assume o compromisso de pagar na falta de cumprimento pelo devedor principal. Com a transferência do título, emerge a garantia do pagamento.

2. RESPONSABILIDADE DE QUEM ASSINA O TÍTULO SEM PODERES

A responsabilidade dos assinantes de títulos de crédito sem poderes é regida pelo art. 892 da lei civil: "Aquele que, sem ter poderes, ou excedendo os que tem, lança a sua assinatura em título de crédito, como mandatário ou representante de outrem, fica pessoalmente obrigado, e, pagando o título, tem ele os mesmos direitos que teria o suposto mandante ou representado".

Contempla o dispositivo duas situações em que terceiro ou outrem assina o título de crédito: a assinatura sem poderes para tanto; e a assinatura como mandatário ou representante excedendo os poderes recebidos. Em ambos os casos, incide a responsabilidade pelo pagamento, porquanto equivale o ato à assunção da obrigação, equiparando-se a quem emitiu ou criou o título. Todavia, reservam-se os direitos que teria o mandante ou representado. Pode ingressar contra o sacado ou devedor, e mesmo contra aquele a quem representa. Há uma transferência dos direitos reconhecidos a favor de quem deveria pagar para aquele que paga. Autoriza-se a agir contra o devedor do credor em cujo prol foi satisfeita a obrigação. Quem representa o avalista e paga a dívida poderá se voltar contra o avalizado.

O disposto no artigo acima se assemelha ao artigo 8º da Lei Uniforme sobre letra de câmbio e nota promissória: "Todo aquele que apuser a sua assinatura numa letra, como representante de uma pessoa, para representar a qual não tinha de fato poderes, fica obrigado em virtude da letra e, se a pagar, tem os mesmos direitos que o pretendido representado. A mesma regra se aplica ao representante que tenha excedido os seus poderes".

Da mesma forma o artigo 14 da Lei nº 7.357, de 1985, quanto ao cheque: "Obriga-se pessoalmente quem assina cheque como mandatário ou representante, sem ter poderes para tal, ou excedendo os que foram conferidos. Pagando o cheque, tem os mesmos direitos daquele em cujo nome assinou".

A fim de verificar se exercidos os poderes de acordo com o mandato recebido, indispensável que se tome conhecimento dos poderes compreendidos no endosso-mandato.

3. MOMENTO DO PAGAMENTO DO TÍTULO

O pagamento se efetua no dia aprazado para tanto. No próprio título consta a data do vencimento. Assegura o art. 902 ao credor a recusa em receber adiantado o pagamento, nos seguintes termos: "Não é o credor obrigado a receber o pagamento antes do vencimento do título, e aquele que o paga, antes do vencimento, fica responsável pela validade do pagamento".

Se não aguardar a data prevista, o devedor fica responsabilizado pela validade do adimplemento. O art. 40, 1ª e 2ª alíneas, da Lei Uniforme, contém regra igual: "O portador de uma letra não pode ser obrigado a receber o pagamento dela antes do vencimento.

O sacado que paga uma letra antes do vencimento fá-lo sob sua responsabilidade".

A rigor, para ser eficaz a recusa, apontará o credor as razões. A simples negativa em não aceitar não se apresenta válida. É um direito do devedor saldar suas obrigações antecipadamente. Não se justifica a recusa por capricho, ou imotivada, impondo que se tenha a regra em consonância com o § 2º do art. 52, da Lei nº 8.078/1990, nestes termos: "É assegurada ao consumidor a liquidação antecipada do débito, total ou parcialmente, mediante redução proporcional dos juros e demais acréscimos".

De outro lado, no vencimento não cabe ao credor recusar o pagamento, mesmo que parcial. O § 1º do art. 902 obriga o recebimento do crédito quando vence o título, dispondo: "No vencimento, não pode o credor recusar pagamento, ainda que parcial".

As manobras engendradas e levadas a efeito para não receber afastam a responsabilidade do devedor, bem como a decorrência de juros ou encargos.

O pagamento parcial está subentendido no § 2º do mesmo artigo, não se operando, porém, a tradição do título: "No caso de pagamento parcial, em que não se opera a tradição do título, além da quitação em separado, outra deverá ser firmada no próprio título". Todavia, não se operando a tradição do título, eis que permanece pendente parte da obrigação, incumbe ao credor fornecer quitação da quantia recebida, emitindo recibo ao devedor. Além disso, se anotará no título ou em separado o pagamento parcial procedido. Com essas providências, impede-se a transferência do título pelo valor integral. Passando-se para outrem o título, aquele que o recebe ficará ciente da quantia ainda devida.

As disposições dos parágrafos do artigo 902 se encontram contempladas nas alíneas 2ª e 3ª do art. 39 da lei Uniforme sobre a letra de câmbio e nota promissória: "O portador não pode recusar qualquer pagamento parcial.

No caso de pagamento parcial, o sacado pode exigir que desse pagamento se faça menção na letra e que dele lhe seja dada quitação".

4. DESONERAÇÃO DO DEVEDOR NO PAGAMENTO AO PORTADOR DO TÍTULO

Uma vez feito o pagamento a quem porta o documento de crédito, a decorrência lógica é a desoneração da dívida. Assim está no art. 901 da lei civil: "Fica validamente desonerado o devedor que paga título de crédito ao legítimo portador, no vencimento, sem oposição, salvo se agiu de má-fé".

É natural tal conclusão, não importando, em princípio, quem seja o portador, posto que se presume sempre válida a transferência operada.

Todavia, a regra deve ser enfrentada com cautela. Menciona a mesma a exoneração de quem paga ao *legítimo* portador. Explicam José Costa Loures e Taís Maria Loures Dolabela Guimarães quem é o legítimo portador: "Legítimo portador será o último endossatário, ou mesmo aquele que o obteve por mera tradição, por via de regular transação. Em qualquer dos dois casos, mas principal e especialmente neste último, ressalva-se a má-fé com que o portador obteve o título ou, no expressivo dizer da Lei Uniforme, 'aquele que paga uma letra no vencimento fica validamente desobrigado, salvo se da parte tiver havido fraude ou falta grave' (art. 40)".[2]

De sorte que, tendo havido endosso, necessário observar a cadeia de sucessão, ou se há mais de uma transferência. Podendo o endosso ser em branco, perfectibilizado em geral com a mera assinatura no verso, presume-se titular do crédito o portador. Se em preto, ou nomeando-se a pessoa em favor de quem se transfere, o exame da cadeia se faz necessário. Do contrário, sendo malfeito o pagamento, não terá validade. Sempre, em qualquer hipótese, a quem paga se requer a atenção para ver se o título é ao portador, ou se o endosso procedeu do credor, ou tomador, ou mesmo do endossatário.

O dispositivo ressalva a hipótese de má-fé, cujo pagamento não terá validade, o que é suscetível de acontecer se o devedor sabe que o título foi objeto de furto, ou se a assinatura do endosso está grosseiramente falsificada.

A matéria aparece igualmente tratada no art. 40 da Lei Uniforme da letra de câmbio e nota promissória: "Aquele que paga uma letra no vencimento fica validamente desobrigado, salvo se de sua parte tiver havido fraude ou falta grave. É obrigado a verificar a regularidade da sucessão dos endossos, mas não a assinatura dos endossantes".

Normalmente, a entrega do título ao devedor comprova o pagamento. Se este solicitar, é obrigado o credor a lhe assinar um termo de quitação, por declaração no seu verso ou em documento separado, em obediência ao parágrafo único do mesmo art. 901: "Pagando, pode o devedor exigir do credor, além da entrega do título, quitação regular".

Regra semelhante contempla o art. 39, 3ª alínea, da Lei Uniforme sobre a Letra de Câmbio e Nota Promissória: "No caso de pagamento parcial, o sacado pode exigir que desse pagamento se faça menção na letra e que dele lhe seja dada quitação".

---

[2]   *Novo Código Civil Comentado*, 2ª ed., Belo Horizonte, Livraria Del Rey Editora Ltda., 2003, p. 391.

Capítulo VII
Direito Cambiário

1. A UNIFORMIZAÇÃO DO DIREITO CAMBIÁRIO

A universalidade do direito cambiário levou à sua uniformização e unificação, como exigências para facilitar a segurança das relações obrigacionais no âmbito internacional, decorrentes de negócios comerciais. Com a expansão das importações e exportações, foi decorrência natural a necessidade de instrumentos capazes para representar as obrigações, de modo a imprimir segurança e credibilidade. E justamente para facilitar e prestigiar o comércio internacional, apareceram as tendências de criarem-se normas comuns, que convergissem os interesses e imprimissem um tratamento uniforme na regulamentação de certos assuntos.

Assim, desde épocas remotas, os Estados de direito utilizam certos documentos que, confeccionados com requisitos apropriados e previamente estabelecidos, se convencionou imprimir-lhes o caráter de representar créditos. A partir do começo do século passado se intensificaram os esforços para uniformizar as regras disciplinadoras dos títulos. Num primeiro momento, de reuniões de associações internacionais surgiram as ideias iniciais, que foram discutidas em conferências com representantes dos países interessados, como as de Haia, em 1910 e 1912. Sobre a Conferência de 1910, escreveu José Gonçalves Dias: "Propôs-se a Conferência a uniformizar o direito cambiário, de forma a suprimir, ou, pelo menos, reduzir ao mínimo, os conflitos de leis, tomando a este respeito a seguinte posição: onde não pudesse chegar a uniformidade legislativa, adotar regras uniformes de direito internacional privado".[1]

Em 1930, celebrou-se a Conferência Internacional de Genebra, com a presença de representantes de trinta e um países, inclusive do Brasil. Nesta Conferência, três as convenções aprovadas, nesta ordem:

a) As partes contratantes se obrigaram a introduzir nas legislações dos respectivos países a chamada *Lei Uniforme*, composta do Anexo I, onde se dispôs acerca das regras da Letra de Câmbio e da Nota Promissória; e do Anexo II, tratando das chamadas reservas oferecidas às partes contratantes.

b) As partes contratantes traçam normas dispondo sobre os possíveis conflitos de lei com a legislação interna.

c) As partes contratantes se comprometem a não submeter a validade das disposições cambiárias ao cumprimento de regulamentos internos relativos ao imposto de selo.

---

[1] *Da Letra e da Livrança*, p. 67.

No ano de 1931, novamente em Genebra, em outra assembleia, se aprovou a uniformização da legislação sobre o cheque.

Os representantes de vinte e nove nações assinaram as convenções, sendo que somente vinte representantes ratificaram. A entrada em vigor, no plano internacional, ocorreu em 1º de janeiro de 1934.

No direito positivo brasileiro, a adesão oficial à Lei Uniforme sobre a Letra de Câmbio e a Nota promissória se deu por meio de vários atos, como da Nota da Legação, apresentada em Berna, no ano de 1942; da aprovação pelo Congresso Nacional pelo Decreto Legislativo nº 54, de 1964; e do Decreto do Poder Executivo nº 57.663, de 24.01.1966. Quanto ao cheque, a aprovação e adoção veio com o Decreto do Poder Executivo nº 57.595, de 7.01.1966, vindo, no entanto, a ser revogado pela Lei nº 7.357, de 2.09.1985, que disciplinou inteiramente o cheque.

Reiteradamente os Tribunais pátrios têm decidido pela aplicabilidade da Lei Uniforme de Genebra, tanto da letra de câmbio, da nota promissória, como do cheque. Digno de nota é o aresto do Recurso Extraordinário nº 71.154-PR, julgado em 4.08.1971: "Lei Uniforme sobre o Cheque, adotada pela Convenção de Genebra. Aprovada essa Convenção pelo Congresso Nacional, e regularmente promulgada, suas normas têm aplicação imediata, inclusive naquilo em que modificarem a legislação interna".[2]

De modo que se aplica, no Brasil, a Lei Uniforme de Genebra – LUG. Unicamente em matérias não reguladas pela Lei Uniforme e naqueles casos específicos das Reservas, tem incidência o Decreto nº 2.044, de 31.12.1908, como será examinado abaixo.

Inclusive, tem-se entendido a aplicabilidade subsidiária da Lei Uniforme de Genebra a títulos de crédito diferentes da Letra de Câmbio e à Nota Promissória.[3]

2. RESERVAS À LEI UNIFORME SOBRE A LETRA DE CÂMBIO E A NOTA PROMISSÓRIA

Salienta-se que, quando da ratificação, permitiu-se às partes contratantes a formulação de *reservas*, naquilo que contrariasse a legislação interna e em outros pontos. Consoante Pedro Sampaio, "a reserva representa mera possibilidade jurídica, para o legislador nacional, de excluir ou modificar os efeitos de certas disposições do regulamento uniforme".[4] Segundo consta de convenção assinada num congresso realizado em Viena, no ano de 1969, excluem-se as disposições do tratado que o Estado signatário, por meio de uma declaração unilateral de vontade, não acata; afastam-se certos efeitos jurídicos de algumas disposições do tratado ou convenção, também por declaração unilateral. Os Estados signatários disporão, com normas próprias, sobre as matérias objeto de reservas, ou prevalecerão as regras já existentes. Efetivamente, as matérias objeto das reservas são reguladas por lei nacional.

As reservas permitidas constam no Anexo II da Lei Uniforme de Genebra – LUG, num total de vinte e três, tendo o Brasil optado por treze, o que se fez com o Decreto nº 57.663/1966, que promulgou a adesão à Convenção de Genebra. Advirta-se, no entanto, que a disciplina da Lei Uniforme não abrange a totalidade da matéria, posto que assuntos existem não abrangidos por tal regramento, como no caso do protesto de títulos, cuja matéria submete-se, pois, ao Decreto nº 2.044/1908.

---

[2]   *Revista Trimestral de Jurisprudência*, 58/70.

[3]   REsp nº 1435979/SP, da 3ª Turma, rel. Min. Paulo de Tarso Sanseverino, j. em 30.03.2017, *DJe* de 05.05.2017.

[4]   *Letra de Câmbio e Nota Promissória*, São Paulo, Editora Saraiva, 1975, p. 30.

Eis os textos das reservas do Anexo II, que o Brasil formulou:

Art. 2º: "Qualquer das Altas Partes Contratantes tem, pelo que respeita às obrigações contraídas em matéria de letras no seu território, a faculdade de determinar de que maneira pode ser suprida a falta de assinatura, desde que por uma declaração autêntica escrita na letra se possa constatar a vontade daquele que deveria ter assinado".

De observar que, pelo art. 1º, nº 8º, da Lei Uniforme, é requisito essencial a assinatura do sacador. Diante da reserva, prevalece o art. 1º, inc. V, do Decreto nº 2.044, que exige a assinatura do próprio punho do sacador ou de mandatário especial. Daí se depreende que o analfabeto ou aquele impossibilitado de assinar deve constituir procurador com poderes especiais, que assinará, no momento oportuno, o documento cambial pelo mandante. Igual procedimento adotará o endossante, naquelas condições, pelo que se extrai do art. 8º, do Decreto nº 2.044. No tocante ao aceite e aos avalistas, também se analfabetos ou impossibilitados de assinar, o mandato especial continua a ser o meio apropriado, por força dos arts. 11 e 14 do mesmo diploma.

Sobre a indispensabilidade da assinatura, no que se aplica à nota promissória, decidiu o TJSP: "Embargos do devedor. Execução fundada em nota promissória. Falta de data e local da emissão. Requisitos essenciais. Ausência de título executivo, nos termos dos artigos 75, n. 6, e 76, da Lei Uniforme de Genebra. Impossibilidade de execução. Carência da ação. Reforma da sentença. Apelação provida".[5]

Art. 3º: "Qualquer das Altas Partes Contratantes reserva-se a faculdade de não inserir o art. 10 da Lei Uniforme na sua lei nacional".

Eis o que diz o art. 10: "Se uma letra incompleta no momento de ser passada tiver sido completada contrariamente aos acordos realizados, não pode a inobservância desses acordos ser motivo de oposição ao portador, salvo se este tiver adquirido a letra de má-fé ou, adquirindo-a, tenha cometido culpa grave".

O Decreto nº 2.044, que incide diante da reserva, em seu art. 3º prevê que os requisitos da letra são considerados lançados ao tempo da emissão do título, só se admitindo prova em contrário se houver má-fé do portador.

Art. 5º: "Qualquer das Altas Partes Contratantes pode completar o art. 38 da Lei Uniforme, dispondo que, em relação às letras pagáveis no seu território, o portador deverá fazer a apresentação no próprio dia do vencimento; a inobservância desta obrigação só acarreta responsabilidade por perdas e danos.

As outras Altas Partes Contratantes terão a faculdade de fixar as condições em que reconhecerão uma tal obrigação".

Consta do art. 38 citado: "O portador de uma letra pagável a dia fixo ou a certo termo de data ou de vista deve apresentá-la no dia em que ela é pagável ou num dos dois dias úteis seguintes".

O art. 20 do Decreto nº 2.044/1908 ordena a apresentação no próprio dia do vencimento, ou, sendo feriado, no primeiro dia útil seguinte. Não possibilita a apresentação num dos dois

---

[5] Apelação com Revisão nº 9106073-67.2005.8.26.0000, da 15ª Câmara de Direito Privado C, rel. Edgard Rosa, j. em 04.12.2007, data de registro 20.12.2007.

dias úteis seguintes. Nem prevê as perdas e danos se não houver a apresentação. Enquanto não reguladas essas questões, parece que devem incidir os ditames da Lei Uniforme.

> **Art. 6º**: "A cada uma das Altas Partes Contratantes incumbe determinar, para os efeitos da aplicação da última alínea do art. 38, quais as instituições que, segundo a lei nacional, devem ser consideradas câmaras de compensação".

Já a última alínea do art. 38: "A apresentação da letra a uma câmara de compensação equivale à apresentação a pagamento".

Não se tem uma reserva, mas recomendação que se informe quais as instituições devem ser havidas como câmaras de compensação.

> **Art. 7º**: "Pelo que se refere às letras pagáveis no seu território, qualquer das Altas Partes Contratantes tem a faculdade de sustar, se o julgar necessário, em circunstâncias excepcionais relacionadas com a taxa de câmbio da moeda nacional, os efeitos da cláusula prevista no art. 41 relativa ao pagamento efetivo em moeda estrangeira. A mesma regra se aplica no que diz respeito à emissão no território nacional de letras em moedas estrangeiras".

Assim encerra o art. 41: "Se numa letra se estipular o pagamento em moeda que não tenha curso legal no lugar do pagamento, pode a sua importância ser paga na moeda do país, segundo o seu valor no dia do vencimento. Se o devedor está em atraso, o portador pode, à sua escolha, pedir que o pagamento da importância da letra seja feito na moeda do país ao câmbio do dia do vencimento ou ao câmbio do dia do pagamento.

A determinação do valor da moeda estrangeira será feita segundo os usos do lugar do pagamento. O sacador pode, todavia, estipular que a soma a pagar seja calculada segundo um câmbio fixado na letra.

As regras acima indicadas não se aplicam ao caso em que o sacador tenha estipulado que o pagamento deverá ser efetuado numa certa moeda especificada (cláusula de pagamento efetivo numa moeda estrangeira).

Se a importância da letra for indicada numa moeda que tenha a mesma denominação, mas o valor diferente no país da emissão e no de pagamento, presume-se que se fez referência à moeda do lugar de pagamento".

Não trata o Decreto nº 2.044 do pagamento de obrigações inseridas nos títulos cambiários em moeda estrangeira. De modo geral, é proibida qualquer estipulação de pagamento de dívidas em ouro, ou em qualquer espécie de moeda diferente da que circula oficialmente.

> **Art. 9º**: "Por derrogação da alínea 3ª do art. 44 da Lei Uniforme, qualquer das Altas Partes Contratantes tem a faculdade de determinar que o protesto por falta de pagamento deve ser feito no dia em que a letra é pagável ou num dos dois dias úteis seguintes".

Eis o texto da alínea 3ª do art. 44 mencionado: "O protesto por falta de pagamento de uma letra pagável um dia fixo ou a certo termo de data ou de vista deve ser feito num dos 2 (dois) dias úteis seguintes àquele em que a letra é pagável. Se se trata de uma letra pagável à vista, o protesto deve ser feito nas condições indicadas na alínea precedente para o protesto por falta de aceite".

Por conseguinte, tem vigência o art. 28 do Decreto nº 2.044, que determina o prazo para protesto como o primeiro dia útil seguinte ao do vencimento.

> **Art. 10**: "Fica reservado para a legislação de cada uma das Altas Partes Contratantes a determinação precisa das situações jurídicas a que se referem os nᵒˢ 2 e 3 do art. 43 e os nᵒˢ 5 e 6 do art. 44 da Lei Uniforme".

O art. 43, nᵒˢ 2 e 3, da Lei Uniforme, encerra: "O portador de uma letra pode exercer os seus direitos de ação contra os endossantes, sacador e outros coobrigados...

2º) nos casos de falência do sacado, quer ele tenha aceite, quer não, de suspensão de pagamentos do mesmo, ainda que não constatada por sentença, ou de ter sido promovida, sem resultado, execução de seus bens;

3º) nos casos de falência do sacador de uma letra não aceitável".

O Decreto nº 2.044 cuida apenas do vencimento da letra quando protestada pela falência do aceitante – art. 19, inc. II. Nas demais situações, como se verá adiante, continua aplicável o dispositivo da Lei Uniforme, por omissão de regulamentação da lei brasileira.

Já os nᵒˢ 5 e 6 do art. 44 estabelecem: "No caso de suspensão de pagamentos do sacado, quer seja aceitante, quer não, ou no caso de lhe ter sido promovida, sem resultado, execução dos bens, o portador da letra só pode exercer o seu direito de ação após apresentação da mesma ao sacado para pagamento e depois de feito o protesto.

No caso de falência declarada do sacado, quer seja aceitante, quer não, bem como no caso de falência declarada do sacador de uma letra não aceitável, a apresentação da sentença de declaração de falência é suficiente para que o portador da letra possa exercer o seu direito de ação".

Em face da omissão de legislação nacional sobre a matéria, perduram os dispositivos acima, não tendo justificativa a reserva.

> **Art. 13**: "Qualquer das Altas Partes Contratantes tem a faculdade de determinar, no que respeita às letras passadas e pagáveis no seu território, que a taxa de juros a que referem os nᵒˢ 2 dos arts. 48 e 49 da Lei Uniforme poderá ser substituída pela taxa legal em vigor no território da respectiva Alta Parte Contratante".

O nº 2 do art. 48 comina os juros à taxa de seis por cento, desde a data do vencimento, em favor do portador do título que pode exigir contra quem exerce o seu direito de ação. Já o nº 2 do art. 49 autoriza, em benefício de quem pagou uma letra, a exigência, junto aos seus garantes, de juros de seis por cento sobre a soma, desde a data do pagamento.

Acontece que a matéria de juros vem tratada no direito comum, mais precisamente no Código Civil, não sendo matéria cambiária.

> **Art. 15**: "Qualquer das Altas Partes Contratantes tem a liberdade de decidir que, no caso de perda de direitos ou de prescrição, no seu território subsistirá o direito de proceder contra o sacador que não constituir provisão ou contra um sacador ou endossante que tenha feito lucros ilegítimos. A mesma faculdade existe, em caso de prescrição, pelo que respeita ao aceitante que recebeu provisão ou tenha realizado lucros ilegítimos".

O Decreto nº 2.044 não disciplinou a ação contra o endossante, mas unicamente, no art. 48, contemplou a ação de locupletamento injusto contra o sacador ou aceitante: "Sem embargo da desoneração da responsabilidade cambial, o sacador ou o aceitante fica obrigado a restituir ao portador, com os juros legais, a soma com a qual se locupletou à custa deste".

Em verdade, a hipótese do art. 15 é caso de reenvio do assunto para a reapreciação pelas Altas Partes Contratantes.

> **Art. 16**: "A questão de saber se o sacador é obrigado a constituir provisão à data do vencimento e se o portador tem direitos especiais sobre essa provisão está fora do âmbito da Lei Uniforme.
>
> O mesmo sucede relativamente a qualquer outra questão respeitante às relações jurídicas que serviram de base à emissão da letra".

Cuida-se mais de matéria de direito interno de cada país. O Decreto nº 2.044 não aborda tais aspectos.

> **Art. 17**: "A cada uma das Altas Partes Contratantes compete determinar na sua legislação nacional as causas de interrupção e de suspensão da prescrição das ações relativas a letras que os seus tribunais são chamados a conhecer.
>
> As outras Altas Partes Contratantes têm a faculdade de determinar as condições a que subordinarão o conhecimento de tais causas. O mesmo sucede quanto ao efeito de uma ação como meio de indicação do início do prazo de prescrição, a que se refere a alínea terceira do art. 70 da Lei Uniforme".

A alínea terceira do art. 70 estabelece a prescrição em seis meses a contar do dia em que o endossante pagou a letra ou em que ele próprio foi acionado.

Está-se diante de matéria de direito comum de cada país.

> **Art. 19**: "Qualquer das Altas Partes Contratantes pode determinar o nome a dar, nas leis nacionais, aos títulos a que se refere o art. 75 da Lei Uniforme ou dispensar esses títulos de qualquer denominação especial, uma vez que contenha a indicação expressa de que são à ordem".

O art. 75 da Lei Uniforme trata da nota promissória. No item nº 1 empregou a denominação "nota promissória" ao título. O que se denota do art. 19 do Anexo II é a possibilidade de adotar outro nome. O Brasil já havia adotado a denominação "nota promissória" por meio do Decreto nº 2.044. Também previu que o título é à ordem. Não se justificava, portanto, a adoção da reserva, posto que o Brasil já usava a denominação.

> **Art. 20**: "As disposições dos arts. 1º a 18 do presente Anexo, relativas às letras, aplicam-se igualmente às notas promissórias".

Naturalmente que as reservas estabelecidas para a letra de câmbio também se estendem para a nota promissória, eis que a Lei Uniforme, consoante seus arts. 77 e 78, se aplica à nota promissória.

3. DEFICIÊNCIAS NA TRADUÇÃO DA LEI UNIFORME

A simples leitura da Lei Uniforme chama a atenção pela deficiência de redação, pela impropriedade de palavras e por erros que aparecem ao longo do texto. Os autores costumam apontar uma grande quantidade de defeitos, lembrando que o Brasil simplesmente se apropriou da tradução feita do francês para o idioma português praticado em Portugal, que, além de conter erros, difere do português que vigora no Brasil. São notórias as diferenças de textos e expressões, inclusive com significados diferentes.

É facilmente perceptível a construção de frases que não se coadunam com o modo redacional empregado no Brasil.

Destacam-se traduções incompletas ou erros, como a adoção do nome *letra* em vez de *letra de câmbio*, já que em francês a denominação era *lettre de change*. No art. 1º, nº 2, da Lei Uniforme, utiliza-se a palavra *mandato* quando deveria ser *mandado*, já que o sentido é de *ordem*, como constou no inglês (*order*). Assim, ao conter o dispositivo "um mandato puro e simples de pagar", quis expressar "a ordem", isto é, o "mandado" de pagar.

No art. 10, ao final, se deu à palavra francesa *faute* a tradução de *falta*, quando, o sentido correto é *culpa*. De modo que o vernáculo português deveria trazer a expressão "culpa grave".

No art. 11, 1ª alínea, consta *toda a letra de câmbio*, sendo que melhor soaria *toda letra de câmbio*.

No art. 11, 2ª alínea, escreveu-se que *a letra só é transmissível*. Na verdade, o *título* é transmissível.

A tradução do texto original do art. 32 dispôs que "o dador de aval é responsável da mesma maneira que a pessoa por êle afiançada", quando o correto seria pessoa por ele *avalizada*. Para a correta aplicação do dispositivo, não resta alternativa senão desprezar a literalidade da lei, considerando-se escrita a expressão *avalizada*.

Ir-se-ia longe, se se apontassem as demais imperfeições. Salienta-se que a redação das frases peca contra regras gramaticais, contra o indevido emprego de preposições ou de idênticas palavras numa mesma proposição, ou a falta de sinais de pontuação. Nestas deficiências, citam-se o art. 21, no qual se ordena a apresentação da letra até *ao vencimento*, em vez de até *o vencimento*; o art. 30, cuja leitura melhor fluiria com a vírgula da seguinte maneira: *O pagamento de uma letra pode ser, no todo ou em parte, garantido por aval*; o art. 34, que repete várias vezes o verbo *pode*.

As situações acima constituem apenas alguns exemplos.

4. DISPOSITIVOS DO DECRETO Nº 2.044/1908 EM VIGOR

Haverá, no direito brasileiro, prevalência do Decreto nº 2.044/1908 sobre a Lei Uniforme de Genebra quando se tratar das reservas previstas no Anexo II. Abdicando-se da reserva, passam a vigorar os ditames da Lei Uniforme, ficando revogados os do Decreto 2.044/1908. Se não houver norma correspondente na Lei Uniforme, também aplicam-se as normas do mencionado Decreto. Em resumo, continuam vigentes somente os dispositivos do Decreto nº 2.044/1908 referentes às matérias não reguladas pela Lei Uniforme ou por adotadas reservas.

Diante da omissão da Lei Uniforme em várias situações, e das reservas do seu Anexo II, eis os dispositivos que continuam vigorando do Decreto nº 2.044/1908, relacionados a assuntos não regulados pela Lei Uniforme:

1) Assinatura do título – art. 1º, inc. V: "A letra de câmbio é uma ordem de pagamento e deve conter estes requisitos, lançados, por extenso, no contexto: (...)

V – a assinatura do próprio punho do sacador ou do mandatário especial. A assinatura deve ser firmada abaixo do contexto".

A Lei Uniforme, no art. 1º, nº 8, prevê a assinatura de quem passa a letra; no art. 8º, firma a responsabilidade de quem assina o título representando outra pessoa, podendo, no entanto, voltar-se contra o representante pelo valor que pagou.

O art. 2º do Anexo II da Lei Uniforme autoriza ao direito interno dos países signatários determinar a maneira de ser suprida a falta de assinatura do obrigado. De modo que, nada estabelecendo a Lei Uniforme sobre o modo da assinatura do mandatário, que supre a assinatura do mandante, vigora o art. 1º, inc. V, do Decreto nº 2.044/1908.

Seja como for, a assinatura, mesmo que eletrônica, é indispensável para a validade do título: "A assinatura do emitente é requisito formal indispensável para a subsistência do título de crédito, não podendo ser aposta após o ajuizamento do pedido de falência".[6]

2) Preenchimento da letra de câmbio – **Art. 3º:** "Esses requisitos são considerados lançados ao tempo da emissão da letra. A prova em contrário será admitida no caso de má-fé do portador".

Decorre a vigência do dispositivo da reserva do art. 3º do Anexo II, que afasta a norma do art. 10 da Lei Uniforme. O art. 10 tratava do preenchimento de uma letra incompleta de conformidade com os acordos realizados. Todavia, se não observados esses acordos, ao portador não se permitia oposição quanto ao pagamento, a menos que a tivesse adquirido de má-fé, ou praticado falta grave. Portanto, não se aplica esse dispositivo.

3) Mandato para preencher o título – **Art. 4º:** "Presume-se mandato ao portador para inserir a data e o lugar do saque na letra que não os contiver".

A Lei Uniforme não contém regra específica a respeito, nem alguma reserva se estabeleceu, autorizando os países signatários e aderentes a formular legislação expressa.

4) Época do vencimento – **Art. 7º:** "A época do pagamento deve ser precisa, uma e única para a totalidade da soma cambial".

A Lei Uniforme não cuida do assunto. Seu art. 33, parte final, torna nulas as letras com vencimentos diferentes ou sucessivos, o que, de certa forma, complementa o art. 7º do Decreto nº 2.044.

5) Endosso por procuração – **§ 1º do Art. 8º:** "A cláusula por procuração lançada no endosso indica o mandato com todos os poderes, salvo o caso de restrição, que deve ser expressa no mesmo endosso".

A Lei Uniforme não disciplina o assunto.

6) Pluralidade de sacados – **Art. 10:** "Sendo dois ou mais os sacados, o portador deve apresentar a letra ao primeiro nomeado; na falta ou recusa do 'aceite', ao segundo, se estiver domiciliado na mesma praça; assim, sucessivamente, sem embargo da forma da indicação na letra dos nomes dos sacados".

É silente a Lei Uniforme.

7) Assinatura do sacado ou de procurador – **Art. 11, alínea 1ª:** "Para a validade do aceite é suficiente a simples assinatura do próprio punho do sacado ou do mandatário especial, no anverso da letra".

É omissa a Lei Uniforme.

8) Aceite puro – **Art. 11, alínea 2ª:** "Vale, como aceite puro, a declaração que não traduzir inequivocamente a recusa, limitação ou modificação".

É omissa a Lei Uniforme.

9) A garantia do aval – **Art. 14, 1ª parte:** "O pagamento de uma letra de câmbio, independente do aceite e do endosso, pode ser garantido por aval".

A Lei Uniforme é omissa.

---

6   STJ. Recurso Especial nº 264.174/PR. 3ª Turma, de 13.12.2001, *DJ* de 25.03.2002.

– **Art. 14, 2ª parte:** "Para a validade do aval, é suficiente a simples assinatura do próprio punho do avalista ou do mandatário especial, no verso ou anverso da letra".

A Lei Uniforme, embora tratando genericamente no art. 8º da assinatura, inclusive pelo representante, nada especificou quanto ao modo da assinatura.

10) Vencimento antecipado – **Art. 19, inciso II:** "A letra é considerada vencida, quando protestada: (...) II – pela falência do aceitante".

O art. 10 do Anexo II da Lei Uniforme reservou à legislação das Partes Contratantes determinar quando se considera vencido o título nas hipóteses a que se referem os números 2º e 3º do art. 43 e as alíneas 5 e 6 do art. 44 da Lei Uniforme. As do art. 43 são: nos casos de falência do sacado, quer o título tenha aceite, quer não, de suspensão de pagamento do mesmo, ainda que não constatada por sentença, ou de ter sido promovida, sem resultado, execução de seus bens; nos casos de falência do sacador de uma letra não aceitável.

Eis as hipóteses do art. 44:

> "No caso de suspensão de pagamento do sacado, quer seja aceitante, quer não, ou no caso de lhe ter sido promovida, sem resultado, execução dos bens, o portador da letra só pode exercer o seu direito de ação após apresentação da mesma ao sacado para pagamento e depois de feito o protesto.
>
> No caso de falência declarada do sacado, quer seja aceitante, quer não, bem como no caso de falência declarada do sacador de uma letra não aceitável, a apresentação da sentença de declaração de falência é suficiente para que o portador da letra possa exercer o seu direito de ação".

Se para todas a situações acima se outorgou a competência para os países signatários, evidente que a contemplada no art. 19, inc. II, se encontra incluída nesta competência.

No entanto, deve-se ter em conta que, nas situações não reguladas ainda pela lei brasileira, mantém-se a vigência da Lei Uniforme. É que as reservas do Anexo II autorizam poderes para regularem certas matérias. Se não há lei regulando, nem adveio uma lei a respeito, enquanto tal não ocorrer continua a vigência dos dispositivos referidos nas reservas do Anexo II.

11) Momento da apresentação do título – **Art. 20:** "A letra deve ser apresentada ao sacado ou ao aceitante, para o pagamento, no lugar designado e no dia do vencimento, ou, sendo esse dia feriado por lei, no primeiro dia útil imediato, sob pena de perder o portador o direito de regresso contra o sacador, endossadores e avalistas".

É que a reserva ao art. 5º do Anexo II da Lei Uniforme previu a possibilidade dos Países signatários completarem o art. 38 do Anexo I da mesma Lei, o qual permite que o portador de uma letra pagável a dia fixo ou a certo termo de data ou de vista deve apresentá-la no dia em que ela é pagável, ou num dos dois dias úteis seguintes.

Assim, reserva-se o art. 20, que trata da matéria reservada à competência interna dos Estados signatários da Convenção de Genebra.

12) Local de pagamento do título – **Art. 20, § 1º, parte final:** "É facultada a indicação alternativa de lugares do pagamento, tendo o portador direito de ação. A letra pode ser sacada sobre uma pessoa, para ser paga no domicílio da outra, indicada pelo sacador ou pelo aceitante".

Nada estabeleceu a Lei Uniforme sobre o assunto.

13) Apresentação do título em havendo pluralidade de sacados – **Art. 20, § 2º:** "No caso de recusa ou falta de pagamento pelo aceitante, sendo dois ou mais os sacados, o portador

deve apresentar a letra ao primeiro nomeado, se estiver domiciliado na mesma praça; assim sucessivamente, sem embargo da forma da indicação na letra dos nomes dos sacados".

É omissa a Lei Uniforme quanto à matéria.

14) Protesto por falta de pagamento – Art. 28: "A letra que houver de ser protestada, por falta de aceite ou de pagamento, deve ser entregue ao oficial competente no primeiro dia útil que se seguir ao da recusa do aceite ou do vencimento, e o respectivo protesto tirado dentro de três dias úteis".

Ocorre que o art. 9º do Anexo II da Lei Uniforme afasta a alínea 3ª do art. 44 do Anexo I da Lei Uniforme, permitindo, assim, aos Países signatários determinar que o protesto por falta de pagamento deve ser feito no dia em que a letra é pagável ou num dos dois dias úteis seguintes.

A referida alínea 3ª do art. 44 estabelecia diferentemente, ao ordenar a apresentação num dos dois dias úteis seguintes àquele em que a letra é pagável; em se tratando de uma letra pagável à vista, o protesto deveria ser feito nos prazos para apresentação ao aceite.

15) Requisitos do protesto – **Art. 29:** "O instrumento de protesto deve conter:

> I – A data.
>
> II – A transcrição literal da letra e das declarações nela inseridas pela ordem respectiva.
>
> III – A certidão da intimação ao sacado ou aceitante ou aos outros sacados, nomeados na letra para aceitar ou pagar, a resposta dada ou a declaração da falta de resposta. A intimação é dispensável no caso do sacado ou aceitante firmar na letra a declaração da recusa do aceite ou do pagamento e na hipótese de protesto por causa de falência do aceitante.
>
> IV – A certidão de não haver sido encontrada ou de ser desconhecida a pessoa indicada para aceitar ou para pagar. Nesta hipótese, o Oficial afixará a intimação nos lugares de estilo e, se possível, a publicará pela imprensa.
>
> V – A indicação dos intervenientes voluntários e das firmas por eles honradas.
>
> VI – A aquiescência do portador ao aceite por honra.
>
> VII – A assinatura, com sinal público, do Oficial do protesto.

Parágrafo único. Este instrumento, depois de registrado no livro de protesto, deverá ser entregue ao detentor ou ao portador da letra ou àquele que houver efetuado o pagamento".

Está em vigor o dispositivo acima, com seu parágrafo único, por determinação do art. 8º da Convenção de Genebra destinada a regular certos conflitos de leis em matéria das letras de câmbio e notas promissórias, o qual estabelece: "A forma e os prazos do protesto assim como a forma dos outros atos necessários ao exercício ou à convenção dos direitos em matéria de letras e notas promissórias são regulados pelas leis do País em cujo território se deva fazer o protesto ou praticar os referidos atos".

16) Recusa da devolução da letra entregue para o aceite – **Art. 31:** "Recusada a entrega da letra por aquele que a recebeu para firmar o aceite ou para efetuar o pagamento, o protesto pode ser tirado por outro exemplar, ou, na falta, pelas indicações do protestante".

Não se encontra na Lei Uniforme uma regra equivalente.

17) Responsabilidade do Oficial de Protestos – **Art. 33:** "O Oficial que não lavra em tempo útil e forma regular o instrumento de protesto, além da pena em que incorrer, segundo o Código Penal, responde por perdas e interesses".

É omissa a Lei Uniforme a respeito.

18) Ação de anulação – **Art. 36:** "Justificando a propriedade e o extravio ou a destruição total ou parcial da letra, descrita com clareza e precisão, o proprietário pode requerer ao juiz competente do lugar do pagamento, ou na hipótese de extravio, a intimação do sacado ou do aceitante e dos coobrigados para não pagarem a aludida letra e a citação do detentor para apresentá-la em juízo dentro do prazo de três meses, e nos casos de extravio e destruição, a citação dos coobrigados para, dentro do referido prazo, oporem contestação, firmada em defeito de forma do título ou na falta do requisito essencial ao exercício da ação cambial.

Essas citações e intimações devem ser feitas pela imprensa, publicadas no jornal oficial do Estado e no Diário Oficial para o Distrito Federal, e nos periódicos indicados pelo juiz, além de afixados nos lugares de estilo e na bolsa da praça do pagamento".

Não consta a disciplina acima na Lei Uniforme.

19) Pluralidade de tomadores ou endossatários – **Art. 39, § 1º:** "No caso de pluralidade de tomadores ou de endossatários, conjuntos ou disjuntos, o tomador ou endossatário possuidor da letra é considerado, para os efeitos cambiais, o credor único da obrigação".

É omissa a Lei Uniforme na abordagem do assunto.

20) Capacidade jurídica para assumir obrigações cambiárias – **Art. 42:** "Pode obrigar-se, por letra de câmbio, quem tem a capacidade civil ou comercial".

Omissa a Lei Uniforme sobre o assunto.

21) Autonomia das obrigações cambiais – **Art. 43, 1ª parte:** "As obrigações cambiais são autônomas e independentes uma das outras".

Não há regra equivalente na Lei Uniforme.

22) Direito à indenização a favor do portador – **Art. 48:** "Sem embargo da desoneração da responsabilidade cambial, o sacador ou o aceitante fica obrigado a restituir ao portador, com os juros legais, a soma com a qual se locupletou à custa alheia.

A ação ao portador, para este fim, é ordinária".

Tem aplicação a norma por força do art. 15 do Anexo II da Lei Uniforme, que incumbe aos Países signatários formular o direito para o ressarcimento das perdas e danos, no caso de prescrição e de decadência, tendo como base o enriquecimento sem causa.

23) A ação cambial – **Art. 49:** "A ação cambial é a executiva.

Por ela tem também o credor o direito de reclamar a importância que receberia pelo ressaque (art. 38)".

A Lei Uniforme não previu o processo de execução para a exigibilidade do valor do título. Contemplou a ação para reclamar o pagamento, sem especificar o tipo de procedimento (art. 48).

24) Matérias arguíveis como exceções – **Art. 51:** "Na ação cambial, somente é admissível defesa fundada no direito pessoal do réu contra o autor, em defeito de forma do título e na sua falta de requisito necessário ao exercício da ação".

Nada previu a Lei Uniforme.

25) A denominação 'nota promissória' – **Art. 54, inciso I:** "A nota promissória é uma promessa de pagamento e deve conter estes requisitos essenciais, lançados, por extenso, no contexto:

> I – a denominação de 'nota promissória' ou termo correspondente, na língua em que for emitida".

O art. 19 do Anexo II da Lei Uniforme estabeleceu a reserva, no sentido de permitir às Partes Contratantes estabelecerem o nome, nas leis nacionais, ao título a que se refere o art. 75 do Anexo I da Lei Uniforme.

Aliás, o art. 75 já empregou a denominação 'nota promissória', que vinha mantida no direito nacional.

26) Preenchimento da nota promissória – **Art. 54, § 4º**: "Não será nota promissória o escrito ao qual faltar qualquer dos requisitos acima enumerados. Os requisitos essenciais são considerados lançados ao tempo da emissão da nota promissória. No caso de má-fé do portador, será admitida prova em contrário".

Os requisitos da nota promissória são os do art. 75 da Lei Uniforme. Faltando algum desses requisitos, desde que essenciais, os quais serão objeto de exame quando se ingressar no estudo da nota promissória, deve-se aplicar a regra do § 4º do art. 54, desconstituindo o título. Unicamente esse dispositivo contém a desconstituição, não incidindo o art. 10 da Lei Uniforme, diante da reserva do art. 3º do Anexo II.

Esclareça-se que muitos dispositivos da Lei Uniforme possuem conteúdos equivalentes ao do Decreto nº 2.044/1908. De modo que, naquilo que não contrarie a Lei Uniforme, não se comina de invocação errônea da lei, se se tomarem em conta normas do Decreto nº 2.044. É que não há oposição à Lei Uniforme, embora a boa técnica aconselhe que se considerem os seus cânones. Cuidados impõem-se na aplicação deste diploma quando diferentemente estabelece a Lei Uniforme sobre a matéria. A título de exemplo, nota-se a redação do art. 4º do Decreto nº 2.044/1908: "Presume-se mandato ao portador para inserir a data e o lugar do saque na letra que não os contiver". A Lei Uniforme trazia dispositivo equivalente no art. 10. No entanto, pelo art. 3º do Anexo II da mesma Lei, ficou reservado aos Países signatários tratar a respeito do assunto. Conclui-se que prevalece o disposto no art. 4º.

Já o art. 6º do Decreto nº 2.044/1908 indica as formas de ser passada uma letra – à vista, a dia certo etc. Vem a matéria contemplada nos arts. 33 e 38 da Lei Uniforme, os quais prevalecem perante o art. 6º acima apontado.

Dispositivos que encerram norma semelhante estão nos arts. 5º do Decreto nº 2.044, e 6º da Lei Uniforme.

Já o art. 2º do Decreto nº 2.044/1908 encerra que não será letra o documento no qual faltar qualquer um dos elementos elencados no art. 1º. Por sua vez, o art. 2º da Lei Uniforme traz exceções: na falta de requisitos que indica, concede outros efeitos. Assim, omitido o nome do lugar onde foi passada a letra, considera-se como tendo sido no lugar designado, ao lado do nome do sacador. Extrai-se que prepondera o art. 2º da Lei Uniforme, perante o art. 2º do Decreto nº 2.044/1908.

Salienta-se que os dispositivos apontados do Decreto nº 2.044/1908, que vigoram em face das reservas ou porque não reguladas as matérias na Lei Uniforme, não afastam a vigência de outros dispositivos do mesmo Decreto, sendo observados aqueles mais salientes ou evidentes.

Capítulo VIII
Letra de Câmbio

1. CONCEITO

Interessa mais a caracterização da letra de câmbio, pois importante a sua compreensão para a aplicação dos dispositivos do Código Civil que tratam dos títulos de crédito.

Vinha a disciplina no Código Comercial, em seu Capítulo I do Título XVI, em seguida ao longo dos arts. 354 a 427. Com o Decreto nº 2.044/1908, ficaram revogados tais artigos, no que foi expresso o art. 57: "Ficam revogados todos os artigos do Título XVI do Código Comercial e mais disposições em contrário".

Com a Lei Uniforme de Genebra, seus dispositivos passaram a incidir.

O significado do instituto variou ao longo dos tempos. Nos primórdios do Direito Romano, havia os *chirographos* – escritos pelos quais se lançavam confissões de dívida. No sentido mais técnico, num momento seguinte, que se estendeu até o século XVII, em razão da diversidade das moedas, pois cada cidade tinha a sua própria, especialmente na Itália, significava a letra de câmbio um documento representativo de um valor. Era entregue nas transações dos comerciantes, recebendo-o um cambista, que o trocava pela moeda da localidade. Daí a expressão *cambium per litteras* – o câmbio por cartas. O cambista ficava com a carta e entregava o dinheiro. A carta era trocada, posteriormente, junto a um banqueiro do comerciante. O notário da localidade a confeccionava, contendo a promessa de pagar, e expressava o reconhecimento de um débito. A transação envolvia sempre dinheiro. Daí historiar José Maria Whitaker: "Chama-se câmbio à permuta de dinheiro por dinheiro: câmbio local ou manual, se a permuta é de dinheiro presente para ambas as partes; câmbio trajetício, se a permuta é de dinheiro por dinheiro ausente... O título, o instrumento, comum mas não indispensável, desta operação é a letra de câmbio".[1]

Já um antigo autor – José Gonçalves Dias – explicava a sistemática da emissão: "Se o motivo determinante da emissão da letra era um contrato de câmbio trajetício, compreende-se perfeitamente que ela só podia ser paga numa praça diferente e que o pagamento tinha de ser efetuado em moeda diversa. Uma letra sacada em Milão e, se o valor recebido ou fiado fosse em florins, era interdito pagá-la em florins".[2]

Desde o século XVII, iniciou a representar, também, um contrato de compra e venda. O banqueiro adquiria as letras de câmbio e entregava dinheiro, numa operação equivalente ao desconto bancário.

---

[1]   *Letra de Câmbio*, São Paulo, Livraria Acadêmica – Saraiva S.A., 1950, pp. 7-8.

[2]   *Da Letra e da Livrança*, p. 26.

Por último, no século XIX, a influência germânica se fez sentir, dando início às ideias de unificação das várias legislações sobre letra de câmbio. Surgiu na Alemanha a teoria, que se impôs daí para frente, que ressalta o caráter de título abstrato, autônomo e formal, tornando-o um documento representativo de um crédito desvinculado de questões subjacentes.

Seguiu o aperfeiçoamento, não mais com a função de significar valores entre locais distantes. Passou a admitir o endosso e sua apresentação ao aceitante. Assegura o direito de regresso contra o sacador, se não aceito ou pago o título. O portador é considerado o verdadeiro credor, justamente em face do endosso, e já que o pagamento requer o resgate da letra.

Alastraram-se as ideias da unificação, formando-se grupos de estudos, envolvendo especialmente países europeus. Em 1930, foi assinada a Lei Uniforme de Genebra, sob o comando alemão, e fazendo-se presente o Brasil. Consolidaram-se as normas de um direito codificado e comum à grande parte dos povos.

Define-se a letra de câmbio como uma ordem de pagamento à vista ou a prazo. Numa significativa expressão, diz Whitaker ser "um título capaz de realizar imediatamente o valor que representa".[3] Trata-se uma ordem de pagamento que alguém dirige a outrem para pagar a terceira pessoa. Por outras palavras, vem a ser um documento no qual se insere a obrigação de uma pessoa em pagar para outra uma quantia determinada em dinheiro, num prazo e lugar fixados. Conforme Vivante, trata-se de um documento necessário para o exercício do direito literal e autônomo que nele é mencionado.[4] Aprofunda a natureza deste título Sebastião José Roque: "A letra de câmbio é um título de crédito, de rigoroso formalismo, submetido a uma peculiar regulamentação jurídica, com características próprias dos títulos de crédito e algumas peculiares à própria letra de câmbio. É um título literal, no sentido de que a existência do direito e sua modalidade são exclusivamente determinadas pelo teor do que está escrito no título; não pode fazer-se valor no exercício do direito mencionado na letra de câmbio qualquer circunstância que nela não esteja expressa".[5]

A letra de câmbio se exterioriza ou materializa, na correta lição de Rubens Requião, "em um escrito lançado sobre papel; tem duas superfícies – a 'anterior' e a 'posterior', sendo a primeira denominada 'face' ou 'anverso', onde é escrita a ordem de pagamento; a superfície posterior é o 'dorso', 'verso' ou 'costas', lugar onde se lança o endosso e se registra a quitação do pagamento. Se não houver espaço para serem lançadas as subsequentes obrigações cambiárias, é possível acrescer o documento de uma extensão de papel, que nele deve ser colada firmemente. A essa extensão, a Lei Uniforme chama de 'Anexo' (art. 13), mas se usa também a expressão 'alongue'".[6]

2.   ELEMENTOS DA LETRA DE CÂMBIO

Na sábia singeleza de Whitaker, "a letra é, geralmente, um retângulo de papel, escrito, na frente (no anverso) no sentido do seu comprimento, atrás (no verso) no de sua largura",[7] contendo os elementos ou requisitos discriminados no art. 1º da Lei Uniforme (Anexo I):

"1) a palavra 'letra', inserta no próprio texto do título e expressa na língua empregada para a redação desse título;

---

[3]   *Letra de Câmbio*, p. 14.

[4]   *Trattato di Diritto Commerciale*, vol. III, p. 240.

[5]   *Títulos de Crédito*, Rio de Janeiro, Editora Forense, 1991, p. 15.

[6]   *Curso de Direito Comercial*, 2º vol., p. 314.

[7]   *Letra de Câmbio*, p. 41.

2) o mandato puro e simples de pagar uma quantia determinada;
3) o nome daquele que deve pagar (sacado);
4) a época do pagamento;
5) a indicação do lugar em que se deve efetuar o pagamento;
6) o nome da pessoa a quem ou à ordem de quem deve ser paga;
7) a indicação da data em que, e do lugar onde a letra é passada;
8) a assinatura de quem paga a letra (sacador)".

Alguns dados fazem-se necessários.

Envolve a letra de câmbio uma relação entre três pessoas, assim posicionadas no título: a de sacador, a de sacado ou aceitante e a de beneficiário da ordem ou tomador.

O emitente ou subscritor da letra denomina-se "sacador". Anota-se que o sacador é garante tanto da aceitação como do pagamento da letra, considerando-se não escrita a cláusula pela qual se estabelece a sua exoneração em pagar (art. 9º da Lei Uniforme).

Aquele para o qual se encaminha ou dirige a letra recebe o nome de "sacado", sendo, em geral, quem se obriga e aceita. Para Pedro Sampaio, "é a pessoa que recebe a ordem do sacador para pagar ao tomador a importância constante na cambial".[8] Desde o momento em que a pessoa lança sua assinatura, dá-se o "aceite", que é o ato de aceitação da obrigação e no qual se constitui o devedor principal. O indivíduo em cujo favor está lançado o nome na face da letra é o beneficiário, comumente denominado "tomador". Considera-se o credor originário, podendo ser o próprio sacador.

Os demais elementos, constantes do art. 1º citado, dizem com os dados que deverá conter a letra, que passam a ser discriminados.

Quanto à *denominação*, torna-se necessária para a sua individuação perante outros títulos. No entanto, mesmo que ausente, pelos termos componentes chega-se à espécie do título.

Mandato puro e simples de pagar uma quantia significa a ordem de pagamento. O termo correto é mandado, que equivale a ordem, enquanto "mandato" expressa representação.

O *vencimento* é o dia ou tempo aprazado para o pagamento, que se divide em quatro tipos, em consonância com os arts. 33 a 37 da Lei Uniforme:

a) "À vista", quando será paga na apresentação, que deverá constar no texto ou na omissão de outro prazo (art. 2º). Uma vez não constando a data, considera-se à vista, na previsão da alínea 2 do art. 2º: "A letra em que não se indique a época do pagamento entende-se pagável à vista". Também o § 1º do art. 889 do Código Civil: "É à vista o título de crédito que não contenha indicação de vencimento".

Há um prazo de apresentação, apontado no art. 34 da Lei Uniforme: "Deve ser apresentada a pagamento dentro do prazo de um ano, a contar da sua data. O sacador pode reduzir este prazo ou estipular um outro mais longo. Estes prazos podem ser encurtados pelos endossantes. O sacador pode estipular que uma letra pagável à vista não deverá ser apresentada a pagamento antes de uma certa data. Nesse caso, o prazo para a apresentação conta-se dessa data".

b) "A dia certo", quando se marca o dia do pagamento que corresponde à maioria dos casos.

---

[8] *Letra de Câmbio e Nota Promissória*, p. 61.

c) "A certo termo de data", quando se coloca um prazo da emissão, como de um mês da data em que foi emitida.

Figurando o prazo de meio mês, será ele de quinze dias. Assinalando-se a tantos dias da emissão, contam-se os dias, a começar do dia seguinte da emissão, não importando que incida em feriado. Se, assinala o art. 36, "o vencimento for fixado para o princípio, meado ou fim do mês, entende-se que a letra será vencível no primeiro, ou quinze, ou no último dia desse mês. As expressões "oito dias" ou "quinze dias" entendem-se não como uma ou duas semanas, mas como um prazo de oito ou quinze dias efetivos".

d) "A certo termo de vista", quando o prazo conta-se a partir da data do aceite ou do protesto. Está no art. 35: "Na falta de protesto, o aceite não datado entende-se, no que respeita ao aceitante, como tendo sido dado no último dia do prazo para apresentação ao aceite".

O *lugar do pagamento*, eis que ao devedor assiste o direito de saber onde pagará. Na falta de indicação, prevê a alínea terceira do art. 2º, que "o lugar designado ao lado do nome do sacado considera-se como sendo o lugar do pagamento e, ao mesmo tempo, o lugar do domicílio do sacado".

Conforme Paulo Maria de Lacerda, "faltando na cambial a menção do lugar do pagamento, o portador não pode validamente suprir a omissão".[9]

Esclareça-se que também o protesto lavra-se, na falta de pagamento ou de aceite, no local que aparece como o do pagamento.

A *data e o local do saque*, que serão apostos logo antes da assinatura do emitente, esclarecendo a última alínea do art. 2º: "A letra sem indicação do lugar onde foi passada considera-se como tendo sido no lugar designado, ao lado do nome do sacador".

Esta regra coincide com a do § 2º do art. 889 do Código Civil: "Considera-se lugar de emissão e de pagamento, quando não indicado no título, o domicílio do emitente".

O *nome do sacado*, que é o obrigado, vindo acompanhado com o número do Cadastro da Pessoa Física no Ministério da Fazenda. Já dizia Paulo Maria de Lacerda, "na letra de câmbio é essencial o nome da pessoa contra quem o sacador dirige a ordem de pagamento; isto é, do nome do sacado. A este competirá aceitá-la".[10]

O *nome do tomador*, isto é, do favorecido ou beneficiário. Não se admite a emissão da letra sem a menção da pessoa em favor de quem é expedida, o que não impede o mero endosso em branco, transformando o título em ao portador.

A *assinatura do sacador*, que é o emitente, com o número no Cadastro de Pessoa Física no Ministério da Fazenda. Constitui o ato de criar a letra, em que o sacador a assina para o encaminhamento e aceitação do sacado.

Naturalmente, também se apõe o valor do título, a ser pago de uma só vez, anotando Pedro Sampaio que "não terá proteção legal o título que consignar o pagamento em parcelas, tanto que, se a paga tiver que ser satisfeita parceladamente, haverá necessidade da emissão de tantas cambiais quantas forem as parcelas".[11]

---

[9] *A Cambial no Direito Brasileiro*, 4ª ed., Rio de Janeiro, Jacintho Ribeiro dos Santos Editor, 1928, p. 87.

[10] *Idem*, p. 55.

[11] *Letra de Câmbio e Nota Promissória*, p. 84.

3. DECLARAÇÕES NOS TÍTULOS DE CRÉDITO

Cuida-se do estudo de algumas declarações nos títulos de crédito, mormente nos cambiários, que formam a essência do crédito; importam no nascimento da obrigação, na sua assunção, na transferência e na garantia do crédito, e que se manifestam por meio do saque, do aceite, do endosso e do aval.

a) *O saque*

Considera-se o ato de criação do título, ou a declaração feita por uma pessoa mediante a qual é criada a letra de câmbio. Elabora-se o título, e lança-se a assinatura daquele que se diz credor. Eis a definição de Paulo Maria de Lacerda: "Emitir uma letra de câmbio é redigir uma ordem cambiária de pagamento. Esse ato se diz saque".[12]

A regularidade do título requer o preenchimento dos elementos elencados no art. 1º da Lei Uniforme, com os suplementos que seu art. 2º aponta.

Não raras vezes, o saque vem permitido em contratos, o que tem sido validado, como se vê no seguinte excerto de acórdão do STJ: "A emissão de letra de câmbio, desde que autorizada por contrato, é válida. O que a lei veda é que o procurador do mutuário, quando vinculado ao mutuante, assuma obrigação cambial no exclusivo interesse deste. Nesse sentido, a Súmula nº 60 do Superior Tribunal de Justiça cujo teor revela: 'É nula a obrigação cambial assumida pelo procurador do mutuário vinculado ao mutuante, no exclusivo interesse deste'".[13]

O STJ tem avançado mais, não dando validade à simples permissão para o credor sacar a letra de câmbio: "Consoante julgados reiterados, é nula a cláusula contratual, em pacto de adesão, que autoriza o credor a sacar letra de câmbio, na qual o devedor figura como sacado, sendo aplicável, por extensão, o enunciado da Súmula 60 do Superior Tribunal de Justiça".[14]

A nulidade fica mais evidente se autorizada a emissão para representar o saldo devedor calculado unilateralmente, consoante deixou claro o STJ, no AgRg no Ag 1.062.888/SP, da 3ª Turma, julgado em 18.09.2008, *DJe* de 08.10.2008: "É nula a cláusula inserta em contrato de abertura de crédito que autoriza o credor a sacar letra de câmbio contra o devedor, com base em saldo apurado de forma unilateral na sua conta-corrente. Incidência da Súmula nº 60-STJ" (REsp. nº 655.034/SC. Relator: Min. Carlos Alberto Menezes Direito, *DJ* de 12.06.2006).

No AgRg no Ag nº 923.709/PR, da 4ª Turma, julgado em 08.04.2008, *DJe* de 19.05.2008, reafirma-se a invalidade: "É inválida a emissão pelo credor de letra de câmbio sem aceite do devedor, para recebimento de valores devidos em contrato de abertura de crédito, com base em apuração unilateral".

Desde, porém, que verificada uma relação contratual, mesmo que não lançado o aceite, admite-se o saque da letra de câmbio, no que se revela iterativo o STJ, como no REsp. nº 900.005/SP, da 3ª Turma, julgado em 27.03.2007, *DJU* de 16.04.2007: "Não é ilegal o saque de letra de câmbio representativa de crédito decorrente de contrato firmado entre sacador e sacado. Se há o crédito entre sacador e sacado, não é possível concluir que entre eles não há relação jurídica".

b) *O aceite*

Constitui o aceite a declaração pela qual o sacado, ou a pessoa a quem é endereçado o título, concorda, por meio de sua assinatura, com a ordem de pagamento que lhe é dirigida. Na

---

[12]   *A Cambial no Direito Brasileiro*, p. 31.

[13]   Recurso Especial nº 141.941/MG. 3ª Turma. Julgado em 03.06.2003, *DJ* de 08.09.2003.

[14]   AgRg no REsp. nº 713.842/MG, 3ª Turma, rel. Min. Paulo Furtado, j. em 14.04.2009, *DJe* de 20.05.2009.

lição de Vivante, a pessoa apresenta ou exibe ao obrigado a cambial a fim de que ele aponha a sua firma.[15] O sacador emite o título, encaminhando-o ao devedor, e este o assina. O ato da assinatura constitui a declaração que admite a obrigação, sujeitando-se a cumpri-la. Eis como ensina Waldirio Bulgarelli: "O aceite é assim uma declaração do sacado (só ele pode ser aceitante), lançada no próprio título, geralmente no anverso da letra, consistente apenas na sua assinatura (diz-se, então, abreviado), ou antecedida de uma expressão significativa (diz-se, então, pleno) em fórmulas usuais, expressas pelas palavras 'aceito', 'aceitamos', 'pagarei', 'honrarei', 'vista para pagar', 'vista de acordo', ou ainda um mero 'sim'".[16]

Encaminhado o título ao sacado, poderá ele aceitá-lo ou não. Unicamente quando manifesta a vontade de cumprir a ordem do pagamento, pela assinatura no lugar próprio reservado, surge a responsabilidade.

Admitem-se vários sacados, aos quais deve ser apresentado o título, na ordem da designação. Explica, na hipótese, Whitaker: "Aceitantes conjuntos são obrigados *in solidum* e não *pro parte*, não conferindo o pagamento a nenhum deles o direito de agir cambialmente contra os outros. O aceitante que pagou pode, certamente, reaver, pela ação comum, a parte que cabia a seus companheiros, mas, em falta de um texto expresso e positivo, não lhe é lícito tentar fazê-lo por uma forma violenta e excepcional como é a ação cambial".[17]

Alguns dispositivos da Lei Uniforme tratam do aceite.

O art. 21 concede o prazo de apresentação até quando do vencimento, devendo fazê-lo no domicílio do sacado. Um portador, ou qualquer detentor, está habilitado para a apresentação. Outrossim, a apresentação para o aceite é uma faculdade. Apenas para o pagamento torna-se o ato obrigatório.

Consoante o art. 22, faculta-se a inserção de cláusula que estabeleça o momento da apresentação. Ao endossante o mesmo cânone autoriza que apresente com ou sem prazo, salvo se a letra contiver declaração do sacador de que não é aceitável se apresentada por endossante.

Fixa o art. 23 o prazo para apresentar ao aceite de letra a certo termo de vista, cujo o ato, então, é obrigatório: até um ano da data assinalada, mas admitindo-se a redução ou alteração do prazo tanto pelo sacador como pelo endossante. A partir da data do aceite é que se conta o prazo para o pagamento.

Já o art. 24 viabiliza a apresentação em uma segunda vez, caso se dê no dia seguinte ao da primeira apresentação.

Os arts. 25 e 26 prescrevem que o aceite se dará na própria letra, devendo materializar-se por meio da assinatura, e impondo que seja datado se a letra prever o pagamento a certo termo de vista, ou em certo prazo determinado. Que é autorizado o portador a pedir a assinatura na data em que foi dado, salvo se o mesmo portador exigir que a data seja a da apresentação; que, na falta de data, para a finalidade de preservar seus direitos contra os endossatários e contra o sacador, deve fazer constar essa omissão com protesto feito em dia útil; que o aceite é puro e simples, mas admitindo que o sacado o limite a uma parte da importância sacada.

O art. 27 permite a exigência do aceite em lugar diverso do domicílio do sacado, prevalecendo, no entanto, o lugar indicado na letra.

Na forma do art. 28, o aceite importa em obrigar-se ao pagamento.

O art. 29 possibilita ao sacado riscar o aceite dado, o qual passa a ser recusado. Todavia, isto desde que se faça prova de que ele o riscou ou que haja declaração de recusa. Salienta,

---

[15] *Trattato de Diritto Commerciale*, vol. III, p. 362.
[16] *Títulos de Crédito – Direito Comercial*, São Paulo, Editora Atlas S.A., 1979, p. 135.
[17] *Letra de Câmbio*, pp. 141-142.

ainda, Antônio Mercado Júnior, que "salvo prova em contrário, presume-se ter sido o cancelamento anterior à restituição".[18] Mesmo que riscado, aceita-se que uma declaração posterior do signatário dê pela validade do seu aceite.

No caso de recusa do aceite, total ou parcial, dá o art. 43 ensejo ao sacador ou tomador considerar vencida a dívida, e cobrá-la antecipadamente.

Assinala, ainda, Fábio Ulhôa Coelho: "O sacado que retém, indevidamente, a letra de câmbio que lhe foi apresentada para aceite – ou o devedor, em caso de entrega para pagamento – está sujeito a prisão administrativa, que deverá ser requerida ao juiz nos termos do art. 885 do CPC. Trata-se de medida coercitiva, de natureza civil, destinada à restituição da letra ao seu portador legitimado. Não é sanção penal e, por isso, deve a prisão ser imediatamente revogada na hipótese de devolução ou pagamento do título, ou, ainda, se não for proferido julgamento em 90 dias a contar da execução do mandado de prisão (CPC, art. 886)".[19] Os citados artigos não têm correspondência no CPC/2015. As medidas cautelares, no entanto, constam estabelecidas nos arts. 305 a 318 do mesmo diploma.

Quanto à prisão, entende-se que a mesma é inconstitucional, em face do art. 5º, inc. LXVII, da CF, eis que restrita a prisão civil ao inadimplente de alimentos.

Paulo Maria de Lacerda fala em aceite pelo interveniente voluntário: "Quem quiser aceitar por intervenção, somente poderá fazê-lo, se nenhum sacado acorrer para aceitar na qualidade precisamente de sacado, e seu portador consentir. A vontade do portador, relativamente ao aceite do interveniente que não seja sacado, é absoluta: recebe ou rejeita a intervenção a seu inteiro arbítrio, e, entre terceiros que oferecem intervenção opta livremente por quem melhor lhe pareça".[20]

c) O endosso

c.1. Caracterização

O endosso, consoante já analisado, define-se como o ato jurídico de transferência do título. É próprio dos títulos de crédito a circulação. Quanto à letra de câmbio, encerra o art. 11 da Lei Uniforme: "Toda a letra de câmbio, mesmo que envolva expressamente a cláusula à ordem, é transmissível por via de endosso". Por este modo de transferência, opera-se a circulação do título, e, assim, dos direitos nele incorporados, como ensina Pontes de Miranda: "O endosso é uma das formas de circulação cambiária..., pois que se reconhece o tráfico cambiário pelo endosso, se criada com o nome da pessoa a quem deve ser paga (tomador) a letra de câmbio, ou pela simples tradição, quando concebida ao portador..., ou de forma exclusiva, no direito uniforme".[21]

Expõe Carlos Henrique Abrão que "o fundamental papel desempenhado pelo endosso está na circunstância de configurar a transferência dos direitos intrínsecos ao título que incorpora as relações obrigacionais".[22]

Faz-se uma anotação, em geral, no verso do documento, que expressa o ato de vontade de transferir. O sentido etimológico da palavra "endosso" é a anotação no dorso – *in dorso* –, ou no verso. Assim vinha no Decreto nº 2.044, que mencionava o local de se expressar – no verso do título. Todavia, pela Lei Uniforme sobre Letras de Câmbio e Notas Promissórias,

---

[18] *Nova Lei Cambial e Nova Lei do Cheque*, 2ª ed., São Paulo, Editora Saraiva, 1968, p. 159.

[19] *Manual de Direito Comercial*, p. 223-224.

[20] *A Cambial no Direito Brasileiro*, p. 143.

[21] *Tratado de Direito Cambiário*, vol. I, p. 211.

[22] *Do Endosso*, São Paulo, Livraria e Editora Universitária de Direito Ltda. – LEUD, 1991, p. 7.

em qualquer lugar é admitido – tanto atrás como na sua frente, isto é, no verso e no anverso, e até por uma declaração em folha que se anexa ao título. Reza o art. 13 da Lei Uniforme, na primeira alínea: "O endosso deve ser escrito na letra ou numa folha ligada a esta (anexo). Deve ser assinado pelo endossante".

Quem endossa ou transfere é endossante ou endossador. Já o adquirente denomina-se endossatário. Deixa aquele de ser credor, posição que é ocupada pelo adquirente. Apenas ao tomador, ou credor, faculta-se esta transferência. O endossatário do tomador está, por sua vez, autorizado a endossar para uma pessoa que figurará como segundo endossatário; e este pode endossar para um terceiro favorecido que ficará como terceiro endossatário, e assim por diante. Esta corrente de endossos consta autorizada pela última alínea do art. 11 da Lei Uniforme. Salienta-se que o endossatário, em relação a quem transfere, passa a ser endossante ou endossador.

c.2. Endosso e cessão de título

Distingue-se o endosso da cessão. A diferença entre um e outro nos é dada por Jorge Alcebíades Perrone de Oliveira: "O endosso é unilateral; a cessão é bilateral; o endosso confere direitos autônomos; a cessão, apenas direitos derivados; o endosso só se faz mediante declaração na própria letra (ou no alongamento, mas de qualquer forma unido ao título), e a cessão pode ser realizada do mesmo modo que qualquer contrato".

A seguir, com base em doutrina estrangeira: "Transferir um contrato (cessão) é passar a outrem não só objeto do contrato, mas também todas as defesas e exceções conexas com sua origem. Num instrumento negociável (título de crédito) isso não acontece; ele é transferido de forma independente. É aceito (recebido) pelo que está no verso".[23]

c.3. Espécies de endosso

Há dois tipos de endosso:

– O endosso em preto, que é o nominal, quando se escreve o nome da pessoa a cujo favor se transfere o título, seguindo-se a assinatura daquele que transfere. Acrescenta Carlos Henrique Abrão que o endossante insere "na própria cártula, por meio do endosso, a pessoa favorecida", o que leva a tornar "completo o título sob o ângulo da circulação do crédito". Adverte, adiante, que a inserção do endosso em preto "não tem o condão de bilateralizar o negócio jurídico, uma vez que o fundamento é a vontade livre e soberana do endossante que exprime a base peculiar de cunho pessoal".[24]

– Endosso em branco, verificado na situação em que se lança a assinatura do beneficiário – tomador da cártula. Reza o art. 13, 2ª alínea, da Lei Uniforme: "O endosso pode não designar o beneficiário, ou consistir simplesmente na assinatura do endossante (endosso em branco). Neste último caso, o endosso para ser válido deve ser descrito no verso da letra ou na folha anexa".

Quanto ao endosso em preto, aparecendo o nome da pessoa a quem se deve pagar, ou à sua ordem, diz-se que a cláusula para o endosso pode constar ou não ser mencionada. Mesmo que não se insira a expressão "à ordem", é permitido o endosso, tanto que no art. 11,

---

[23] *Títulos de Crédito*, vol. I, pp. 87-88.
[24] *Do Endosso*, p. 54.

1ª alínea, da Lei Uniforme, está escrito: "Toda a letra de câmbio, mesmo que não envolva expressamente a cláusula à ordem, é transferível por via de endosso". Entretanto, proíbe-se o endosso se ressalvado com os dizeres "não à ordem", ou equivalentes, na dicção do mesmo dispositivo acima, 2ª alínea: "Quando o sacador tiver inserido na letra as palavras 'não à ordem' ou expressão equivalente, a letra só é transmissível pela forma e com os efeitos de uma cessão ordinária de créditos".

Depreende-se daí que unicamente a cessão torna-se viável, figura que afasta as prerrogativas da autonomia, da abstração, da independência do título e autorizando, pois, o ingresso em todas as áreas de discussões, sobretudo na *causa debendi*.

c.4. Extensão do endosso e a posição do endossante e do endossatário

Despontam regras que dão a dimensão e a extensão do endosso. Assim, pelo art. 12 da Lei Uniforme, deverá o mesmo ser puro e simples, não valendo as condições (endosso condicional) às quais se subordina. Nem há de se cogitar de endosso parcial. Uma vez lançado e válido, já em função do art. 14 da mesma Lei, transmite todos os direitos emergentes da letra. De acordo com o citado preceito, se formalizado em branco, o portador fica autorizado a preencher os espaços vazios, quer com seu nome, quer com o nome de outra pessoa; a endossar de novo a letra em branco ou a benefício de terceiro; e a remeter o título a outro indivíduo, sem preencher os espaços em branco e sem o endossar.

De profunda relevância a posição de responsável do endossador pelo valor do título. Eis a norma do art. 15 da Lei de Genebra: "O endossante, salvo cláusula em contrário, é garante tanto da aceitação como do pagamento da letra". De modo que o endossatário, a menos que estipulação contrária tenha se firmado, pode pretender receber o valor junto ao endossante, caso o sacado ou devedor não revele capacidade de adimplemento. Isto a menos que proíba o endossante, e não o sacador, novo endosso. Se tanto ficou firmado, não suportará ele a obrigação, via regresso, junto às pessoas para as quais se operou a indevida transferência do título.

Decorre do art. 16 do apontado diploma que o detentor de uma letra é considerado, em princípio, portador legítimo, mesmo se o último o tiver sido em branco; tem-se como não escrito o endosso riscado; admitindo-se os endossos em branco sucessivos, presume-se que o signatário do último adquiriu a letra em branco; unicamente se provada má-fé, ou falta grave, ou fraude, o portador de uma letra deve restituí-la.

c.5. Matéria de defesa

Delineia o art. 17 da Lei Uniforme o âmbito da matéria de defesa assegura ao devedor o seguinte direito: poderá arguir matérias atinentes à sua relação jurídica com o cedente, vedando-se que traga para a discussão questões atinentes à sua relação com o endossante. Eis os termos do dispositivo: "As pessoas acionadas em virtude de uma letra não podem opor ao portador as exceções fundadas sobre as relações pessoais delas com o sacador ou com os portadores anteriores, a menos que o portador ao adquirir a letra tenha procedido conscientemente em detrimento do devedor".

c.6. Endosso-mandato

Cuida o art. 18 da Lei Uniforme do endosso-mandato: "Quando o endosso contém a menção 'valor a cobrar' (*valeur en recouvrement*), 'para cobrança' (*pour encaissement*), 'por procuração' (*par procuration*), ou qualquer outra menção que implique um simples mandato, o portador pode exercer todos os direitos emergentes da letra, mas só pode endossá-la na qualidade de procurador.

Os coobrigados, neste caso, só podem invocar contra o portador as exceções que eram oponíveis ao endossante.

O mandato que resulta de um endosso por procuração não se extingue por morte ou sobrevindo incapacidade legal do mandatário".

Está-se diante do chamado "endosso impróprio", que não transfere a titularidade do crédito, mas tem a finalidade de transferir para a prática de um ato, em geral a cobrança do valor que representa. Faz-se a entrega a um procurador, que se incumbe de colher o aceite, ou providenciar a cobrança, situação comum em operações entre tomadores e bancos. O endossatário habilita-se a cobrar, mas age em nome do endossante. Os coobrigados poderão defender-se, alegando as matérias ou exceções oponíveis ao endossante. Normalmente, neste tipo, as frases que representam a entrega do título são as seguintes ou equivalentes: "pague-se a", "para cobrança", "valor em cobrança", "por procuração". Mesmo que nada conste, e se o mandatário atua como agente cobrador, depreende-se essa natureza especial. Nesse sentido, não pode ser réu em ação de sustação de protesto: "Já assentou a Corte que o endossatário, tratando-se de endosso-mandato, age em nome do endossante. Não deve figurar, em nome próprio, em ação de sustação de protesto ou de anulação do título".[25] Não é, porém, essa a melhor interpretação. O endosso-mandato traz a responsabilidade do endossatário se não procede com cautela ao encaminhar o título para o protesto. Deve o endossatário prevenir-se de possíveis defeitos do título, e evitar o encaminhamento para protesto se avisado ou ciente da precariedade do título. A matéria está analisada no Capítulo XI, item 7.

Desde que a finalidade seja de cobrança, com a morte, ou sobrevindo incapacidade do outorgante, não se extingue o endosso.

c.7. Endosso-caução

Já o art. 19 da Lei Uniforme disciplina o endosso-caução, ou endosso-penhor, também classificado como "impróprio": "Quando o endosso contém a menção 'valor em garantia', 'valor em penhor' ou qualquer outra menção que implique uma caução, o portador pode exercer todos os direitos emergentes da letra, mas um endosso feito por ele só vale como endosso a título de procuração.

Os coobrigados não podem invocar contra o portador as exceções fundadas sobre as relações pessoais deles com o endossante, a menos que o portador, ao receber a letra, tenha procedido conscientemente em detrimento do devedor".

Também aqui não se dá a transferência da propriedade. Tem o endosso a finalidade de garantir um outro negócio. O título, tido como bem móvel, passa para terceiro com o escopo de garantir outro negócio. Não se transfere o crédito, que continua pertencendo ao endossante. O endossatário tem um crédito a receber do endossante. Para garantia desse crédito, transfere-se o título, em penhor ou em caução. Mas, se não adimplido o montante devido, reembolsa-se o credor-endossatário do valor do título, então dado como caução, promovendo, antes, a cobrança. Já no endosso-penhor também assiste o direito de promover a execução da quantia que está no título.

c.8. Endosso póstumo

O art. 20 da Lei Uniforme fala em endosso póstumo ou levado a efeito posteriormente ao vencimento: "O endosso posterior ao vencimento tem os mesmos efeitos que o endosso anterior. Todavia, o endosso posterior ao protesto por falta de pagamento, ou feito depois

---

[25] STJ. Recurso Especial nº 255.634/SP. 3ª Turma. Julgado em 19.04.2001, *DJ* de 11.06.2001.

de expirado o prazo fixado para fazer o protesto, produz apenas os efeitos de uma cessão ordinária de créditos.

Salvo prova em contrário, presume-se que um endosso sem data foi feito antes de expirado o prazo para fazer o protesto".

O título não perde a executividade. Todavia, cessam as relações cambiais com o vencimento. Se assim acontece, o endosso que então se realiza não se reveste das qualidades de autonomia e abstração. O mesmo caráter de exceção, segundo já observado, encerra o endosso de título no qual se inseriram as palavras "não à ordem", por força da alínea 2ª do art. 11.

d) O aval

d.1. Caracterização

Embora a matéria tenha sido analisada no tocante ao aval em geral para qualquer título de crédito, merece exame próprio o prestado para a letra de câmbio, pois específica a regulamentação, que prevalece por força do art. 903 do Código Civil.

Consiste o aval em uma garantia pessoal dada ao título cambiário, pela qual aquele que assina na qualidade de avalista torna-se responsável pelo pagamento em pé de igualdade ao devedor avalizado, que vem a ser, esclarece Pedro Sampaio, "o partícipe cambiário cuja obrigação recebe a garantia do aval".[26] Decorre o aval, nas palavras de Pontes de Miranda, "de uma declaração unilateral de vontade, com efeitos absolutos".[27]

Com maior profundidade, expõe Antônio Bento de Faria:

> "O *aval* é o ato pelo qual um terceiro, que não figura na letra nem como sacador, endossador ou aceitante, garante a sua aceitação e pagamento (**Namur**, *Cod. de Comm. Belge*, vol. 1, nº 566; **Thaller**, *Droit Comm.*, nº 1449; **Calamandrei**, *La cambiale*, p. 142).
>
> O *aval* é uma obrigação cambiária perfeita e autônoma, independe de quaisquer outras, e por isso o dador de aval, não garantindo a solvabilidade do devedor, todavia fica solidariamente obrigado ao pagamento da letra que assina, pouco importando que a obrigação representada por esta esteja inquinada de falsidade ou não seja juridicamente válida, ou ainda que o devedor principal não goze de capacidade cambiária (**Kunze** *in* **Endemann**, *Man. di dir. comm., marit., cambiario*, vol. 5, pp. 234 e segs.)".[28]

Não é certa a origem da palavra aval, mas tem-se que deriva ou da expressão francesa *a val* ou da italiana *a valle*, que significam "embaixo", a qual era a posição que tinha na letra. A figura do aval há muito existe no nosso direito, estando prevista no antigo art. 422 do Código Comercial, revogado pelo Decreto nº 2.044, de 31.12.1908, que passou a disciplinar o aval em seu art. 14, de seguinte redação: "O pagamento de uma letra de câmbio, independente do aceite e do endosso, pode ser garantido por aval. Para a validade do aval, é suficiente a simples assinatura do próprio punho do avalista ou do mandatário especial, no verso ou no anverso da letra".

Trata-se de um instituto próprio do direito cambiário. Está na previsão do art. 30 da Lei Uniforme: "O pagamento de uma letra pode ser no todo ou em parte garantido por aval.

---

[26] *Letra de Câmbio e Nota Promissória*, p. 61.

[27] *Tratado de Direito Cambiário*, vol. I, p. 245.

[28] *Código Commercial Brazileiro*, Rio de Janeiro, Jacintho Ribeiro dos Santos Editor, 1903, p. 331.

Esta garantia é dada por um terceiro ou mesmo por um signatário da letra".

Assim, restringindo-se o aval a um título cambiário, não tem valor se executado um contrato acompanhado de nota promissória garantida por aval: "A obrigação do avalista decorre do título cambial. Não executado este, mas sim o contrato, não assinado pelo avalista como devedor principal ou como fiador, inadmissível a execução promovida contra ele".[29]

Não é uma garantia real, pois não se concretiza em um bem. Diz-se garantia fidejussória porque é apenas obrigacional, mais precisamente pessoal, desacompanhada de qualquer suporte em bens materiais.

Não se confunde com a fiança, eis que esta tem regulamentação no direito civil, suscetível de garantia em qualquer contrato, dirigida a uma pessoa determinada, e constituindo-se em um contrato acessório. Já o aval é próprio de um título de crédito, só admitido quando o prever expressamente a lei. No fundo, embora cada espécie tenha a sua regulamentação, a natureza é a mesma, pois se dirigem a prestar garantia. Há, na verdade, uma tendência de unificar as duas espécies. Nesse rumo, estatui o art. 32 da Lei Uniforme: "O dador de aval é responsável da mesma maneira que a pessoa por ele afiançada".

O art. 31 da Lei Uniforme descreve a forma como é apresentado o aval. Equivale a uma declaração formal de garantia, mas que se materializa por meio da simples assinatura, colocada no verso ou no anverso do título, embora preveja a lei a maneira de se manifestar. Normalmente, é colocada ao lado do local da assinatura do sacado. Eis a redação do mencionado art. 31: "O aval é escrito na própria letra ou numa folha anexa.

Exprime-se pelas palavras 'é bom para aval' ou por qualquer forma equivalente; é assinado pelo dador do aval.

O aval considera-se como resultante da simples assinatura do dador aposta na face anterior da letra, salvo se se trata das assinaturas do sacado ou do sacador.

O aval deve indicar a pessoa por quem se dá. Na falta de indicação, entender-se-á ser pelo sacador".

Extrai-se que realmente é possível a simples assinatura do avalista, desde que aposta no anverso do título. De outro lado, ressalta-se que a assinatura, lançada no anverso, do sacador ou do sacado, virá acompanhada de dizeres significativos do aval. Com isso, não se confunde a assinatura com o saque. É que a assinatura do sacador não virá obrigatoriamente abaixo do contexto. De outro lado, se distingue também do aceite que, nos dizeres do art. 25 da Lei Uniforme, se ostenta pela mera assinatura do sacado na parte anterior da letra.

Lembra-se que a falta de designação do nome do avalizado importa em estabelecer a garantia à assinatura do sacador. Quem emite fica garantido, situação que revela interesse se houver endosso e em não pagando o sacado.

d.2. A responsabilidade no aval

O art. 32 da Lei Uniforme trata da responsabilidade que recai no avalista: "O dador do aval é responsável da mesma maneira que a pessoa por ele afiançada...

Se o dador de aval paga a letra, fica sub-rogado nos direitos emergentes da letra contra a pessoa a favor de quem foi dado o aval e contra os obrigados para com esta em virtude da letra".

O direito de sub-rogação é exercitável contra o devedor principal e os demais coobrigados, na esteira do STJ: "Aval. Sub-rogação. Prosseguimento da execução contra o coavalista.

---

[29]   STJ. Recurso Especial nº 221.501/PR. 4ª Turma. Julgado em 21.09.1999, *DJ* de 03.11.1999.

Ao dador de aval que quita o débito executado é permitido prosseguir na execução contra o coavalista".

Colhe-se do voto: "Cuidando-se, na espécie, de avais simultâneos, dúvida não há de que as relações derivadas entre os avalistas, nessa situação, são de coavalistas (cf. Roberto Rosas, *Direito Sumular*, 4ª ed., p. 86).

Claro, portanto, que, na forma da lei, ao recorrente era facultado prosseguir na execução contra o aludido coobrigado, como ficou, aliás, assentado nos anais da Suprema Corte, em aresto inserto na *RTJ*, 111/315".[30]

A obrigação do avalista mantém-se, mesmo no caso de a obrigação que ele garantiu ser nula por qualquer razão que não seja um vício de forma, ou submeter-se a uma causa de suspensão ou a um juízo especial, no que já enfatizou o Superior Tribunal de Justiça: "A concordata do avalizado em nada afeta a obrigação do avalista para com o possuidor do título. O fato de um obrigar-se da mesma maneira que o outro não significa que a obrigação seja a mesma e sim que da mesma espécie".[31]

De início, desponta o grau de responsabilidade do avalista, que é na mesma dimensão do sacado ou devedor.

O segundo aspecto importante está na desvinculação do aval à obrigação do título, que é garantida.

A responsabilidade não encontra limites em vícios do título ou da vontade das pessoas que assinam, em face do art. 7º da Lei Uniforme, que se procura dar aplicação ao aval: "Se a letra contém assinaturas de pessoas incapazes de se obrigarem por letras, assinaturas falsas, assinaturas de pessoas fictícias, ou assinaturas que por qualquer outra razão não poderiam obrigar as pessoas que assinaram a letra, ou em nome das quais ela foi assinada, as obrigações dos outros signatários nem por isso deixam de ser válidas". Estende-se o princípio, também, ao endosso. A respeito, sintetiza Roberto Barcellos de Magalhães: "Endossada a letra por pessoa incapaz, subsistem válidas, não obstante, as firmas anteriores dos coobrigados capazes".[32]

Se nula a obrigação principal, aprofundando a matéria, permanece a integridade do aval, a menos que decorra a nulidade de um vício de forma, como falsidade de assinatura, ou vício de consentimento. Na extensão da responsabilidade, é o aval autônomo. Se, portanto, fornecido a um incapaz, não se afeta a garantia. Vai a extremos a interpretação mais tradicional, defendendo que remanesce a garantia no caso de inexistir a obrigação. Assim, se falsificada a assinatura do avalizado, o que se constata após a garantia do aval, permanece a responsabilidade daquele que o presta.

Entretanto, não vinga esta exegese. Acontece que há vício de vontade. O avalista foi ludibriado. Sendo certo que não prestaria o favor se conhecedor que a assinatura não pertencia ao suposto avalizado.

A interpretação da lei não pode conduzir a absurdos e a verdadeiras injustiças, não importando a existência de terceiro de boa-fé a quem se endossou o título.

O Superior Tribunal de Justiça vem abrandando o princípio da abstração: "Afigura-se possível ao avalista de nota promissória invocar, como matéria de defesa em embargos à execução, a nulidade de cláusula de correção monetária pactuada na própria cambial, pois

---

[30] Recurso Especial nº 4.100/SP. 4ª Turma. Julgado em 26.02.2001, *DJ* de 15.04.1991.

[31] Recurso Especial nº 147.157/ES. 3ª Turma. Julgado em 04.06.1998, *DJ* de 10.08.1998.

[32] *Tratado de Direito Cambiário*, 2ª ed., São Paulo, Editora Jurídica e Universitária Ltda., 1972, 2º vol., p. 117.

não se trata de discussão acerca da causa do negócio originário, mas sim de atualização do montante pelo qual foi emitido o título exequendo, o que diz respeito diretamente ao garante".[33]

Em outra decisão, mais profundamente defende-se a permissão em discutir a *causa debendi*, se não houve circulação do título: "Afigura-se possível ao avalista de nota promissória que não circulou, excepcionalmente, como matéria de defesa em embargos à execução, a desconstituição parcial da obrigação originária".[34]

Na fundamentação do voto, é lembrada a orientação tradicional que afasta o enfrentamento da causa do negócio, por envolver exceção pessoal do emitente. Citam-se os Recursos Especiais nos 76.737/SP, *DJ* de 29.11.1999; 249.155/SP, *DJ* de 07.08.2000; 1.747/PR, *DJ* de 11.06.1990. Em seguida, admite que a circulação impede que o avalista do título aponha qualquer defesa pertinente à origem. Destaca que é diferente a situação quando se opera a circulação, pois, nessa hipótese, "é o próprio credor originário que executa, visando a satisfação da obrigação principal e originária, hipótese em que ao emitente estaria assegurada a discussão acerca do desaparecimento da mesma, por exemplo, pelo pagamento. Sendo assim, o avalista, que foi colocado em posição assemelhada à do emitente pelo comando inserto no art. 32 da LUG, poderia invocar as mesmas exceções deste último, sob pena de, em caso contrário, ficar em posição de manifesta desvantagem com relação ao avalizado".

Socorre-se o acórdão de voto proferido pelo Ministro Eduardo Ribeiro, no Recurso Especial nº 43.119/RS. Pelos artigos 43 e 51 do Decreto nº 2.044, de 1908, as obrigações cambiais são autônomas e independentes, restringindo-se a defesa no direito pessoal do réu contra o autor, ou no defeito de forma do título, ou na falta de requisito necessário ao exercício da ação. Todavia, prossegue, argumentando em torno da Lei Uniforme: "Consultando-se o texto da Lei Uniforme, não se encontrará dispositivo que impeça, em relação ao avalista, invocação de matéria pertinente à relação original. Vale notar que não contém sequer a regra genérica da autonomia, constante da primeira parte do art. 43 do Decreto nº 2.044. Não tendo ocorrido a circulação, a norma é a do art. 32 e essa diz com a validade do aval de que, repita-se, não se cuida... Há exceções que se ligam exclusivamente ao avalizado, não afetando a existência do título. Assim, por exemplo, a moratória a ele concedida, sua falência, ou a concordata que lhe haja sido deferida. Essas, só por ele podem ser opostas. Outras dizem com o próprio débito, atingindo-o diretamente. Entre elas, as que se prendem à relação que deu origem ao título. Se a dívida decorrente daquele vínculo desapareceu, ou não chegou a se constituir, carece de exigibilidade o título, e como não se trata de circunstância peculiar a seu emitente, mas diz com a razão de ser de sua existência, a exceção será oponível também por seu avalista".

Acrescenta-se que, significando o aval a garantia de um valor, uma vez prescrito este não mais subsiste o aval.

Com suporte no final do art. 32, sinale-se que o avalista adquire, com o pagamento do valor, os direitos do título contra a pessoa em cujo favor prestou a garantia. Se ele aparece em um grau posterior a um outro obrigado, contra todos os anteriores obrigados e garantidores tem a ação de reembolso, podendo acionar um ou todos conjuntamente.

Costuma-se, não raramente, apor a garantia do aval em contratos diferentes que títulos cambiários. Há decisões do STJ validando a garantia, se expressa uma solidariedade com as obrigações do contrato: "I – Resultando inequívoca a intenção das partes contratantes no sentido de que os rotulados 'avalistas' respondem solidariamente com o devedor principal

---

[33]   Recurso Especial nº 249.409/BA. 4ª Turma. Julgado em 20.06.2000, *DJ* de 04.09.2000.

[34]   STJ. Recurso Especial nº 245.610/SP. 4ª Turma. Julgado em 12.12.2000, *DJ* de 19.03.2001.

pelos encargos assumidos no instrumento contratual, não se mostra admissível o excessivo apego ao formalismo para, sob o simples argumento de não haver aval em contrato, excluir a responsabilidade daqueles que, de forma iniludível e autonomamente, se obrigaram pelo pagamento de integralidade da dívida. II – A imprecisão técnica não pode servir de subterfúgio aos que desejam esquivar-se do cumprimento de compromissos livremente pactuados, principalmente se, além de figurarem nos títulos como 'avalista', se obrigam, nos contratos a que se acham as cártulas vinculadas, como devedores solidários".[35]

Mesmo que diploma legal no qual se embasa o título não contemple o aval, tem aceito o STJ a sua validade:

> "A circunstância de o art. 19 do Decreto-Lei 413/69 não prever o aval como garantia da operação creditícia não impede a sua utilização, em face do disposto no seu art. 52 no sentido de se aplicar 'à cédula de crédito industrial e à nota de crédito industrial, no que forem cabíveis, as normas do direito cambial'.
>
> Elidir as conclusões do aresto impugnado, entendendo, forte nas provas dos autos, que o título executivo é líquido, demandaria o revolvimento dos elementos de convicção dos autos, soberanamente delineados pelas instâncias ordinárias, providência vedada nesta sede especial a teor da Súmula 07/STJ".[36]

Por último, se novado o contrato ou o título sem a aposição da assinatura do aval, os novos encargos ou o acréscimo da obrigação não se estendem ao avalista, porquanto não acorreu para aderir ao agravamento da obrigação, o que encontra consonância no STJ: "A ausência de assinatura no pacto de confissão de dívida que renegociou a cédula de crédito rural, com novo prazo de vencimento e alteração da taxa de juros remuneratórios, afasta a responsabilidade do avalista, permanecendo hígido o aval até o limite pactuado no título original".[37]

O texto que segue, do Relator, aprofunda o assunto: "Quanto ao aditivo, efetivamente, por ele não responde o avalista, porque dele não participou. De fato, embora seja a prescrição regida pela Lei Uniforme, de acordo com precedentes da Corte (REsp. nº 167.779/SP, Relator o Ministro Aldir Passarinho Junior, DJ de 12/2/01; REsp. nº 168.414/SP, Relator o Ministro Costa Leite, DJ de 24/8/98), não se há de falar em responsabilidade do avalista se ele não assinou a confissão de dívida que estabeleceu novas bases para o pagamento da cédula".

d.3. Protesto do título para efeitos de regresso contra coobrigados

Indispensável o protesto levado a efeito pelo portador contra o sacado, para possibilitar o direito de regresso contra o avalista e outros coobrigados. É a previsão do art. 53 da Lei de Genebra: "Depois de expirados os prazos fixados: ... para se fazer o protesto por falta de aceite ou por falta de pagamento..., o portador perdeu o seu direito de ação contra os endossantes, contra o sacador e contra os outros coobrigados, à exceção do aceitante".

A apresentação para o protesto se fará no primeiro dia útil após o vencimento, de conformidade com o art. 28 do Decreto nº 2.044/1908, que se mantém em vigor, por ordem do art. 9º do Anexo II da Lei Uniforme, que introduziu reserva ao art. 44, alínea 3ª, do Anexo I.

---

[35] Recurso Especial nº 200.421/ES. 4ª Turma. Julgado em 15.08.2000, *DJ* de 25.09.2000.

[36] AgRg no REsp 292.266/SP, 3ª Turma, rel. Min. Paulo de Tarso Sanseverino, j. em 07.12.2010, *DJe* de 15.12.2010.

[37] REsp. nº 619.114/MT, da 3ª Turma, rel. Min. Carlos Alberto Menezes Direito, j. em 06.04.2006, *DJU* de 30.06.2006.

Todavia, não se deve olvidar que deve haver validade do título, e que preencha os requisitos de título cambial, sob pena de responder o endossatário que providencia no protesto, em atendimento ao seguinte aresto do STJ:

> "O endossatário que recebe, por endosso translativo, título de crédito contendo vício formal, sendo inexistente a causa para conferir lastro a emissão de duplicata, responde pelos danos causados diante de protesto indevido, ressalvado seu direito de regresso contra os endossantes e avalistas" (REsp. nº 1.213.256/RS, rel. Min. Luiz Felipe Salomão, *DJe* de 14.11.2011).

No caso, o acórdão recorrido concluiu que o banco recebeu o título de crédito por endosso translativo e agiu de forma culposa ao levar a protesto duplicata sem aceite e sem o comprovante da entrega da mercadoria ou do serviço prestado.[38]

Cabe lembrar, também, que a cambial sem aceite, para ser protestada, deve vir atrelada em negócio subjacente – condição reiterada em decisões do STJ.

> "II – É possível o protesto da letra de câmbio por falta de pagamento, mesmo que não tenha havido aceite pelo sacado. Precedentes.
> III – Hipótese em que o título, atrelado a negócio subjacente devidamente comprovado, não circulou".[39]

d.4. Pluralidade de avalistas

Vários avalistas podem assinar a letra. Garante-se a obrigação com avais superpostos, ou simultâneos, ou sucessivos, não havendo na legislação algum impedimento em serem prestados. Superpostos consideram-se quando se colocam os nomes dos avalistas em linhas uma acima da outra, enumerando-se a série, de modo a haver o primeiro, o segundo, o terceiro avalista, e assim por diante. Nesta ordem, entende-se que há sucessividade, com importantes efeitos práticos. Àquele que é executado assegura-se o reembolso regressivamente. Se exigido do segundo avalista o crédito, a ele se abre a perspectiva de voltar-se contra o primeiro avalista, como assinala Pontes de Miranda, ao afirmar que "o avalista sucessivo tem ação cambiária contra os avalistas anteriores do mesmo obrigado".[40]

De outra parte, se não encadeada uma ordem na assunção da obrigação, classificam-se como simultâneos os avais. Todos estão no mesmo patamar na exigibilidade do crédito. Nesta eventualidade, defende Fran Martins, "o que paga só pode reaver dos demais avalistas a quota que lhe cabe na divisão da dívida por todos; a solidariedade entre os avalistas, no caso, é a do direito comum, e não a cambiária. Já nos avais sucessivos, o avalista que paga tem o direito de cobrar toda a importância do que lhe está anterior; não há uma repartição da dívida entre todos os avalistas, pois se trata de solidariedade cambiária (Lei Cambiária, art. 47)".[41]

Essa posição já restou adotada pelo STF, assentando que "pode o avalista que pagou cobrar do outro avalista a cota parte devida por esse coobrigado".[42]

---

[38] AgRg no AREsp. nº 172.854/SP, 4ª Turma, rel. Min Raul Araújo, j. em 04.12.2012, *DJe* de 1º.02.2013.

[39] REsp. nº 765.309/RS, 3ª Turma, rel. Min. Castro Filho, j. em 23.08.2007, *DJe* de 10.09.2007.

[40] *Tratado de Direito Cambiário*, vol. I, p. 116.

[41] *Títulos de Crédito*, vol. I, pp. 158-159.

[42] Recurso Extraordinário nº 70.715, *in Revista Trimestral de Jurisprudência*, 55/71.

Na superposição de aval em branco, prevalece a sucessividade, posto que evidencia uma classificação na responsabilidade. Todavia, diz o contrário a Súmula 189 do STF: "Avais em branco e superpostos consideram-se simultâneos e não sucessivos".

d.5. Aval antecipado

O aval antecipado é tido como válido. Vem expressamente previsto no art. 14 do Decreto nº 2.044/1908. A Lei Uniforme não cogitou da espécie. Entretanto, ante os princípios próprios do instituto, lastreados na autonomia, na literalidade, na abstração, a doutrina inclina-se pela validade, viabilizando ao credor acionar o avalista.

Não parece correta essa exegese. O aval existe para dar garantia ao credor. Se o sacado não reconhece o título, inexiste a cambial. Não existindo, inconcebível que ela receba uma garantia. Até porque se armaria o avalista do direito de regresso, voltando-se contra o avalizado em uma obrigação que este não acolhera.

d.6. Aval parcial

É permitido o aval parcial, previsto no art. 30, 1ª alínea, da Lei Uniforme, contrariamente ao constante no parágrafo único do art. 897 da lei civil, aplicável aos títulos de crédito em geral não regidos por diplomas próprios: "O pagamento de uma letra pode ser no todo ou em parte garantido por aval". Naturalmente, haverá uma cláusula estabelecendo o limite. Embora as restrições opostas pela doutrina, não é de todo inconveniente a disposição, especialmente em contratos nos quais se especificam a garantia. Parece claro que se o aval diz respeito à obrigação pecuniária embutida no documento, não envolve os consectários decorrentes, como despesas, multa, juros, honorários, e demais encargos.

d.7. O aval prestado por um dos cônjuges

Pelos princípios instituidores do aval, não se reclama a assinatura do outro cônjuge. Apenas os bens daquele que o prestou respondem, se promovida a exigibilidade do crédito, assegurando-se àquele que não o concedeu a defesa por meio da competente ação de embargos de terceiro. No entanto, vai preponderando a tendência de igualar o aval à fiança, o que se colhe do art. 32, 1ª alínea, da Lei Uniforme, culminando o Código Civil por estabelecer as mesmas consequências entre uma e outra garantia, quando prestada sem a participação de ambos os cônjuges. Seu art. 1.642 atribui a qualquer dos cônjuges demandar a rescisão dos contratos de fiança, ou a invalidade do aval, realizados pelos cônjuges sem a mútua autorização.

Já o art. 1.647, inc. III, do mesmo diploma dispõe que, "ressalvado o disposto no art. 1.648, nenhum dos cônjuges pode, sem autorização do outro, exceto no regime da separação absoluta (...): III – prestar fiança ou aval".

Inclusive se o casamento for pelo regime de separação de bens, pelas razões constantes do seguinte aresto, é imprescindível o aval: "A exigência de outorga uxória ou marital para os negócios jurídicos de (presumidamente) maior expressão econômica previstos no artigo 1.647 do Código Civil (como a prestação de aval ou a alienação de imóveis) decorre da necessidade de garantir a ambos os cônjuges meio de controle da gestão patrimonial, tendo em vista que, em eventual dissolução do vínculo matrimonial, os consortes terão interesse na partilha dos bens adquiridos onerosamente na constância do casamento. Nas hipóteses de casamento sob o regime da separação legal, os consortes, por força da Súmula nº 377/STF, de 1964, possuem o interesse pelos bens adquiridos onerosamente ao longo do casamento, razão por que é de rigor garantir-lhes o mecanismo de controle de outorga uxória/marital para os negócios jurídicos previstos no artigo 1.647 da lei civil".[43]

Na verdade, a outorga é condição para a validade. E se houver a vênia conjugal, não significa que respondem também os bens do cônjuge que autoriza para o pagamento da dívida. Acontece que o cônjuge que dá autorização para que seu consorte preste aval não é fiador nem avalista (foi a matéria desenvolvida mais aprofundadamente no Capítulo IV, item 8.7).

A invalidade, porém, não se declara se provar-se que o débito tenha resultado em benefício da família. Ainda deve prevalecer inteligência como a presente: "Mulher casada. Meação. Embargos de terceiro. Aval. Presume-se em benefício da família a dívida contraída mediante aval concedido pelo marido, sócio de sociedade comercial de responsabilidade limitada".[44]

À generalidade dos títulos de crédito é contemplado o aval, e não apenas à letra de câmbio e à nota promissória. Isto em grande parte diante da remissão das leis que os tratam à lei cambial, isto é, ao Decreto nº 2.044 e à Lei Uniforme. Nesta ordem, entre outros títulos, à nota promissória – art. 77, última alínea, da Lei Uniforme; ao cheque – arts. 29 a 31 da Lei nº 7.357, de 02.09.1985; à duplicata – art. 25 da Lei nº 5.474, de 18.07.1968; à cédula de crédito rural, à nota de crédito rural, à nota promissória rural e à duplicata rural – art. 60 do Decreto-Lei nº 167, de 14.02.1967; à cédula de crédito industrial e à nota de crédito industrial – art. 52 do Decreto nº 413, de 09.01.1969; à cédula de crédito comercial e à nota de crédito comercial – art. 5º da Lei nº 6.840, de 03.11.1980.

4. PLURALIDADE E CÓPIAS DA LETRA DE CÂMBIO

A pluralidade de vias da letra de câmbio está permitida, mais com a finalidade de evitar o extravio. O sacador, que emite a letra de câmbio, deve numerar as vias, ou colocar o número da ordem, remetendo-as ao sacado, que assinará uma via, e não as demais, o que ensejaria a possibilidade de o emitente ou o portador exigir todas, inclusive com o seu endosso a terceiros, os quais, estando de boa-fé, no entendimento de alguns, se habilitariam a exigir o respectivo valor.

O envio de uma outra via, no entanto, acontece quando a primeira não chega ao sacado, ou este alega o não recebimento.

A fim de evitar fraudes, como o endosso das vias a pessoas distintas, é importante a individuação, ou a anotação de que a emissão se deu em uma única via, como orienta o art. 64 da Lei Uniforme: "Essas vias devem ser numeradas no próprio texto, na falta do que cada via será considerada como uma letra distinta.

O portador de uma letra que não contenha a indicação de ter sido sacada numa única via pode exigir à sua custa a entrega de várias vias. Para este feito, o portador deve dirigir-se ao seu endossante imediato, para que este o auxilie a proceder contra o seu próprio endossante e assim sucessivamente até chegar ao sacador. Os endossantes são obrigados a reproduzir os endossos nas novas vias".

A emissão de mais vias objetiva, igualmente, o controle pelo emitente, que retém uma delas, segundo o art. 65 da aludida Lei, o pagamento de qualquer exemplar é liberatório da dívida, anulando as outras vias, mesmo que não se encontrem em poder do devedor, e tenham sido endossadas. De igual modo, aos endossantes se comina a responsabilidade, incumbindo--lhes a anulação e o dever de providenciar na restituição.

---

[43]   REsp. nº 1.163.074, 3ª Turma, rel. Min. Massami Uyeda, j. em 15.12.2009, *DJe* de 04.02.2010.

[44]   STJ. Recurso Especial nº 299.211/MG. 4ª Turma. Julgado em 17.05.2001, *DJ* de 13.08.2001.

Como medida de precaução, ordena o art. 66 a obrigação da pessoa que envia um exemplar para o aceite em informar, nas outras vias, com quem se encontra a via remetida para o aceite. Àquele que tem a via com o aceite cabe devolvê-la ao portador ou credor. Ainda conforme o art. 66, recusando-se o sacador a devolver a letra ao portador legítimo do exemplar, incumbe a este tirar o protesto contra aquele ou contra a pessoa que detiver o título entregue para o aceite, onde se declare que não foi possível conseguir o aceite ou pagamento de uma outra via. De modo que é condição para exigir o pagamento uma prova de que a via encaminhada para o aceite não foi devolvida, ou não se encontra com o portador da via que lhe foi passada.

A lei autoriza que se extraiam cópias, isto é, reproduções das letras. O portador confecciona as cópias, assinalando nelas que se trata de reprodução exata e fiel do título original, e providenciando na certidão de autenticação, perante o Cartório de Notas. Eis a previsão no art. 67 da Lei Uniforme: "O portador de uma letra tem o direito de tirar cópias dela.

A cópia deve reproduzir exatamente o original, com os endossos e todas as outras menções que nela figurem. Deve mencionar onde acabou a cópia.

A cópia pode ser endossada e avalizada da mesma maneira, produzindo os mesmos efeitos que o original".

Em verdade, pelos meios atuais de reprodução, aquelas providências da Lei Uniforme estão superadas. Importa o ato, nada impedindo que se faça com os meios técnicos existentes.

Indica-se, na cópia, com quem se encontra o título original. A pessoa que detém o original está obrigada a remetê-lo ao portador da cópia. Os direitos do portador serão exercitáveis depois de efetuado o protesto contra aquele que está com o original, dando-se prazos para a entrega. Constando no original que o endosso é possível unicamente na cópia, não possuirá validade o efetuado no original.

A matéria não encerra maior interesse, pois dificilmente é colocada em prática.

5. O VENCIMENTO

Corresponde o vencimento ao momento em que o valor do título é exigível, ou constitui o prazo concedido para o pagamento.

Quatro os tipos de vencimentos regulados nos artigos 33 a 37 da Lei genebrina.

a) Vencimento à vista. É pagável o título quando da apresentação, pois não se encontra em seu texto uma data em que se efetuará.

De acordo com o art. 34, a letra à vista é pagável na sua apresentação. É previsto o prazo de um ano para ser apresentada. Faculta-se ao sacador a redução ou a ampliação, bem como estabelecer que não será apresentável a pagamento antes de uma certa data, quando, então, o prazo inicia da mesma.

b) A um certo termo de vista. Conforme o art. 35, fixa-se um prazo, o qual se conta de um determinado momento, para o aceite. Não havendo o aceite, procede-se o protesto. Desde a sua efetivação inicia o prazo ou termo marcado. O sacado datará o aceite. Omitindo a data, subentende-se que concedeu mandato ao portador para colocá-la.

c) A um certo termo de uma data. Marca-se um prazo de vencimento, que inicia a contar da data da emissão ou do aceite, em consonância com o que se determinar.

d) A dia certo. Coloca-se o dia quando se efetuará o pagamento. Corresponde à maioria dos casos. Recaindo a data em feriado legal, transfere-se para o primeiro dia útil seguinte a exigibilidade (art. 72 da Lei Uniforme).

Várias hipóteses especiais extraem-se dos artigos 36 e 37:

- Os prazos são contados em dias, semanas, meses e anos; se fixados em dias, não se inclui o do saque ou aquele da apresentação, mas no dia seguinte.
- Na fixação em semanas, meses e anos, observa-se o dia da emissão. Aí começa a fluir o prazo, e vai até o mesmo dia da última semana, ou último mês, ou último ano que se designar. Iniciando, pois, numa terça-feira, o vencimento acontecerá na terça-feira da semana fixada. Em se tratando de mês, e ocorrendo a emissão no dia da ciência, no mesmo dia do mês seguinte o valor é exigível, se de um mesmo prazo. E, assim, se de um ano o lapso de tempo, com início, *v.g.*, em cinco de janeiro, nos referidos dia e mês do ano seguinte está o credor habilitado a receber o valor.
- Firmado o prazo de um ou mais meses e meio da vista, ou de outro evento, em primeiro lugar contam-se os meses inteiros e depois os dias.
- Prevendo o vencimento para o princípio, meado ou fim do mês, opera-se, respectivamente, no dia primeiro, no dia quinze ou no último dia do mês.
- Assinalando-se o prazo de oito dias ou quinze dias, não se leva em conta uma semana ou duas semanas, mas o número de dias efetivamente constante.
- Se lançar-se o prazo de meio mês, corresponde a quinze dias.
- Emitindo-se a letra em um lugar e sendo pagável em outro onde o calendário é diferente, prepondera sempre o calendário do local de pagamento, o que se estende para a contagem em todos os tipos de prazo, como aquele a certo termo de vista ou da data da emissão.

Outras hipóteses de vencimento existem, denominadas extraordinárias, constantes nos números 1º, 2º e 3º do art. 43 da Lei Uniforme, observando-se que os números 2º e 3º, no entanto, foram objeto de reserva pelo art. 10 do Anexo II da Lei Uniforme, em razão do que prevalece o art. 19, inc. II, do Decreto nº 2.044, que trata de uma das hipóteses do nº 2º do art. 43. Realmente, há de se observar que os números 2º e 3º do art. 43 da Lei Uniforme não estão na integralidade contemplados na Lei brasileira. Eis os conteúdos dos referidos números:

> "2º) nos casos de falência do sacado, quer ele tenha aceite, quer não, de suspensão de pagamento do mesmo, ainda que não constatada por sentença, ou de ter sido promovida, sem resultado, execução dos seus bens;
> 3º) nos casos de falência do sacador de uma letra não aceitável".

Já o art. 19, inc. II, do Decreto nº 2.044/1908 encerra: "A letra é considerada vencida, quando protestada: (...)

II – pela falência do aceitante".

Daí que, identificando-se em geral o aceitante e o sacado, deduz-se que unicamente a primeira parte do número 2º do art. 43 se encontra abrangida pela Lei Nacional, no caso o art. 19, inc. II, do Decreto nº 2.044/1908.

As demais situações dos números 2º e 3º permanecem em vigor, até que uma lei especial venha a tratar da matéria. É que a reserva do art. 10 do Anexo II remete à lei do País signatário. Se não há lei, segue a vigorar o disposto na Lei Uniforme.

Em síntese, opera-se o vencimento do título nas seguintes ocorrências:

1º – Se houver recusa total ou parcial de aceite (nº 1º do art. 43 da Lei Uniforme).

2º – Na falência do aceitante ou do sacado (art. 19, inc. II, do Decreto nº 2.044).

3º – Na suspensão de pagamento do sacado, ainda que não constatada por sentença, ou de ser promovida, sem resultado, a execução de seus bens (2ª parte do nº 2º do art. 43 da Lei Uniforme).

4º – Nos casos de falência do sacador de uma letra não aceitável (nº 3º do mesmo art. 43).

Ilustra-se que a falta de aceite ou pagamento reclama a comprovação de um ato formal, que é o protesto, na esteira do art. 44 da Lei Uniforme, em que se consigna que se efetuará no primeiro dia útil a contar da apresentação, por força do art. 28 do Decreto nº 2.044, em vigor em face da reserva do art. 9º do Anexo II, que torna inaplicável o art. 44 do Anexo I da Lei Uniforme.

Não se afasta a possibilidade de alterar a data de vencimento. Todavia, se tal acontece, desvinculam-se os coobrigados. Se esses assumiram a garantia para o vencimento numa data aprazada, não se pode exigir-lhes que protraiam a obrigação para momento posterior, quando não foge de cogitação a possibilidade de não mais revelar o sacado ou devedor capacidade para cumprir a obrigação.

6. O PAGAMENTO

O pagamento é o ato pelo qual se entrega ao credor o valor lançado na letra, ou se cumpre a obrigação estabelecida no título. Diz-se, também, que corresponde ao resgate da cártula, com o que se extingue a obrigação cambial.

Dado o caráter de circularidade do título, efetua-se o pagamento a quem apresentar o mesmo. Tanto isso que os títulos de crédito cambiários são títulos de apresentação, incumbindo ao credor procurar o devedor. Apresenta o título e pede que se efetue a satisfação de seu crédito.

Por força dos artigos 5º e 6º do Anexo II da Lei Uniforme, que estabelecem reservas ao art. 38 do Anexo I da mesma Lei, tem incidência o art. 20 do Decreto nº 2.044/1908, com esta redação: "A letra deve ser apresentada ao sacado ou ao aceitante, para o pagamento, no lugar designado e no dia do vencimento, ou, sendo este dia feriado por lei, no primeiro dia útil imediato, sob pena de perder o portador o direito de regresso contra o sacador, endossadores e avalistas".

A apresentação que trata o dispositivo é para o pagamento. A apresentação oficial, para o Cartório de Protesto, tem a finalidade de preservar o direito de regresso contra os coobrigados. Antes da oficial, o normal é que haja a apresentação, pelo credor, ao aceitante, ou sacado, que é a apresentação particular, e não carece de ser provada, o que dificilmente se conseguiria.

Eis como Sebastião José Roque explica o assunto: "No dia do vencimento, o portador da letra de câmbio deve apresentá-la para pagamento ao aceitante, que é o devedor direto e principal da obrigação cambiária. Se ele não pagar ao ser-lhe apresentada a letra, deverá ela no mesmo dia ou no dia seguinte ser apresentada por meio do Cartório de Protestos.

Se o aceitante não pagar a letra, o portador deverá apresentá-la aos demais coobrigados (sacador, endossantes, avalistas) e se não for ela paga, deverá no dia seguinte ser apresentada a eles por meio do Cartório de Protestos. Se não for apresentada em cartório no dia seguinte, o portador perderá o direito de regresso contra os coobrigados anteriores".[45]

---

[45] *Títulos de Crédito*, p. 31.

De grande importância a observação de Fábio Ulhôa Coelho, sobre o sentido da apresentação: "Se não observado o prazo de apresentação para pagamento, o credor não perderá o direito ao crédito cambiário. Mas, nessa hipótese, qualquer devedor poderá depositar, em juízo, por conta do credor, o valor do título. Responderá, portanto, o credor da letra de câmbio não apresentada tempestivamente para pagamento, pelo ressarcimento das despesas de eventual depósito judicial feito pelo devedor principal ou por um coobrigado".[46]

Daí se extrair que a apresentação destina-se a afastar a mora. Até que ocorra a prescrição, no entanto, admitem-se a apresentação e o protesto. A não apresentação no prazo só acarreta as perdas e danos, tanto que o art. 5º do Anexo II da Lei Uniforme, dispondo sobre a apresentação e a faculdade concedida para os Países legislarem sobre a apresentação no próprio dia do vencimento, finaliza que a inobservância acarreta a responsabilidade por perdas e danos.

Ora, se a decorrência está nas perdas e danos, sempre é oportunizada a apresentação, com o consequente protesto.

Em vista das qualidades reconhecidas ao título, como a autonomia, a literalidade e a abstração, cautelas especiais precisam ser observadas, como a entrega do título e a quitação fornecida em seu corpo ou em documento separado, pelo credor ou por quem recebe o valor.

O art. 39, 1ª alínea, da Lei Uniforme, não permite dúvidas: "O sacado que paga uma letra pode exigir que ela lhe seja entregue com a respectiva quitação". Depreende-se a necessidade, para impor o pagamento, da exibição, pelo portador, do título no original, justamente porque a desoneração se dá com o recebimento do mesmo título. Do contrário, em razão da circularidade, se endossada a cambial, sujeita-se o devedor a sofrer outra cobrança, embora não se admita a prevalência da autonomia do título, mesmo que de boa-fé o terceiro, posto que inexistente o crédito.

A posse do título pelo devedor importa na presunção de que está pago. Essa presunção é relativa, porquanto aceitável que se ingresse na prova do furto, ou da posse ilegal.

O mesmo art. 39, alínea 2ª, autoriza o pagamento parcial, proibindo a recusa pelo portador. Anota-se, em geral no verso, o pagamento parcial, descontando-o do total devido, e averbando-se o saldo remanescente, como autoriza a última alínea do citado artigo.

O pagamento antecipado, a rigor, não está proibido. O art. 40 da Lei Uniforme coloca alguns entraves, como a necessidade da concordância do credor. Em verdade, é um direito do devedor exonerar-se das obrigações. Se o cumprimento constitui um dever, não se encontra uma razão óbvia que justifique a recusa.

O pagamento antecipado, na previsão da 2ª alínea do art. 40, é feito sob a responsabilidade do sacado. Cabe-lhe reclamar a apresentação do título, que lhe será entregue, com a declaração da quitação, se for do seu desejo. Todavia, qualquer pagamento malfeito, sem recebimento da cártula, e transferindo-se ela por endosso, recai a responsabilidade naquele que pagou.

Regra de alto interesse está na última alínea do art. 40, sempre da Lei Uniforme: "Aquele que paga uma letra no vencimento fica validamente desobrigado, salvo se da sua parte tiver havido fraude ou falta grave. É obrigado a verificar a regularidade da sucessão dos endossos, mas não a assinatura dos endossantes".

Está definido que o pagamento na época oportuna, que é a data do vencimento, desobriga o portador plenamente, a menos que falso, ou entregue moeda falsa, ou caso se ludibrie o credor.

De outro lado, o devedor está obrigado a verificar o encadeamento dos endossos, ou a regularidade dos que se sucedem, advertindo Vivante o dever de certificar-se sobre a iden-

---

[46] *Manual de Direito Comercial*, p. 237.

tidade do último portador.[47] Não se confere ao devedor ou sacado a obrigação de verificar a regularidade ou autenticidade das assinaturas. Até porque, dada a circularidade do título de crédito, incumbe ao sacado pagar a quem se apresenta com o documento e o entrega, não cabendo a ele, novamente adverte Vivante, indagar de sua autenticidade.[48]

Tendo-se à mão uma letra em branco ao portador, a sua simples entrega ao obrigado faz surgir a presunção da efetivação do pagamento. E a quem paga se requer a atenção para ver se o título é ao portador, ou se o endosso procedeu do credor, ou tomador, ou mesmo do endossatário.

No caso de perda do título, o caminho que se abre é notificar o devedor ou sacado para abster-se de pagar. Se vier um portador e solicitar o pagamento, ao obrigado resta consignar o montante em juízo, dirigindo-se a ação contra o credor e contra o portador.

Quando o devedor ou sacado efetua o pagamento, desoneram-se os demais coobrigados. Se, porém, um coobrigado honrou a obrigação, assiste-lhe a ação de regresso contra os obrigados anteriores, e que se encontravam em grau de antecedência em relação a ele. O garantidor indicado como segundo avalista, se acorreu para pagar, tem o direito de regresso para acionar o primeiro avalista; este, por sua vez, pode agir contra o endossante e outros devedores principais. Todavia, satisfeito o pagamento pelo avalista do sacado, ou aceitante, não terá ele ação contra o avalista do sacador. É que o direito de regresso se limita àqueles a quem se deu a garantia. Encontrando-se os avalistas na mesma posição, ou sendo os avais simultâneos, o avalista que atendeu a obrigação mune-se do direito de exigir a cota que cabia aos demais, posto que a responsabilidade é, então, solidária. Já se o sacador ou um endossante satisfaz a dívida, porque não o fez o sacado, é autorizado o regresso contra o sacado e seus avalistas, eis que a estes incumbia o cumprimento.

Em vários dispositivos – arts. 59 a 63 –, trata a Lei Uniforme do pagamento por intervenção, isto é, por terceiro que intervém no processo, faculdade que é permitida. Em dispositivos anteriores, o próprio aceite de terceiro vem autorizado a qualquer pessoa. Explicitando a intervenção, escreve Antônio Mercado Júnior: "O art. 55 da Lei Uniforme autoriza o sacador, o endossante e o avalista a indicar terceiro para aceitar ou pagar, se necessário. Consoante a segunda alínea do art. 56, indicado que seja, na letra, interveniente para aceitá-la ou pagá-la, o portador não poderá exercer o regresso, antes do vencimento, contra aquele que indicou interveniente e contra os posteriores signatários, a menos que tenha apresentado o título ao interveniente indicado e, recusando ele o aceite, seja a recusa provada pelo protesto".[49]

7. O PROTESTO

a) *Definição e finalidade*

Protestar significa manifestar uma posição pessoal em relação a um evento. No direito cambiário, faz-se a manifestação para conseguir determinado efeito. Visa-se, também, com este ato, que fique marcada e definida uma situação especial. Realmente, existem casos, dadas as características de formalidade, de abstração, de certeza, de autonomia dos títulos de crédito, que requerem uma perfeita caracterização. E esses casos são vários, como a falta ou recusa de aceite, a falta de pagamento, a prova do vencimento antecipado, o direito de regressar contra os coobrigados do devedor principal. Embora o título de crédito represente um valor a ser pago,

---

[47]   *Trattato de Diritto Commerciale*, vol. III, p. 445.

[48]   *Idem*, p. 443.

[49]   *Nova Lei Cambial e Nova Lei do Cheque*, p. 166.

protegido por vários instrumentos que lhe dão segurança, certeza e credibilidade, há algumas providências preliminares e até condicionantes para o exercício do direito que encerram.

Assim, a fim de caracterizar a mora, ou para tornar insuscetível de dúvida a recusa de aceite, para perfectibilizar o ato de apresentação, e para possibilitar o direito de ação contra os responsáveis coobrigados, é necessário o protesto, que é um ato formal e solene que, por força da lei, tem a virtude de servir de prova peremptória das situações determinantes do exercício do direito.

Basicamente, o protesto é a realização do ato oficial que comprova o não cumprimento da obrigação constante no título de crédito.

b) *Situações que comportam o protesto*

Destacam-se as seguintes situações que comportam a necessidade de protesto:

1ª) A Lei Uniforme, no art. 44 de seu Anexo I, prevê o protesto por falta de aceite ou pagamento: "A recusa de aceite ou de pagamento deve ser comprovada por ato formal (protesto por falta de aceite ou falta de pagamento)". A finalidade é para garantir o direito de regresso do portador contra os coobrigados.

O STJ mantém a dispensa do aceite para o protesto por falta de pagamento, consoante REsp. nº 765.309/RS, da 3ª Turma, julgado em 23.08.2007, *DJU* de 10.09.2007: "É possível o protesto da letra de câmbio por falta de pagamento, mesmo que não tenha havido aceite pelo sacado.

Precedentes".

Quanto ao protesto por falta de aceite, também é pacífica a jurisprudência do mesmo STJ, consoante o REsp. nº 658.991/RS, da 3ª Turma, julgado em 24.06.2006, *DJU* de 04.12.2006: "Letra de câmbio. Protesto por falta de aceite. Precedentes da Corte. As Turmas que compõem a Segunda Seção não discrepam quanto à possibilidade de ser realizado o protesto da letra de câmbio por falta de aceite".

2ª) Outra hipótese dirige-se a conseguir o vencimento antecipado, que aparece no art. 19, inc. II, do Decreto nº 2.044, e art. 43, alíneas 1ª, 2ª e 3ª, da Lei Uniforme. Eis os casos:

> I – Falência do aceitante.
>
> II – Se houver recusa total ou parcial do aceite.
>
> III – Nos casos de falência do sacado, quer ele tenha aceite, quer não, de suspensão de pagamento do mesmo, ainda que não contestada por sentença, ou de ter sido promovida, sem resultado, execução dos mesmos bens.
>
> IV – Nos casos de falência do sacador de uma letra não aceitável.

Já se observou que o art. 10 do Anexo II da Lei Uniforme, introduziu reserva aos números 2º e 3º do art. 43 do Anexo I. Decorre, daí, a vigência do art. 19, inc. II, do Decreto nº 2.044, que considera vencida a letra quando protestada em razão da falência do aceitante. Também anotado restou que os conteúdos dos números 2º e 3º do art. 43 do Anexo I não vieram regulados pela lei brasileira, razão que importa manter a sua vigência. Assim, em vista dos citados itens 2º e 3º, também importam em vencimento antecipado as hipóteses neles inseridas.

Diante de tais eventos, mister se faz o protesto dos coobrigados, ou daquelas pessoas contra as quais poderá o credor buscar o valor que lhe é devido.

A rigor, estritamente necessário é o protesto por falta de aceite e "no caso de suspensão de pagamento do sacado, quer seja aceitante, quer não, ou no caso de lhe ter sido promovida, sem resultado, execução dos bens" (art. 44, alínea 5ª, da Lei Uniforme). Já "no caso de falência declarada do sacado, quer seja aceitante, quer não, bem como no caso de falência declarada do sacador de uma letra não aceitável, a apresentação da sentença de declaração de falência é suficiente para que o portador da letra possa exercer o seu direito de ação" (art. 44, alínea 6ª, da Lei Uniforme).

Lembra-se que as alíneas 5ª e 6ª do art. 44 continuam em vigor, embora a reserva feita pelo art. 10 do Anexo II, pois a Lei brasileira não regulou as espécies.

No caso da falência do sacado e do sacador, portanto, o protesto é facultativo.

3ª) A recusa na restituição do título importa no protesto. Dada a comprovação do envio, cabe o protesto para a devolução.

Em razão dessa finalidade, ou seja, de encaminhar uma segunda via ao aceitante, cuja recusa de restituição autoriza o protesto, é que também se justifica a emissão de várias vias da letra. Incide, quanto a este aspecto, o art. 31 do Decreto nº 2.044, eis que ausente previsão expressa na Lei Uniforme: "Recusada a entrega da letra por aquele que a recebeu para firmar o aceite ou para efetuar o pagamento, o protesto pode ser tirado por outro exemplar, ou na falta, pelas indicações do protestante".

4ª) Destina-se o protesto, também, para o emitente, quando extrai mais de uma via da letra, e remete uma delas ao aceite, informar com quem se encontram as outras vias. Deve ele, por meio do protesto, indicar o portador dos demais exemplares. Ao que lança o aceite igualmente se reconhece o direito de protestar para obter tal informação.

5ª) Outrossim, aquele que detém a segunda via está obrigado a entregá-la ao portador. Caso haja recusa, o direito de ação depende do protesto, em que se constate a falta de restituição, de aceite e de pagamento de uma outra via. Faz-se o protesto contra a falta de restituição e contra a falta de aceite e de pagamento de outra via. A respeito, o art. 66 da Lei Uniforme ordena que "o portador só pode exercer o seu direito de ação depois de ter feito constatar por um protesto:

I – que a via enviada ao aceite não lhe foi restituída a seu pedido;
II – que não foi possível conseguir o aceite ou o pagamento de uma outra via".

6ª) Na intervenção, ao se indicar pessoa para aceitar ou pagar, e houver o descumprimento, protesta-se aquele que descumpriu, com a finalidade de habilitar-se o portador a agir contra quem indicou (art. 56, 2ª alínea, da Lei Uniforme).

Também na intervenção, se houve aceite, e não ocorrendo o pagamento, cabe protesto do título contra os intervenientes por falta de pagamento, o que se fará, o mais tardar possível, no dia seguinte ao último em que era permitido o protesto contra o aceitante ou sacado.

7ª) Protesta-se o título pagável a certo termo de vista, em que não se colocou a data, para a finalidade de conservar os direitos de regresso, e situar o momento para a ação. A exigência extrai-se do art. 25 da Lei Uniforme, em redação confusa: "Quando se trata de uma letra pagável a certo termo de vista, ou que deva ser apresentada ao aceite dentro de um prazo determinado por estipulação especial, o aceite deve ser datado do dia em que foi dado, salvo se o portador exigir que a data seja a da apresentação. À falta de data, o portador, para conservar os seus direitos de recurso contra os endossantes e contra o sacador, deve fazer constar essa omissão por um protesto feito em tempo útil".

Resta clara a necessidade de fixar-se um momento a partir do qual inicia a contagem do termo para a apresentação ao aceite, o que se faz pelo protesto.

Não são estas as únicas situações que autorizam o protesto. Outras existem, mas não indispensáveis ao exercício de algum direito, e permitindo o chamado protesto facultativo.

Nele inclui-se o protesto do aceitante por falta de pagamento, cuja finalidade é evidenciar e tornar público o descumprimento da obrigação. A não obrigatoriedade já era ressaltada por Paulo Maria de Lacerda: "Em caso de falta de pagamento, o protesto não é necessário para documentar a apresentação da cambial aos obrigados diretos, cujas responsabilidades cambiárias permanecem, independentemente da apresentação e consequente protesto, enquanto o título não prescrever".[50]

Conhece-se, também, o protesto para viabilizar o pedido de falência e impedir o de concordata preventiva, significando a prova cabal da impontualidade. A jurisprudência, no entanto, tem dificultado ao máximo essa função do protesto.

O protesto para tal finalidade, diferentemente daquele cambial, que se fará no lugar do pagamento, deve ser lavrado onde o devedor tem o seu principal estabelecimento, nos termos do então Decreto-Lei nº 7.661, de 1945, e agora da Lei nº 11.101, de 2005 (art. 94, I).

Os títulos emitidos no estrangeiro também são protestáveis, em consonância com a Lei nº 9.492/1997, contendo seu art. 1º: "Protesto é o ato formal e solene pelo qual se prova a inadimplência e o descumprimento de obrigação originada de títulos e outros documentos de dívida".

O art. 10, estabelecendo quando é possível o protesto: "Poderão ser protestados títulos e outros documentos de dívida em moeda estrangeira emitidos fora do Brasil, desde que acompanhados de tradução efetuada por tradutor público juramentado".

Conveniente lembrar que, encontrando-se o título *sub judice*, ou em discussão judicial, firmou-se que não cabe o encaminhamento a protesto, sendo exemplos os seguintes textos do STJ:

> "Em havendo discussão jurídica sobre o débito, pertinente o deferimento do pedido de abstenção com o fim de assegurar a eficácia do processo principal, sob pena de se frustrar, ao menos em parte, o direito nele discutido, pela imediata perda da credibilidade da autora".[51]
>
> "Conquanto admita a legitimidade da inscrição de devedores inadimplentes no Serasa, SPC etc., porque legalmente previsto tal procedimento, entendo que se houver ação, seja consignatória, embargos contra a cobrança, ação anulatória, declaratória ou rescisão de contrato, ou, enfim, qualquer processo judicial impugnando a dívida, cabe medida cautelar para impedir o registro naqueles órgãos de proteção ao consumidor".[52]

c) O procedimento do protesto

É lavrado o protesto pelo Cartório competente, onde o título é apresentado, fazendo-se o aponte do mesmo, ou seja, a anotação de sua apresentação para o protesto em livro de protocolo, para a finalidade que se pede. O Cartório é o do lugar escolhido para o pagamento, ou, se objetivar a comprovação da mora do pagamento para fins de falência, no domicílio do devedor.

Em seguida, procede-se a intimação com a finalidade de aceitar ou pagar. A providência é levada a termo pessoalmente ou por meio de carta, com aviso pessoal de recebimento. Se não

---

[50] *A Cambial no Direito Brasileiro*, p. 320.

[51] Recurso Especial nº 246.840. 3ª Turma. Julgado em 04.11.1999.

[52] Recurso Especial nº 262.672. 4ª Turma. Julgado em 30.08.1993.

encontrada a pessoa no endereço, ou for desconhecida, retornando a carta sem cumprimento, a intimação se efetuará por edital.

Consumada a intimação, tem o devedor o prazo de três dias para a finalidade visada, isto é, para o aceite ou o pagamento (art. 28 do Decreto nº 2.044/1908). Caso entenda que não deva atender qualquer dos objetivos, cabe-lhe apresentar as razões ou motivos que entende lhe socorrerem.

A intimação é dispensável quando o sacado ou aceitante declara no título a recusa do aceite ou do pagamento, e quando se procede ao protesto com o motivo de buscar a falência do sacador ou do sacado aceitante.

As regras que disciplinam a forma do protesto e os requisitos estão no Decreto nº 2.044/1908, que rege a matéria, por força do art. 8º da Convenção de Genebra, destinada a regular certos conflitos de leis em matéria de letras de câmbio e notas promissória, nesta redação: "A forma e os prazos do protesto assim como a forma dos outros atos necessários ao exercício ou à conservação dos direitos, em matéria de letras e notas promissórias, são regulados pelas leis em cujo território se deva fazer o protesto ou praticar os referidos atos".

A respeito, consta do art. 29 do Decreto nº 2.044/1908: "O instrumento de protesto deve conter:

> I – A data.
>
> II – A transcrição literal da letra e das declarações nela inseridas pela ordem respectiva.
>
> III – A certidão da intimação ao sacado, ou aceitante ou aos outros sacados, nomeados na letra para aceitar ou pagar, a resposta dada ou a declaração da falta da resposta.
>
> A intimação é dispensada no caso do sacado ou aceitante firmar na letra a declaração da recusa do aceite ou do pagamento e na hipótese de protesto por causa de falência do aceitante.
>
> IV – A certidão de não haver sido encontrada ou de ser desconhecida a pessoa indicada para aceitar ou para pagar. Nesta hipótese o Oficial afixará a intimação nos lugares de estilo, e, se possível, a publicará pela imprensa.
>
> V – A indicação dos intervenientes voluntários e das firmas por eles honradas.
>
> VI – A aquiescência do portador ao aceite por honra.
>
> VII – A assinatura com o sinal público do Oficial do protesto".

Em sequência, o parágrafo único ordena que o "instrumento, depois de registrado no livro de protesto, deverá ser entregue ao detentor ou ao portador da letra ou àquele que houver efetuado o pagamento".

O aviso de protesto conterá o valor devido. Quando motivado pela falta de pagamento, o valor consistirá no montante inserido no título, com os acréscimos de juros e a correção monetária, se assim constar previsto. O portador fornecerá, pois, a quantia devida, que estará na cártula, os encargos contratados, a correção monetária e as despesas de protesto. Não se prevendo juros e correção monetária, unicamente a cifra lançada na letra é exigível, cujo pagamento evitará o protesto. Os consectários restantes serão objeto de exigibilidade em um procedimento diferente. Quanto à possibilidade de previsão da correção monetária, é admitida pelo Superior Tribunal de Justiça.[53]

---

[53] Recurso Especial nº 24.242-RS, *in Revista do Superior Tribunal de Justiça*, 79/229.

d) *O prazo para o encaminhamento ao protesto*

Sobre o assunto, conforme já abordado, impera o art. 28 do Decreto nº 2.044/1908, em vista da reserva do art. 9º do Anexo II da Lei Uniforme, afastando a alínea 3ª do art. 44 do Anexo I da mesma Lei.

A teor do dispositivo referido, a "letra que houver de ser protestada por falta de aceite ou pagamento deve ser entregue ao Oficial competente no primeiro dia útil ao que se seguir ao da recusa do aceite ou ao do vencimento", tirando-se o respectivo protesto em três dias.

Entende-se que a partir do primeiro dia útil pode o portador encaminhar o título a protesto.

De outro lado, uma vez protestada a letra, ao portador cabe avisar o seu endossante e o sacador dentro dos quatro dias úteis que se seguirem ao dia do protesto ou da apresentação. Cada um dos endossantes, recebendo o aviso, informará o seu endossante do aviso recebido, com a indicação dos nomes e endereços dos que enviaram aos precedentes e, assim, sucessivamente, até chegar ao sacador (art. 45 da Lei Uniforme).

De se assinalar, no entanto, que não há a perda do direito na falta de tais avisos. Unicamente quem se omite arcará com as consequências das perdas e danos que decorrem ao obrigado, na omissão das providências, no que é expressa a última alínea do art. 45 da Lei Uniforme: "A pessoa que não der o aviso dentro do prazo acima indicado não perde os seus direitos; será responsável pelo prejuízo, se houver, motivado pela sua negligência, sem que a responsabilidade possa exceder a importância da letra".

e) *Dispensa de protesto*

Admite-se a inclusão, na letra, de cláusula dispensando o protesto. Essa dispensa valerá unicamente para quem a colocou, e não em relação aos outros coobrigados. Todavia, se um sacador a colocou, estende-se o efeito aos demais sacadores. É o que encerra o art. 46 da Lei Uniforme: "O sacador, um endossante ou um avalista pode, pela cláusula 'sem despesas', 'sem protesto', ou outra cláusula equivalente, dispensar o portador de fazer um protesto por falta de aceite ou por falta de pagamento, para poder exercer os seus direitos de ação.

Essa cláusula não dispensa o portador da apresentação da letra dentro do prazo prescrito tampouco dos avisos a dar. A prova da inobservância do prazo incumbe àquele que dela se prevaleça contra o portador.

Se a cláusula for escrita pelo sacador, produz os seus efeitos em relação a todos os signatários da letra; se for inserida por um endossante ou por avalista, só produz efeito em relação a esse endossante ou avalista. Se, apesar da cláusula escrita pelo sacador, o portador faz o protesto, as respectivas despesas serão de conta dele. Quando a cláusula emanar de um endossante ou de um avalista, as despesas do protesto, se for feito, podem ser cobradas de todos os signatários da letra".

f) *O protesto como condição para a ação contra os coobrigados*

A finalidade primordial do protesto é assegurar os direitos contra os coobrigados. O primeiro devedor é o sacado ou aceitante. Contra ele procurará o credor o recebimento do crédito. Todavia, não conseguindo esse intento, ou não pretendendo agir contra ele, deve acionar o avalista do aceitante ou do sacado. Até aí não é necessário o protesto. Se pretende procurar o crédito perante os coobrigados – endossantes, sacador e respectivos avalistas –, é condição *sine qua non* o protesto do devedor. Eis a previsão do art. 53, 2ª alínea da Lei Uniforme: "Depois de expirados os prazos fixados: ... para se fazer o protesto por falta de aceite ou por falta de pagamento... O portador perdeu os seus direitos de ação contra os endossantes, contra o sacador e contra os outros coobrigados, à exceção do aceitante".

Para agir contra o aceitante, e contra seu avalista – devedores diretos –, dispensa-se a providência. Não contra os coobrigados referidos.

8. O RESSAQUE

Assunto de escassa importância é o ressaque, dificilmente verificável na prática a ocorrência. Define-se como um novo saque. Trata-se do saque de um novo título à vista, contra um dos coobrigados de um título, o que se permite na hipótese de protestado o título contra o devedor sem ter havido o pagamento. Encerra o art. 52 da Lei Uniforme, em suas duas primeiras alíneas: "Qualquer pessoa que goze do direito de ação pode, salvo disposição em contrário, embolsar-se por meio de uma nova letra (ressaque à vista), sacada sobre um dos coobrigados e pagável no domicílio deste.

Nota-se, pois, que se emite um novo título contra o coobrigado. Esclarece Whitaker: "... Se os coobrigados não tiverem tomado a tempo as providências precisas para honrar o título, dispõe o portador de dois meios para exercer contra eles seu direito de regresso, uma vez, é claro, que tenha interposto o competente protesto: o judicial, mandando propor ação executiva contra um ou contra todos simultaneamente; o amigável, sacando, contra um, ou contra todos sucessivamente, um novo título e realizando, pelo desconto, o respectivo valor. Esse novo título é o ressaque".[54]

O ressaque inclui, além das importâncias indicadas nos arts. 48 e 49, um direito de corretagem e a importância do selo do ressaque".

9. AÇÕES RELATIVAS AOS TÍTULOS CAMBIÁRIOS

a) *Anulação de cambial*

Admite-se ingressar com ação para anular cambial emitida, se houver extravio, por meio de perda, furto, roubo, ou se se verificar destruição total ou parcial do título. É o que prevê o art. 36 do Decreto nº 2.044/1908, em vigor porque não disciplinado o assunto pela Lei Uniforme: "Justificando a propriedade e o extravio ou a destruição total ou parcial da letra, descrita com clareza e precisão, o proprietário pode requerer ao juiz competente do lugar do pagamento, na hipótese de extravio, a intimação do sacado ou do aceitante e dos coobrigados para não pagarem a aludida letra, e a citação do detentor para apresentá-la em juízo dentro do prazo de três meses, e nos casos de extravio e destruição, a citação dos coobrigados para, dentro do referido prazo, oporem contestação, firmada em defeito de forma do título ou na falta do requisito essencial ao exercício da ação cambial".

Seguem várias disposições, ditando regras de citações e intimações, que se farão pela imprensa, evidentemente se desconhecidos os detentores ou não sabendo-se o endereço. Permite-se ao credor a iniciativa de medidas visando assegurar o direito creditório, inclusive postular o depósito judicial da quantia devida, que o juiz determinar, se vencida a letra. Sobre a citação, ilustra Roberto Barcellos de Magalhães que o credor requererá "a citação do detentor do título para apresentá-lo em juízo, bem como a intimação do sacado para ciência do requerido, abstendo-se de efetuar o pagamento prometido através do seu aceite".[55]

---

[54] *Letra de Câmbio*, pp. 231-232.
[55] *Tratado de Direito Cambiário*, 2º vol., p. 103.

Não se atendendo a determinação para apresentar a letra, naquele lapso temporal de três meses, e ausente contestação, o juiz decretará a nulidade do título extraviado ou destruído, e ordenará, em benefício do proprietário, o levantamento do depósito da soma, caso tenha sido feito pelo devedor. Se apresentada a letra, obviamente resta prejudicada a ação. Arcará com a sucumbência se se detectar culpa e responsabilidade naquele que se apossou do título.

Acorrendo com a contestação alguns dos sujeitos passivos, segue o feito com a instrução, até o julgamento final.

A sentença considerará nulo o título extraviado ou destruído, e servirá de título para o exercício do direito de recebimento do valor devido, por meio de processo de execução.

Na verdade, a lei especial apresenta um tipo de procedimento para a ação. Não fica tolhido o caminho de uma ação ordinária comum de anulação, dentro do rito do Código de Processo Civil. Qualquer causa que importe em nulidade (como vícios de consentimento), submete o título à anulação.

Também a ação declaratória de falta de causa de emissão é comum, quando se procura declarar a nulidade em razão da inexistência do negócio alegado como determinante da emissão, ou quando se tem como fundamento a falsidade de assinatura.

b) *Sustação de protesto*

Como procedimento cautelar, tem largo uso a ação de sustação de protesto, intentada quando o devedor – aceitante, sacado ou coobrigado – recebe a intimação para o aceite ou para pagar, sob pena de protesto. Sabe-se das consequências nefastas do protesto, especialmente nas relações comerciais e na vida civil das pessoas, tanto físicas como jurídicas. Não são raros os abusos no encaminhamento, mais com a finalidade de cobrança violenta, e não tendo como finalidade primordial a abertura de caminho para exercer o direito de regresso. Consoante Edison Josué Campos de Oliveira, cabe a ação "a quem está sob ameaça de sofrer um protesto irregular, a ser lavrado dentro de algumas horas, e não dispondo de tempo para altas indagações e estudos sobre que medida adotar". Adiante, aponta como cabível a medida sempre que se verificar "erro ou dolo de quem pede o protesto, ou de seu antecessor na relação de circulação do título". Entre os vários títulos que mais se prestam para o abuso está a duplicata, especialmente se não acompanhada "da prova da entrega da mercadoria", ou "sem aceite, que não pode gerar efeitos legais".[56]

Os motivos mais comuns para pedir a sustação revelam-se na falsificação, na emissão sem causa, no pagamento já efetuado, na divergência de mercadorias entre a solicitação e a remetida, oferecendo-se viável o trancamento do ato prestes a ser realizado. Se já concretizado, e verificando-se que é indevido o protesto, a ação cautelar visará o seu cancelamento. Depois de ser deferido, no prazo de trinta dias, ajuíza-se a ação principal de anulação da emissão, ou da própria cártula.

c) *Ressarcimento por enriquecimento injusto*

A ação de ressarcimento por enriquecimento injusto está contemplada no art. 48 do Decreto nº 2.044/1908, que vigora em face da reserva instituída no art. 15 do Anexo II da Lei Uniforme. Eis os termos do art. 48: "Sem embargo de desoneração da responsabilidade cambial, o sacador ou o aceitante fica obrigado a restituir ao portador, com os juros legais, a soma com a qual se locupletou à custa dele.

A ação ao portador para este fim é a ordinária".

---

[56] *Sustação de Protesto de Títulos*, 2ª ed., São Paulo, Editora Revista dos Tribunais, 1977, pp. 37-38.

Tem-se, aqui, a possibilidade de o credor buscar a indenização por não dispor da ação cambiária própria para o recebimento de seu crédito.

Admitida também no art. 888 do Código Civil, oportuniza o uso das vias ordinárias, contendo a ação o pedido indenizatório correspondente ao valor lançado no título, mais os juros pactuados ou os legais, a correção monetária e possíveis outros encargos. Preceitua o citado dispositivo: "A omissão de qualquer requisito legal, que tire ao escrito a sua validade como título de crédito, não implica a inviabilidade do negócio jurídico que lhe deu origem".

Perfeitamente cabível esta demanda em face do decurso de tempo da emissão do título (prescrição ou decadência); ou por omissão de providências essenciais de cunho formal, como o protesto de coobrigados; pela não apresentação do título a aceite; pela recusa no lançamento do aceite, hipótese em que o credor perdeu a ação cambiária, exonerando dela o sacado ou o devedor. Com isso, à sua custa, adveio-lhe um prejuízo, do que resultou um enriquecimento em favor do sacador ou aceitante. É quanto basta para justificar a demanda, que, embora fundada numa relação originária do título, tem como fundamento os princípios da equidade, ou de que a ninguém é lícito locupletar-se à custa alheia. Reduz-se praticamente a uma ação ordinária de cobrança, mas com supedâneos no prejuízo suportado pelo portador do título e no lucro ou vantagem acarretados ao sacado ou aceitante. Sobre a ação de indenização por locupletamento decorrente da prescrição, já a admitia José A. Saraiva: "A ação de locupletamento, prevista em nossa lei cambial, visa especialmente às hipóteses em que o portador, por negligência deixa perimir ou prescrever o seu direito. Não pode a ação ser exercida... nos casos em que ao título falte requisito essencial da letra de câmbio".[57]

Destaca Roberto Barcellos de Magalhães os requisitos indispensáveis para a ação: "a) a posse da cambial pelo autor; b) a legitimação deste pela forma indicada no art. 39, ou pelo pagamento em via de regresso; c) a validade da obrigação do réu; d) a existência real de um prejuízo para o autor; e) a existência real de um lucro indébito para o réu".[58]

Unicamente aquele que obteve vantagem com a falta de pagamento, e que teve alguma relação com o portador, é sujeito passivo da demanda. Nesta ordem, apontam-se o sacador, o endossante, o aceitante ou sacado, excluindo-se os avalistas. Se o portador recebeu o título da pessoa que aparecia como tomador, que se tornou endossante, é contra esta que se endereçará a lide. Caso tenha a posse por tradição do sacador, então junto a ele se buscará o ressarcimento. Já que, com o não pagamento, o sacado ou aceitante também teve vantagem, justifica-se a sua inclusão no polo passivo, ou que se dirija unicamente contra ele a lide. Em suma, deve-se perquirir quem obteve vantagem com a não satisfação do crédito, acionando-se isoladamente, ou, existindo mais pessoas favorecidas pela vantagem, solidariamente.

Os avalistas, sendo sua obrigação autônoma, e não passando de meros garantes, não auferem qualquer vantagem. Não se submetem eles à obrigação de ressarcir.

d) *Ação cambial*

A ação típica para o recebimento do crédito é a cambial, ou a ação de execução, previsto seu exercício no art. 49 do Decreto nº 2.044/1908, que prevalece em face da omissão da Lei Uniforme sobre a Letra de Câmbio e a Nota Promissória em tratar do assunto: "A ação cambial é a executiva. Por ela tem também o credor o direito de reclamar a importância que receberia pelo ressaque (art. 38)".

---

[57] *A Cambial*, vol. III, p. 71.

[58] *Tratado de Direito Cambiário*, 2º vol., p. 130.

De notar que o art. 48 da Lei Uniforme assenta o direito do portador em reclamar contra quem exerce o seu direito de ação. Não aponta, entrementes, a cobrança via execução.

Instrui-se a ação com o título no original, fazendo-se desnecessário referir a causa da dívida.

O Código de Processo Civil/2015, art. 784, inc. I, inclui no processo de execução a exigibilidade de crédito lastreado na letra de câmbio, na promissória, no cheque, na duplicata, na debênture, não se impedindo o amparo em outros títulos.

Contra qualquer dos coobrigados é acionável a exigibilidade via processo de execução, como deriva do art. 47 da Lei Uniforme, regulando a mesma matéria que está no art. 50 do Decreto nº 2.044/1908. Eis a redação do art. 47: "Os sacadores, aceitantes, endossantes ou avalistas de uma letra são todos solidariamente responsáveis para com o portador.

O portador tem o direito de acionar todas estas pessoas individualmente, sem estar adstrito a observar a ordem por que elas se obrigaram".

Em suma, cabe a execução do valor do título contra o sacado ou aceitante, ou contra os coobrigados, indistintamente, não havendo ordem sucessiva ou preferencial. O credor elege o obrigado contra o qual promoverá a ação.

Ingressa a ação no juízo do lugar previsto para o pagamento, que é o do domicílio do devedor.

Abrange a execução os juros e as despesas de protesto e outras, como deflui do art. 48 da Lei Uniforme: "O portador pode reclamar daquele contra quem exerce o seu direito de ação:

1º) o pagamento da letra não aceita, não paga, com juros se assim foi estipulado;
2º) os juros à taxa de 6% (seis por cento) desde a data do vencimento;
3º) as despesas de protesto, as dos avisos dados e outras despesas".

No pertinente à taxa de 6%, existe a reserva do art. 13 do Anexo II da Lei Uniforme, cominando aos Países signatários determinar a taxa de juros. De sorte que prevalece as taxas que as leis internas estabelecem.

e) *A ação monitória*

Várias outras ações são exercitáveis em torno dos títulos de crédito, como a monitória, a reivindicatória de título nominativo, a ação de substituição de título, as ações de tutela provisória de sustação e apreensão de títulos, a ação de consignação em pagamento do valor que se entende devido, a ação contra aquele que se recusou a dar o aceite, a ação de restituição, a ação de regresso.

A mais importante e comum é a ação monitória, apropriada para as hipóteses de prescrição da ação de execução e de carência dos requisitos de título executivo. Com efeito, o art. 700 do Código de Processo Civil/2015 bem descreve as situações que a permitem.

Eis o texto do dispositivo: "A ação monitória pode ser proposta por aquele que afirmar, com base em prova escrita sem eficácia de título executivo, ter direito de exigir do devedor capaz:

I – o pagamento de quantia em dinheiro;
II – a entrega de coisa fungível ou infungível ou de bem móvel ou imóvel;
III – o adimplemento de obrigação de fazer ou de não fazer".

Ao receber a inicial, o juiz verificará se preenche os requisitos legais e se vem acompanhada dos documentos necessários. O art. 701 do CPC/2015, para expedição de mandado, determina a existência de direito evidente em favor do autor: "Sendo evidente o direito do autor, o juiz deferirá a expedição de mandado de pagamento, de entrega de coisa ou para execução de obrigação de fazer ou de não fazer, concedendo ao réu prazo de 15 (quinze) dias para o cumprimento e o pagamento de honorários advocatícios de cinco por cento do valor atribuído à causa".

Fica assegurado o prazo de quinze dias para o demandado se defender, oferecendo embargos, os quais suspenderão a eficácia do mandado inicial. Na falta de oferecimento deste remédio, o documento apresentado é constituído de pleno direito como título executivo judicial, e convertendo-se o mandado inicial em mandado executivo, com o prosseguimento da execução, isto é, com a realização das medidas visando o cumprimento da obrigação. Por outras palavras, segue o feito os demais atos comuns ao cumprimento de sentença, em obediência aos regramentos dos arts. 523 a 526, § 3º, do Código de Processo Civil/2015.

Oferecidos os embargos, sem a medida da prévia penhora, após a resposta e a devida instrução, virá a sentença. Se julgados improcedentes os embargos, considerados como mera defesa, continua o processo sob a forma de execução, com a expedição de mandado de citação, podendo, ainda, haver impugnação e a posterior penhora, sem efeito suspensivo, na forma do art. 702 e de seus parágrafos do citado diploma.

f) *Defesa na ação cambial*

De modo geral, não é toda matéria que pode ser alegada na defesa da execução de título cambiário, o que se faz por meio de embargos do devedor ou à execução, na qual se procura desconstituir o direito do exequente.

Na defesa, cumpre-se observar os princípios do art. 17 da Lei Uniforme, cujo transcrição se impõe: "As pessoas acionadas em virtude de uma letra não podem opor ao portador as exceções fundadas sobre as relações pessoais delas com o sacador ou com os portadores anteriores, a menos que o portador ao adquirir a letra tenha procedido conscientemente em detrimento do devedor".

Justamente em vista das características próprias reconhecidas em favor dos títulos de crédito, como a autonomia, independência, abstração, são estabelecidas as restrições acima. Nem para a ação monitória se faz necessário procurar a origem causal do título, segundo linha predominante delineada pelo STJ:

"Ação monitória. Letra de câmbio prescrita. Causa da dívida.

Desnecessidade de constar da inicial.

Segundo o entendimento predominante neste Tribunal, o autor da ação monitória não está obrigado a declinar na petição inicial a origem da dívida expressa no título prescrito.

Ressalva do relator, para quem é indispensável a indicação da causa da dívida, uma vez que a ação não está fundada no título, mas sim na relação jurídica subjacente, cuja omissão impede a defesa do réu.

Recurso conhecido e provido".[59]

Embora a posição do Relator, destacam-se decisões contrárias, que formam o entendimento dominante: REsp 419.477/RS; REsp 274.257/DF; REsp 262.657/MG; REsp 337.639/MG; REsp 303.095/DF.

Desta sorte, responde a pessoa acionada porque assinou o título e aceitou sua posição de devedor ou responsável. Não interessam ao portador as vicissitudes havidas nas relações entre o devedor ou sacado e o emitente, ou os coobrigados.

---

[59] REsp nº 445.668/SP, da 4ª Turma, rel. Min. Ruy Rosado de Aguiar, j. em 15.10.2002, *DJ* de 02.12.2002.

Realmente, o portador ou beneficiário é estranho ao que aconteceu entre o emitente e aqueles com quem ele tratou. Não tendo participado das entabulações ou do ato da emissão, seria injusto debitar à sua pessoa as consequências negativas do ato.

Tem pertinência também o art. 51 do Decreto nº 2.044/1908: "Na ação cambial, somente é admissível defesa fundada no direito pessoal do réu contra o autor, em defeito de forma do título e na falta de requisito necessário ao exercício da ação".

Assim, deve ater-se a defesa ao direito pessoal do réu contra o autor, ao defeito de forma, e à falta de requisitos necessários ao exercício da ação. A restrição já era defendida por José A. Saraiva: "Tem ainda o devedor outras exceções resultantes de fatos ou omissões, que impeçam o exercício da ação cambial – por exemplo a prescrição, a falta ou irregularidade do protesto, a falta da apresentação ao aceite da letra de câmbio a tempo certo da vista dentro do prazo legal ou convencional, a falta de apresentação do título ao sacado ou ao aceitante, para o pagamento no dia do vencimento e no lugar designado etc."[60]

Quanto ao direito pessoal do devedor (embargante) contra o portador (embargado), para se viabilizar alguma alegação é necessário haver o vínculo de ambos na cambial, como quando o endossatário cobra do endossante; ou quando o beneficiário aciona o emitente, o que é comum na execução de uma nota promissória. As matérias próprias de defesa devem envolver ausência de causa na emissão, falsidade de assinatura, origem ilícita, vícios ou defeitos nos atos de omissão, e, assim, má-fé, erro, dolo, coação, fraude, exceção de inadimplemento. Ou seja, todas as matérias relativas à validade do ato jurídico prestam-se para a defesa.

No pertinente a defeito de forma, envolverá a defesa os vícios do título, ou a falta de requisitos estabelecidos na lei, como a assinatura, a data de apresentação, a incapacidade do emitente, a falsidade dos elementos inseridos, a ausência de mandato quando a emissão se deu por meio de procurador, a rasura de elementos constitutivos, a incapacidade. Não importa que haja alguma contiguidade ou até confusão com aspectos que ser refiram a direito pessoal, e que dizem com a emissão.

O título apresentado deverá ser o original e não uma cópia, a menos que expressamente se refira a circunstância, declarando o responsável pela emissão que substitui o original, e obedecendo as demais exigências disseminadas nos artigos 67 e 68 da Lei Uniforme.

Naturalmente, a quantia cobrada virá discriminada por extenso e sem mutilação na escrita de modo tal a dificultar a inteligibilidade.

Cumpre que tenha ocorrido o vencimento, tornando-se, pois, exigível o crédito.

Já em relação aos requisitos para o exercício da ação, averiguam-se matérias pertinentes à legitimidade ativa e passiva; à executoriedade ou não do título, isto é, se preenche ou não os requisitos próprios de título de crédito; à efetivação do protesto de acordo com as regras gerais; à prescrição ou decadência; à capacidade processual; à existência de coisa julgada e litispendência.

Na verdade, embora sempre respeitando a individualidade própria do título, toda e qualquer matéria permitida alegar nos embargos, pelo Código de Processo Civil, é suscetível de se apresentar, dando ênfase ao princípio do amplo direito de defesa.

10. PRESCRIÇÃO DA AÇÃO

O prazo de prescrição para promover a ação cambial é de três anos. O Decreto nº 2.044/1908 estabelecia cinco anos.

---

[60] *A Cambial*, ob. cit., p. 115.

Eis a redação do art. 70 da Lei Uniforme, em sua 1ª alínea: "Todas as ações contra o aceitante relativas a letras prescrevem em três anos, a contar do seu vencimento".

Por conseguinte, estende-se por três anos o lapso de tempo reservado para o ingresso da ação executória, iniciando sempre a contar do vencimento do título.

É como reconhece o STJ: "A jurisprudência desta Corte orienta que 'o art. 70 da Lei Uniforme de Genebra, aprovada pelo Decreto 57.663/1966, fixa em três anos a prescrição do título cambial. A prescrição da ação cambiariforme, no entanto, não fulmina o próprio crédito, que poderá ser perseguido por outros meios' (REsp 1.169.666/RS, Rel. Min. Hermam Benjamin, *DJe* 4.3.2010)".[61]

Este prazo limita-se às ações asseguradas ao portador contra o aceitante ou sacado, por previsão expressa, e, por equiparação, estende-se à execução contra o avalista.

Já se a ação for do portador contra o endossante ou o sacador, reduz-se para um ano o prazo, com início na data da efetivação do protesto feito em tempo útil ou da data do vencimento, conforme decorre da 2ª alínea do citado art. 70: "As ações do portador contra os endossantes e contra o sacador prescrevem em um ano, a contar da data do protesto feito em tempo útil, ou da data do vencimento, se se trata da letra que contenha cláusulas 'sem despesas'".

Esta cláusula equivale à dispensa do protesto.

O prazo de um ano, pois, restringe-se à ação do portador contra os endossantes e o sacador.

Já se a ação partir dos endossantes uns contra os outros, e contra o sacador, reduz-se para seis meses o período prescricional, a iniciar do dia do pagamento, ou do dia em que ele foi acionado, o que está na terceira alínea do art. 70: "As ações dos endossantes uns contra os outros e contra o sacador prescrevem em seis meses a contar do dia em que o endossante pagou a letra ou em que ele próprio foi acionado".

Cuida o art. 71 da Lei Uniforme da interrupção da prescrição: "A interrupção da prescrição só produz efeito em relação à pessoa para quem a interrupção foi feita".

A interrupção provoca o reinício do prazo prescricional, uma vez verificada. A suspensão apenas abre um lapso de tempo na prescrição que corre, reiniciando quando desaparecer a causa que a provocou.

As hipóteses de interrupção e suspensão estão no direito comum, aplicando-se ao direito cambiário.

Acrescenta-se que o protesto do título não tem o efeito de interromper a prescrição. Tem-se acentuado que somente o protesto judicial provoca a interrupção, tanto que adveio a Súmula nº 153 do STF, de 1961, nos seguintes termos: "Simples protesto cambiário não interrompe a prescrição".

---

[61] AgRg no AREsp. nº 81.780/PB, da 3ª Turma, rel. Min. Sidnei Beneti, j. em 21.08.2012, *DJe* de 19.09.2012.

Capítulo IX
Nota Promissória

1. CARACTERIZAÇÃO

Conceitua-se a nota promissória como um compromisso de pagar a outrem certa importância em dinheiro. Ou simplesmente, é uma promessa escrita de pagar, que uma pessoa faz em favor de outra.

Bem apropriada é a lição do clássico Magarinos Torres: "A nota promissória é uma promessa de pagamento (Decreto Legislativo nº 2.044/1908, art. 54), isto é – compromisso escrito e solene, pelo qual alguém se obriga a pagar a outrem certa soma de dinheiro".[1]

Há, de um lado, o sacador, ou emitente, ou subscritor, que é quem promete pagar; e, do outro, um favorecido, ou beneficiário, ou sacado. Quanto ao emitente, a posição equivale a do aceitante, expondo José A. Saraiva: "O emitente da nota em lugar de delegar a outrem, promete, ele próprio, efetuar o pagamento ao tempo do vencimento. A garantia prestada pelo emitente da nota promissória é, exatamente, idêntica ao do aceitante da letra de câmbio".[2]

A diferença básica em relação à letra de câmbio é que essa se define como uma ordem de pagamento, figurando três pessoas, que são o sacador, o sacado/aceitante e o tomador ou beneficiário.

A nota promissória é mais prática e vantajosa do que a letra de câmbio pelo fato de, ao ser emitida, já ficar formalmente pronta, saindo com o aceite, que corresponde à assinatura do sacador. Não necessita de um momento seguinte, como acontece com a letra de câmbio, que deve ser aceita para obrigar e se tornar título de crédito. Uma vez aceita, no entanto, equipara-se à nota promissória.

Historicamente, os passos de sua formação e evolução acompanharam a letra de câmbio. Ambas constituíam títulos cambiários porque a finalidade inicial era representar uma operação de câmbio. De início, não passavam de documentos de depósito de importâncias junto a banqueiros. No documento que originou a nota promissória se inseria a promessa de devolução de quantia, quando reclamada. Por isso, tinha o nome de *cautio*, equivalendo a uma garantia de que se devolveria a quantia em momento oportuno. Mais tarde, se desvinculou o caráter de depósito, vindo a constituir-se de um documento no qual se fazia constar a promessa de pagamento em data designada, sempre no futuro, e preponderantemente em relação ao comércio. Pelo século XVIII, variaram as finalidades, servindo o título para representar dívidas de toda ordem, para documentar mútuos realizados e, nas últimas décadas,

---

[1]   *Nota Promissória*, 7ª ed., Rio de Janeiro, Editora Forense, 1969, vol. I, p. 3.
[2]   *A Cambial*, vol. III, p. 175.

destinou-se, também, para expressar o valor devido e constante em um contrato, de modo a vincular-se ao mesmo, e tendo a finalidade de facilitar o protesto.

No Brasil, a primeira referência de regulamentação encontra-se no art. 426 do Código Comercial de 1850, em que se ordenou que "as notas promissórias e os escritos particulares ou créditos com promessa ou obrigação de pagar quantia certa e com prazo fixo à pessoa determinada ou ao portador, à ordem ou sem ela, sendo assinados por comerciante, serão reputados como letras da terra, sem que, contudo, o portador seja obrigado a protestar quando não sejam pagos no vencimento; salvo se nelas houver algum endosso".

As "letras da terra" eram letras de câmbio passadas e aceitas na mesma província.

O Decreto nº 2.044/1908 dedicou os arts. 54 e 55 à nota promissória, enquanto a Lei Uniforme de Genebra tratou da matéria nos arts. 75 a 78. Todavia, ambos os diplomas contêm dispositivos prevendo a aplicação das regras da letra de câmbio à nota promissória.

Por conseguinte, todas as colocações desenvolvidas acerca da letra de câmbio se aplicam à nota promissória, exceto o que está ressalvado especificamente.

2. ELEMENTOS CONSTITUTIVOS

A previsão dos elementos está no art. 75 da Lei Uniforme, que se aplica à espécie, conforme já abordado:

1. A "denominação 'nota promissória' inserta no próprio texto do título e expressa na língua empregada para a redação desse título". O art. 19 do Anexo II da Lei Uniforme reservou às partes contratantes dar o nome ao título, tendo o Brasil adotado a denominação "nota promissória".

2. A "promessa pura e simples de pagar uma quantia determinada". A promessa de pagamento é a natureza, ou a característica essencial do título, que o destaca dos demais. Trata-se de uma promessa pura e simples, sem condições, ou referência a negócio subjacente, da qual exsurgem os princípios da autonomia, da abstração, da independência. Decorre, daí, que não se presta o título para servir de garantia a outro negócio, como a um empréstimo ou mútuo bancário, o que tantas vezes equivocadamente ocorre. Dando ao título uma causa negocial distinta, ou ligando-o a uma avença diferente, retiram-se as características que dão autonomia à nota promissória.

Conterá essa promessa o valor exato e certo que será pago, admitindo-se a colocação dos acréscimos de juros, com a indicação da taxa e o índice da correção monetária, mencionando o critério. Nesta parte, apõe-se o momento da cobrança quando do vencimento ou do efetivo pagamento.

Conhecido é o seguinte aresto do STJ, permitindo a introdução de critérios de correção monetária: "A nota promissória não perde sua característica de liquidez por conter indicações sobre os critérios para o cálculo do valor atualizado do débito. Complexidade que não pode ser alegada pelos devedores..., e porque pagaram diversas prestações sem maior dificuldade para a apuração do débito".[3]

Se utilizar-se a moeda estrangeira, em transações internas ou efetuadas no Brasil, incidem as vedações do Decreto nº 857, de 1969, e da Lei nº 8.880, de 1994, pelas quais a utilização da moeda estrangeira e o índice de atualização com base na mesma moeda são autorizados se envolvem transações com uma das partes estabelecidas no exterior, de onde

---

[3] REsp. nº 182.501/SP, da 4ª Turma, rel. Min. Ruy Rosado de Aguiar, j. em 05.11.1998, *DJ* de 08.02.1999, *Revista dos Tribunais*, 764/198.

provêm os recursos ou o produto; ou caso sejam feitas transações com recursos originados de outro país; ou se contraiam financiamentos com dinheiro captado no exterior, dando-se o repasse a operações internas; ou se ocorre a aquisição de bens na modalidade de *leasing*, em contratos que envolvam dinheiro conseguido fora do Brasil e empregado na aquisição de bens inclusive nacionais.

Contrariamente ao que pensam alguns autores, se colocada a moeda estrangeira no título, a conversão, fora as hipóteses acima, em dinheiro nacional, dá-se na data da emissão, e não do pagamento. O Superior Tribunal de Justiça, todavia, entendeu o contrário: "A conversão da moeda estrangeira pode ser feita ao câmbio do dia do pagamento da nota promissória".[4] Ocorre, porém, que a reserva contida no art. 7º do Anexo II da Lei Uniforme, quanto ao art. 41 do Anexo I da mesma Lei, atribui à legislação do país da emissão definir os critérios de pagamento. O direito brasileiro inclinou-se pela conversão na data da emissão, o que está correto, sob pena de se tornarem letra morta o Decreto nº 857/1969 e a Lei nº 8.880/1994.

3. A "época do pagamento". Este dado, por disposição do art. 76, alínea 2ª, da Lei Uniforme, não é essencial. A ausência importa no pagamento à vista.

Por disposição do art. 77, que manda aplicar o art. 33 às notas promissórias, o vencimento ocorrerá, além da data fixada e à vista, a certo tempo de uma data e a certo tempo de vista. O art. 78 também traz norma sobre a contagem da data de vista. Entretanto, na prática não revela utilidade o pagamento a certo tempo de vista. Emitida a nota promissória, é ela entregue ao credor, em cujo texto consta a data do pagamento. Desde o momento da posse pelo beneficiário, quando ele tem conhecimento ou vista, inicia o prazo, o qual coincide com a data da emissão. Mas, para ser a certo tempo de vista, deve-se assinalar a data de vista, com um visto do devedor.

A partir do saque, tem-se o prazo de um ano para apresentar o título (art. 23 da Lei Uniforme).

4. A "indicação do lugar em que se efetuar o pagamento". Também não se tem como imprescindível a exigência, posto que a 3ª alínea do art. 76 da Lei Uniforme assevera: "Na falta de indicação especial, o lugar onde o título foi passado considera-se como sendo o lugar do pagamento e, ao mesmo tempo, o lugar do domicílio do subscritor da nota promissória".

Assim, o local da emissão ou aquele do domicílio do emitente é onde se cumprirá a obrigação.

5. O "nome da pessoa a quem ou à ordem de quem deve ser paga". É obrigatória a designação do beneficiário, ou do credor. Não existe nota promissória ao portador. Nada impede, todavia, o endosso, e mesmo em branco, tornando a nota promissória circulável.

6. A "indicação da data em que e do lugar onde a nota promissória é passada". Quanto à data, não pode ser dispensada, por várias razões: para aferir se ocorreu ou não o vencimento, quando este se estabelecer a certo tempo da emissão; a fim de constatar se o emitente era ou não maior na época; quando passada por mandato, para saber se já outorgado na data da assinatura; para o início da contagem dos juros e da correção monetária; para aferir se a emissão ocorreu ou não durante o termo legal da falência; para fixar o início da prescrição, no vencimento à vista. O Superior Tribunal de Justiça já decidiu sobre a indispensabilidade do requisito:

> "Nota promissória. Data da emissão. Requisito essencial. Dentre os requisitos essenciais da nota promissória, tal qual a letra de câmbio, compreende-se o da emissão... Faltando esse requisito, o título não produz efeito como nota promissória".[5]

---

[4]   Recurso Especial nº 195.078/BA. 4ª Turma. Julgado em 20.05.1999, *DJ* de 1º.07.1999.

[5]   Recurso Especial nº 89.898/BA. 3ª Turma. Julgado em 10.12.1996, *DJ* de 16.02.1998.

Em outra decisão:

> "A jurisprudência pacífica do Superior Tribunal de Justiça, há muito, perfilha o posicionamento de que a data da emissão na nota promissória constitui requisito formal essencial à validade da cártula, indispensável para subsidiar a ação executiva. Precedentes.
>
> Para esse efeito, a ausência de indicação da data de emissão ou o seu preenchimento defeituoso é incompatível com as qualidades do crédito representado no título de crédito e têm o condão de inquinar a validade da nota promissória, na medida em que se trata de requisito formal essencial a sua validade.
>
> Na hipótese dos autos, mais do que a inequívoca incompatibilidade interna dos requisitos essenciais lançados no título (data de vencimento anterior à data de emissão do título), a revelar, por si, a inobservância de requisito formal essencial da nota promissória, comprometedor de sua exigibilidade, é certo, ainda, que o Tribunal de origem manteve a sentença que extinguiu a ação executiva, a qual, aliada à referida incoerência interna, reconheceu, ainda, a existência de dúvida razoável de juridicidade em sua base causal, especificamente quanto à possível prática de agiotagem".[6]

Já em relação ao lugar da emissão, a falta de referência, por ordem do art. 76, última alínea, da Lei Uniforme, considera-se "como tendo-o sido no lugar designado ao lado do nome do subscritor".

E se também faltar a designação de local ao lado do nome, qual a solução? Para certo entendimento, ficaria nula a cártula. Todavia, se um dispositivo da lei expressamente não tem o requisito como necessário, a alternativa que oferece para suprir a falta visa facilitar a exigibilidade do crédito, quando do pagamento.

No silêncio sobre o lugar, paga-se naquele da emissão. E se não especificado, busca-se no domicílio do devedor.

7. A "assinatura de quem passa a nota promissória (subscritor)". Expressa o ato o reconhecimento da dívida e das cláusulas que estão no título, como a data do pagamento, o valor da obrigação, a taxa de juros, o índice de correção monetária e até a multa prevista.

Quem assina obviamente será o devedor, que é o emitente ou sacador.

Sobre o assunto, ilustra Magarinos Torres: "Por assinatura entende-se o nome, escrito pela própria pessoa, conforme costuma escrevê-lo, ainda que ilegível e abreviadamente. Mas a assinatura diferente da habitual, tenha ou não havido má-fé do signatário, produz todos os efeitos legais, dada a autoria. Assim, não prejudica a validade da obrigação a assinatura imperfeita, bastando que tenha sido lançada por quem era livre de obrigar-se...".[7]

Embora a ausência da explicitação da Lei Uniforme sobre o lugar da cambial em que se lança a assinatura, é costume secular que será no final da face, ou anverso, em seguida ao local da emissão e da data.

Supre-se a assinatura por uma declaração autêntica em aparte, ou na cambial, em que se reconhece a obrigação, que se prenderá ou anexará ao título, passando a integrá-lo. Assim permite a reserva do art. 2º do Anexo II da Lei Uniforme ao art. 1º, nº 8º, do Anexo I.

---

[6] AgInt no REsp nº 1727576/MG, da 3ª Turma, rel. Min. Marco Aurélio Bellizze, j. em 23.04.2019, *DJe* de 29.04.2019.

[7] *Nota Promissória*, vol. I, p. 77.

Conclui-se, pois, que elementos obrigatórios ou necessários para a validade do título são os seguintes: o nome (nota promissória), a promessa de pagamento, o nome do beneficiário, a data da emissão e a assinatura ou declaração admitindo a obrigação.

A falta de elementos que não sejam essenciais pode ser suprida, na lição de Magarinos Torres: "Assim, a nota promissória pode ser emitida incompletamente ou mesmo em branco, assinando-a somente o devedor ou alguém por ele devidamente autorizado. E o possuidor da nota promissória incompleta ou em branco não perde o direito de completá-la se morre ou cai em falência o obrigado; e se ele transfere a outrem o seu crédito, com este vai o direito de preencher o título".[8]

3. NORMAS DA LETRA DE CÂMBIO APLICÁVEIS À NOTA PROMISSÓRIA

Os arts. 77 e 78 da Lei Uniforme elencam as matérias contidas do art. 1º ao art. 74, que se estendem à nota promissória.

Eis as regras relacionadas no art. 77: "São aplicáveis às Notas Promissórias na parte em que não sejam contrárias à natureza desse título, as disposições relativas às letras e concernentes:

– endosso (arts. 11 a 20);
– vencimento (arts. 33 a 37);
– pagamento (arts. 38 a 42);
– direito de ação por falta de pagamento (arts. 43 a 50 e 52 a 54);
– pagamento por intervenção (arts. 55 e 59 a 63);
– cópias (arts. 67 e 68);
– alterações (art. 69);
– prescrição (arts. 70 e 71);
– dias feriados, contagem de prazos e interdição de dias de perdão (arts. 72 a 74)".

Já em outra alínea, prossegue o mesmo artigo: "São igualmente aplicáveis às notas promissórias as disposições relativas às letras pagáveis no domicílio de terceiro ou numa localidade diversa da do domicílio do sacado (arts. 4º e 27), a estipulação de juros (art. 5º), as divergências das indicações da quantia a pagar (art. 6º), as consequências da aposição de uma assinatura nas condições indicadas no art. 7º, as da assinatura de uma pessoa que age sem poderes ou excedendo os seus poderes (art. 8º) e a letra em branco (art. 10).

São também aplicáveis à nota promissória as disposições relativas ao aval (arts. 30 a 32); no caso previsto na última alínea do art. 31, se o aval não indicar a pessoa por quem é dado, entender-se-á ser pelo subscritor da nota promissória".

No art. 78, encontram-se mais aplicações: "O subscritor de uma nota promissória é responsável da mesma forma que o aceitante de uma letra.

As notas promissórias pagáveis há certo tempo devem ser apresentadas ao visto dos subscritores nos prazos fixados no art. 23. O termo de vista conta-se da data do visto dado pelo subscritor. A recusa do subscritor a dar o seu visto é comprovada por um protesto (art. 25), cuja data serve de início do termo de vista".

As disposições específicas sobre a letra de câmbio não se aplicam, e, nesta ordem, as que tratam dos requisitos da letra de câmbio, do aceite e da duplicata da letra.

---

[8] *Nota Promissória*, vol. I, pp. 48-49.

Sintetizando, a maioria das matérias tem aplicação à nota promissória, inclusive, embora a omissão, aquelas relativas à ação cambial, à anulação do título e ao enriquecimento indevido.

4. NOTA PROMISSÓRIA VINCULADA A CONTRATO

Não é rara a vinculação da nota promissória a contratos de toda ordem, como a promessa de compra e venda, quando se emitem notas promissórias representativas das prestações; nos contratos bancários, vindo a dívida lançada em uma nota promissória, ou sendo as prestações assumidas pelo devedor, também representadas por notas promissórias; nos contratos de empréstimo, de abertura de crédito, de financiamento garantido por alienação fiduciária, de arrendamento mercantil, nos quais a instituição financeira, além do contrato em que se discriminam as obrigações, procura amparar-se em mais uma garantia, emitindo, para isso, notas promissórias; ou quer munir-se de um instrumento com características que tornam certo, indiscutível e exigível o valor que encerram tais contratos, dados os princípios da abstração, da autonomia e da formalidade que lhe são próprios; ou arma-se o credor com um documento que permite o protesto e, desta forma, tem à mão um instrumento a mais de pressão.

No entanto, a nota promissória é título autônomo e abstrato, qualidades essas que são princípios basilares do direito sobre crédito cambiário. Procura-se, nas notas promissórias vinculadas a contratos, confundir a relação causal e a cartular. Atinge-se gravemente o art. 17 da Lei Uniforme, que veda a oposição, pelo acionado, das exceções fundadas sobre relações pessoais dele com o sacador ou com os portadores anteriores. Havendo uma origem contratual, pois fundado o título cambial num contrato, resta incontroverso o direito de ingressar na discussão da causa da emissão e, assim, debater a legalidade ou não das condições do contrato. Uma vez garantido este direito, fica abortada a emissão da nota promissória, pois atingida nos elementos intrínsecos e vitais que lhe dão origem. Com a manobra de socorrer-se de vias transversas para evitar a oposição, o devedor ficaria inibido de se defender, já que a letra e a nota promissória, de regra, são imunes a ataques quando o terceiro de boa-fé procura o recebimento, naufragando, assim, o direito à ampla defesa.

Considerada a origem no contrato, não se podendo, portanto, arredar tal direito de ampla defesa, e nem proibir que se aventem as exceções pessoais, fica o endossatário ciente de que o devedor, quando acionado, está autorizado a arguir as defesas ou exceções fundadas no negócio original. Sujeita-se ele às exceções estribadas na relação causal. Daí a perda, pela nota promissória, da autonomia e abstração que, por lei, lhe são próprias. Nesta linha, em reiterados julgamentos, decidiu o Superior Tribunal de Justiça.[9] Cita-se a seguinte ementa: "Emissão de título de crédito. Nota promissória vinculada a contrato de abertura de crédito. Ausência de exigibilidade. Título cambial emitido como garantia de dívida bancária. Ausência de circulação. Perda da natureza cambiária. Ausente a circulação do título de crédito, a nota promissória que não é sacada como promessa de pagamento, mas como garantia de contrato de abertura de crédito, a que foi vinculada, tem a sua natureza cambial desnaturada, subtraída a sua autonomia.

A iliquidez do contrato de abertura de crédito é transmitida à nota promissória vinculada, contaminando-a, pois o objeto contratual é a disposição de certo numerário, dentro de um limite prefixado, sendo que essa indeterminação do *quantum* devido comunica-se com a nota promissória, por terem nascido da mesma obrigação jurídica".[10]

---

[9]   *Revista do Superior Tribunal de Justiça*, 99/285 e *Revista dos Tribunais*, 701/171.

[10]   STJ. Agravo Regimental no Recurso Especial nº 275.058/RS. 3ª Turma. Julgado em 17.05.2001, *DJ* de 11.06.2001. Ainda, STJ. Recurso Especial nº 303.236/SP. 4ª Turma. Julgado em 05.04.2001, *DJ* de 25.06.2001.

A respeito, há a Súmula nº 258 do STJ: "A nota promissória vinculada a contrato de abertura de crédito não goza de autonomia em razão da iliquidez do título que a originou".

Perde, pois, a nota promissória a força que deriva de sua natureza originária. Nem sequer é título cambiário. A cifra que contém deve corresponder a do contrato, do qual não se desvincula. Não passa de um documento inútil. No máximo, sua utilidade restringe-se a servir de referencial às prestações que serão pagas no curso do tempo.

Tanto prepondera a inteligência acima que a prescrição da nota promissória não atinge a prescrição do contrato, na linha do Superior Tribunal de Justiça: "A prescrição das notas promissórias vinculadas a contrato de financiamento não retira, por si só, a eficácia deste como título executivo extrajudicial".[11]

A emissão para servir de um instrumento de garantia, como usualmente fazem as instituições financeiras, máxime nos contratos de abertura de crédito, vai contra os princípios cambiários que dão estrutura ao título. Isto sobretudo quando o preenchimento do título se dá posteriormente, no momento em que surge a inadimplência, adicionando-se encargos e correção monetária, em total afronta ao art. 75, nº 2, da Lei Uniforme.

Inteligência esta também se externou no Agravo Regimental no REsp. nº 329.581/SP, da Terceira Turma, julgado em 06.09.2001, *DJU* de 12.11.2001: "Nota promissória que não é sacada como promessa de pagamento, mas como garantia de contrato de abertura de crédito, a que foi vinculada, tem sua natureza cambial desnaturada, subtraída a sua autonomia.

Afigura-se possível ao avalista de nota promissória que não circulou invocar, excepcionalmente, como matéria de defesa e embargos à execução, a ausência de liquidez da obrigação originária".

Igualmente não aceitável pela jurisprudência do STJ a emissão de nota promissória, pelo credor, com base em cláusula contratual, dada a abusividade, conforme retrata o AgRg. no REsp. nº 808.603/RS, da 4ª Turma, julgado em 04.05.2006, *DJU* de 29.05.2006: "É nula a cláusula contratual em que o devedor autoriza o credor a sacar, para cobrança, título de crédito representativo de qualquer quantia em atraso. Isto porque tal cláusula não se coaduna com o contrato de mandato, que pressupõe a inexistência de conflitos entre mandante e mandatário. Precedentes (REsp. nº 504.036/RS e AgRg Ag nº 562.705/RS).

Ademais, a orientação desta Corte é no sentido de que a cláusula contratual que permite a emissão da nota promissória em favor do banco/embargado caracteriza-se como abusiva, porque violadora do princípio da boa-fé, consagrado no art. 51, inciso IV, do Código de Defesa do Consumidor. Precedente (REsp. nº 511.450/RS)".

Não se mostra razoável uma jurisprudência que se formou nos Tribunais estaduais e está se fortalecendo no Superior Tribunal de Justiça, aceitando a nota promissória vinculada a contrato.[12] Ora, se também impera a *ratio* de que não prospera a nota promissória porque é necessária a prova da evolução da dívida por meio de extrato de conta-corrente,[13] necessariamente se está admitindo a vinculação ao negócio subjacente. E se a esse ponto se chega, retira-se o que é mais próprio e essencial no título cambiário (autonomia, abstração, cartularidade), com total violação às leis cambiárias (Decreto nº 2.044 e Lei Uniforme).

Todavia, se não emergir discórdia quanto ao conteúdo do contrato, não se pode atacar o título cambial no caso de utilizado para viabilizar a ação de execução. Mesmo que padeça o

---

[11] Recurso Especial nº 202.815/RJ. 4ª Turma. Julgado em 13.04.1999, *DJ* de 24.05.1999.

[12] Recurso Especial nº 119.719/RS. 3ª Turma. Julgado em 20.08.1998, *DJ* de 07.12.1998.

[13] STJ. Recurso Especial nº 103.336/RS. 4ª Turma. Julgado em 18.12.1997, *DJ* de 23.03.1998.

contrato de formalidades para aparelhar a execução, a nota promissória preencherá o requisito para esta ação. Assim, a nota promissória que se encontra formalmente perfeita, contendo os requisitos de liquidez, certeza e exigibilidade, não tem a sua autonomia abalada apenas por estar vinculada a contrato não subscrito por duas testemunhas. É o pensamento do STJ:

> "Processo civil. Execução por título extrajudicial. Contrato de empréstimo. Falta de assinatura de duas testemunhas. Juntada também da nota promissória emitida à época da contratação, consignando o valor total executado. Possibilidade. Título executivo válido.
>
> O contrato escrito, com assinatura de duas testemunhas, não é requisito de validade de um contrato, salvo hipóteses expressas previstas em lei. A assinatura de duas testemunhas no instrumento, por sua vez, presta-se apenas a atribuir-lhe a eficácia de título executivo, em nada modificando sua validade como ajuste de vontades.
>
> Se é válida a contratação, igualmente válida é a nota promissória emitida em garantia do ajuste. A ausência de duas testemunhas no contrato, portanto, não retira da cambial sua eficácia executiva.
>
> Recurso especial conhecido e improvido".[14]

A execução com amparo em nota promissória, portanto, somente poderia ser elidida se, de fato, a parte demonstrasse a existência de ilegalidade na dívida consolidada. As razões da Relatora, Min. Nancy Andrighi, são convincentes:

> "A jurisprudência do STJ está consolidada no sentido de admitir que a execução extrajudicial seja lastreada por mais de um título executivo (Súmula nº 27 do STJ). Comentando tal possibilidade, Cândido Rangel Dinamarco (*Instituições de Direito Processual Civil*, 3ª edição, Malheiros, 2009, vol. IV, p. 220) observa que 'a conjugação de títulos pode ser apta a lhe propiciar [ao credor], conforme o caso, maior segurança quanto aos destinos da execução, porque eventual questionamento da eficácia de um deles não atinge a do outro'. A título exemplificativo, Dinamarco observa que 'a eficácia do contrato como título executivo não fica prejudicada pela ineficácia da nota promissória, de modo que a prescrição do crédito cambiário deixa intacta a obrigação assumida no contrato' (ob. cit., p. cit., nota 7).
>
> No processo ora em julgamento, a situação é a inversa da citada pelo Professor Cândido Dinamarco. Aqui, em vez de se discutir a contaminação do contrato pela nota promissória, discute-se a influência daquele na executividade desta. Vale dizer, os recorrentes afirmam que a nota promissória não poderia dar lastro à ação de execução porquanto o Contrato de Financiamento de Capital de Giro que deu origem à dívida não foi subscrito por duas testemunhas.
>
> A primeira observação a fazer, para a solução da lide, é a de que, no plano da validade, não há qualquer elemento que macule a emissão da nota promissória. Com efeito, no direito contratual brasileiro vigora o princípio da liberdade quanto à forma, de modo que as convenções se concluem por simples acordo de vontades (art. 107 do CC/02). A exigência de instrumento escrito, como requisito de validade do contrato, tem caráter excepcional (*v.g.*, arts. 108 e 541 do CC/02) e a exigência de subscrição por duas testemunhas é ainda mais rara (*v.g.* art. 215, § 5º; art. 1.525, inc. III). Disso

---

[14] Recurso Especial nº 999.577/MG. 3ª Turma. Julgado em 04.03.2010, *DJe* de 06.04.2010.

decorre que contrato escrito, na maior parte das vezes, cumpre apenas o papel de prova da celebração do ajuste.

Assim, o contrato, ainda que não assinado por duas testemunhas, consubstancia um acordo *a priori* válido. A falta da assinatura das testemunhas somente lhe retira a eficácia de título executivo (art. 585, II, do CPC), não a eficácia de regular instrumento de prova quanto a um ajuste de vontades. Se é válido o contrato de financiamento, a nota promissória emitida como garantia desse contrato também é naturalmente válida, em especial se observarmos que nada há, no acórdão recorrido, que indique que seu preenchimento se deu posteriormente ao ajuste, em desconformidade com a vontade do devedor.

Resta analisar, portanto, se a ausência de executoriedade do contrato se estende à Cártula".

O acima citado art. 585, II, equivale ao art. 784, II, do CPC/2015.

Quanto à eficácia da nota promissória, prossegue a Ministra:

"São conhecidos os precedentes deste Tribunal no sentido de que a nota promissória emitida em garantia a contrato de abertura de crédito em conta-corrente não goza da autonomia necessária ao aparelhamento de uma ação de execução. Nesse sentido, inclusive, é a Súmula nº 258 do STJ. As peculiaridades desse tipo de contrato, contudo, diferenciam-nos sobremaneira da hipótese dos autos. Com efeito, um contrato de conta-corrente não contém, em princípio, a representação de uma dívida precisa. A partir dele se promovem movimentações financeiras que dão corpo ao débito – e há, inclusive, a possibilidade de sequer existir débito, em que pese a assinatura do contrato. Daí a reconhecida iliquidez desse ajuste e, por consequência, da nota promissória a ele vinculada. Por sua vez, o contrato de financiamento de capital de giro ora em discussão, a exemplo do que ocorreria com inúmeras outras modalidades de empréstimo e mesmo com uma confissão de dívida, foi celebrado por valor fixo, de modo que o consentimento do devedor pôde abranger todos os elementos da obrigação. A nota promissória vinculada a esse contrato, da mesma forma, foi emitida no valor consignado previamente no instrumento. Os motivos que justificariam a iliquidez da cártula, portanto, originando a referida Súmula nº 258 do STJ, não podem ser estendidos à presente hipótese.

Seguindo a linha ora defendida, há precedente desta 3ª Turma no qual considerou-se apta a aparelhar ação de execução uma nota promissória emitida em garantia a contrato de confissão de dívida, não obstante tal contrato não tenha sido assinado por duas testemunhas (Relator: Min. Humberto Gomes de Barros, *DJ* de 31.10.2007). Eis a ementa do referido julgado:

'(...) Inadmissível recurso especial quanto à questão que, a despeito da oposição de embargos declaratórios, não foi apreciada pelo Tribunal *a quo.*

Contrato de confissão de dívida sem assinatura das duas testemunhas não esvazia a força executiva da nota promissória a ele vinculada'.

A orientação adotada nesse precedente pode ser estendida à hipótese dos autos. Não há fundamentos para que se retire da nota promissória, neste processo, a eficácia de título executivo".

Outrossim, incabível promover concomitantemente duas ações, cada uma com base em título diferente emitido do mesmo contrato, afigurando-se, neste caso, válida a exegese do STJ: "Não pode o credor, de forma concomitante, ajuizar duas execuções distintas (uma contra a devedora principal, aparelhada com o instrumento do contrato, e outra com base em nota promissória dada em garantia, contra os avalistas), buscando haver um mesmo crédito.

Conduta que afronta o art. 620 do CPC, e o princípio que veda a utilização de duas vias processuais que visem a tutelas idênticas ou equivalentes em seus efeitos (*electa una via non datur regressus ad alteram*).

Admissível, em tais casos, a propositura de uma única execução contra avalizada e avalistas, instrumentalizada com ambos os títulos – instrumento contratual e promissória (Enunciado nº 27 da Súmula/STJ), o que se viabiliza mesmo quando não figurem os referidos avalistas como garantes solidários no contrato ou quando o valor exigido com base neste seja superior ao reclamado com base na cambial".[15] O citado art. 620 corresponde ao art. 805 do CPC/2015.

Em igual sentido, outra decisão:

> "(...) Inviável a cobrança de uma mesma dívida, uma com base no contrato de abertura de crédito e a outra na nota promissória que fora dada em garantia do primeiro. Na hipótese, cabível uma única execução por ambos os títulos (Súmula nº 27 do STJ). II. Precedentes".[16]

Do voto do relator, Ministro Aldir Passarinho Júnior, extrai-se:

> "Em respeito ao princípio da menor gravosidade do processo executivo (art. 620 do CPC) e da economia processual, não se permite a movimentação da máquina judiciária em duplicidade para a cobrança de um único crédito, com base no contrato e em cambial que o garante. Deve-se proceder a uma única execução fulcrada em ambos os títulos, como previsto no verbete nº 27 da Súmula do STJ. Nesse sentido:
>
> '(...) Em observância ao art. 620, CPC e ao princípio que veda a utilização simultânea de duas vias processuais que visem a tutelas idênticas ou equivalentes em seus efeitos (*electa una via non datur regressus ad alteram*), não pode o credor, de forma concomitante, ajuizar duas execuções distintas (uma contra a devedora principal, aparelhada com o instrumento de contrato, e outra, com base em promissória dada em garantia, contra os avalistas) buscando haver um mesmo crédito.
>
> II – Admissível, no entanto, em casos tais, a propositura de uma única execução contra emitente e avalistas, instrumentalizada com ambos os títulos – contrato e promissória – (Enunciado n° 27 da súmula do STJ), o que se viabiliza mesmo quando não figurem os referidos avalistas como garantes solidários no contrato ou quando o valor exigido com base neste seja superior ao reclamado com base na cambial' (REsp. n° 160.235/PR. Relator: Min. Sálvio de Figueiredo Teixeira, 4ª Turma, unânime, *DJU* de 11.10.1999).
>
> '(...) Não é lícito ao credor promover, ao mesmo tempo, duas execuções distintas cobrando a mesma dívida do devedor principal com base no contrato e dos avalistas pela nota promissória. Ambos os títulos, nesses casos, podem instrumentalizar uma única execução (verbete n° 27 da Súmula desta Corte).' Recurso conhecido e provido' (REsp. n° 97.854/PR. Relator: Min. Cesar Asfor Rocha. 4ª Turma, unânime, *DJU* de 30.11.1998) (...)".

O citado art. 620 corresponde ao art. 805 do CPC/2015.

---

[15] Recurso Especial nº 24.242-7. 4ª Turma. Julgado em 08.08.1995.

[16] STJ. Recurso Especial n° 84.981/MG. 4ª Turma. Julgado em 12.12.2000.

Capítulo X
Cheque

1. CONCEITO E DADOS HISTÓRICOS

Trata-se de uma ordem de pagamento à vista, no que se assemelha à letra de câmbio, a qual também considera-se uma ordem de pagamento, mas com a diferença que em geral é a prazo. Define-se, ainda, como uma declaração unilateral, por meio da qual uma pessoa dá uma ordem incondicional de pagamento à vista, em seu próprio benefício ou em favor de terceiro. A ordem de pagamento é contra um banco ou instituição do gênero, para que pague ao portador ou a uma terceira pessoa, certa importância em dinheiro. Cuida-se, na observação de Vivante, de uma ordem de pagamento em favor de uma pessoa contra um banqueiro.[1] A importância que consta no cheque deve estar a disposição do emitente, em sua conta bancária. Com a entrega do valor, é registrado o saque na conta.

A sua origem, que remonta ao século XII, assemelha-se com a da letra de câmbio e da nota promissória. Surgiu como forma de solucionar problemas de distância, quando o devedor residia ou tinha seu domicílio em local diferente daquele onde deveria efetuar pagamentos pelos negócios realizados. Quando se deslocava para regiões diversas, adquirindo produtos, e dada a dificuldade em transportar grandes somas de dinheiro, depositava-as, na cidade onde residia, junto a um banqueiro ou "cambista", do qual recebia uma ordem de pagamento, que era entregue a outro banqueiro ou "cambista", estabelecido na cidade em que realizava os negócios. Os banqueiros, especialmente na Inglaterra, entregavam as chamadas "notes" ou "cash notes", que alguns consideravam bilhetes de banco, equivalendo a autorizações para o portador, em outra praça, emitir ordem de pagamento contra aquele primeiro banco. Por isso, desde o início determinava a emissão o princípio da *distantia loci*, pelo qual se dá o saque contra praça diversa daquela onde foi emitido.

Evoluindo esta forma de dispor do dinheiro próprio e de efetuar pagamentos, surgiram estabelecimentos específicos onde se faziam os depósitos, denominados bancos de depósitos. Convencionaram-se alguns tipos de documentos que representavam as somas de dinheiro, e eram aceitos como pagamentos.

Na evolução, apareceu a cláusula "à ordem", iniciando a sua circulação, ou tornando possível o endosso para pessoa diversa do portador ou daquela que constava escrita como favorecida.

Constituíram-se, posteriormente, associações de banqueiros, que combinavam a troca dos cheques entre eles, facilitando a dinâmica da circulação da moeda. Esta é a origem remota das posteriormente denominadas "Câmaras de Compensação".

---

[1] *Trattato di Diritto Commerciale*, vol. III, p. 578.

Já no século XIX, iniciou a sua regulamentação, especialmente na Holanda, França e Inglaterra, país este de onde se originou a palavra "cheque", vinda do verbo *to check* (no sentido de retirar, dar baixa), passando para a França com a tradução *chèque*, de onde se consolidou universalmente. Neste último País é que apareceu o primeiro Estatuto específico, em 1865, seguindo-se, em 1882, na Inglaterra, o *Bill of Exchange Act*.

No final do século XIX, desenvolveram-se tentativas de unificação, que vieram a se materializar nas Conferências de Haia de 1910 e 1912. Foi lograda a uniformização por meio das Convenções de Genebra, que seguiram até 1931, quando, em 19 de março, adotaram-se princípios aprovados por um grupo de vinte e seis países, aderindo, daí em diante, várias outras nações.

Surgiu, assim, a Lei Uniforme sobre o Cheque, composta de três anexos. No Anexo I, composto de 57 artigos, estão as normas programáticas sobre emissão e forma do cheque, transmissão e aval, apresentação e pagamento, pluralidade de exemplares, alterações, prescrição e disposições gerais. O Anexo II, com 31 regras, permite aos Países signatários modificações ou reservas em assuntos de interesse interno. Por último, o Anexo III encerra princípios de aplicação de direito internacional privado.

O Brasil não participou como signatário da Convenção. Todavia, aderiu a ela em 1942, dando-se a aprovação pelo Congresso Nacional por meio do Decreto Legislativo nº 54, de 1964, e vindo transformada em lei no Decreto nº 57.595, de 07.01.1966.

A legislação interna sobre cheque já era encontrada em estatutos de bancos ou atos baixados pelos governos imperiais, em que se encontravam expressões que tinham o sentido de "cheque", como a referência a "papéis de caixa", ou a "recibos" e "mandatos ao portador". O Código Comercial de 1850 nada mencionou a respeito. Leis de 1864 regulavam a emissão de bilhetes e outros escritos ao portador, os quais, entregues a pessoas de idoneidade, vinham a ser preenchidos, autorizando saques.

O primeiro diploma que disciplinou sistematicamente a matéria consistiu no Decreto nº 2.591, de 07.08.1912, tratando pormenorizadamente sobre a emissão e circulação de cheques. A Lei Uniforme de Genebra sobre o Cheque, de 1931, passou a regular, concomitantemente com aquele Decreto, o cheque, fenômeno semelhante com o que ocorreu com a Lei Uniforme que trata da Letra de Câmbio e da Nota Promissória, que convive com o Decreto nº 2.044, de 1908.

Finalmente, surgiu a Lei nº 7.357, de 02.09.1985, que está em vigor, a qual não propriamente suprimiu a Lei Uniforme de Genebra, mas absorveu seus princípios, regulando aspectos não abrangidos naquela. Considerando que não contrariou o diploma de 1931, e por ser posterior ao mesmo, é a lei que está sendo aplicada generalizadamente. Com efeito, desde a vigência da Lei nº 7.357/1985, tornou-se consenso geral a sua invocação, tendo caído em desuso a Lei Uniforme, sem importar em derrogação, na esteira da melhor doutrina dos autores Paulo Restiffe Neto e Paulo Sérgio Restiffe: "Por outras palavras, desde sua origem, à Lei Uniforme, o foro de lei de princípios formadores do novo direito chéquico, por isso mesmo transitório; mas de eficácia jurídica, que não foi excluída do ordenamento jurídico, seja no plano externo, seja no plano interno, como fonte residual sempre viva de Direito pela entrada em vigor da Lei nº 7.357/85". Logo adiante, concluem: "Por isso, entendemos, em prol da convivência da lei-mãe uniforme, não se lhe adequar em conteúdo a disposição do § 1º do art. 2º da Lei de Introdução às normas do Direito Brasileiro... ou, como diz Fran Martins, 'a nova lei do cheque, de nº 7.357, é na realidade uma consolidação de princípios da Lei Uniforme sobre o Cheque e das leis que anteriormente regularam esse conteúdo, notadamente a Lei nº 2.591, de 1912' ('O cheque segundo a nova Lei', Forense, nº 6)".[2]

2. NATUREZA JURÍDICA

Há relativa divergência sobre a natureza jurídica do cheque. Muitos entendem que não se trata de um título de crédito, pois é utilizado tão somente como forma de pagamento, faltando-lhe características essenciais aos títulos de crédito, como entende, entre outros, J. M. Othon Sidou: "O cheque não é título de crédito. Mesmo tendose como pouco relevante o fato de ser a locução 'título de crédito' apenas peculiar à terminologia italiana e portuguesa, como reconhece Ascarelli, a única condescendência neste ponto só pode firmar-se em que ele é um 'título de crédito *impróprio*', tendo em vista sua condição circulatória. Entretanto, o cheque nem sempre é instrumento de circulação, nem mesmo se podendo afirmar apresente-se a modalidade transmissiva em volume superior à do simples mandado direto de pagar. Aqui, emissão em favor próprio, sem delegação, portanto, sem delegatário, o cheque não reveste o caráter jurídico de um título de crédito...

O cheque é instrumento de exação, não de dilação. Não tem data de vencimento; é pagável no ato de apresentação, à vista, ainda que o não declare. Em raciocínio forçado, argumenta-se que a cambial à vista não deixa de ser um título de crédito; ninguém o contesta. Mas o argumento baseia-se na exceção condicional dos títulos cambiários (letra e promissória), além do que, mesmo à vista, a cambial não se pode desarrimar do lastro – crédito, sempre, por independer de provisão pré-constituída, enquanto o cheque se cria esteado no lastro – dinheiro, donde o concurso do crédito ser-lhe meramente acidental.

Consequentemente, o cheque não é dinheiro. Não tem poder liberatório, como o tem a moeda. É meio de pagamento, como tal dado *in solvendo* e não *in soluto*, condição essa que nem o visto passado pelo banco lhe confere, mas única e exclusivamente sua plena realização".[3]

Entretanto, a maioria da nossa doutrina classifica o cheque entre os títulos de crédito, posto conter todos os elementos indispensáveis para tal. É um instrumento autônomo e independente, circulável, literal e formal, podendo ser garantido por aval. Constitui-se em um título executivo, na forma do disposto no art. 784, inc. I, do CPC/2015, juntamente com outros títulos de crédito, como a letra de câmbio, a nota promissória e a duplicata.

Jorge Alcebíades Perrone de Oliveira defende o entendimento de ser o cheque um título de crédito, referindo o rol de juristas que comunga da mesma posição: "No entanto, prevalece a doutrina segundo a qual o cheque é um título de crédito, no sentido próprio do termo. Já assim se pronunciava J. X. Carvalho de Mendonça que afirmava ter o cheque rigor cambiário na sua forma, no seu conteúdo e na execução judicial. Prossegue dizendo que o cheque possui requisitos essenciais que o individualizam; as obrigações dele decorrentes devem ser expressamente formuladas, subsistindo por si, independentemente de sua causa originária. Todos aqueles que nele lançarem sua assinatura ficam obrigados perante o portador.

Embora não seja, na sua forma legal, um instrumento de crédito, como a Letra de Câmbio e a Nota Promissória, que incorporam um crédito e são, geralmente, a prazo, para mobilizá-lo, o cheque, mesmo sendo uma ordem de pagamento à vista, pode também servir para a mobilização de créditos, dentro do seu prazo de apresentação, e, acima de tudo, abstratiza-se, ao circular.

---

[2]   *Lei do Cheque*, 4ª ed., São Paulo, Revista dos Tribunais, 2000, pp. 30-33.
[3]   *Do Cheque*, 4ª ed., Rio de Janeiro, Editora Forense, 1998, pp. 9-10.

Por essas razões consideram-no verdadeiro título de crédito autores como Waldemar Ferreira, Otavio Mendes, João Eunápio Borges, Waldirio Bulgarelli e Rubens Requião".[4]

Com efeito, se não todos, pelo menos vários princípios e características dos títulos de crédito estão presentes no cheque. É ele endossável por meio de uma simples assinatura no seu verso, e, desta forma, circulável. Embora ordem de pagamento à vista, e, conforme alguns, um mero instrumento para sacar valores, está presente a abstração, porquanto não se pesquisa a sua origem. A exigibilidade exercita-se com a simples posse do documento. A autonomia também constitui uma qualidade presente, por não depender de algum outro contrato, o que não afasta que tenha uma causa em um negócio diferente, como acontece muitas vezes. Aquele que é portador está garantido da inoponibilidade das exceções pessoais do emitente, relativamente ao primeiro favorecido que o endossou. A literalidade também ressalta, porquanto basta o mero instrumento perfectibilizado de acordo com os requisitos da lei para ter valor.

Em suma, não se arreda sua natureza daquela reconhecida aos títulos cambiários, afigurando-se irrelevante o seu destaque entre títulos de crédito "próprios" ou "impróprios".

Coerente a posição de Waldemar Ferreira, o qual se inspira em E. Thaller, ao sustentar que, embora também se configurando como um instrumento de pagamento, "converte-se em título de crédito pelo fato de sua emissão em favor de terceiro, como de sua circulação por efeito de endossos... Repousa ele, como a cambial, em contrato concreto, ou seja, sobre obrigação pecuniária nascida de convenção da mais diversa estirpe. Por meio dele, o devedor liquida, no momento, tal obrigação: ele a solve, não, e certamente, em numerário, mas por processo equivalente ao da moeda. Sacando-se em prol de terceiro, este adquire crédito de seu montante contra o sacador".[5]

O próprio Superior Tribunal de Justiça se inclinou em reconhecer essa natureza: "Em razão da abstração e da autonomia do cheque, inviável discutir, em princípio, a sua *causa debendi*, a não ser que estejam presentes sérios indícios de que a obrigação foi constituída em flagrante desrespeito ao sistema jurídico".[6]

Vai encontrando eco cada vez mais forte essa tendência pela própria finalidade de garantir obrigações, e de expressar a garantia de obrigações, o que se retira, *v.g.*, do REsp. nº 612.423/DF, da 3ª Turma do STJ, julgado em 1º.06.2006, *DJU* de 26.06.2006: "A emissão de cheque pós-datado, popularmente conhecido como cheque pré-datado, não o desnatura como título de crédito, e traz como única consequência a ampliação do prazo de apresentação.

Da autonomia e da independência emana a regra de que o cheque não se vincula ao negócio jurídico que lhe deu origem, pois o possuidor de boa-fé não pode ser restringido em virtude das relações entre anteriores possuidores e o emitente.

Comprovada, todavia, a ciência, pelo terceiro adquirente, sobre a mácula do negócio jurídico que deu origem à emissão do cheque, as exceções pessoais do devedor passam a ser oponíveis ao portador, ainda que se trate de empresa de *factoring*.

Nessa hipótese, os prejuízos decorrentes da impossibilidade de cobrança do crédito, pela faturizadora, do cheque emitido, devem ser discutidos em ação própria, a ser proposta em face do faturizado".

Aliás, a tipicidade de título de crédito vai tomando força, já que adquiriu função de promessa de pagamento, especialmente nos estabelecimentos comerciais, quando é utilizado como meio de instrumentalizar prestações a serem pagas. Tanto que se tornou

---

[4]   *Títulos de Crédito*, vol. I, p. 196.

[5]   *Tratado de Direito Comercial*, vol. IX, p. 94.

[6]   Recurso Especial nº 37.686/RS. 4ª Turma. Julgado em 04.03.1997, *DJ* de 24.03.1997.

comum a emissão de cheque pós-datado, ou comumente chamado pré-datado. Há tempo o Superior Tribunal de Justiça adota essa interpretação: "A circunstância de haver sido aposta no cheque data futura, embora possua relevância na esfera penal, no âmbito do direito civil e comercial traz como única consequência prática a ampliação real do prazo de apresentação".[7]

3. ELEMENTOS E PESSOAS INTERVENIENTES NO CHEQUE

a) *Elementos*

Para a caracterização do cheque, exige-se o atendimento de determinados elementos ou requisitos, que tipificam a figura entre outros títulos de crédito e deles a diferenciam. Sem a sua presença, o documento perde a configuração que a lei lhe deu, embora se preste para representar uma obrigação de prestação de dinheiro.

Alguns dos elementos são considerados essenciais, enquanto outros podem ser supridos, ou até apostos pelo portador, na previsão da Lei nº 7.357/1985, que reproduziu a orientação da Lei Uniforme sobre o Cheque.

Eis a previsão, na forma do art. 1º da Lei nº 7.357/1985:

"I – A denominação 'cheque' inscrita no contexto do título e expressa na língua em que é redigido".

Como já é sabido, o cheque vem a ser um papel no qual se encerra a declaração que consiste numa ordem de pagamento. A pessoa ordena que se pague quando da apresentação do documento. Consoante o inc. I, é necessária a palavra "cheque" em sua face, com o objetivo de tornar qualquer pessoa ciente do tipo de documento de que se trata o escrito. Virá redigido no mesmo idioma que se encontram lançados os demais dizeres. Para ser pagável no Brasil, evidente que o idioma será o português; caso se dê a ordem para pagamento no exterior, lança-se a moeda do país onde se efetuará o pagamento. Se a emissão aconteceu em um país estrangeiro, aceita-se o idioma que lhe é próprio. Obviamente que o tipo de moeda corresponderá sempre ao oficial vigorante no Brasil; se a ordem de pagamento se dirige para o exterior, coloca-se o tipo de moeda que no respectivo país vigora.

"II – A ordem incondicional de pagar quantia determinada".

Efetivamente, o cerne do cheque está na determinação de se pagar. Vem a ser uma ordem incondicional, isto é, sem quaisquer condições, sem possibilidades de discussões, sem uma análise precedente, ou sem submeter-se o cumprimento a exigências prévias.

O valor objeto do pagamento virá assinalado em moeda nacional, e não em expressões ou termos significativos de cifras. Coloca-se no texto a quantia de dinheiro, não se admitindo que seja em, *v.g.*, títulos do tesouro nacional, ou CDBs, ou em produtos comerciáveis (sacas de arroz, ou soja, ou milho).

Não se impede o pagamento em moeda estrangeira. Todavia, o pagamento se faz pela conversão em moeda nacional, ao câmbio do dia do pagamento, de conformidade com o art. 42 da Lei nº 7.357/1985: "O cheque em moeda estrangeira é pago, no prazo de apresentação, em moeda nacional, ao câmbio do dia do pagamento, obedecida a legislação especial".

---

[7] Recurso Especial nº 16.855-0-SP. 4ª Turma. Julgado em 11.05.1993.

Na falta de pagamento no dia da apresentação, autoriza o parágrafo único a escolha, pelo portador, entre o câmbio do dia da apresentação e o do dia do pagamento, para efeito de conversão em moeda nacional.

No entanto, útil observar que a emissão de cheque em moeda estrangeira restringe-se às operações que a lei autoriza para o uso de tal moeda, o que está regulamentado pelo Decreto-Lei nº 857, de 1969. Não se conclua da possibilidade pura e simples de apor um padrão monetário de outro País, e exigir o respectivo pagamento em moeda nacional, mas pela variação cambial verificada entre a data da emissão e aquela do cumprimento.

O montante da quantia em dinheiro vem escrito em algarismos arábicos, na parte superior direita, com tamanho ou fonte dos números destacados; e em letras alfabéticas, por extenso, na parte intermediária do cheque. Na divergência das expressões monetárias entre uma forma e outra, prevalece sempre a escrita por extenso.

"III – O nome do banco ou da instituição financeira que deve pagar (sacado)".

Como se percebe, o nome do sacado virá referido, devendo ser o banco ou instituição financeira. Não persiste qualquer emissão de cheque contra comerciantes ou pessoas jurídicas que não integram o Sistema Financeiro Nacional, o que acontecia com a Lei nº 2.591, de 1912.

O cheque é sempre emitido contra um banco, o qual, ao pagá-lo, cumpre uma ordem do sacador. O cumprimento da determinação, no entanto, fica condicionado à existência ou não de provisão de numerário correspondente ao de sua face.

Se a instituição financeira é constituída de uma rede de agências ou casas que atuam no mesmo ramo, é necessário identificar a agência que efetuará o pagamento, embora, na prática, grande parte das instituições aceite pagar em agência diferente daquela à qual se deu a emissão.

Consoante o art. 67 da Lei nº 7.357/1985, o designativo "banco", além de expressar instituição financeira no sentido amplo, encerra o sentido de indicar também a instituição financeira contra a qual a lei admita a emissão de cheque.

"IV – A indicação do lugar de pagamento".

Coloca-se no cheque o lugar onde se efetuará o pagamento, que é o endereço do banco sacado. Na falta de indicação do local, prevalece aquele que está designado junto ao nome do sacado. Colocando-se vários lugares, o pagamento se dá no primeiro deles. Na omissão de se indicar, o cheque é pagável no lugar onde foi emitido, que consta no final de seu texto. Não se trata de um elemento essencial, consoante a determinação do inc. I do art. 2º da Lei nº 7.357/1985, que apresenta as alternativas no caso de não constar o lugar da emissão: "Na falta de indicação especial, é considerado lugar de pagamento o lugar designado junto ao nome do sacado; se designados vários lugares, o cheque é pagável no primeiro deles; não existindo qualquer indicação, o cheque é pagável no lugar de sua emissão".

"V – A indicação da data e do lugar de emissão".

Quanto à data, é aquela em que se deu a emissão, sendo considerada um elemento essencial, em consonância com o art. 2º da Lei nº 7.357/1985, posto não prever alguma alternativa de solução na ausência do elemento.

É a data que serve para fixar o prazo da prescrição, para aferir a capacidade do emitente quando da assinatura, e especialmente para a contagem do termo inicial de apresentação, que é de trinta dias quando o pagamento se efetuar na mesma praça, ou de sessenta dias se efetuar-se em praça diferente. Sobre o assunto, estabelece o art. 33 da Lei nº 7.357: "O cheque deve ser apresentado para pagamento, a contar do dia da emissão, no prazo de 30 (trinta) dias, quando emitido no lugar onde houver de ser pago; e de 60 (sessenta) dias, quando emitido em outro lugar do País ou no exterior".

A data da emissão serve, outrossim, para determinar a prioridade de pagamento, quando apresentados dois ou mais cheques simultaneamente, sem provisão de fundos para todos. Paga-se, por primeiro, aquele com data anterior, na previsão do art. 40 da Lei acima: "O pagamento se fará à medida que forem apresentados os cheques e se dois ou mais forem apresentados simultaneamente, sem que os fundos disponíveis bastem para o pagamento de todos, terão preferência os de emissão mais antiga e, se da mesma data, os de número inferior".

Uma situação de bastante frequência revela-se na apresentação do cheque antes da data da emissão. Justamente por se tratar de ordem de pagamento à vista efetua-se o pagamento. Dada a finalidade que nos últimos tempos se empresta ao cheque, de servir de promessa de pagamento, não é incomum a emissão com data posterior à da entrega para um credor. Tanto que o Superior Tribunal de Justiça considerou válida essa finalidade que o costume criou, determinando a indenização por dano moral, se apresentado antes da data prevista: "A devolução de cheque pré-datado, por insuficiência de fundos, apresentado antes da data ajustada entre as partes, constitui fato capaz de gerar prejuízos de ordem moral".[8] "O cheque pós-datado representaria, também, uma garantia de dívida. O descumprimento do prazo de apresentação pactuado entre as partes gera responsabilidade civil, com a consequente indenização pelos danos causados".[9]

A função de garantia tem se acentuado na dimensão que a jurisprudência do STJ lhe dá. Assim no REsp. nº 612.423/DF, da 3ª Turma, j. em 1º.06.2006, *DJU* de 26.06.2006: "A emissão de cheque pós-datado, popularmente conhecido como cheque pré-datado, não o desnatura como título de crédito, e traz como única consequência a ampliação do prazo de apresentação".

Também no REsp. nº 237.376/RJ, da 3ª Turma, j. em 25.05.2000, *DJU* de 1º.10.2000: "Como já decidiu a Corte, a prática comercial de emissão de cheque com data futura de apresentação, popularmente conhecido como cheque 'pré-datado', não desnatura a sua qualidade cambiariforme, representando garantia de dívida com a consequência de ampliar o prazo de apresentação. A empresa que não cumpre o ajustado deve responder pelos danos causados ao emitente".

Todavia, predomina sempre a natureza ínsita que determinou a sua instituição. Ordena o parágrafo único do art. 32, sobre o assunto: "O cheque apresentado para pagamento antes do dia indicado como data de emissão é pagável no dia da apresentação". Não importa que seja antedatado ou pós-datado, isto é, com data anterior ou posterior à emissão. Na última hipótese, com data no futuro, popularmente se diz "pré-datado". Igualmente, tal circunstância não retira a natureza cambiariforme, sujeitando-se a falta de provisão ao processo de execução, como já ponderou o Superior Tribunal de Justiça: "A prática comercial de emissão de cheque com data futura de apresentação, popularmente conhecido como cheque 'pré-datado', não desnatura a sua qualidade cambiariforme, representando garantia de dívida com a consequência de ampliar o prazo de apresentação".[10]

A falta da data, na prática, revela-se de somenos importância, porquanto a pessoa a quem foi entregue o cheque está autorizada a supri-la, como autoriza o art. 16: "Se o cheque,

---

[8] Recurso Especial nº 213.914/RJ. 3ª Turma. Julgado em 29.06.2000. *DJ* de 21.08.2000.

[9] Recurso Especial nº 237.376-RJ. 3ª Turma. Julgado em 25.05.2000.

[10] Recurso Especial nº 223.486/MG. 3ª Turma. Julgado em 08.02.2000, *DJ* de 27.03.2000.

incompleto no ato da emissão, for completado com inobservância do convencionado com o emitente, tal fato não pode ser oposto ao portador, a não ser que este tenha adquirido o cheque de má-fé".

Sobre o assunto, expõe Othon Sidou: "Quanto a dizer que a data constitui requisito essencial do cheque, a lei mira só a emissão plena para o efeito de negar validade ao título como tal. Completada que seja, mesmo contrariamente aos acordos realizados entre sacador e beneficiário, a omissão estará suprida".[11]

Quanto ao lugar da emissão, constitui um requisito acidental, conforme se denota do inc. II do art. 2º da Lei nº 7.357/1985: "Não indicado o lugar de emissão, considera-se emitido o cheque no lugar indicado junto ao nome do emitente".

> "VI – A assinatura do emitente (sacador), ou de seu mandatário com poderes especiais".

Este elemento é essencial, e consiste na colocação do nome e prenome do sacador, admitindo-se que venha por extenso ou pela rubrica. Consoante lição de Rubens Requião, pela assinatura deve-se entender "todo e qualquer sinal material que sirva para identificar, nos papéis ou títulos, a personalidade daquele que a apõe. Por conseguinte, concluem os autores, uma firma ou selo privado, se tal uso foi admitido no país do sacador, satisfaria às obrigações legais".[12]

A Lei Uniforme de Genebra sobre o Cheque, por meio de reserva do Anexo II, deixou a cargo da competência da legislação interna dos países disciplinar a respeito.

A questão revela importância quando o analfabeto emite o cheque, ou quando a pessoa não está possibilitada a assinar. Inviabilizando-se a identificação por impressão digital, parece que a solução mais viável é a constituição de procurador por instrumento público, em que se outorga a terceiros poderes para emissão dos cheques. Na constituição de procurador, se insere a circunstância de que a assinatura se procedeu a rogo, com o atestado de duas testemunhas.

Outrossim, desde a Circular nº 103, de 1967, do Banco Central do Brasil, revogada pela Resolução BACEN 885/1983, alterada pela Res. BACEN 297/1984, já era autorizada a utilização de assinatura impressa por processo mecânico em cheques. O parágrafo único do art. 1º da Lei nº 7.357 contém essa previsão: "A assinatura do emitente ou a de seu mandatário com poderes especiais pode ser constituída, na forma de legislação específica, por chancela mecânica ou processo equivalente". Essa assinatura, também denominada autenticação mecânica, reproduz com exatidão a assinatura de próprio punho do emitente, o que se obtém por meio de instrumento técnico especializado. Autorizará o emprego dessa modalidade de identificação uma Convenção entre o emitente e o banco sacado, limitando-se o uso a cheques fornecidos pelo banco.

O sistema de chancela mecanizada será registrado no Cartório de Títulos e Documentos, contendo o *fac-símile*, um exemplar da assinatura do próprio punho, abonado por testemunhas ou documento de identidade, o tamanho do clichê, as características gerais e particulares do fundo artístico e a descrição pormenorizada da chancela.

O emprego ou uso da chancela destina-se às empresas que emitem ou endossam grande quantidade de cheques, o que leva a facilitar a funcionalidade da movimentação de valores, apesar dos riscos inerentes. Uma vez obedecidas as normas administrativas pertinentes,

---

[11] *Do Cheque*, p. 43.

[12] *Curso de Direito Comercial*, 2º vol., p. 394.

isenta-se o estabelecimento bancário de qualquer responsabilidade pelo mau uso da chancela, levando a efeito saques indevidos.

Questão relevante prende-se à falsidade de assinatura, em vista do art. 13 da Lei nº 7.357/1985, o qual reproduz o art. 7º da Lei Uniforme sobre o Cheque: "As obrigações contraídas no cheque são autônomas e independentes".

Já o parágrafo único: "A assinatura de pessoa capaz cria obrigações para o signatário, mesmo que o cheque contenha assinatura de pessoas incapazes de se obrigar por cheque, ou assinaturas falsas, ou assinaturas de pessoas fictícias, ou assinaturas que, por qualquer outra razão, não poderiam obrigar as pessoas que assinaram o cheque, ou em nome das quais ele foi assinado".

Portanto, extraem-se a autonomia e independência das obrigações emanadas do cheque. A assinatura de pessoa capaz cria obrigação. O assinante responde pelas consequências se forem lançadas outras assinaturas, sejam falsas, ou de pessoas incapazes ou fictícias. O emitente é o responsável. Mesmo que, posteriormente, se dê o endosso por meio de assinatura falsificada, dadas a autonomia e a independência estabelecidas pela lei, há a responsabilidade.

No entanto, se verificada a falsidade da assinatura do titular do cheque, de forma grosseira e perceptível num simples exame, o banco sacado incorre em culpa, assumindo a posição de responsável, nos termos da Súmula nº 28 do STF: "O estabelecimento bancário é responsável pelo pagamento de cheque falso, ressalvadas as hipóteses de culpa exclusiva ou concorrente do correntista".

O elemento determinante para aferir a responsabilidade está, pois, na culpa.

O parágrafo único do art. 39 da Lei nº 7.357/1985 induz à responsabilização: "Ressalvada a responsabilidade do apresentante, no caso da parte final deste artigo, o banco sacado responde pelo pagamento do cheque falso, falsificado ou alterado, salvo dolo ou culpa do correntista, do endossante ou do beneficiário, dos quais poderá o sacado, no todo ou em parte, reaver o que pagou".

Todavia, não se pode desligar a responsabilidade da culpa. Alguma desídia ou negligência deve restar constatada, de parte do banco, quando efetua o pagamento, o que não acontece se procedeu de modo cauteloso, aferindo a assinatura, ou restando apurado que a falsificação não era perceptível a não ser por meios técnicos. De lembrar, ainda, diante do art. 39, a obrigação de somente conferir a regularidade dos endossos, no que dá força o Superior Tribunal de Justiça: "O estabelecimento bancário está desobrigado, nos termos da lei (art. 39 da Lei do Cheque), a verificar a autenticidade da assinatura do endosso. Entretanto, tal não significa, por si só, que estaria a instituição financeira dispensada de conferir a própria regularidade dos endossos, incluindo a legitimidade do endossante".[13]

b) *Pessoas intervenientes*

Quanto aos intervenientes, são três as pessoas que obrigatoriamente participam na relação em torno do cheque:

Em primeiro lugar aparece o *emitente*, que é o criador do título, ou seja, é o sacador – aquele que passa ou saca a ordem de pagamento, ou que coloca em circulação o título. Admite-se a emissão por mandato, o que se estende também ao endosso e ao aval. Para valer a emissão por mandato, a procuração conterá poderes expressos ou especiais.

---

[13] Recurso Especial nº 171.299/SC. 4ª Turma. Julgado em 18.08.1988.

O emitente responsabiliza-se pelo pagamento, pois assume a posição de devedor, envolvendo a anterior posição de depositante, em estabelecimento bancário, do valor que corresponde ao título.

O *sacado* é o segundo interveniente, que constará expressamente no cheque. Vem a ser a pessoa que paga. Há uma relação contratual com o sacador, consistente na assunção de pagar o valor assinalado no documento, desde que exista provisão de fundos. Constitui, por isso, o depositário, que deverá ser uma instituição financeira ou entidade a ela equiparada, de conformidade com o art. 3º da Lei nº 7.357/1985: "O cheque é emitido contra banco, ou instituição financeira que lhe seja equiparada, sob pena de não valer como cheque".

Por último, tem-se o *beneficiário*, ou o favorecido, ou tomador. Vem a ser a pessoa em cujo favor se emitiu a ordem de pagamento, ou o titular do crédito, que apresentará o cheque perante o sacado.

Não necessariamente o portador será aquele em cujo favor se emitiu o cheque. Admitindo-se o endosso, outra pessoa participa da relação, que é a *endossante*, que figurava como beneficiário original. Ao transferir o título, assume também uma posição de corresponsável, como deflui do art. 21 da Lei nº 7.357/1985: "Salvo estipulação em contrário, o endossante garante o pagamento".

Embora raramente aconteça, é aceita a figura do *avalista*, que consiste na pessoa que garante a obrigação de pagar. O aval é prestado para garantir o pagamento junto ao emitente ou endossante.

4. A PROVISÃO DE FUNDOS E CONTRATO PARA EMITIR CHEQUES

Deve o emitente dispor de fundos, em poder do sacado, para possibilitar o pagamento. Além disso, para a emissão, normalmente abre-se uma conta no estabelecimento bancário, onde se fazem depósitos monetários, com a autorização de sua movimentação. Para a entrega de cheques ao interessado, pressuposto prévio é a existência de um contrato de depósito de valores e de sua retirada de acordo com a vontade do depositante, e até o limite da quantia depositada, ou de um limite além desse montante, quando esta possibilidade assume uma nova feição contratual, que é a concessão de crédito.

O art. 4º da Lei nº 7.357/1958 dispõe a respeito: "O emitente deve ter fundos disponíveis em poder do sacado e estar autorizado a sobre eles emitir cheque, em virtude de contrato expresso ou tácito. A infração desses preceitos não prejudica a validade do título como cheque.

§ 1º A existência de fundos disponíveis é verificada no momento da apresentação do cheque para pagamento.

§ 2º Consideram-se fundos disponíveis:

a) os créditos constantes de conta-corrente bancária não subordinados a termo;

b) o saldo exigível de conta-corrente contratual;

c) a soma proveniente de abertura de crédito".

A existência de fundos deve ocorrer no momento da apresentação do cheque para o pagamento, e não em momento posterior. A simples emissão do título não importa em saque obrigatório. Não está o banco depositante obrigado a honrar a ordem emitida, se faltar o quantitativo correspondente.

Na falta de provisão, tem-se o denominado "cheque sem fundos", trazendo consequências tanto na esfera penal (art. 171, § 2º, VI, do Código Penal) como nas administrativa e cível.

Na esfera penal, ficou consolidado na doutrina e na jurisprudência que não se configura o delito quando emitido como forma de garantia de pagamento, ou se lhe empresta a feição de título de crédito. Outrossim, desde que honrado até o oferecimento da denúncia, impede a iniciativa da ação penal. Se o pagamento for posterior à peça acusatória, não determina o trancamento do processo na forma da Súmula nº 554 do STF, de 1977.

As sanções administrativas, emanadas do Banco Central, se consubstanciam especialmente no encerramento ou cancelamento da conta, e na proibição de abertura de uma nova conta, o que acontece a partir da segunda apresentação do mesmo cheque.

Todavia, não perde o título a sua natureza, mantendo-se válido, e propiciando o processo de execução para o pagamento do valor nele inserido, com viabilidade, também, de caracterizar a mora para o pedido de falência. Enseja, ainda, medidas acautelatórias, como o protesto por falta de pagamento, e a inscrição em órgãos de cadastro de devedores, com o objetivo de prevenir terceiros.

De acordo com a Súmula 572/STJ, o Banco do Brasil, "na condição de gestor do Cadastro de Emitentes de Cheques sem Fundos (CCF), não tem a responsabilidade de notificar previamente o devedor acerca da sua inscrição no aludido cadastro, tampouco legitimidade passiva para as ações de reparação de danos fundadas na ausência de prévia comunicação".

Na conta em conjunto, a ação de responsabilidade contra a emissão de cheque sem fundos restringe-se ao emitente unicamente, não atingindo o cotitular, na orientação do STJ: "O cotitular de conta-corrente conjunta detém apenas solidariedade ativa dos créditos junto à instituição financeira, não se tornando responsável pelos cheques emitidos pela outra correntista. A jurisprudência desta Corte está consolidada no sentido de que, na concepção moderna do ressarcimento por dano moral, prevalece a responsabilização do agente por força do simples fato da violação, de modo a tornar-se desnecessária a prova do prejuízo em concreto, ao contrário do que se dá quanto ao dano material. O valor arbitrado a título de danos morais não se revela exagerado ou desproporcional, mas encontra amparo na jurisprudência desta Corte".[14]

5. ESPÉCIES DE CHEQUE

A lei e o costume estabeleceram vários tipos de cheque, revelando-se importantes os que seguem:

a) *Cheque nominal*

É o cheque dirigido a uma pessoa determinada, colocando-se nele o nome do beneficiário, e impondo-se ao sacado a verificação de quem o apresenta para o seu desconto.

Este tipo de cheque se subdivide em nominal "à ordem" e nominal "não à ordem", vindo a previsão no art. 8º, incs. I e II, da Lei nº 7.357/1985: "Pode-se estipular no cheque que seu pagamento seja feito:

> I – a pessoa nomeada, com ou sem cláusula expressa 'à ordem';
> II – a pessoa nomeada, com a cláusula 'não à ordem', ou outra equivalente".

No primeiro, se insere o nome da pessoa que irá recebê-lo, que se identificará quando do recebimento do valor, permitindo-se-lhe o depósito na conta bancária própria, para a devida compensação posterior. A emissão "à ordem" de tal pessoa importa em se admitir a

---

[14] Recurso Especial nº 602.401/RS. 4ª Turma. Julgado em 18.03.2004, *DJ* de 28.06.2004.

autorização do endosso, o qual é procedido unicamente por ela. Não é tolerado o endosso por um portador cujo nome não consta no título. No art. 17 da Lei nº 7.357/1985 está disciplinado o endosso, juntamente com o cheque "não à ordem": "O cheque pagável a pessoa nomeada, com ou sem cláusula expressa 'à ordem', é transferível por via de endosso".

No segundo, expressamente se veda o endosso, do que se depreende da expressão "não à ordem". Quer significar que o pagamento não poderá se fazer por ordem da pessoa em cujo nome se encontra emitido. O § 1º do art. 17 da Lei nº 7.357/1985 dá o efeito de cessão à transferência do cheque com tal cláusula: "O cheque pagável a pessoa nomeada, com a cláusula 'não à ordem', ou outra equivalente, só é transmissível pela forma e com os efeitos de cessão".

b) *Cheque ao portador*

Cuida-se do cheque destinado a quem se apresentar portando-o. Daí ser o beneficiário uma pessoa indeterminada. Mesmo que insira o nome do portador, é acrescentada a cláusula "ao portador". Está contemplado no inc. III do art. 8º da Lei nº 7.357/1985: "Pode-se estipular no cheque que seu pagamento seja feito: (...)

III – ao portador".

O parágrafo único explicita a sua exteriorização: "Vale como cheque ao portador o que não contém indicação do beneficiário e o emitido em favor de pessoa com a cláusula ou 'ao portador', ou expressão equivalente".

c) *Cheques à ordem, por conta de terceiro e contra o próprio sacador, ou cheque adminis-trativo*

Esta classificação diz respeito à emissão, estando prevista no art. 9º da Lei nº 7.357/1985, redigido nos seguintes termos: "O cheque pode ser emitido:

I – à ordem do próprio sacador;
II – por conta de terceiro;
III – contra o próprio banco sacador desde que não ao portador".

O primeiro tipo diz respeito ao cheque emitido em favor do próprio sacador.

O segundo, que raramente ocorre, verifica-se quando um terceiro dá a ordem para o saque. Esse terceiro autoriza o banco sacado a realizar o pagamento, retirando o valor de sua conta, e não da conta do emitente. Portanto, a emissão é para o banco descontar de um terceiro o valor, devendo o cheque referir a conta do terceiro. Entrega-se um cheque do emitente, mas o valor não sai de sua conta. Deverá existir uma autorização do titular da conta, ou seja, do terceiro.

A terceira espécie corresponde à emissão de um cheque pelo próprio sacado na conta daquele que autoriza e é titular da conta. O banco, tendo a conta do cliente provisão suficiente, expede o cheque contra ele próprio, em favor de uma pessoa determinada, pressupondo-se, obviamente, uma autorização do titular da conta. A finalidade é imprimir maior segurança em negócios de vulto, ou naqueles em que se estipula no contrato o pagamento feito no momento da celebração. Evita-se, com isso, qualquer possibilidade de inexistência de fundos, pois o sacado só o emite em existindo saldo. É antiga esta modalidade de cheque, já constando permitida no Decreto nº 24.777, de 14.07.1934, cujo art. 1º assinalava que os bancos podiam emitir cheques contra as próprias caixas, nas sedes ou nas filiais e agências, não podendo ser ao portador. É o conhecido cheque administrativo ou bancário.

d) *Cheque visado*

Constitui o visto lançado no verso do cheque, pelo sacado, que dá garantia quanto à sua cobertura. O cheque com o visto fica garantido pelo banco durante o prazo de apresentação (trinta ou sessenta dias, conforme se emitir na praça de pagamento ou em outra praça). O emitente ou o portador solicita o visto, que se concede unicamente ao cheque nominal, com a exclusão daquele ao portador ou endossado. O art. 7º da Lei nº 7.357/1985 regula da seguinte maneira esta espécie: "Pode o sacado, a pedido do emitente ou do portador legitimado, lançar e assinar, no verso do cheque não ao portador e ainda não endossado, visto, certificação ou outra declaração equivalente, datada e por quantia igual à indicada no título.

> § 1º A aposição de visto, certificação ou outra declaração equivalente obriga o sacado a debitar à conta do emitente a quantia indicada no cheque e a reservá-la em benefício do portador legitimado, durante o prazo de apresentação, sem que fiquem exonerados o emitente, endossantes e demais coobrigados.
>
> § 2º O sacado creditará à conta do emitente a quantia reservada, uma vez vencido o prazo de apresentação; e, antes disso, se o cheque lhe for entregue para inutilização".

Egberto Lacerda Teixeira descreve o procedimento para a medida: "O emitente ou o primeiro portador legitimado apresenta o cheque nominal ao banco e pede o visto. Se o banco apuser o visto, ele é obrigado a debitar a quantia indicada no cheque à conta do emitente e a bloquear (reservar) a provisão em benefício do portador legitimado durante todo o decurso do prazo de apresentação. Operada a reserva de provisão, o banco está automaticamente autorizado a recusar o pagamento de novos cheques que lhe forem apresentados e que não estejam cobertos por provisão adequada... Mesmo antes de decorrido o prazo de apresentação do cheque visado, a lei autoriza o banco sacado a proceder ao estorno referido, creditando a conta do emitente pela importância reservada, se o cheque visado lhe for entregue para inutilização".[15]

e) *Cheque marcado*

O Decreto nº 2.591, de 1912, permitia ao portador consentir que o sacado marcasse o cheque para certo dia. Utilizava a expressão "bom para" equivalendo que seria descontado, com absoluta certeza, numa data designada.

A Lei nº 7.357/1985 não previu a hipótese, tanto que seu art. 6º ordena que o cheque não admite aceite, considerando-se não escrita qualquer declaração com esse sentido. Na verdade, a fixação de uma data para o pagamento indiretamente equivale a uma condição semelhante ao aceite.

Na prática, mormente se elevada a quantia a ser retirada, é praxe estabelecer o banco um período de horas ou até de dias para o desconto do cheque. O sentido envolve mais uma programação da instituição financeira, a fim de dispor do numerário que representa o título.

f) *Cheque cruzado*

Bem o definia o art. 12 da Lei nº 2.591/1912: "O cheque cruzado, isto é, atravessado por dois traços paralelos, só pode ser pago a um banco e, se o cruzamento contiver o nome de um banco, só a este poderá ser feito o pagamento".

Depreende-se que consiste no cheque cujo pagamento deve ser procedido no banco, por meio de crédito na conta do portador. Para caracterizar esse tipo de cheque, lançam-se dois

---

[15] *A Nova Lei Brasileira do Cheque*, 4ª ed., São Paulo, Editora Saraiva, 1988, pp. 35-36.

traços paralelos no seu anverso ou parte frontal. Esses traços são colocados ou pelo emitente, ou pelo próprio portador. O portador não receberá diretamente no caixa, devendo depositá-lo no banco para que se credite o valor em sua conta.

A finalidade é imprimir mais segurança, especialmente na situação de extravio ou furto do título. Como não é pago diretamente ao portador, aquele que dele se apossar indevidamente, ou o encontrar, se perdido, não conseguirá descontar no caixa. Viabiliza-se, assim, a providência de sustar o pagamento.

Diz-se que é geral o cruzamento se não indicar o banco; e especial, caso vier especificado o estabelecimento bancário, mediante a referência expressa.

A Lei nº 7.357/1985 contempla a figura nos artigos 44 e 45, rezando o *caput* do primeiro: "O emitente ou o portador podem cruzar o cheque, mediante a aposição de dois traços paralelos no anverso do título". As modalidades do cruzamento estão no § 1º, enquanto o § 2º permite a conversão do cruzamento geral em especial, mas não vice-versa, e o § 3º veda a inutilização do cruzamento.

Já o art. 45 ordena que o pagamento, no cruzamento geral, se efetiva apenas a cliente do sacado mediante crédito em conta no banco da entrega; e no especial, o creditamento se faz na conta do banco indicado, ou, sendo este o sacado, a cliente seu mediante crédito em conta.

Consoante o § 1º, "o banco só pode adquirir cheque cruzado de cliente seu, ou de outro banco. Só pode cobrá-lo por conta de tais pessoas". A regra visa restringir a liquidação do cheque a negócios entre bancos. Pelo § 2º, verificados vários cruzamentos especiais, o sacado fica liberado de pagá-lo, a menos que sejam dois os cruzamentos, sendo um deles para habilitar o segundo banco a proceder a cobrança por meio da câmara de compensação. Pelos termos do dispositivo, dirige-se um cruzamento especial para a finalidade de determinar um segundo banco a proceder a cobrança. A regra fala em cruzamentos especiais, isto é, com a indicação do nome do banco. Num dos cruzamentos, é referido o segundo banco para efetuar a cobrança por meio da câmara de compensação.

Já em vista do § 3º do art. 45, responde pelo valor o banco sacado que não observar as regras sobre o cruzamento, como quando efetuar o pagamento a quem o apresentar, sem o depósito na conta do favorecido.

g) *Cheque de viagem*

É o cheque utilizado pelo turista, quando em viagem ao exterior. É emitido por um banco, para ser pago por outro banco, de outro País. Universalmente conhecido por *traveler's check*, ou *travellers cheque*, facilita e dá segurança ao viajante, que, assim, não precisa transportar grandes somas em dinheiro. Compra, no seu país, o cheque de viagem, representando uma quantia determinada, vindo a descontá-lo no lugar de destino de sua viagem, na moeda local, num banco que opera com o mesmo sistema. Jorge Alcebíades Perrone de Oliveira descreve o procedimento: "É um cheque emitido por um banco, para pagamento a qualquer outro banco. A assinatura é impressa e o papel usualmente é o papel-moeda. O banco *vende* o cheque isolado, ou em talonário, e o adquirente, no momento da aquisição, lança a sua assinatura na presença do funcionário, após identificar-se. Quando for utilizá-lo, junto a outro banco ou estabelecimento de câmbio, assina-o novamente, depois de nova identificação. Permite-se, assim, dupla conferência da assinatura. Não pode ser ao portador, porque equivaleria à emissão de moeda".[16]

---

[16] *Títulos de Crédito*, vol. I, pp. 218-219.

A Lei nº 7.357/1985 prevê esta modalidade de cheque, remetendo à lei própria a sua regulamentação, consoante previsão do art. 66: "Os vales ou cheques postais, os cheques de poupança ou assemelhados, e os cheques de viagem regem-se pelas disposições especiais a eles referentes". Tal disposição segue a mesma orientação do art. 30 do Anexo II da Lei Uniforme do Cheque, que reserva aos Países o direito de excluir ou não a aplicação desse tipo de cheque.

h) *Cheque especial*

Esse tipo de cheque é precedido de um contrato de abertura de crédito, no qual o banco concede ao cliente determinado numerário, que poderá ser utilizado conforme a necessidade do correntista. Estabelece um limite a ser sacado quando não há na conta suficiente provisão de fundos, sendo que sobre o valor usufruído desse limite incidirá um juro, que varia de acordo com cada instituição financeira.

i) *Cheque para ser creditado em conta*

É modalidade semelhante à do cheque cruzado, eis que vedado o seu pagamento em dinheiro. Trata-se do cheque pelo qual o emitente ou portador estipula, mediante lançamento de inscrição transversal no anverso da expressão *"para ser creditado em conta"* ou equivalente, que não poderá ser descontado no caixa. Somente se admite o crédito em conta-corrente. Está previsto no art. 46 da Lei nº 7.357/1985: "O emitente ou o portador podem proibir que o cheque seja pago em dinheiro mediante a inscrição transversal, no anverso do título, da cláusula 'para ser creditado em conta', ou outra equivalente. Nesse caso, o sacado só pode proceder a lançamento contábil (crédito em conta, transferência ou compensação), que vale como pagamento. O depósito do cheque em conta de seu beneficiário dispensa o respectivo endosso.

§ 1º A inutilização da cláusula é considerada como não existente.

§ 2º Responde pelo dano, até a concorrência do montante do cheque, o sacado que não observar as disposições precedentes".

6. O ACEITE NO CHEQUE

Na forma do disposto no art. 6º da Lei nº 7.357/1985, "o cheque não admite aceite, considerando-se não escrita qualquer declaração com esse sentido". Vale transcrever a lição de Paulo Sérgio Restiffe e Paulo Restiffe Neto: "A atual lei interna, orientando-se pelas razões que ditaram o modelo genebrino, por sua vez inspirado em Haia, deu tratamento de ordem pública à solução de proibição-invalidade de aceitação do cheque pelo banco sacado, para que não ocorresse o desvirtuamento desse título como ordem de pagamento à vista, porque não cabe ao sacado responder em substituição ao cliente e coobrigados".[17]

Realmente, não se mostra coerente com a natureza do cheque a condição da exigência do aceite para ser descontado. Se consiste em uma ordem de pagamento à vista, não se coaduna a sua dependência, para ser pago, da concordância ou aceitação do sacado. Seria transformá-lo em uma promessa de pagamento.

---

[17] *Lei do Cheque*, p. 109.

7. APRESENTAÇÃO E REAPRESENTAÇÃO DO CHEQUE

Trata-se de matéria deveras importante no tocante à exigibilidade de pagamento. Consoante art. 33 da Lei nº 7.357/1985, existe um prazo dentro do qual deve ser apresentado o cheque para o saque: "O cheque deve ser apresentado para pagamento, a contar do dia da emissão, no prazo de 30 (trinta) dias, quando emitido no lugar onde houver de ser pago; e de 60 (sessenta) dias, quando emitido em outro lugar do País ou no exterior.

Parágrafo único. Quando o cheque é emitido entre lugares com calendários diferentes, considera-se como de emissão o dia correspondente do calendário do lugar de pagamento".

De modo que a lei delimita um período durante o qual o favorecido deve buscar o recebimento do valor. Não que, apresentando-o ou depositando-o fora desse lapso de tempo, fique impedido o pagamento. O sacado, havendo fundos na conta do emitente, efetuará o desconto. Não havendo provisão de valor, igualmente mantém-se o direito ao recebimento, exercitável por meio da ação de execução se não consumada a prescrição, e mediante o competente processo de cobrança pelo rito comum, por enriquecimento sem causa, se operada a prescrição.

Enquanto não se der a prescrição, aceita-se a cobrança mediante o processo de execução, o que é confirmado pela Súmula nº 600 do STF, de 1977: "Cabe a ação executiva contra o emitente e seus avalistas, ainda que não apresentado o cheque ao sacado no prazo legal, desde que não prescrita a ação cambiária".

Sendo a apresentação um ato indispensável, a sua omissão deveria importar em perda do direito à execução judicial. Considerando que a diligência é de se efetuar em determinado período de tempo, durante o qual se impõe o dever de manter provisão na conta bancária, fica totalmente impossível exigir que se imponha ao devedor manter um saldo equivalente ao valor do cheque. Isto a menos que, embora apresentado o cheque em época posterior aos prazos ditados pela lei, tenha a instituição financeira atestado o não pagamento por falta de cobertura ou ordem do titular da conta. Sobre o assunto, eis a norma do art. 47, § 3º, da Lei do Cheque: "O portador que não apresentar o cheque em tempo hábil, ou não comprovar a recusa de pagamento pela forma indicada neste artigo, perde o direito de execução contra o emitente, se este tinha fundos disponíveis durante o prazo de apresentação e os deixou de ter, em razão de fato que não lhe seja imputável".

A apresentação fora dos períodos aludidos afasta o direito a protesto e de lançamento do nome do emitente em cadastros de devedores. Se garantido um prazo para a providência em receber, a obrigação em manter numerário correspondente perdura durante essa limitação de tempo.

O art. 55 do mesmo diploma possibilita a prorrogação se o determinar motivo de força maior: "Quando disposição legal ou caso de força maior impedir a apresentação do cheque, o protesto ou a declaração equivalente nos prazos estabelecidos, consideram-se estes prorrogados". Enquadram-se como motivos que dilatam o prazo uma calamidade pública, o feriado bancário, uma medida governamental de suspensão de descontos, uma doença grave, uma viagem repentina. No entanto, em razão dos parágrafos que seguem, ao portador cumpre dar aviso imediato da ocorrência de força maior, devendo providenciar no recebimento tão prontamente cessado o impedimento.

Cuida a lei, também, da apresentação simultânea de cheques, quando os fundos disponíveis não bastem para a cobertura de todos. Consoante se observou, o art. 40 da Lei nº 7.357/1985 dá preferência para o pagamento ao cheque de emissão mais antiga, ou de número inferior, se vierem com a mesma data.

Questão de grande importância está no art. 34, em que é permitido que se entregue o cheque ao banco que aparece como sacado, para ser pago, ou a outro banco, quando se depositará: "A apresentação do cheque à câmara de compensação equivale à apresentação a pagamento".

Não havendo suficiente provisão de fundos na apresentação do cheque, permite-se a reapresentação em até dois dias úteis após a devolução; persistindo a ausência de fundos, passará o emitente a ser considerado inidôneo. Além disso, com a reapresentação continua sem fundos do cheque, procede-se o encerramento da conta bancária, com a inscrição do correntista no Cadastro de Emitentes de Cheques sem Fundos, o que o impedirá de abrir outra conta bancária no País enquanto seu nome estiver constando em dito cadastro. A reapresentação não encontra regramento da Lei Uniforme do Cheque e na Lei nº 7.357/1985, cabendo a regulamentação da matéria ao Banco Central do Brasil, consoante demonstram Paulo Restiffe Neto e Paulo Sérgio Restiffe: "Por dizer mais à órbita administrativa que à cambial, ou à eficácia executiva do cheque, a reapresentação – que é o reenvio, pelo portador, do cheque 'devolvido', ao sacado, para nova solicitação do pagamento frustrado por falta de provisão na primeira tentativa – é disciplinada pelo poder público competente, por norma do Banco Central do Brasil. Deve ocorrer a partir de dois dias úteis após a devolução, para ser efetuada com objetivo de penalizar o correntista-emitente, se constatada a persistência da anomalia (falta ou insuficiência de provisão), com a pecha de inidoneidade, e sujeição às consequentes sanções previstas, dentre as quais o encerramento da conta bancária, pagamento de multa etc."[18]

Acresce notar que a morte e incapacidade superveniente do emitente não atingem a validade do cheque e a exigibilidade do seu valor, no que é expresso o art. 37 da Lei de Cheque: "A morte do emitente ou a sua incapacidade superveniente à emissão não invalidam os efeitos do cheque".

8. COMPENSAÇÃO DE CHEQUES

É comum a apresentação de um cheque em um determinado banco, mas sacado contra outro banco. Efetua-se o seu creditamento na conta do favorecido, compensando-se o respectivo valor em cheque ou cheques que o outro banco tem do banco onde se efetuou o depósito. Diante deste instituto, existe uma convenção entre as instituições financeiras pela qual qualquer uma delas, recebendo o cheque sacado contra outro banco, o honra. Por esta maneira, o banco paga e fica com um crédito junto a outro banco. Como este banco também efetua pagamentos por conta daquele que pagou o cheque sacado contra si, procede-se a compensação entre os valores dos cheques. Daí afirmar-se que a compensação envolve uma troca de cheques.

Um aglomerado de bancos combina essa prática, acertando, posteriormente, as contas decorrentes da compensação de cheques. Quem garante as transações é o Banco do Brasil, que tem essa incumbência por força do art. 19, inc. IV, da Lei nº 4.595/1964. Os bancos entregam cheques um ao outro, equivalendo a um encontro de contas. Eis a explicação de Paulo Sérgio Restiffe e Paulo Restiffe Neto: "Compensação é o serviço de centralização da liquidação de cheques pelos vários bancos, instituições financeiras e caixas econômicas componentes do sistema bancário nacional, por meio do Banco do Brasil, de conformidade com as normas do Regulamento do serviço de Compensação de Cheques".[19]

Realizam-se as operações por meio de um sistema integralizado de códigos conhecidos internamente.

---

[18]   *Lei do Cheque*, p. 205.
[19]   *Idem*, p. 213.

152 | TÍTULOS DE CRÉDITO – *Arnaldo Rizzardo*

O art. 34 da Lei nº 7.357/1985 autoriza esta prática: "A apresentação do cheque à câmara de compensação equivale à apresentação a pagamento".

No endosso de cheque, o banco é responsável pela sua irregularidade, de conformidade com o Superior Tribunal de Justiça: "Direito comercial e direito processual civil. Cheque. Irregularidade dos endossos. Responsabilidade do banco intercalar. Divergência entre julgados das Turmas que compõem a Segunda Seção. I – O banco apresentante do cheque à câmara de compensação tem o dever de verificar a regularidade da sucessão dos endossos. Deve, pois, tomar a cautela de exigir prova da legitimidade do endossante, como, por exemplo, cópia do contrato social da empresa, quando o título for nominal a pessoa jurídica...".[20]

9. CONTRAORDEM E OPOSIÇÃO AO PAGAMENTO

É comum o emitente de um cheque dirigir-se ao sacado e sustar o pagamento. Múltiplos os motivos que determinam tal conduta, como a simples desistência em pagar, a existência de equívoco no valor, o desfazimento do negócio que ensejou a emissão, o extravio, a falsificação, o furto, a apropriação indevida.

A Lei Uniforme de Genebra e, posteriormente, a Lei nº 7.357/1985 trataram da matéria.

O art. 35 do último diploma expressa: "O emitente do cheque pagável no Brasil pode revogá-lo, mercê de contraordem dada por aviso epistolar, ou por via judicial ou extrajudicial, com as razões motivadoras do ato.

Parágrafo único. A revogação ou contraordem só produz efeito depois de expirado o prazo de apresentação e, não sendo promovida, pode o sacado pagar o cheque até que decorra o prazo de prescrição, nos termos do art. 59 desta Lei".

Para a perfeita inteligência das regras acima, necessário esclarecer que a contraordem equivale à revogação. E revogação importa em desconstituir o cheque, ou tirar a sua validade.

O parágrafo único protrai para um momento posterior à desconstituição do cheque. Mas, efetivada desde logo a contraordem, fica sustado o pagamento, embora a desconstituição somente se efetive quando expirado o prazo de apresentação. Ausente a contraordem, permite-se o pagamento enquanto não se consumar a prescrição.

O art. 36 trata da oposição, que não contém a abrangência da revogação ou contraordem. A oposição restringe-se ao não pagamento. Eis os seus termos: "Mesmo durante o prazo de apresentação, o emitente e o portador legitimado podem fazer sustar o pagamento, manifestando ao sacado, por escrito, oposição fundada em relevante razão de direito". Tem-se, aqui, a simples manifestação de que não seja pago o cheque. A providência restringe-se à oposição ao pagamento, sem influir na validade do cheque.

Conforme o § 1º do art. 36, "a oposição do emitente e a revogação ou contraordem se excluem reciprocamente". Por outros termos, ou buscará o obrigado a revogação e contraordem, ou apenas a oposição.

Ao formalizar a oposição, tal como sucede com a revogação ou contraordem, arrolará o interessado os motivos, não cabendo, porém, "ao sacado julgar da relevância da razão invocada pelo oponente" (§ 2º do art. 36).

Acrescenta-se que a oposição ou sustação do pagamento é exercitável tanto pelo emitente como pelo portador legitimado. A revogação é própria ao emitente, porquanto não encontra justificativa a sua formulação pelo portador. Naturalmente, tendo recebido o título, não se

---

[20] Embargos de Divergência no Recurso Especial nº 280.285/SP. 2ª Seção. Julgado em 25.06.2003, *DJ* de 28.06.2004.

vislumbra coerência na providência para ser revogado. O fato do furto ou extravio não importa em nulidade do cheque, o que conduz a admitir-se somente a oposição.

Aquele que recebe o cheque e o extravia, ou lhe é furtado, para o recebimento deve recorrer ao caminho judicial, de modo a comprovar o fato alegado. A primeira providência consistirá no pedido de sustar-se o pagamento, seguindo-se a comunicação ao emitente, com o registro do fato em delegacia de polícia. Para que prevaleça o direito ao recebimento do montante representado pelo documento, segue-se o caminho indicado pelo art. 909 do Código Civil.

10. ENDOSSO NO CHEQUE

Sabe-se que o endosso corresponde a uma transferência do título. Todo cheque, seja ou não nominal, é transferível, o que importa em reconhecer-lhe a qualidade de circulável. No seu anverso, é usual a cláusula "à ordem" ou "pague-se a", que subentende a autorização para circulação. Entretanto, mesmo que ausente essa autorização, não retira a natureza da transmissibilidade. Sempre está implícita, concretizando-se pela mera assinatura do portador legitimado.

O art. 17 da Lei nº 7.357/1985 regula a matéria: "O cheque pagável a pessoa nomeada, com ou sem cláusula expressa 'à ordem', é transmissível por via de endosso". Não interessa, pois, o tipo de cheque, isto é, se emitido ao portador ou à uma pessoa nomeada.

Entretanto, o § 1º faculta a colocação de cláusula proibitiva do endosso, quando a transferência equivalerá a uma mera cessão civil: "O cheque pagável a pessoa nomeada, com a cláusula 'não à ordem', ou outra equivalente, só é transmissível pela forma e com os efeitos de cessão". Equivale a afirmar que o título, nessa eventualidade, perde as características de abstração e autonomia, ensejando a possibilidade de discutir o negócio subjacente.

Como nos títulos de crédito cambiário, existem dois endossos: o "em branco" e o "em preto", conforme se indique ou não a pessoa do endossatário. O § 1º do art. 19 da mesma lei prevê o endosso "em branco", impondo que seja lançado no verso, ou numa folha em alongamento: "O endosso pode não designar o endossatário. Consistindo apenas na assinatura do endossante (endosso em branco), só é válido quando lançado no verso do cheque ou na folha de alongamento".

A qualquer pessoa é permitido o endosso, inclusive ao emitente ou outro devedor do cheque, como transparece do § 2º do art. 17: "O endosso pode ser feito ao emitente, ou a outro obrigado, que podem novamente endossar o cheque".

Uma série de outras regras segue nos dispositivos que tratam da matéria.

Assim, no art. 18, veda-se a colocação de condições, devendo ser o endosso puro e simples. O § 1º não permite o endosso parcial e o do sacado. O § 2º considera "em branco" o endosso ao portador. Já o endosso ao sacado vale como quitação, pois corresponde a uma transferência ao próprio banco. Todavia, se o sacado constituir-se de vários estabelecimentos, lançando-se em favor de estabelecimento diverso daquele contra o qual se deu a emissão, não tem esse efeito de quitação.

O art. 19 ordena o lançamento do endosso no cheque ou na folha de alongamento, devendo ter a assinatura do endossante ou de um mandatário com poderes especiais, quando lhe incumbe comprovar a qualidade de que está revestido. O § 1º, como já referido, disciplina o endosso em branco, apondo-se a assinatura no verso ou em folha de alongamento. O § 2º autoriza a assinatura por chancela mecânica ou processo equivalente.

O art. 20 assinala que todos os direitos resultantes do cheque são transmitidos com o endosso. Sendo ele "em branco", ao portador autoriza-se a completá-lo com o seu nome ou o de outra pessoa, bem como a endossá-lo novamente e a transferi-lo a um terceiro sem completar o endosso e sem endossar.

O art. 21 aponta a responsabilidade do endossante pela garantia do pagamento. O parágrafo único reserva ao endossante estabelecer a proibição de novo endosso. Caso se efetive, entrementes, desaparece a garantia do endossante.

Essa responsabilidade do endossante é admitida, inclusive, no contrato de *factoring*, respondendo o endossante pela dívida, embora a natureza do contrato de *factoring*, consistente na compra e venda de títulos. É o que se retira do REsp. nº 820.672/DF, da 3ª Turma, j. em 06.03.2008, *DJU* de 01.04.2008: "Salvo estipulação em contrário expressa na cártula, a endossante-faturizada garante o pagamento do cheque a endossatária-faturizadora (Lei do Cheque, art. 21)".

O voto do Relator, Min. Humberto Gomes de Barros, destoando de toda a doutrina e jurisprudência então vigente, praticamente descaracteriza o *factoring*. Diante da interpretação, revela-se oportuna a transcrição:

> "Tanto o Tribunal de Justiça, quanto o Juiz de primeira instância, louvaram-se na natureza do contrato de *factoring*. O fundamento principal é que se trata dum contrato de risco e, por isso, o faturizador não tem direito de regresso contra o faturizado.
>
> O cheque é regido por lei especial (Lei 7.357/1985), o que afasta as disposições sobre títulos de crédito contidas no Código Civil de 2002 (art. 903).
>
> Quanto à garantia representada pelo endosso, o Art. 21 da Lei do Cheque é claro: 'Art. 21. Salvo estipulação em contrário, o endossante garante o pagamento.'
>
> A Lei é mais que explícita: quem endossa garante o pagamento do cheque.
>
> Seja o endossatário quem for! A Lei não fez exclusões! Portanto, não cabe criar exceções à margem da Lei! Pouco importa se o endossatário do título for uma sociedade de fomento mercantil ou um banco ou uma pessoa física. Isso não diminuirá a garantia gerada pelo endosso. *Data venia*, basta a simples leitura da Lei para resolver a questão.
>
> O endossatário somente se exime da garantia do pagamento do cheque se expressamente o fizer na cártula. Aliás, nem se diga que os princípios da cartularidade, literalidade, abstração e autonomia são antigos e ultrapassados, pois foram expressamente incorporados ao nosso Código Civil de 2002 como prova de que continuam presentes no sistema cambiário nacional. Portanto, vale dizer: salvo estipulação em contrário expressa na cártula, a endossante-faturizada garante o pagamento do cheque a endossatária-faturizadora.
>
> Além disso, também cabe menção ao argumento de que o fomento mercantil é baseado num contrato de risco e, por isso, o faturizador não pode ter garantias do recebimento dos títulos comprados. *Data venia*, a meu ver, esse argumento não vinga, porque, primeiramente, não há Lei que impute esse risco ao faturizador. Ao contrário, risco muito maior assume quem endossa um cheque, pois a Lei expressamente o coloca na condição de garante do pagamento do valor estampado na cártula. Quem compra título endossado coloca-se em situação até confortável, pois tem opções de cobrança. Corre risco quem endossa cheque, porque passa a figurar na condição de codevedor.
>
> Convém relembrar que, apesar de já existirem alguns projetos de lei em andamento no Congresso Nacional, o fomento mercantil não tem regulação jurídica própria em nosso País. Assim, sob o ponto de vista legal, as sociedades empresárias de fo-

mento mercantil estão sujeitas aos mesmos direitos e obrigações que qualquer outra sociedade que explore outra atividade empresarial. Não há razão para distinção. Em suma: a exclusão da garantia do endosso às sociedades de fomento mercantil é incompatível com os princípios constitucionais da isonomia, da livre iniciativa e da legalidade.

Em que pesem as respeitáveis opiniões doutrinárias, em nosso sistema jurídico doutrina não revoga Lei. O secular e internacional instituto do endosso não pode ser abolido ou mitigado por construção doutrinária sem respaldo legal.

Tenho percebido que a jurisprudência tem feito restrições cambiais à atividade de fomento mercantil. Com todo respeito, não entendo o porquê das limitações feitas a tal atividade empresarial, pois a Lei não as faz. Trata-se de negócio lícito, mesmo porque não proibido. Tal atividade, inclusive, possibilita a sobrevivência de muitas micro e pequenas empresas mediante a negociação imediata de créditos que demorariam certo tempo para ingressarem no caixa das faturizadas-clientes caso não fosse a atividade empresarial das faturizadoras. É verdade que o faturizador compra o título de crédito com abatimento pelo valor de face, mas esse é justamente lucro perseguido nessa empresa (atividade), que não pode ser discriminada pelos Tribunais. Não se pode perder de vista que a livre iniciativa é fundamento da República Federativa do Brasil (CF, art. 1º, IV).

Também é importante atentarmos para possíveis fraudes que podem ser realizadas contra os faturizadores em decorrência desse raciocínio adotado pelo TJDFT. Ao se negar ao faturizador o direito de regresso decorrente do endosso é possível que se esteja a chancelar uma fraude (vulgo calote) decorrente de possível conluio entre emitente do título e faturizado. Perceba-se que alguém pode sacar títulos frios em benefício do faturizado já com prévia intenção de frustrar-lhes o cumprimento (p. ex.: por contraordem ao banco sacado, no caso do cheque). Daí o faturizador, que pagou pelo título garantido pela segurança do endosso, fica frustrado por um entendimento jurisprudencial louvado em opiniões doutrinárias sem qualquer amparo legal.

No julgamento do REsp. nº 612.423/DF fiquei vencido mas, *data venia*, não fui convencido. Peço vênia para fazer citar trecho daquele voto-vista, que tem alguma relação com o caso em exame:

'O fato de o cheque ter sido objeto de operação de *factoring* não desnatura o valor cambial do título ou lhe diminui a autonomia e abstração. Lembre-se que o *factoring* não possui regime jurídico próprio no direito pátrio. Não há delimitação jurídica dos efeitos de tal operação, que, na verdade, é feita à base de institutos jurídicos próprios. Assim, não podemos desconsiderar a eficácia duma relação cambial pelo simples fato de se ter ocorrido uma operação de *factoring*, que não possui qualquer efeito jurídico legal capaz de elidir a relação cambial.

Na prática, em linhas muito simples, o fomento mercantil, na faceta abordada nesse caso, consiste na compra de títulos de crédito com um deságio sobre o valor de face da cártula. Essa compra acaba se perfazendo com uso de institutos jurídicos conhecidos, que possuem efeitos próprios.

Vejamos algumas situações práticas: (...) (2) O faturizador recebe um título de crédito nominativo por endosso. Nessa situação, temos um instituto jurídico com efeitos cambiais próprios, que não podem ser afastados pela operação de *factoring*. Vale dizer: a eficácia da relação cambial decorrente do endosso não se abala pela operação de fomento mercantil, porque a realização de contrato entre faturizado e faturizador não afeta a eficácia do endosso passado no título de crédito. Aqui, por força da circulação do título por endosso, com maior razão só será viável a oposição de exceções pessoais que o sacador tenha contra o faturizador e não contra o beneficiário originário. Note-se que, inclusive, o faturizado pode, a depender do tipo de endosso (com ou sem garantia), excluir sua responsabilidade (LUG, art. 15).'

No caso, a faturizada, ora recorrida, endossou em preto cheques à faturizadora, ora recorrente. Inclusive, o endosso é expresso a assumir responsabilidade por regresso. Consta expressamente no dorso da cártula:

'Endosso plenamente, com os efeitos jurídicos de regresso cambial, o presente título de crédito extrajudicial à Prover Fomento Mercantil Ltda.' ...). Ora, além de tudo, no caso, a atitude da faturizada, ora recorrida, beira à má-fé, porque endossou – garantindo expressamente o pagamento – e depois buscou excluir judicialmente sua responsabilidade contra a literal disposição do art. 21 da Lei do Cheque.

No mínimo, não houve apreço ao princípio da boa-fé objetiva.

Obviamente a garantia do regresso decorrente do endosso reflete nos valores de compra do título de crédito. Tem maior valor o título de crédito garantido pelo endosso, porque representa maior segurança de recebimento para a faturizadora. Em resenha: o interesse e o valor de compra do título de crédito estão diretamente ligados à garantia do pagamento. Isso também não pode ser desprezado na análise de questões sobre *factoring*.

Em conclusão, o entendimento adotado pelo Juiz e pelo Tribunal não possui, *data venia*, qualquer apoio legal. Apesar das diversas citações doutrinárias, não houve menção a qualquer dispositivo de Lei que lastreasse a posição adotada pelo Tribunal *a quo*. Na verdade, a Lei tem solução contrária à posição assumida. A meu ver, reiterada vênia, o acórdão recorrido violou a própria literalidade da Lei, porque se louvou apenas em opiniões doutrinárias e ignorou solenemente o texto da Lei do Cheque que trata explicitamente da questão em foco. Por fim, quero apenas deixar um alerta: devemos mais atenção às Leis, porque elas são a fonte primária do Direito. A doutrina – não se nega – tem relevante papel, porém, *data venia*, até a mais respeitável opinião acadêmica não pode se sobrepor à Lei".

Segundo o art. 22, o detentor do cheque "à ordem" é considerado portador legitimado se provar seu direito na cadeia ininterrupta de endossos, mesmo que o último seja em branco. Para esse efeito, havendo endossos cancelados, consideram-se os mesmos não escritos. Na previsão de seu parágrafo único, vindo o endosso em branco seguido por outro, entende-se que o signatário deste adquiriu o cheque pelo endosso em branco.

Em vista do art. 23, o endosso passado ao portador torna o endossante responsável pelo pagamento, mas não convertendo o título em um cheque à ordem. Permanece o cheque criado ao portador com essa condição, ainda que no verso apareça um endosso em preto.

Pelo art. 24, havendo o desapossamento de um cheque, seja qual for o evento, o novo portador legitimado não está obrigado a restituí-lo se não o adquiriu de má-fé. Acrescenta o parágrafo único que, nos casos de perda, extravio, furto, roubo ou apropriação indébita do cheque, aplicam-se as disposições legais relativa à anulação e substituição de títulos ao portador.

Por força do art. 25, o demandado, por obrigação resultante do cheque, não pode opor ao portador exceções fundadas em relações pessoais existentes com aquele que emitiu o documento, ou com os portadores anteriores, salvo se algum desses últimos o adquiriu conscientemente em detrimento do devedor. Têm-se aí as características da abstração e da inoponibilidade das exceções pessoais.

O art. 26, em contendo o cheque a cláusula "valor em cobrança", ou "para cobrança", ou "por procuração", ou outra semelhante que implique apenas mandato, assegura ao portador o exercício de todos os direitos resultantes do cheque. Todavia, restringe-se a transferência ao endosso mandato. Neste caso, os obrigados têm o direito de levantar unicamente as exceções, contra o portador, oponíveis ao endossante. O parágrafo único assinala que persiste o mandato embora ocorra a morte do endossante ou advenha a superveniência de sua incapacidade.

O art. 27 trata do endosso posterior ao protesto, ou declaração equivalente, ou à expiração do prazo de apresentação. Produz, nas hipóteses, apenas os efeitos de cessão. Já o endosso sem data presume-se anterior ao protesto, ou declaração equivalente, ou à expiração do prazo de apresentação.

O art. 28 prevê que o endosso no cheque nominativo, pago pelo banco contra o qual foi sacado, constitui prova do recebimento da respectiva importância pela pessoa a favor da qual se deu a emissão, e pelos endossantes subsequentes. Pelo parágrafo único, indicando o cheque a nota, fatura, conta cambial, imposto lançado ou declarando a cujo pagamento se destina, ou outra causa de sua emissão, o endosso feito pela pessoa em favor da qual se deu a emissão e a sua liquidação pelo banco sacado provam a extinção da obrigação indicada.

Não se pode olvidar que ao endossatário cabe a verificação das regularidades dos endossos, respondendo pelos danos e pagamento se verificada desídia no pagamento ou compensação, na linha de orientação do STJ, em REsp. n° 605.088/MT, da 3ª Turma, j. em 13.09.2005, *DJU* de 03.10.2005: "O banco que recebe o cheque endossado está obrigado a verificar a regularidade da série de endossos, aí incluída a legitimidade dos endossantes.

Precedente da segunda seção. Uma das funções precípuas de um banco é o cuidado com os valores e documentos de seus clientes, por isso os cheques destes devem ser manejados com extremo cuidado pelo banco.

A exemplo de protesto indevido de título, a autuação fiscal de empresa, com suspeita de sonegação fiscal e fraude decorrente da falsificação de guias de recolhimento de tributos, por culpa do banco que não efetua corretamente o pagamento de tributo devido ao Fisco, é causa de abalo à imagem da empresa perante o mercado. A jurisprudência das Turmas que compõem a 2ª Seção, quanto à imposição da multa do art. 538, parágrafo único, do CPC, reputa imprescindível a fundamentação do juízo condenatório. Recurso especial não conhecido".

O referido art. 538 corresponde ao art. 1.026 do CPC/2015.

11. AVAL NO CHEQUE

Apesar de se tratar o cheque de uma ordem de pagamento à vista, parece incongruente com a natureza do título a admissão do aval. Mesmo assim, constituindo-se em título de crédito, e admitindo-se a sua execução, se inexistente provisão de fundos quando da apresentação, tem utilidade o aval, possibilitando a busca do crédito perante aquele que o oferece. Não é, pois, sem razão que a Lei n° 7.357/1985 contempla esse instituto. Seu art. 29 prevê o aval prestado por terceiro ou até pelo signatário do título: "O pagamento do cheque pode ser garantido, no todo ou em parte, por aval prestado por terceiro, exceto o sacado, ou mesmo por signatário do título".

Extrai-se da regra que a garantia pode referir-se a todo valor ou a parte dele, ao mesmo tempo em que se legitima a prestação por terceiro ou pelo emitente, isto é, pelo signatário. Unicamente o sacado está fora da previsão, pela óbvia razão de que não pode ele garantir o seu pagamento como avalista. Inclusive quanto ao emitente afigura-se um contrassenso a prestação da garantia.

Dentro das regras comuns dos títulos cambiários, o avalista é garantidor do pagamento, tanto quanto o garantem o sacador e o endossante. Consoante J. M. Othon Sidou, "o avalista torna-se obrigado na mesma medida e da mesma maneira que o signatário do título a quem afiançou, tal como se fosse o próprio".[21]

Lança-se o aval na face do título (anverso), ou no verso, ou em folha de alongamento, em consonância com a regra do art. 30: "O aval é lançado no cheque ou na folha de alongamento. Exprime-se pelas palavras 'por aval', ou fórmula equivalente, com a assinatura do avalista. Considera-se como resultante da simples assinatura do avalista aposta no anverso do cheque, salvo quando se tratar da assinatura do emitente". Entende-se que, se aposto no anverso, prescinde-se da expressão 'por aval'.

Já o parágrafo único manda que se indique o avalizado. Na falta desta especificação, considera-se avalizado o emitente.

De acordo com o art. 31, conserva o aval as características da abstração e autonomia. A quem prestou a garantia não interessam as exceções pessoais: "O avalista se obriga da mesma maneira que o avalizado. Subsiste sua obrigação, ainda que nula a por ele garantida, salvo se a nulidade resultar de vício de forma".

Já pelo parágrafo único, firma-se o direito de regresso do avalista contra o avalizado: "O avalista que paga o cheque adquire todos os direitos dele resultantes contra o avalizado e contra os obrigados para com este em virtude do cheque". Responde o avalista independentemente do consentimento do cônjuge, pois considerado título cambial, e regido pela lei que lhe é própria, e não pelo Código Civil, no que se revela peremptório o STJ:

> "1. Por um lado, o aval 'considera-se como resultante da simples Assinatura' do avalista no anverso do título (art. 31 da LUG), devendo corresponder a ato incondicional, não podendo sua eficácia ficar subordinada a evento futuro e incerto, porque dificultaria a circulação do título de crédito, que é a sua função precípua. Por outro lado, as normas das leis especiais que regem os títulos de crédito nominados, *v.g.*, letra de câmbio, nota promissória, cheque, duplicata, cédulas e notas de crédito, continuam vigentes e se aplicam quando dispuserem diversamente do Código Civil de 2002, por força do art. 903 do Diploma civilista. Com efeito, com o advento do Diploma civilista, passou a existir uma dualidade de regramento legal: os títulos de crédito típicos ou nominados continuam a ser disciplinados pelas leis especiais de regência, enquanto os títulos atípicos ou inominados subordinam-se às normas do novo Código, desde que se enquadrem na definição de título de crédito constante no art. 887 do Código Civil'. (REsp 1633399/SP, Rel. Ministro Luis Felipe Salomão, Quarta Turma, julgado em 10/11/2016, *DJe* 01/12/2016)
> 2. Nessa mesma linha de intelecção, o Enunciado nº 132 da I Jornada de Direito Civil do CJF apresenta a justificativa de que exigir anuência do cônjuge para a outorga de aval resulta em afronta à Lei Uniforme de Genebra.
> 3. Com efeito, a leitura do art. 31 da Lei Uniforme de Genebra (LUG), em comparação ao texto do art. 1.647, III, do CC/02, permite inferir que a lei civilista criou verdadeiro requisito de validade para o aval, não previsto naquela lei especial. Desse modo, não pode ser a exigência da outorga conjugal estendida, irrestritamente, a

---

[21] *Do Cheque*, p. 105.

todos os títulos de crédito, sobretudo aos típicos ou nominados, porquanto a lei especial de regência não impõe essa mesma condição (REsp 1644334/SC, Rel. Ministra Nancy Andrighi, Terceira Turma, julgado em 21.08.2018, *DJe* 23.08.2018)".[22]

12. PRESCRIÇÃO

Assunto comum em matéria de cheque, claramente definido na lei, refere-se à prescrição, cuja previsão se encontra no art. 59 da Lei nº 7.357/1985, com o seguinte teor: "Prescreve em 6 (seis) meses, contados da expiração do prazo de apresentação, a ação que o art. 47 desta lei assegura ao portador".

O art. 47 discrimina as pessoas contra as quais se dirige a exigibilidade, por meio de ação executiva.

Sabe-se que o prazo de apresentação é de 30 ou 60 dias, conforme a emissão se dê para o pagamento na mesma praça ou em outra praça. Em decorrência, na prática, o lapso prescricional será de 7 ou 8 meses da emissão do título. Conta-se o período de prescrição a partir do término do prazo de apresentação. O parágrafo único cuida da prescrição no direito de regresso: "A ação de regresso de um obrigado ao pagamento do cheque contra outro prescreve em 6 (seis) meses, contados do dia em que o obrigado pagou o cheque ou do dia em que foi demandado". Não importa quando se deu o pagamento. Mesmo que tenha ocorrido após o prazo de prescrição, reserva-se tal período de 6 meses para o direito de regresso.

Como tem sido admitida a validade do chamado cheque pré-datado, a contagem do prazo se dá a contar da data consignada no cheque, segundo orienta o REsp. nº 620.218/GO, 3ª Turma, julgado em 7.06.2005, p. em 27.06.2006:

> "O cheque emitido com data futura, popularmente conhecido como cheque 'pré--datado', não se sujeita à prescrição com base na data de emissão. O prazo prescricional deve ser contado, se não houve apresentação anterior, a partir de trinta dias da data nele consignada como sendo a da cobrança. Recurso não conhecido".

Também essa inteligência no REsp. nº 435.558/MG, da 3ª Turma, j. em 16.09.2003, *DJU* de 10.11.2003: "Prescrição. Art. 59 da Lei nº 7.357/85. Dissídio. Já assentou a Corte que a prescrição do art. 59 da Lei nº 7.357/85 pressupõe que o cheque haja sido apresentado no prazo legal, 'caso contrário, a prescrição passa a correr da data da primeira apresentação' (REsp. nº 45.512/MG. Relator: Min. Costa Leite. *DJ* de 09.05.1994)".

Passado o prazo, é cabível a ação de indenização por enriquecimento indevido. É o que prevê o art. 61: "A ação de enriquecimento contra o emitente ou outros obrigados, que se locupletaram injustamente com o não pagamento do cheque, prescreve em 2 (dois) anos, contados do dia em que se consumar a prescrição prevista no art. 59 e seu parágrafo desta Lei". Esta ação, que será de cobrança, baseia-se exclusivamente no fato do não pagamento, que configura locupletamento injusto do devedor, sem necessidade da remissão ao negócio subjacente. Não é, pois, causal, que o será a ação do art. 62, conforme se verá abaixo.

Não se restringe unicamente contra o emitente, mas envolve também os demais coobrigados, e, assim, o avalista. No entanto, o Superior Tribunal de Justiça entendeu, no caso do avalista, a necessidade da prova de seu locupletamento: "Prescrito o cheque, desaparece

---

[22] AgInt no REsp nº 1473462/MG, da 4ª Turma, rel. Min. Luis Felipe Salomão, j em 23.10.2018, *DJe* de 29.10.2018.

a relação cambial e, em consequência, o aval. Permanece responsável pelo débito apenas o devedor principal, salvo se demonstrado que o avalista se locupletou".[23]

Tem-se admitido a ação monitória para a exigibilidade do valor, sem a exigência da menção do negócio jurídico subjacente, conforme Súmula 531 do STJ, procedimento que a transforma em execução, na interpretação dos tribunais:

> "Direito privado não especificado. Cheque prescrito. Ação monitória. Procedimento adequado. A ação monitória é procedimento adequado para a cobrança de cheque prescrito, constituindo-se início de prova acerca da dívida. Precedentes do TJRGS e STJ. Embargos monitórios. Alegação de pagamento parcial. Ônus da prova. Incumbe à parte que alega a ocorrência de pagamento parcial o ônus da prova correspondente, em face do que dispõe o art. 333, II, do CPC, pagamento este não devidamente demonstrado. Cobrança de juros acima do legalmente permitido. Impossibilidade. Determinação de incidência de juros legais e correção monetária pelo IGP-M no período. Incontroversa a cobrança de juros em percentual superior ao legalmente permitido, determina-se a redução do débito mediante a incidência de juros legais e correção monetária pelo IGP-M no período. Apelação provida em parte".[24]

O citado art. 333, II, corresponde ao art. 373, II, do CPC/2015.

> "Ação Monitória. Cheque. Preliminar de carência de ação. Cheque prescrito. O cheque que embasa o presente feito é prova escrita suficiente para a constituição de título executivo judicial, restando atendidos os requisitos do art. 1.102-A do CPC. Rejeitada a preliminar, negaram provimento".[25]

O referido art. 1.102-A equivale ao art. 700 do CPC/2015.

O entendimento do Superior Tribunal de Justiça é na mesma linha:

> "Agravo regimental. Recurso especial. Ação monitória. Cheque prescrito. *Causa debendi.*
> 1. A ação monitória instruída com cheque prescrito dispensa a demonstração da causa de sua emissão, de acordo com a jurisprudência mais recente, considerando a perda da natureza executiva em face do transcurso do prazo prescricional.
> 2. Contradição e omissão inexistentes no Acórdão da apelação.
> 3. Agravo regimental desprovido".[26]

Acresce observar a possibilidade, no caso, de se ingressar no exame da relação causal que determinou a emissão, mesmo que dirigida a lide contra os coobrigados, pois não mais perduram os princípios da abstração e da autonomia das garantias.

Pelo art. 60, pode interromper-se a prescrição pelas mesmas causas que tratam da interrupção no direito comum, sendo as mais frequentes a citação pessoal feita ao devedor e o protesto judicial (e não protesto cambiário – Súmula nº 153 do STF, de 1963). J. M. Othon Sidou restringe a interrupção a apenas essas duas causas: "Uma vez que a prescrição se refere

---

[23] Recurso Especial nº 200.492/MG. 3ª Turma. Julgado em 29.06.2000, *DJ* de 21.08.2000.

[24] TJRS. Apelação Cível nº 70007601701. 12ª Câmara Cível. Julgado em 18.12.2003.

[25] TJRS. Apelação Cível nº 70007339328. 15ª Câmara Cível. Julgado em 19.11.2003.

[26] AgREsp. nº 450.231/MT. 3ª Turma. Julgado em 10.12.2002, *DJ* de 10.03.2003.

Cap. X • Cheque | **161**

ao exercício da ação, sua interrupção só se efetivará pelos dois modos, ambos estabelecidos pelo Código de Processo Civil: ou citação, na forma do art. 219; ou protesto, na forma do art. 867, ambos mediante postulação ao juiz".[27]

Os referidos arts. 219 e 867 correspondem aos arts. 240 e 726 do CPC/2015.

Eis os termos do art. 60 da Lei do Cheque: "A interrupção da prescrição produz efeito somente contra o obrigado em relação ao qual foi promovido o ato interruptivo".

Inclusive permite-se o ingresso de ação ordinária com amparo no art. 62 da mesma lei, servindo o cheque como início de prova: "Salvo prova de novação, a emissão ou a transferência do cheque não exclui a ação fundada na relação causal, feita a prova do não pagamento". A ação é causal, comportando discussão sobre o negócio subjacente, e servindo para o recebimento do crédito após o vencimento do prazo de dois anos, exigido na ação do art. 61. A jurisprudência, reiteradas vezes, faz a distinção entre a ação do art. 61 e a do art. 62:

> "Enquanto na ação de locupletamento o próprio cheque basta como prova do fato constitutivo do direito do autor, incumbindo ao réu provar a falta de causa do título, na ação de cobrança necessário se faz que comprove o autor o negócio jurídico gerador do crédito reclamado.
>
> Na espécie, diferentemente da ação de locupletamento prevista na Lei do Cheque, a ação ajuizada, de indenização fundada na culpa e/ou no inadimplemento contratual não dispensa, entre outros pontos, a prova da culpa e o nexo da causalidade.
>
> No caso, diferentemente, repita-se, a ação se fundou na responsabilidade civil por culpa, que inocorreu na espécie. Outra, portanto, seria a situação se a ação ajuizada fosse aquela prevista na Lei do Cheque, e a sua causa de pedir o locupletamento indevido".[28]

> "Alegação de decurso do prazo para ajuizar ação de locupletamento. Art. 61 da Lei nº 7.357/85. Distinção entre a ação de locupletamento e a ação causal prevista no art. 62 da Lei do Cheque. Prescrição vintenária para esta última. Doutrina e jurisprudência. Caso em que, na inicial, o autor declinou o negócio subjacente que motivou a emissão dos cheques... Ação objetivando cobrar cheques alegadamente passados para pagamento de honorários... Credibilidade da versão do réu apelante, no sentido de que os cheques acostados à monitória representavam parte do preço e deveriam ser entregues à vendedora, o que não ocorreu".[29]

> "Ação de natureza cambiária, baseada exclusivamente no fato do não pagamento do cheque que configura o locupletamento injusto do devedor. Não há necessidade da remissão ao negócio subjacente diferentemente do que ocorre na ação causal".[30]

A doutrina de Paulo Sérgio Restiffe Neto coloca a distinção em termos claros: "A prescrição chéquica na verdade retira a executoriedade do título, mas não o direito nele documentado... Esse é o fenômeno que explica a subsistência de outras duas demandas: a ação de locupletamento (cambiariforme, mas não de eficácia executiva, que é a prevista no art. 61); e a ação causal, fundada esta última na relação jurídica que deu origem à emissão do cheque (art. 62). Nesta, a causa de pedir pelo credor remonta ao negócio subjacente, servindo o cheque

---

[27] *Do Cheque*, p. 216.
[28] STJ. Recurso Especial nº 383.536/PR. 4ª Turma. Julgado em 21.02.2002.
[29] TJRGS. Apelação Cível nº 70004209623. 10ª Câmara Cível. Julgado em 05.12.2002.
[30] TJRGS. Apelação Cível nº 70004665980. 15ª Câmara Cível. Julgado em 18.09.2002.

impago (*pro solvendo*) como elemento de prova, e o prazo é, em princípio, o vintenário de prescrição das ações comuns, de conformidade com o Código Civil; já a pretensão de locupletamento contra o emitente em detrimento do credor tem na falta de pagamento do cheque o seu pressuposto, e o prazo é bienal de prescrição. Essas são as distinções entre ambas".[31]

13. AÇÃO POR FALTA DE PAGAMENTO

O cheque enquadra-se como título de crédito, sujeitando-se ao processo de execução na devolução por falta de pagamento. Desde que apresentado ao banco e não havendo provisão de fundos, ou manifestada contraordem de pagamento, ou promovida a sustação do pagamento mediante oposição do emitente, tem o portador o caminho da execução judicial indistintamente contra o emitente, avalistas e coobrigados.

Consoante o art. 784, inc. I, do CPC/2015, em que se menciona expressamente o cheque como título executivo extrajudicial, o meio mais hábil para a exigibilidade está no ajuizamento da ação de execução, o que prevê também o art. 47 da Lei nº 7.357/1985, inclusive arrolando os coobrigados sujeitos passivos da obrigação: "Pode o portador promover a execução do cheque:

> I – contra o emitente e seu avalista;
>
> II – contra os endossantes e seus avalistas, se o cheque apresentado em tempo hábil e a recusa de pagamento é comprovada pelo protesto ou por declaração do sacado, escrita e datada sobre o cheque, com indicação do dia de apresentação, ou, ainda, por declaração escrita e datada por câmara de compensação".

Recrudesce a dificuldade na execução contra os endossantes e seus avalistas, situação, porém, que dificilmente ocorre. Verificado o endosso do cheque, para buscar o valor junto ao endossante e seus avalistas, a providência prévia consiste no protesto ou na declaração do sacado, escrita no cheque, com indicação da data de apresentação, havendo também a possibilidade de que essa declaração seja fornecida pela câmara de compensação. De sorte que não se faz necessário o protesto, desde que substituído por outra prova da inexistência de fundos ou recusa de pagamento, tanto que o § 1º do art. 47 permite a alternativa: "Qualquer das declarações previstas neste artigo dispensa o protesto e produz os efeitos deste".

Há, todavia, uma exceção, no pertinente à obrigatoriedade do protesto, que se exige para fins de instruir o pedido de falência.

Não tomadas as providências de protesto ou da declaração acima mencionada, carece o portador de execução, consoante o § 3º: "O portador que não apresentar o cheque em tempo hábil, ou não comprovar a recusa do pagamento pela forma indicada neste artigo, perde o direito de execução contra o emitente, se este tinha fundos disponíveis durante o prazo de apresentação e os deixou de ter, em razão de fato que não lhe seja imputável". Naturalmente, para entrar com a execução, imprescindível a prova da falta de provisão, a qual se obtém pelo protesto ou pela declaração no cheque feita pelo sacado.

De realce a previsão do § 4º, quando se dispensa o protesto ou a declaração do sacado da inexistência ou impedimento de pagamento, se o sacado estiver sob intervenção, liquidação ou falência: "A execução independe de protesto e das declarações previstas neste artigo, se a apresentação ou o pagamento do cheque são obstados pelo fato de o sacado ter sido submetido à intervenção, liquidação extrajudicial ou falência".

---

[31] *Lei do Cheque*, 4ª ed., p. 353, transcrição feita em: TJRGS. Apelação Cível nº 70001432004. 18ª Câmara Cível. Julgado em 09.07.2003.

A dispensa igualmente pode resultar de convenção expressa do emitente, do endossante e dos avalistas, na previsão do art. 50: "O emitente, o endossante e o avalista podem, pela cláusula 'sem despesa', 'sem protesto', ou outra equivalente, lançada no título e assinada, dispensar o portador, para promover a execução do título, do protesto ou da declaração equivalente". Todavia, em face do § 1º, a cláusula que dispensa as providências acima não exime o portador da apresentação do cheque nos prazos estabelecidos na lei. Sendo o emitente que autoriza a dispensa de protesto ou declaração de falta de provisão, estende-se a mesma a todos os obrigados. Se partir do endossante ou dos avalistas, restringe-se unicamente a eles, consoante o § 2º. De notar, finalmente, na letra do § 3º, que, embora a dispensa, se mesmo assim o portador leva a efeito o protesto, suportará ele as despesas; mas, todos os obrigados respondem se a cláusula de dispensa é lançada por endossante ou avalista.

Na forma do § 2º do art. 47, os signatários respondem pelos danos causados por declarações inexatas. Estende-se a cominação às declarações de qualquer pessoa que participa do cheque, inclusive do sacado.

A execução é ajuizável contra o emitente ou coobrigados – endossantes e avalistas. A responsabilidade é solidária, permitindo que se acione um, alguns ou todos os coobrigados. O art. 51 e seus parágrafos permitem a liberdade de assim proceder o portador.

O art. 52 autoriza o portador a exigir do emitente ou coobrigados não apenas a importância que conste no cheque, mas igualmente os juros legais, desde o dia da apresentação, as despesas acarretadas e a compensação pela perda do valor aquisitivo da moeda, isto é, a correção monetária. Por outro lado, aquele que paga o cheque – o sacado ou coobrigados endossantes ou garantes – arma-se do direito de agir regressivamente, reclamando o pagamento da importância do cheque não pago, com as cominações ou encargos que constam no art. 52, por força do art. 53. O direito de regresso se dá pela integralidade do valor desembolsado, a menos que haja limite na assunção da garantia.

Lembra-se, como ocorre na prescrição (art. 61 da Lei nº 7.357/1985), que o não cumprimento das exigências estabelecidas acima – protesto, declaração do sacado de falta de provisão, ou na contraordem e oposição –, viabiliza a ação de cobrança pelo rito comum, a fim de evitar o locupletamento indevido.

14. O PROTESTO E AVISOS

Embora muito raramente aconteça na prática, é admitido o protesto do cheque. A declaração do sacado da falta de provisão de numerário para o desconto do cheque já surte os efeitos do protesto. Expõe, a respeito, o § 1º do art. 47: "Qualquer das declarações previstas neste artigo dispensa o protesto e produz os efeitos deste". Já o inc. II do mesmo preceito ressalta a dispensa do protesto se a recusa de pagamento é comprovada por declaração do sacado, escrita e datada sobre o cheque, com a indicação do dia de apresentação, ou, ainda, por declaração escrita e datada por câmara de compensação.

Algumas observações fazem-se necessárias.

Salienta-se que o protesto é um ato formal, destinando-se a comprovar a apresentação do cheque ao sacado e a recusa em pagar.

O art. 47, § 4º, da Lei nº 7.357/1985 dispensa o ato, quando a apresentação ou o pagamento do cheque são obstados pelo fato de o sacado ter sido submetido a intervenção, liquidação extrajudicial ou falência.

Já o art. 48 indica o lugar onde deve ser feito o protesto, que é o do pagamento ou do domicílio do emitente, e antes de expirar o prazo de apresentação. Ocorrendo a apresentação no último dia do prazo, o protesto ou as declarações do sacado podem fazer-se no primeiro dia útil seguinte. Consoante o § 1º, o oficial prenotará em livro especial a entrega do cheque, providenciando para a realização do ato nos três dias úteis a contar do recebimento do ato. Assinala o § 2º os elementos constantes do instrumento de protesto: a transcrição literal do cheque, com todas as declarações nele inseridas, na ordem em que se acham lançadas; a certidão de intimação do emitente, ou de seu mandatário ou representante, e das demais pessoas obrigadas no cheque; a resposta dada pelos intimados ou a declaração da falta de resposta; a certidão de não haverem sido encontradas as pessoas a quem se dirige o protesto, ou de serem desconhecidas, quando se fará, então, a intimação pela imprensa.

Manda o § 3º do mesmo artigo 48, que, depois de registrado em livro próprio o instrumento, se entrega o mesmo ao portador legitimado, ou àquele que houver efetuado o pagamento. O § 4º permite o cancelamento do protesto, desde que pago o cheque, e haja pedido de qualquer interessado, arquivando-se cópia autenticada da quitação contendo a perfeita identificação do título.

Finalmente, o art. 50 admite cláusula lançada pelo emitente dispensando o protesto ou a declaração equivalente, como já analisado no item anterior, para ensejar a execução, apõe-se a cláusula "sem despesa" ou "sem protesto", ou outra equivalente.

O art. 49 manda que o portador dê aviso da falta de pagamento ao endossante e emitente. Trata-se de uma medida também dispensável, de mero formalismo, para possibilitar o obrigado a satisfazer a prestação, e evitar, assim, que seja acionado judicialmente. O caráter facultativo está mencionado no § 6º do art. 49, cujos dizeres expressam que não decai do direito de regresso aquele que deixa de dar o aviso, respondendo unicamente pelos danos causados com a sua negligência.

Encerra o art. 49: "O portador deve dar aviso da falta de pagamento a seu endossante e ao emitente, nos 4 (quatro) dias úteis seguintes ao protesto ou das declarações previstas no art. 47 desta Lei ou, havendo cláusula 'sem despesa', ao da apresentação". A rigor, ao portador cabe avisar ao seu endossante e ao emitente da falta de pagamento. Atenderá essa providência no prazo de quatro dias seguintes ao do protesto ou da declaração feita no verso do cheque pelo sacado.

Por sua vez, o § 1º do mesmo art. 49 prevê que o endossante que recebeu o aviso deverá, nos dois dias seguintes, fazer a comunicação ao endossante precedente, indicando os nomes e endereços daqueles que lhe transmitiram os avisos anteriores. Se outros endossantes existirem, também deverão ser avisados, até chegar ao emitente. Já o § 2º manda que se dê o aviso também ao avalista do respectivo obrigado que recebeu a comunicação do não pagamento. Pelo § 3º, não existindo endereço, é suficiente o aviso ao endossante que o precedeu. Já o § 4º estabelece a forma livre de se materializar o aviso, inclusive pela simples devolução do cheque. Incumbe, conclui o § 5º, ao obrigado a dar o aviso provar que o fez no prazo estipulado.

15. PAGAMENTO PARCIAL DO CHEQUE

Problema que seguidamente ocorre consiste na falta de provisão para o pagamento integral do valor constante no cheque. É praxe os bancos não efetuarem o pagamento se insuficiente o valor depositado na conta do obrigado, para cobrir o cheque. Nada impede, porém, a entrega da quantia existente, assinalando-se no título ou em outro documento o correspondente pago.

A matéria está prevista no parágrafo único do art. 38 da Lei nº 7.357/1985: "O portador não pode recusar pagamento parcial, e, nesse caso, o sacado pode exigir que esse pagamento conste do cheque e que o portador lhe dê a respectiva quitação".

É preferível ao portador, quando o emitente se encontra em situação de insolvência, receber a parte que está depositada, a simplesmente aguardar, às vezes inutilmente, um momento posterior, na expectativa de ser complementado o depósito com a parcela faltante.

Não se retira o direito de levar a protesto o título, na hipótese de pagamento parcial, como observa J. M. Othon Sidou: "É direito do beneficiário protestar o título logo depois de parcelamento pago, como é faculdade sua efetuar a reapresentação, tenha ou não manifestado o protesto, uma vez que este é um ato de todo alheio à reapresentação".[32]

---

[32] *Do Cheque*, p. 143.

Capítulo XI
Duplicata

1. FATURA E DUPLICATA. CONCEITOS E DADOS HISTÓRICOS

É a duplicata um título representativo de um crédito originado de uma compra e venda mercantil a prazo ou de prestação de serviços. Mais propriamente, decorre de uma compra mercantil, que é, consoante Fábio O. Penna, "aquela feita por comerciante nos precisos termos dos textos comerciais citados".[1] A prestação de serviços envolve a realização de atividades econômicas, isto é, remuneradas, por pessoas habilitadas.

Para a compreensão da duplicata, deve-se, antes, entender o contrato de compra e venda ou de prestação de serviços, e a fatura. Em primeiro lugar, há um contrato de compra e venda mercantil, ou de prestação de serviços, o qual é pressuposto para a emissão da fatura. Por meio dele, o comprador e o vendedor, ou o prestador de serviços e aquele que o contrata, acordam na venda ou realização de uma coisa, fixando o preço e estabelecendo as condições.

Nas vendas mercantis a prazo ou na prestação de serviços, o vendedor ou prestador emite uma fatura para apresentação ao comprador ou contratante. A fatura corresponde à relação de mercadorias vendidas ou aos serviços prestados, em que se discriminam a sua natureza, a quantidade e o valor das mercadorias ou serviços. Bem claramente elucida Carlos Fulgêncio da Cunha Peixoto: "A fatura é o escrito particular emanado do comerciante vendedor e remetido ao comprador, contendo a qualidade, quantidade e preço da mercadoria".[2] Ilustra mais Fábio O. Penna que se trata "do escrito unilateral do vendedor e acompanha as mercadorias, objeto do contrato, ao serem entregues ou expedidas".[3]

Conterá o documento constituído da fatura a relação de mercadorias ou artigos vendidos, ou serviços, os respectivos preços de venda ou de serviço, quantidade e indicação quanto à qualidade e espécie. É extraída pelo vendedor ou prestador, que a encaminha ao comprador ou contratante. A sua expedição e remessa indica a consumação do negócio. Bem explícito já era Waldemar Ferreira: "A fatura ou conta de venda é a lista ou rol das mercadorias vendidas, discriminadas por quantidade, qualidade, espécies, marcas, tipos...". Em seguida, aponta outros elementos que se deve inserir, como "designar o vendedor, por sua firma ou denominação social, sede do estabelecimento, nome do comprador, lugar de seu domicílio, escritos nos lugares adequados... marcas, números de caixas e volumes, pesos, medidas..., preços unitários e globais".[4]

---

[1]   *Da Duplicata*, 2ª ed., Rio de Janeiro, Editora Forense, 1966, p. 30.
[2]   *Comentários à Lei de Duplicatas*, 2ª ed., Rio de Janeiro, Editora Forense, 1971, p. 21.
[3]   *Da Duplicata*, p. 36.
[4]   *Tratado de Direito Comercial*, vol. 10, pp. 184-185.

Por conseguinte, esse documento representa a venda ou serviço efetivamente realizados. Com a sua emissão e remessa, habilita-se o vendedor ou prestador a exigir do comprador ou contratante o pagamento, da compra e venda ou do serviço. Destina-se às compras e vendas e aos serviços cujo pagamento não se faz à vista, mas a crédito ou a prazo.

Em razão das normas emitidas pelo Ministério da Fazenda, adotou-se a prática de emitir nota fiscal/fatura, que é um instrumento único de efeitos comerciais e tributários. Acrescenta Fábio Ulhôa Coelho: "O comerciante que adota este sistema pode emitir uma única relação de mercadorias vendidas, em cada operação que realizar, produzindo, para o direito comercial, os efeitos da fatura mercantil e, para o direito tributário, os da nota fiscal".[5]

Todavia, não é suficiente a mera fatura ou a nota fiscal-fatura. Cabe ao vendedor ou prestador extrair outro documento, que será um título de crédito, denominado duplicata mercantil. De modo que a duplicata tem em conta a fatura, emitindo-se com base nela. Unicamente depois da emissão da fatura ou relação de mercadorias vendidas, ou da prestação de serviços, é que se remete a duplicata, o que se fará num prazo de 30 dias. Assim depreende-se do art. 1º da Lei nº 5.474, de 18.07.1968, que trata das duplicatas: "Em todo o contrato de compra e venda mercantil entre partes domiciliadas no território brasileiro, com prazo não inferior a 30 (trinta) dias, contado da data da entrega ou despacho das mercadorias, o vendedor extrairá a respectiva fatura para apresentação ao comprador". Como se verá adiante, a faculdade acima também abarca a prestação de serviços.

Eis os elementos que conterá a fatura, constantes do § 1º do art. 1º: "A fatura discriminará as mercadorias vendidas ou, quando convier ao vendedor, indicará somente os números e valores das notas parciais expedidas por ocasião das vendas, despachos ou entregas das mercadorias". Após esses atos antecedentes é que se faculta a expedição de duplicata, a qual constitui um meio de facilitar e exigir o pagamento, tudo como aponta o art. 2º da citada lei: "No ato da emissão da fatura, dela poderá ser extraída uma duplicata para circulação com efeito comercial, não sendo admitida qualquer outra espécie de título de crédito para documentar o saque do vendedor pela importância faturada ao comprador".

Com esses elementos, torna-se mais oportuno, nesse momento, definir a duplicata, consistente, pois, em um título elaborado pelo vendedor comerciante ou prestador de serviços, tendo como base um contrato de compra e venda ou de prestação de serviços, no qual se estabelece, com exatidão, o montante ou o preço da venda mercantil ou do serviço prestado, sendo encaminhado ao comprador ou contratante, que, ao assiná-lo, obriga-se a efetuar o pagamento, quando vencer o prazo ajustado. De Plácido e Silva explicita sua gênese: "Desse modo, a duplicata pressupõe a existência de um contrato de compra e venda mercantil ou de uma compra feita a comerciante, já perfeita e acabada. Ela resulta desta venda mercantil, quando não é o preço pago segundo a regra, isto é, imediatamente, logo que o contrato se ultima".[6]

A palavra expressa o sentido de duplicidade, por corresponder a uma duplicação da fatura, eis que a representa.

Assemelha-se com a letra de câmbio, por também depender de aceite, mas distinguindo--se basicamente por se constituir em título de crédito causal, isto é, contém em seu teor a causa da origem. Já na letra de câmbio, e mesmo na nota promissória, a relação causal não é trazida nas cártulas, nem importa para a exigibilidade do valor.

A duplicata é um título criado no Brasil, mas encontrando forma similar em outros países, como em Portugal, onde tem a denominação de *extracto de factura*, e na França, com

---

[5]   *Manual de Direito Comercial*, p. 261.

[6]   *Noções Práticas de Direito Comercial*, 11ª ed., Rio de Janeiro, Editora Forense, 1960, vol. II, p. 560.

a expressão *facture protestable* (fatura protestável). Alberto João Zortéa cita mais exemplos: na Itália, conhece-se por *cambiale tratta garantita mediante cessione di credito derivante da fornitura*; na Argentina, tem-se a *factura conformada*; nos Estados Unidos, existe a *trade acceptance*; e no Uruguai, há *conforme obligatorio*.[7]

O Código Comercial Brasileiro de 1850, no seu art. 219, revelava a origem mais coerente com o conceito atual, ao prever que a duplicata tinha a finalidade de documentar o contrato de compra e venda de mercadorias, em grosso ou no atacado, entre comerciantes, obrigando o vendedor a "apresentar ao comprador por duplicado, no ato da entrega das mercadorias, a fatura ou conta dos gêneros vendidos, as quais serão por ambos assinadas, uma para ficar na mão do vendedor e outra na do comprador". O Regulamento nº 737 continha menção a faturas ou contas de gêneros vendidos em grosso. Recordam-se as denominadas 'contas assinadas', expressão introduzida pelo Decreto nº 4.505, de 1870, e que eram impostas nas vendas efetuadas entre vendedor e comprador, cuja finalidade se identifica com a da duplicata. Historia Affonso Dyonisio Gama, que tais contas exigiam os seguintes requisitos: "a) que uma das partes, comprador ou vendedor, seja comerciante; b) que os efeitos vendidos sejam móveis ou semoventes; c) que tenham sido comprados para serem alugados ou revendidos com intenção de lucro".[8] Posteriormente, surgiu uma série de decretos, regulamentando as "contas assinadas", sendo que o último, de nº 22.061, de 1932, já utilizou o nome 'duplicata', introduzindo, além das normas fiscais, as de caráter cambiário.

Lembra Paulo Restiffe Neto a Lei nº 187, de 1936, inspirada em projeto de Waldemar Ferreira, também dando ênfase à índole fiscal da duplicata, impondo "a obrigatoriedade de emissão de fatura (com discriminação das mercadorias) nas vendas mercantis – assim caracterizadas pela qualidade de comerciante do vendedor, e não deste e do comprador – e respectiva duplicata, em que esta última era devolvida e assinada pelo comprador".[9]

A Lei acima precedeu a Lei nº 5.474, que está em vigor, tendo a data de 18.07.1968, tendo instituído a duplicata como título de crédito, já que antes sobressaía a finalidade fiscal. Sofreu várias alterações, destacando-se o Decreto-Lei nº 436, de 27.01.1969, que introduziu dispositivo sobre a comprovação da efetiva prestação de serviços, autorizando, então, o protesto; e a Lei nº 6.458, de 1º.11.1977, cuja inovação mais saliente é a que eleva a duplicata a título de crédito mesmo que não logrado o aceite do devedor, mas desde que se proceda ao protesto e, na exigibilidade via processo de execução, se faça acompanhar da prova da entrega e do recebimento da mercadoria.

2. NATUREZA JURÍDICA

Pode-se sintetizar dizendo que a duplicata constitui um título de crédito com a cláusula à ordem, "que se caracteriza por documentar o saque do vendedor pela importância faturada ao comprador, identificado como sacado".[10] Depreende-se daí que se trata de um título de crédito, nascendo de uma transação de natureza mercantil. Pressupõe um contrato de compra e venda ou uma prestação de serviços, isto é, sempre tendo a origem em uma causa negocial. Portanto, trata-se de um título causal, justamente porque se fundamenta num negócio subjacente, como ressaltou o Superior Tribunal de Justiça: "Em sendo a duplicata um título de

---

[7] *A Duplicata Mercantil e Similares no Direito Estrangeiro*, Rio de Janeiro, Editora Forense, 1983, pp. 129-130.

[8] *Das Contas Assignadas*, 2ª ed., São Paulo, Livraria Acadêmica Saraiva, 1928, p. 29.

[9] *Novos Rumos da Duplicata*, São Paulo, Editora Revista dos Tribunais, 1974, p. 4.

[10] Paulo Restiffe Neto, *Novos Rumos da Duplicata*, p. 07.

crédito causal, a relação jurídica que antecede a sua formação deve se enquadrar nas hipóteses legais de compra e venda mercantil ou de prestação de serviços. Não se verifica esta última, quando as partes celebram entre si um contrato locatício para empréstimo de equipamento. A emissão da duplicata é legitimada pela existência de vínculo contratual, consubstanciado na efetiva prestação de serviços".[11]

Negada a origem, cabe a discussão da causa da emissão, de acordo com o STJ: "Negada pelo sacado a causa que autorizaria o saque da duplicata, cumpre ao sacador comprovar documentalmente a entrega e o recebimento da mercadoria (arts. 333, II, e 334, II, do CPC; e 15, II, 'b', da Lei nº 5.474/1968). Recurso especial conhecido e provido".[12]

Os referidos arts. 333, II, e 334, II, correspondem, respectivamente, aos arts. 373, II, e 374, II, do CPC/2015.

Difere dos títulos de crédito cambiários propriamente ditos, como a letra de câmbio e a nota promissória.

Waldemar Ferreira é enfático em afirmar que tanto a fatura como a duplicata "hão de corresponder, necessariamente, em todos os casos, à venda efetiva de mercadorias entregues".[13]

Daí, segue Jorge Alcebíades Perrone de Oliveira, "não se inclui entre os títulos abstratos, válidos por si mesmos, mercê de seus requisitos formais e por efeito das assinaturas nele lançadas".[14]

Antônio Carlos Costa e Silva aborda a natureza causal: "O que prevalece é o conteúdo da duplicata, vale dizer, o ato jurídico negocial que ela representa, mais precisamente o saque fundado. Para a lei, não se abstrai a *causa debendi*. Antes, pelo contrário, é por sua causa que a lei substancial equipara uma mera declaração de ciência a um título formal, de tal sorte a permitir que aquele instrumento sirva de pressuposto legal ao processo de execução".[15]

Tanto é assim que na letra de câmbio torna-se indispensável o aceite. Já na duplicata esse elemento não define a sua natureza como título de crédito. Importa outro elemento, consistente no saque, ou na emissão, isto é, ordem de pagamento. Justifica a sua expedição a cobrança do preço de mercadorias vendidas ou de serviços prestados. Embora seja da essência o fundo causal, dependendo a validade do título da existência do contrato de compra e venda ou de prestação de serviços, afastando, destarte, princípios que são sagrados na letra de câmbio e na nota promissória, como o da abstração, da autonomia, da independência, não deixa de ser um título formal. Por outras palavras, para a validade impõe-se uma série de requisitos estabelecidos na lei, cuja obediência lhe dá certeza e executividade. Adquire natureza cambial pela segurança que imprime ao crédito que contém, tanto que a própria Lei nº 5.474/1968, em seu art. 25, ordena que "aplicam-se à duplicata e à triplicata, no que couber, os dispositivos da legislação sobre emissão, circulação e pagamento das letras de câmbio". Nelson Abrão enfoca nesse sentido o assunto, expondo que "as sucessivas leis solidificadas têm mandado aplicar aos títulos determinadas regras de direito cambiário, de modo que temos os institutos do aceite, endosso, aval, além de, é claro, o ato criador da duplicata que é o saque".[16]

---

[11]   Recurso Especial nº 188.512/ES. 3ª Turma. Julgado em 23.11.2000, *DJ* de 05.02.2001.

[12]   Recurso Especial nº 141.322/RS. 4ª Turma. Julgado em 1º.04.2004, *DJU* de 14.06.2004.

[13]   *Tratado de Direito Comercial*, vol. 10, p. 190.

[14]   *Títulos de Crédito*, vol. 1, p. 256.

[15]   *A Cobrança e o Procedimento Executivo da Duplicata*, 2ª ed., Rio de Janeiro, Editora Forense, 1983, p. 20.

[16]   *Duplicata sem Aceite*, 2ª ed., São Paulo, Editora Saraiva, 1977, p. 14.

3. PRESSUPOSTOS E REQUISITOS

Costuma-se dizer que a duplicata envolve um negócio mercantil. Todavia, nesse tipo de negócio estão abrangidos o ato de indústria e o de mercancia. A compra e venda ou prestação de serviços terá o caráter comercial. O emitente deve enquadrar-se como comerciante ou prestador de serviços, incluindo-se aquele que fabrica produtos e o profissional liberal, ao qual também se permite a emissão. Atenderá os elementos exigidos para o exercício da profissão, com a inscrição de sua firma ou pessoa jurídica no órgão competente para fins administrativos e fiscais, escriturando as operações em livro próprio, e inscrevendo-se nas repartições públicas que autorizam o exercício de atividades comerciais e profissões. Melhor expõe Fábio Ulhôa Coelho: "O comerciante que emite duplicata mercantil está obrigado a escriturar um livro específico, que o art. 18 da Lei das Duplicatas denomina 'Livro de Registro de Duplicatas'. Trata-se de livro obrigatório especial, cuja ausência acarreta as consequências... Em razão dessa escrituração, cada duplicata mercantil tem um número de ordem, o qual não coincide necessariamente com o número da fatura...".[17]

De outro lado, unicamente a venda de bens ou coisas móveis e a prestação de serviços são objeto do negócio do qual se origina a duplicata. Não se admite a emissão tomando por base outras causas, como para a cobrança de correção monetária, juros e outros encargos, mesmo que contratuais, no que bem ponderou o Superior Tribunal de Justiça: "É inadmissível a emissão de nova duplicata para cobrança da parcela correspondente à correção monetária do título anterior".[18]

Acresce notar que, para o saque, é indispensável, como explicita Nelson Abrão, "a prévia entrega da mercadoria, isto é, da feitura da provisão, como pressuposto para o seu saque".[19]

A discriminação dos requisitos consta no art. 2º, §§ 1º, 2º e 3º, da Lei nº 5.474/1968. Tratando-se de um título de crédito, com exigências formais, a confecção deve atender uma série de requisitos, sem os quais perde especialmente a natureza de exigibilidade ou executoriedade da obrigação que encerra.

Na forma do § 1º do art. 2º, deverá a duplicata conter:

I – A denominação "duplicata", a data de sua emissão e o número de ordem, sem o que o título não poderá ser caracterizado como duplicata. Quanto à data da emissão, uma vez ausente, não se saberá o início do prazo para apresentação ao aceite, o qual está fixado em 30 dias, nos termos do art. 6º, § 1º.

Quanto ao número de ordem, salienta-se que cada duplicata terá um número próprio, sendo que não pode corresponder a mais de uma fatura. Todavia, como é frequente, é possível que uma fatura se desdobre em várias duplicatas, especialmente a de valor elevado, cujo pagamento se divide em várias prestações.

II – O número da fatura. Na própria duplicata se mencionará o número da fatura que lhe deu origem, não admitindo a lei que se insira a referência de mais de uma fatura (§ 2º).

III – A data certa do vencimento ou a declaração de ser duplicata à vista. Tanto quanto ocorre com a letra de câmbio, conterá a duplicata a data em que deve ser paga.

---

[17] *Manual de Direito Comercial*, p. 263.
[18] Recurso Especial nº 198.221-SP. 4ª Turma. Julgado em 11.05.1999.
[19] *Duplicata sem Aceite*, p. 27.

Na falta desse elemento, tem-se que é exigível à vista. Observa Fábio O. Penna que "tanto quanto a letra de câmbio, a duplicata pode ser emitida com a determinação de dia certo de vencimento, ou com a determinação de dar-se a tantos dias de vista".[20]

IV – O nome e domicílio do vendedor e do comprador. Naturalmente, a identificação das partes vinculadas é necessária para viabilizar o título. Acompanha a identificação o cadastro da pessoa física na Receita Federal, ou outro documento de identidade.

V – A importância a pagar, em algarismos e por extenso.

VI – A praça de pagamento. Na omissão da referência, se procederá no domicílio do sacado ou obrigado, devendo o credor procurar o recebimento.

VII – A cláusula à ordem. A duplicata será sempre emitida à ordem de determinada pessoa, não podendo ser ao portador. Costuma-se afirmar que se trata de um título nominativo, e a favor do sacador. Não tolera a lei que se aponha a cláusula não à ordem.

VIII – A declaração do reconhecimento de sua exatidão e da obrigação de pagá-la, a ser assinada pelo comprador, como aceite cambial. Com o preenchimento dessa exigência, o título adquire certeza e executoriedade. Todavia, não é imprescindível o aceite, tanto que é suprido pela prova da entrega e do recebimento da mercadoria.

IX – A assinatura do emitente, a qual é suprida com a utilização de rubrica mecânica, conforme permite a Lei nº 6.304, de 1975.

Intervêm na duplicata o sacador e o sacado. O primeiro coincide com o beneficiário, enquanto o segundo é o obrigado. Esclarece-se mais: que o sacador ou emitente corresponde ao vendedor ou prestador de serviços, organizado na forma de pessoa jurídica ou firma individual, com a inscrição na Junta Comercial e em órgãos competentes, especialmente de ordem fiscal e administrativa.

Já o sacado, que é o comprador da mercadoria ou o contratante dos serviços, não necessita que obrigatoriamente seja comerciante ou pessoa jurídica.

O § 3º disciplina que "nos casos de venda para pagamento em parcelas, poderá ser emitida duplicata única, em que se discriminarão todas as prestações e seus vencimentos, ou série de duplicatas, uma para cada prestação, distinguindo-se a numeração a que se refere o item I do § 1º deste artigo, pelo acréscimo de letra do alfabeto, em sequência". Como já se observou, está permitida a emissão de uma ou várias duplicatas, sendo que, na segunda hipótese, a emissão corresponde ao pagamento da fatura em prestações.

4. ACEITE, REMESSA E DEVOLUÇÃO DA DUPLICATA

Constitui o aceite uma das etapas mais importantes da duplicata. Uma vez emitida, cumpre que seja encaminhada ao aceite do comprador, com o que se transforma em uma obrigação líquida e certa, apta ao ajuizamento da ação executiva.

É o aceite um ato formal que deve ser realizado pelo sacado, obrigando-se a cumprir a ordem de pagamento inserida na duplicata. Constitui um elemento essencial da duplicata, justificando-se a sua recusa em hipóteses expressamente previstas, como se observará abaixo.

A matéria, pela Lei nº 5.474/1968, inicia a ser tratada no art. 6º, em que discrimina os modos como é feita a remessa para o devedor: "A remessa de duplicata poderá ser feita diretamente pelo vendedor ou por seus representantes, por intermédio de instituições finan-

---

[20] *Da Duplicata*, p. 141.

ceiras, procuradores ou correspondentes que se incumbam de apresentá-la ao comprador na praça ou no lugar de seu estabelecimento, podendo os intermediários devolvê-la, depois de assinada, ou conservá-la em seu poder até o momento do resgate, segundo as instruções de quem lhes cometeu o encargo".

Nota-se que a remessa ou apresentação é feita ao comprador das mercadorias, ou prestador dos serviços, pelo próprio emitente, ou por seus representantes, e especialmente pelas instituições financeiras, na praça ou lugar do estabelecimento do devedor. Não se impõe que esses agentes tenham poderes expressos para esta providência. Tanto que os meros correspondentes e até funcionários do emitente estão habilitados a proceder ao encaminhamento. A outorga de poderes é subentendida, caracterizando um mandato tácito.

A apresentação se opera na praça de pagamento do comprador, ou no lugar de seu estabelecimento, sempre no prazo de 30 dias da emissão, a teor do § 1º do dispositivo acima: "O prazo para remessa da duplicata será de 30 (trinta) dias, contado da data de sua emissão". Se levado a termo o ato por meio de representantes, o que é frequente por meio de estabelecimentos bancários, incumbe-lhes o § 2º o cumprimento no prazo de 10 dias: "Se a remessa for feita por intermédio de representantes, instituições financeiras, procuradores ou correspondentes, estes deverão apresentar o título ao comprador dentro de 10 (dez) dias, contados da data de seu recebimento na praça de pagamento".

Todavia, a obrigação é puramente administrativa, não importando a desobediência aos prazos em nulidade ou perda de valor do título. Carlos Fulgêncio da Cunha Peixoto bem coloca este entendimento: "Os trinta ou dez dias..., respectivamente, contados da criação da duplicata e de seu recebimento pelo intermediário na praça de pagamento, são simplesmente para apresentação, ato que não se confunde com a sua emissão. Daí sustentarmos poder a duplicata ser criada a qualquer tempo, até o vencimento do prazo que as partes estabelecerem para o pagamento do preço de compra. Até porque se se admitisse outra interpretação, a conclusão não poderia ser a do mencionado trabalho, isto é, que a duplicata não pode ser emitida após o transcurso do prazo de trinta dias, mas que a faculdade dada pela lei se esgotaria no momento da expedição da fatura, o que é, sem dúvida, um absurdo".[21]

Não é obrigatória a apresentação da duplicata para o aceite antes do vencimento. Tanto que se torna pagável mesmo na apresentação. A essas conclusões levam os arts. 21 e 34, 1ª alínea da Lei Uniforme sobre a letra de câmbio e a nota promissória, incidentes por ordem do art. 25 da Lei nº 5.474/1968.

Recebendo o título, cumpre ao devedor que efetue a devolução no prazo de dez dias ao sacador ou instituição financeira encarregada, de acordo com a previsão do art. 7º: "A duplicata, quando não for à vista, deverá ser devolvida pelo comprador ao apresentante dentro do prazo de 10 (dez) dias, contados da data de sua apresentação, devidamente assinada, ou acompanhada de declaração, por escrito, contendo as razões da falta do aceite".

O recebimento da duplicata não importa, obrigatoriamente, em tornar o título certo e exigível. Consoante Fábio Ulhôa Coelho, cinco atitudes poderá tomar o devedor, a respeito do título: "a) Assinar o título e devolvê-lo ao vendedor no prazo de dez dias do recebimento; b) devolver o título ao vendedor, sem assinatura; c) devolver o título ao vendedor acompanhado de declaração, por escrito, das razões que motivam sua recusa em aceitá-lo; d) não devolver o título, mas, desde que autorizado por eventual instituição financeira cobradora, comunicar ao vendedor o seu aceite; e) não devolver o título, simplesmente".[22]

---

[21] *Comentários à Lei de Duplicatas*, p. 71.
[22] *Manual de Direito Comercial*, p. 265.

A assinatura perfectibiliza o título, mas a recusa em sua aposição não o invalida. Da mesma forma, a falta de devolução. Para, no entanto, recusar o aceite, que se provará mediante protesto, deve o devedor enquadrar-se numa das hipóteses constantes do art. 8º, e que são as seguintes: "O comprador só poderá deixar de aceitar a duplicata por motivo de:

I – avaria ou não recebimento das mercadorias, quando não expedidas ou não entregues por sua conta e risco;

II – vícios, defeitos e diferenças na qualidade ou na quantidade das mercadorias, devidamente comprovados;

III – divergência nos prazos ou nos preços ajustados".

No tocante ao primeiro item, se a venda efetuar-se na modalidade "FOB" (*free on board*), isto é, com cláusula que corresponde à responsabilidade do vendedor até a entrega ao transportador, a partir desse ato o último arcará com todos os riscos e eventos (perda de produto, avarias, furtos) que ocorrerem, situação que afasta o justo motivo para a recusa. No caso de efetuar-se a entrega da mercadoria na modalidade "CIF" (*cost, insurance e freight*), perdura a responsabilidade do devedor até chegar o produto ao comprador, e esse o receber. Naturalmente, já incidem na transação os encargos relativos ao custo do transporte e do seguro.

No pertinente às demais razões, evidentemente devem estar corroboradas em elementos concretos, competindo ao devedor a responsabilidade pela prova do motivo que alega.

Não se pode olvidar o disposto no § 1º do art. 7º, que permite a retenção do título pelo sacado, se houver expressa concordância da instituição financeira cobradora, até a data do vencimento, e devendo-se efetuar a comunicação por escrito ao apresentante do aceite e da retenção. Nota-se, neste caso, a existência do aceite. Complementa o § 2º que a comunicação do aceite feita pelo devedor ao apresentante dispensa o protesto e, inclusive, para a execução judicial, supre a duplicata retida.

Não se conclua que a simples alegação de motivos importa em invalidar o título.

A simples omissão em assinar ou a não devolução do título, e outras posturas de não aceite, não importam em retirar a sua qualidade executória. Consoante o art. 15, alíneas "a", "b" e "c" do inc. II, a comprovação da entrega do produto ou da realização do serviço, acompanhado o título de seu protesto, e não verificada a recusa do aceite no prazo e condições estabelecidos no art. 8º, conduz à execução judicial. É suficiente a prova da entrega, ou do recebimento, não se impondo a assinatura do destinatário no documento de entrega.

5. PROTESTO

Constitui o protesto, conforme já referido, um ato extrajudicial, tirado pelo oficial de protestos, que tem a finalidade de comprovar a falta de aceite, da devolução ou do pagamento. A sua previsão consta no art. 13 da Lei nº 5.474/1968, que estipula: "A duplicata é protestável por falta de aceite, de devolução ou de pagamento". A finalidade está em documentar a ocorrência das situações acima, sem que para as mesmas seja obrigatório o ato.

O § 1º esclarece como é encaminhado o pedido de protesto: "Por falta de aceite, de devolução ou de pagamento, o protesto será tirado, conforme o caso, mediante apresentação da duplicata, da triplicata, ou, ainda, por simples indicações do portador, na falta de devolução do título". Depreende-se do dispositivo que o credor apresentará o título para efetuar o protesto, ou, não o possuindo mais, uma triplicata, ou, indicará os elementos do título na falta de devolução.

Quanto à triplicata, consoante o art. 23, corresponde a uma nova duplicata, que contenha os elementos da anterior, de modo a se tornar uma cópia: "A perda ou extravio da duplicata obrigará o vendedor a extrair triplicata, que terá os mesmos efeitos e requisitos e obedecerá às mesmas formalidades daquela". Não passa, pois, de uma segunda via da duplicata, extraída com base nos registros constantes dos livros comerciais, os quais, naturalmente, se encontram com o vendedor. Acompanhará o documento uma fatura.

Entrementes, faculta o mesmo § 1º do art. 13 que se proceda ao protesto pela simples indicação dos dados que constava na duplicata, que serão levados ao oficial do cartório competente.

Pelo § 2º, "o fato de não ter sido exercida a faculdade de protestar o título, por falta de aceite ou de devolução, não elide a possibilidade de protesto por falta de pagamento". Estabelece o dispositivo que, visando comprovar a omissão no pagamento, o protesto será específico para tanto.

Indica o § 3º onde se efetuará o protesto que, obviamente, será na praça de pagamento constante no título, mesmo que seja diferente o endereço do domicílio do devedor. O § 4º assinala o prazo reservado para a sua efetivação, que consistirá de 30 dias, iniciando a partir do vencimento. No mesmo dispositivo se estabelece que a omissão do ato tem unicamente o efeito de perda do direito de regresso contra os endossantes e respectivos avalistas. Assim, não constitui a providência condição ao exercício da execução do devedor ou dos avalistas do mesmo. Ilustra, sobre o assunto, Antônio Carlos Costa e Silva: "Na verdade, o protesto cambial é unicamente necessário para o fim previsto no § 4º do art. 13 da Lei das Duplicatas, vale dizer: para a conservação do direito de regresso contra os endossantes e os respectivos avalistas".[23] Daí se concluir que não se faz necessário o protesto dos avalistas do devedor, e muito menos deste. Tendo o sacador endossado o título, e então aparecendo avalistas, surge aí a obrigação do protesto, mas para agir contra os últimos.

Para fins de falência, é necessário o protesto, como constava dos arts. 10 e 11 do Decreto-Lei nº 7.661, de 21.06.1945 (antiga Lei de Falências), e persiste a exigência no art. 94, inc. I, e seu § 3º, da Lei nº 11.101, de 9.02.2005 (Lei de Recuperação de Empresas e Falência), o qual permite a falência em obrigação líquida materializada em título ou títulos executivos protestados, cuja soma ultrapasse o equivalente a quarenta salários mínimos na data do pedido. Salientava J. C. Sampaio de Lacerda, quanto ao sistema antigo, a respeito da exigência mesma nos títulos não sujeitos a protesto obrigatório: "Os títulos não sujeitos a protesto também devem ser protestados para o fim de poder ser requerida a falência do devedor, nominando este protesto de especial".[24] Mesmo atualmente pensa-se da possibilidade do pedido de falência com base em títulos que não exige o protesto, mas que, para a falência, se exige.

As disposições acima, relativas à necessidade de protesto para o pedido de falência, estendem-se à duplicata ou triplicata de prestação de serviços, diante do § 3º do art. 20 da Lei nº 5.474/1968, ordenando que se aplicam à fatura e à duplicata ou triplicata de prestação de serviços, com as adaptações cabíveis, as disposições referentes à fatura e à duplicata ou triplicata de venda mercantil. Inclusive a duplicata sem o aceite, desde que acompanhada da prova da entrega ou da prestação de serviços, oportuniza a falência, na linha de Nelson Abrão, para quem "a abertura da falência tanto se dará através da fatura ou duplicata sem aceite, mas líquida, por corresponder a efetiva venda de mercadoria, entregue real ou simbolicamente,

---

[23] *A Cobrança e o Procedimento Executivo da Duplicata*, p. 43.

[24] *Manual de Direito Falimentar*, 3ª ed., Rio de Janeiro, Livraria Freitas Bastos, 1965, p. 62.

sem recusa ou reserva do comprador, com enunciação precisa dos *quid et quantum debeatur* e protestada, como de título aceito".[25]

Lembra-se que o art. 7º, no § 2º, da Lei nº 5.474/1968, abre uma exceção, dispensando o protesto quando o sacado ou devedor retém o título e comunica, por escrito, ao apresentante, que o aceitou e o reteve. Havendo a retenção, naturalmente não há endosso, posto que o título não retorna para o sacador ou credor. O protesto, aí, se faz por indicação, se, posteriormente, não se efetuar o pagamento. E o documento que confessa a retenção não substitui a cártula para a finalidade de circulação, não cabendo o seu endosso. O protesto tem a única finalidade de forçar o pagamento.

A duplicata de prestação de serviço não aceita deve estar acompanhada de "qualquer documento que comprove a efetiva prestação de serviços e o vínculo contratual que a autorizou" (art. 20, § 3º, da Lei nº 5.474/1968).

O art. 14 elenca os requisitos que deverá conter o instrumento de protesto, que são os do art. 29 do Decreto nº 2.044, de 31.12.1908, exceto o do inc. II, e que diz respeito à transcrição literal da duplicata. Os requisitos do art. 29 constituem-se da data do protesto, da certidão de intimação do sacado ou responsáveis, da certidão de não haver sido encontrado o devedor ou sacado, ou de ser desconhecido, da indicação dos intervenientes voluntários, da aquiescência do portador ao aceite por honra e da assinatura do oficial do protesto.

6. AVAL

O art. 12 trata do aval, dispondo que o "pagamento da duplicata poderá ser assegurado por aval, sendo o avalista equiparado àquele cujo nome indicar; na falta da indicação, àquele abaixo de cuja firma lançar a sua; fora desses casos, ao comprador".

Depreende-se a previsão do aval "em preto", verificado quando o avalista identifica a pessoa do avalizado, equiparando-se àquele cujo nome indicar; e do aval "em branco", se não identificado o avalizado pelo avalista. Neste caso, será avalizado o devedor cujo nome aparece colocado abaixo da firma do avalista. Não indicando o nome do avalizado e não aparecendo qualquer nome abaixo da assinatura, considerar-se-á como avalizado o comprador, que corresponde ao devedor, ou o contratante dos serviços, se se tratar de duplicata de prestação de serviços.

Em qualquer hipótese, conservam-se as características da autonomia e independência do aval, de acordo com interpretação tradicional, o que não comporta a prática. Considera-se absurda essa visão, já que a duplicata distingue-se dos títulos cambiários propriamente ditos, por ser um título causal.

O parágrafo único do art. 12 assegura a validade do aval após o vencimento: "O aval dado posteriormente ao vencimento do título produzirá os mesmos efeitos que o prestado anteriormente àquela ocorrência". Sintetiza a interpretação do dispositivo Luiz Emygdio F. da Rosa Jr.: "Assim, mesmo que prestado após o protesto do título ou do decurso do prazo para o protesto, o aval na duplicata produzirá efeitos cambiários. Desse modo, não se aplica à duplicata a norma do art. 20 da LUG, pela qual o endosso feito após aqueles momentos produz efeitos de cessão".[26]

A teor do parágrafo único do art. 11, na reforma ou prorrogação do título, é necessária a anuência do avalista, para manter a sua responsabilidade.

---

[25] *Duplicata sem Aceite*, p. 82.
[26] *Títulos de Crédito*, p. 687.

No mais, incidem as normas e os estudos feitos em relação ao aval nos demais títulos de crédito.

7. ENDOSSO E RESPONSABILIDADE DO ENDOSSATÁRIO NO PROTESTO INDEVIDO

Como é sabido, constitui a duplicata um título com cláusula à ordem, o que acarreta a possibilidade de sua circulação. Não se admite a inclusão da ressalva "não à ordem". O endosso é comum na duplicata, verificado, sobretudo, no desconto bancário, que é o contrato pelo qual uma pessoa recebe do banco determinada importância mediante a transferência da duplicata.

Máxime por se tratar de um título causal, o direito de regresso sempre é possível quando se der o endosso. Havendo defeito do título, sobretudo envolvendo a origem, garante-se o direito de regresso, como já orientou o STJ, no REsp. nº 19.417/RS, 3ª Turma, julgado em 15.05.1992, *DJU* de 08.06.1992: "Comercial. Duplicata não aceita. Banco endossatário. Protesto. Direito de regresso. Empréstimo. Aval.

Esvaziado o nexo causal do título (duplicata) pela negação do aceite e devolução das mercadorias, remanesce, em favor do banco endossatário, direito de regresso, eis que, endossado o título, cuja validade condiciona-se à observância dos requisitos de forma e não à regularidade do saque, poderá o endossatário exercer amplamente os direitos dele emergentes, dispensável nesse caso o protesto, sobre ser de graves consequências para o comércio, em nada afeta a posição do sacado não aceitante, tanto mais quando a operação de empréstimo foi garantida também por aval. Recurso não conhecido".

Para assegurar o direito de regresso, é necessário o protesto, por imposição do § 4º do art. 13 da Lei nº 5.474/1968. Seu conteúdo expressa que o portador perderá o direito de regresso contra os endossantes e respectivos avalistas, se não tirar o protesto da duplicata, de forma regular e no prazo de 30 dias contado da data de seu vencimento.

No entanto, aceita-se cláusula dispensando o protesto, em vista do art. 25 da Lei nº 5.474/1968, em que está expresso que se aplica às duplicatas a legislação sobre emissão, circulação e pagamento das letras de câmbio. Ora, o art. 46 da Lei Uniforme autoriza a cláusula "sem protesto".

O endossatário pode ser acionado por vícios do título, porquanto recebeu-o sem a devida averiguação de sua autenticidade e veracidade. O Superior Tribunal de Justiça adota essa solidariedade passiva: "O Banco que recebe por endosso duplicata sem causa e a leva a protesto responde pelo dano que causa ao indicado devedor e pelas despesas processuais com as ações que o terceiro foi obrigado a promover, ressalvado o direito do banco de agir contra o seu cliente".[27] É que, reafirmando orientação da Corte, justifica o voto do relator: "O Banco comercial que recebe por endosso duplicata sem causa e a leva a protesto contra o indicado devedor responde pelo dano a este causado, uma vez que corre o risco do exercício de sua atividade. Também porque age com descuido ao receber o título causal sem correspondência com a efetiva operação de compra e venda ou prestação de serviço".

É comum o endosso-mandato da duplicata, pelo qual a transferência é unicamente para cobrança. Normalmente, encaminha-se às instituições financeiras o título para a cobrança. A autorização decorre do art. 25 da Lei nº 5.474/1968, incidindo, pois, o art. 18 da Lei Uniforme sobre Letras de Câmbio, que autoriza o endosso-mandato. O Superior Tribunal de Justiça, nesta linha, decidiu: "O endosso-mandato não transfere a propriedade do título ao endossatário,

---

[27] Recurso Especial nº 327.828/MG. 4ª Turma. Julgado em 07.02.2002, *DJ* de 08.04.2002.

tornando este parte ilegítima na ação de anulação de título de crédito fundada na ausência de negócio jurídico subjacente".[28] Se, porém, o mandatário, comunicado da falta de origem do título, o encaminha para protesto, é responsável solidário, na linha do Superior Tribunal de Justiça: "Previamente advertido o banco sobre a fragilidade da cártula em face da não entrega das mercadorias pela endossatária, o envio do título a protesto torna-o corresponsável pelos danos morais causados à suposta devedora pela cobrança indevida".[29]

O STJ tem reafirmado a responsabilidade do endossatário pelo protesto indevido, mesmo sem haver a comunicação do vício de origem. É o que se depreende do REsp. n° 662.111/RN, 4ª Turma, julgado em 21.09.2004, *DJU* de 06.12.2004: "Recurso Especial. Ação de indenização. Danos morais. Protesto indevido de duplicata paga no vencimento. Pessoa jurídica. Banco endossatário. Endosso-mandato. Ciência do pagamento. Legitimidade passiva. Prova do dano. Parágrafo único do artigo 42 do CDC. Divergência jurisprudencial não comprovada. Banco endossatário tem legitimidade passiva para figurar na ação de indenização e deve responder pelos danos causados à sacada em decorrência de protesto indevido de título cambial. *In casu*, mesmo ciente do pagamento da duplicata, o banco-recorrente levou o título a protesto".

Essa extensão de responsabilidade no caso do protesto indevido levou ao Tema 465 do STJ, com a seguinte tese: "Responde pelos danos decorrentes de protesto indevido o endossatário que recebe por endosso translativo título de crédito contendo vício formal extrínseco ou intrínseco, ficando ressalvado seu direito de regresso contra os endossantes e avalistas".[30]

Sobre a mesma tese, há a Súmula 475 de 2012, também do STJ, com idêntica redação.

Na linha de raciocínio de não transferência de propriedade, está o endosso-caução, consoante o art. 19 da mesma Lei Uniforme, em que vem contemplado que o endosso-caução tem a finalidade de apenas garantir uma obrigação. Todavia, não paga a obrigação garantida, é autorizada a execução do título, ocorrendo, somente então, a transferência. O Superior Tribunal de Justiça assinalou: "No endosso-caução, o portador do título tem interesse próprio na respectiva cobrança, porque esta pode viabilizar o recebimento do seu crédito. A falta de pagamento, todavia, expõe esse portador às exceções pessoais oponíveis ao endossante, e, à míngua de direito de regresso, o protesto não lhe é indispensável. Em suma, o protesto da duplicata não aceita, cuja posse foi transferida por endosso-mandato ou por endosso-caução, só produz efeitos em relação ao sacado, e por isso é abusivo sempre que não corresponder à venda de bens ou serviços; tratando-se de endosso decorrente de desconto bancário, que transfere propriedade e posse de título, o protesto da duplicata é necessário para caracterizar o direito de regresso".[31]

Por último, conforme ordem do parágrafo único do art. 11 da Lei n° 5.474/1968, na reforma ou prorrogação do endosso, para manter a obrigação dos endossantes, impõe-se a anuência expressa destes.

8. VENCIMENTO E PAGAMENTO

A duplicata admite unicamente dois tipos de vencimento: o "à vista", sendo sacada para pagamento no ato de sua apresentação; e o "a dia certo", quando o prazo vence num dia estabelecido.

---

[28]   Recurso Especial n° 280.778/MG. 4ª Turma. Julgado em 24.04.2001, *DJ* de 11.06.2001.

[29]   Recurso Especial n° 56.554/RS. 4ª Turma. Julgado em 07.06.2001, *DJ* de 08.10.2001.

[30]   Recurso Especial n° 1213256/RS. Relator: Min. Luis Felipe Salomão. 2ª Sessão. Julgado em 14.03.2011, *DJe* de 14.11.2011.

[31]   Recurso Especial n° 179.871/SP. 3ª Turma. Julgado em 02.05.2000, *DJ* de 26.06.2000.

Não comportam os vencimentos "a certo termo de vista" ou "a certo termo de data", próprios da letra de câmbio.

Na devolução sem aceite, ou na falta de devolução, opera-se o vencimento antecipado, embora ausência de previsão da Lei das Duplicatas. Todavia, por força do art. 25 da Lei nº 5.474, o art. 43, item 1º, da Lei Uniforme sobre Letras de Câmbio e Notas Promissórias tem aplicação à duplicata. Este dispositivo estabelece o direito do portador em exercer seus direitos, mesmo antes do vencimento, contra os endossantes, o sacador, e outros coobrigados, se manifestada a recusa total ou parcial do aceite. Quanto à recusa de devolução, obviamente não ocorre o aceite, o que impõe a incidência das regras acima.

Para o exercício dos direitos de regresso de pedido de falência, é indispensável o protesto.

No pertinente ao pagamento, embora exigível quando do vencimento, nas modalidades acima, permite o art. 9º da Lei nº 5.474/1968 a faculdade de efetuar-se antecipadamente: "É lícito ao comprador resgatar a duplicata antes de aceitá-la ou antes da data do vencimento". Entrementes, não se pode olvidar que esse pagamento antecipado, segundo adverte Luiz Emygdio F. da Rosa Jr.,[32] é feito sob a responsabilidade do sacado ou devedor, no que secunda o art. 40, alínea 2ª, da Lei Uniforme, em comando do art. 25 da Lei de Duplicatas. Responde se faz o pagamento para quem não é o legítimo portador do título, ou se ocorreu o pagamento no período suspeito da falência (art. 99, inc. II e parágrafo único, Lei nº 11.101/2005).

O § 1º da Lei nº 5.474/1968 aponta a forma de exteriorização do ato, para imputar-se válido: "A prova do pagamento é o recibo, passado pelo legítimo portador ou por seu representante com poderes especiais, no verso do próprio título ou em documento, em separado, com referência expressa à duplicata". A mera posse da duplicata não induz em pagamento, pois o título é remetido ao devedor, tornando-se viável que ele não o devolva. Não basta um recibo em separado, sem a entrega do título correspondente, eis que, então, se viabilizaria a fraude, com a transferência do título para um terceiro de boa-fé, que exerceria o direito de cobrança, inclusive contra endossantes. Para imprimir segurança ao ato, a quitação ou recibo no verso é uma medida de necessária precaução, sob pena de manter-se a responsabilidade do sacado.

O § 2º possibilita que se pague por meio de cheque, desde que observadas certas precauções: "Constituirá, igualmente, prova de pagamento, total ou parcial, da duplicata, a liquidação de cheque, a favor do estabelecimento endossatário, no qual conste, no verso, que seu valor se destina à amortização ou liquidação da duplicata nele caracterizada".

Se procedido no cartório o pagamento, quando levado o título a protesto, considera-se completo se abranger os encargos e, inclusive, a correção monetária, consoante já reconheceu o STJ, no REsp. nº 204.253/ES, da 4ª Turma, j. em 21.08.2008, *DJU* de 01.09.2008: "Duplicatas pagas em cartório. Incidência de correção monetária e juros devidos pelo credor, desde a data do vencimento até a quitação. Dissídio. Aplicação da Súmula nº 83 do STJ.

1. Tendo os devedores efetuado o pagamento dos títulos em cartório, a quitação dada pelo oficial de protestos não impede a cobrança pelo credor das parcelas correspondentes à correção monetária e juros, devidos desde os vencimentos respectivos.

2. Pacificada a matéria no âmbito das duas turmas que compõem a 2ª seção deste tribunal superior, a divergência não há de ser conhecida. Súmula 83 do Superior Tribunal de Justiça. Recurso não conhecido".

O art. 10 contempla deduções de valores com a averbação no próprio verso da duplicata: "No pagamento da duplicata poderão ser deduzidos quaisquer créditos a favor do devedor, resultantes de devolução de mercadorias, diferenças de preço, enganos verificados, pagamen-

---

[32] *Títulos de Crédito*, p. 691.

tos por conta e outros motivos assemelhados, desde que devidamente autorizados". É natural que, para valerem as deduções, devem apresentar a concordância do credor. Ocorre a situação especialmente quando há devolução de mercadorias, ou diferenças no cálculo do preço.

Pelo art. 11, é possível a reforma ou prorrogação do prazo de vencimento, desde que haja convenção das partes. Para manter-se a coobrigação do endossante e do avalista, estes devem mostrar concordância formalizada (parágrafo único).

9. DUPLICATA POR PRESTAÇÃO DE SERVIÇOS

O art. 20 da Lei nº 5.474/1968 permite a emissão de fatura e duplicata de prestação de serviços, por empresas individuais ou coletivas, e outras entidades que se dedicam a prestar serviços: "As empresas, individuais ou coletivas, fundações ou sociedades civis, que se dediquem à prestação de serviços, poderão, também, na forma desta lei, emitir fatura e duplicata".

A pessoa jurídica é a empresa criada na forma de sociedade em torno de uma finalidade econômica, com os atos constitutivos arquivados na Junta Comercial. No caso de uma pessoa física se constituir para o desempenho de uma atividade econômica, então a empresa será individual. De modo que a firma individual é formada por uma pessoa física que exerce uma atividade comercial, necessitando estar também devidamente organizada por meio de uma declaração, na qual se insere a atividade a ser exercida, arquivando-se seus atos na Junta Comercial.

Tem-se uma fundação ou sociedade civil se a finalidade que determina a atividade prestada não encerre caráter econômico.

Essas entidades estão autorizadas a emitir faturas dos serviços prestados e as decorrentes duplicatas. O § 1º impõe que a fatura discriminará a natureza dos serviços prestados. Já o § 2º obriga a colocação, em seu conteúdo, da soma a pagar em dinheiro, que corresponderá ao preço dos serviços prestados.

Sobre a necessidade da demonstração dos serviços, ponderou o Superior Tribunal de Justiça: "A emissão da duplicata de prestação de serviços deve obediência às regras aplicadas à compra e venda a prazo, sendo necessária, contudo, a comprovação da efetiva prestação dos serviços.

Na lição de Cunha Peixoto, 'a duplicata, mesmo não assinada, mas acompanhada de documento que comprove a efetiva prestação do serviço, desde que protestada, enseja a ação executiva...'".[33]

Já o § 3º estende a estes tipos de fatura e duplicata as disposições concernentes aos títulos de compra e venda mercantil: "Aplicam-se à fatura e à duplicata ou triplicata de prestação de serviços, com as adaptações cabíveis, as disposições referentes à fatura e à duplicata ou triplicata de venda mercantil, constituindo documento hábil, para transcrição do instrumento de protesto, qualquer documento que comprove a efetiva prestação dos serviços e o vínculo contratual que a autorizou".

De modo que é indispensável, no caso da falta de aceite, o protesto e a comprovação de vínculo contratual e da efetivação do serviço. Expõe Luiz Emygdio F. da Rosa Jr.: "Se o sacado (beneficiário dos serviços) não apuser a sua assinatura no título, inexistindo, portanto, aceite ordinário, o aceite tácito só se configurará se forem preenchidos, cumulativamente, os requisitos enumerados no art. 15, inc. II, da LD, adaptados para duplicata de serviços, a saber: a) protesto por falta de pagamento, com observância das exigências da parte final do

---

[33] Recurso Especial nº 327.720/SP. 4ª Turma. Julgado em 20.11.2001, *DJ* de 18.02.2002.

§ 3º do art. 20, ou seja, tenham sido apresentados ao Cartório de Protesto os documentos comprobatórios da existência de vínculo e da efetiva prestação de serviços; b) não tenha o sacado, comprovadamente, recusado o aceite, no prazo e condições do art. 7º, e por qualquer das razões do art. 21".[34]

O art. 21 elenca as situações que justificam a recusa de aceite nesse tipo de duplicata:

> "I – não correspondência com os serviços efetivamente contratados;
> II – vícios ou defeitos na qualidade dos serviços prestados, devidamente comprovados;
> III – divergência nos prazos ou nos preços ajustados".

De sorte que os princípios e regras correspondem aos da duplicata de transação de compra e venda.

10. DUPLICATA POR CONTA DE SERVIÇOS

Distingue-se da duplicata por prestação de serviços pela circunstância de ser emitida normalmente por profissionais liberais ou por prestadores de serviços eventuais. É a hipótese das duplicatas que emitem os advogados, médicos, contadores, engenheiros etc., constando prevista no art. 22 da Lei nº 5.474/1968: "Equiparam-se às entidades constantes do art. 20, para os efeitos da presente Lei, ressalvado o disposto no Capítulo VI, os profissionais liberais e os que prestam serviço de natureza eventual, desde que o valor do serviço ultrapasse a cem cruzeiros novos".

A sistemática da emissão revela-se igual àquela das demais duplicatas. É remetida ao devedor ou tomador do serviço a fatura ou conta discriminando o tipo de atividade, o valor pela prestação, a data, o local de pagamento, e o vínculo contratual que originou o pedido de serviços, consoante o § 1º. Sobre o demonstrativo dos serviços que acompanhará o título, decidiu o Superior Tribunal de Justiça: "Instruída a execução com o demonstrativo concernente à prestação de serviços de assistência médica e, ainda, não negada pela devedora a efetiva realização desses mesmos serviços, as duplicatas emitidas são consideradas títulos executivos extrajudiciais, hábeis a embasar o pedido".[35]

Não carece de aceite, o que se depreende do § 2º, o qual ordena o registro no Cartório de Títulos e Documentos, com a remessa ao devedor: "Registrada a fatura ou conta no Cartório de Títulos e Documentos, será ela remetida ao devedor, com as cautelas constantes do art. 6º".

É admitido, na falta de pagamento, o protesto, valendo, na ausência do original, certidão do cartório competente, na previsão do § 3º. O instrumento do protesto, além das cautelas do art. 14, discriminará a fatura ou conta original ou a certidão do Cartório de Títulos e Documentos. Servirá esse documento para o competente processo de execução, conforme o § 4º.

11. PRESCRIÇÃO

Na lição de Alberto João Zortéa, "a prescrição é a consumação de um direito de adquirir ou perder a propriedade, por omissão da parte, deixando escoar um determinado tempo capaz, por lei, de produzir efeitos extintivos".[36]

---

[34] *Títulos de Crédito*, p. 725.

[35] Recurso Especial nº 300.732/PB. 4ª Turma. Julgado em 07.08.2001, *DJ* de 19.11.2001.

[36] *A Duplicata Mercantil e Similares no Direito Estrangeiro*, p. 115.

Realmente, a omissão em promover a ação de cobrança pelo prazo de três anos, contra o sacado e seus avalistas; ou de um ano, contra os endossantes e seus avalistas; ou também de um ano, contra qualquer dos demais coobrigados, acarreta a prescrição, nos termos do art. 18 da Lei nº 5.474/1968: "A pretensão à execução da duplicata prescreve:

> I – contra o sacado e respectivos avalistas em 3 (três) anos, contados da data do vencimento do título;
>
> II – contra endossante e seus avalistas, em 1 (um) ano, contado da data do protesto;
>
> III – de qualquer dos coobrigados, contra os demais, em 1 (um) ano, contado da data em que haja sido efetuado o pagamento do título".

Decorridos os prazos, opera-se a perda da ação de execução. Todavia, persiste ao credor o direito à ação por meio do procedimento comum de enriquecimento sem causa (malgrado entendimento divergente de vários autores), admitida também para os títulos de crédito cambiários em geral.

Assinala Carlos Fulgêncio da Cunha Peixoto que, quanto ao item II do art. 18, "o prazo de prescrição de um coobrigado contra outro, sobre ser de um ano, depende de ter sido o pagamento feito por ele".[37]

Outrossim, quanto à duplicata sem aceite, o início da prescrição se dá com o protesto, como encerra o seguinte aresto: "O julgado impugnado acompanha a uníssona jurisprudência desta Corte, preconizando que o termo inicial do prazo prescricional, de duplicatas sem acei-te, é o respectivo protesto, momento em que o título se torna exigível e possibilita ao credor manejar as ações cambiárias".[38]

Oportuna a transcrição de parte do voto do Relator, que traz à tona vários precedentes sobre o assunto:

"A propósito, nos seguintes precedentes, confira-se o entendimento desta Corte, pre-conizando ser indispensável o protesto da duplicata sem aceite para se constituir em título executivo hábil a embasar a execução, e que, antes da formação do título, não há que se falar em prescrição da pretensão executiva:

'Agravo regimental no Recurso Especial. Duplicata. Protesto. Constituição do título executivo. Reexame de provas. Inviabilidade. Súmula nº 7/STJ.

1. A duplicata sem aceite deve ser protestada para se constituir em título executivo hábil a embasar a execução. Desta forma, a sustação do protesto da referida duplicata impede o prosseguimento do feito executório, eis que o título executivo não foi devidamente forma-do' (AgRg no REsp 1.306.953/SP, Rel. Ministro Sidnei Beneti, Terceira Turma, julgado em 22/5/2012, *DJe* 4/6/2012).

(...)

3. Agravo regimental não provido' (AgRg no REsp 1.015.448/MA, Rel. Ministro Ricardo Villas Bôas Cueva, Terceira Turma, *DJe* de 16/10/2012).

'Agravo regimental. Recurso especial. Embargos à execução. Duplicata sem aceite. Sus-tação de protesto. Título executivo. Inexistência. Improvimento.

1. A duplicata sem aceite deve ser protestada para se constituir em título executivo hábil a embasar a execução. Desta forma, a sustação do protesto da referida duplicata

---

[37] *Comentários à Lei das Duplicatas*, p. 179.

[38] STJ AgRg nos EAREsp nº 128.282/MT. Relator: Min. Raul Araújo. 2ª Sessão. Julgado em 9.10.2013, *DJe* de 21.11.2013.

impede o prosseguimento do feito executório, eis que o título executivo não foi devidamente formado.

2. O agravo não trouxe nenhum argumento novo capaz de modificar o decidido, que se mantém por seus próprios fundamentos.

3. Agravo regimental improvido' (AgRg no REsp 1.306.953/SP, Rel. Ministro Sidnei Beneti, Terceira Turma, *DJe* de 4.06.2012).

'Embargos à execução. Duplicata sem aceite. Prescrição. não ocorrência. Liminar que impediu o protesto do título. Sustação de protesto. Título retido em juízo. Recurso especial não conhecido.

1. A duplicata sem aceite só se constitui em título executivo após seu devido protesto, quando se torna exigível e possibilita ao credor manejar as ações cambiárias. Assim, antes da formação do título, não há que se falar em prescrição da pretensão executiva.

2. A sustação de protesto, deferida em medida proposta pelo devedor, por ocasionar a custódia judicial do título de crédito, impede que o credor promova a execução da dívida e, por conseguinte, interrompe a fluência do prazo prescricional.

3. Recurso especial não conhecido' (REsp 257.595/SP, Rel. Ministro Luis Felipe Salomão, Quarta Turma, julgado em 5.03.2009, *DJe* de 30/3/2009)".

12. TRIPLICATA

É possível a reprodução da duplicata, por motivos de extravio ou por recusa de devolução por parte do devedor. Constitui, pois, a triplicata, segue De Plácido e Silva, "a cópia ou segunda via da duplicata extraviada ou não devolvida. E, por esta justa razão, deve conter os mesmos caracteres da duplicata, que reproduz, trazendo, no entanto, a especificação 'triplicata da duplicata'".[39]

Em síntese, é a reconstituição da duplicata.

A perda da via original é suscetível de ocorrer por vários fatores, sendo os mais comuns o extravio, o furto, o roubo, a sua deterioração, e, inclusive, a falta de devolução. Desde que o preenchimento obedeça aos requisitos impostos para a duplicata comum, terá pleno valor, podendo ser protestada, endossada, e executada.

O art. 23 trata do assunto: "A perda ou extravio da duplicata obrigará o vendedor a extrair triplicata, que terá os mesmos efeitos e requisitos e obedecerá às mesmas formalidades daquela".

Faculta-se ao titular do direito inserido na duplicata ingressar com o processo de anulação, para evitar que alguém faça uso da mesma, endossando-a a terceiro de boa-fé.

13. COBRANÇA DA DUPLICATA

Para a cobrança da duplicata utiliza-se o processo de execução, o que está assegurado no art. 784, inc. I, do CPC/2015. Tenha ou não o aceite, sempre é o processo de execução o caminho apropriado; todavia, na falta de aceite, deve fazer-se acompanhar a duplicata com o respectivo comprovante da entrega e recebimento da mercadoria, e do protesto, e desde que não tenha o devedor oposto a recusa por escrito.

O art. 15 da Lei nº 5.474/1968 aponta esse tipo de procedimento: "A cobrança judicial de duplicata ou triplicata será efetuada de conformidade com o processo aplicável aos títulos

---

[39] *Noções Práticas de Direito Comercial*, vol. II, p. 564.

executivos extrajudiciais, de que cogita o Livro II do Código de Processo Civil [de 1939], quando se tratar:

I – de duplicata ou triplicata aceita, protestada ou não;
II – de duplicata ou triplicata não aceita, contanto que, cumulativamente:
a) haja sido protestada;
b) esteja acompanhada de documento hábil comprobatório da entrega e recebimento da mercadoria; e
c) o sacado não tenha, comprovadamente, recusado o aceite, no prazo, nas condições e pelos motivos previstos nos artigos 7º e 8º desta lei".

De grande realce ressaltar a execução de duplicata não assinada pelo comprador, isto é, sem aceite. Cabe ao sacador a prova da condição para se executar, que é a entrega do bem ou da prestação dos serviços, com o prévio protesto. Todavia, caso formalizada a recusa por escrito, que também afasta a exigibilidade do crédito pelo processo de execução, incumbe que o devedor tenha alegado os motivos inseridos nos arts. 7º e 8º, e que consistem na avaria ou não recebimento das mercadorias, quando não expedidas ou não entregues por conta e risco do devedor; vícios, defeitos e diferenças na qualidade e quantidade, com a prova; divergência nos prazos ou nos preços ajustados. A mera recusa não inviabiliza o processo, se acompanhado do comprovante do negócio, que se consubstancia no recibo de entrega. Para trancar a execução, cumpre ao devedor que demonstre a recusa fundamentada, de acordo com as exigências acima.

Os requisitos acima, na falta de aceite, são considerados substanciais, na colocação de Antônio Carlos Costa e Silva: "No caso estão três condições que a lei material instituiu como indispensáveis para que o título assuma bastante executividade. São elas, por outro lado, decorrência cumulativa, o que exprime dizer que o título somente é exequível quando os três requisitos substanciais, em alusão, se conjugam e aglutinam num complexo uniforme".[40]

O § 1º do art. 15 indica contra quem é dirigida a execução: o sacador, os endossantes e respectivos avalistas. Não é executada contra o sacado, como afirmou o Superior Tribunal de Justiça: "O endossatário de duplicata sem aceite, desacompanhada da prova da entrega da mercadoria, não pode executá-la contra o sacado, mas pode executá-la contra o endossante e o avalista".[41] O § 2º, relativamente à duplicata ou triplicata não aceita e não devolvida, para assegurar a execução, ao impor o protesto, esclarece que o ato se efetuará mediante indicação do credor ou do apresentante do título, que preencherá, também, os dados ordenados pelo art. 14, o qual remete ao art. 29 do Decreto nº 2.044/1908, sintetizados na data, transcrição do título, certidão da intimação, certidão da intimação por edital, se for o caso, indicação dos intervenientes, aquiescência do portador ao aceite por honra, e assinatura do oficial do Cartório de Protestos.

Uma vez não preenchido o título com os requisitos que possibilitam a cobrança, o art. 16 da Lei nº 5.474/1968 faculta o uso da ação ordinária de conhecimento, isto é, por meio de uma ação comum, com o prazo para defesa, instrução e posterior sentença.

Para propor a cobrança, seja por meio de execução ou de uma ação de rito ordinário, ingressa-se no foro da praça do pagamento constante no título, ou naquele do domicílio do comprador-devedor. Já se dirigida a cobrança contra coobrigados, o foro será também o do

---

[40] *A Cobrança e o Procedimento Executivo da Duplicata*, p. 51.
[41] Recurso Especial nº 250.568/MS. 3ª Turma. Julgado em 19.10.2000, *DJ* de 18.12.2000.

domicílio dos mesmos, tudo consoante o art. 17. Relativamente à matéria, aduz Antônio Carlos Costa e Silva: "O foro do domicílio do devedor, que é a regra, quando se trata de escolher a sede geográfica da lide e o juiz competente, portanto, deixa de ser o primeiro foro, para ser o segundo, passando à condição de primeiro o foro da praça de pagamento, isto é, do lugar onde a obrigação deve ser satisfeita, para a ação em que se lhe exigir o cumprimento".[42]

O § 1º do art. 18 trata da responsabilidade passiva, autorizando que a cobrança judicial poderá ser proposta contra um ou contra todos os coobrigados, sem observância da ordem em que figurem no título. Esse dispositivo, pondera Antônio Carlos Costa e Silva, "está a indicar que o último adquirente (endossatário) tem acumulado, em suas mãos, o máximo de potencialidade que a duplicata pode lhe dar, com o direito de exigir, pela cobrança judicial, a realização do valor que a letra representa. Esse direito, ele poderá exercitar contra um ou contra todos os coobrigados".[43]

Os coobrigados, estabelece em sequência o § 2º, respondem solidariamente pelo aceite e pelo pagamento. Todavia, aquele que paga tem assegurado o direito de recobrar o montante desembolsado junto aos coobrigados anteriores. Ao avalista garante-se o direito de voltar-se contra o seu avalizado. O segundo avalista pode dirigir-se contra o primeiro avalista, e exigir o que pagou. Lembra-se que a solidariedade cambial é diferente da civil, permitindo esta a divisão da responsabilidade. Na cambial, prevalece uma ordem, na qual se escalam os coobrigados, permitindo-se que o segundo obrigado, que cumpriu o pagamento, se volte contra aquele que estava obrigado em primeiro lugar.

14. EMISSÃO DE DUPLICATA E O PROTESTO POR MEIOS ELETRÔNICOS

É comum, dado o avanço da informática, a emissão de duplicata e o protesto por meio de sistemas de computador. Luiz Emydgio F. da Rosa Júnior, sobre a emissão, expõe a técnica de maneira bem clara: "O vendedor, via computador, saca a duplicata e a envia pelo mesmo processo ao banco, que, igualmente, por meio magnético, realiza a operação de desconto, creditando o valor correspondente ao sacador, expedindo, em seguida, guia de compensação bancária, que, por correio, é enviada ao devedor da duplicata virtual, para que o sacado, de posse do boleto, proceda ao pagamento em qualquer agência bancária".[44]

A duplicata processada por meio de instrumento de computador recebe o nome de "virtual", devendo, no entanto, haver uma interligação no sistema do emitente com o do banco, no qual se faz a cobrança, ou do devedor. Essa interligação corresponde a um contrato onde as partes convencionam a elaboração e o pagamento de tal forma. Erica Brandini Barbagalo sintetiza o acordo das vontades, que se materializa por meio de um programa de computador, o qual possibilita, por meio de funções múltiplas, o acesso aos dados: "Dessa forma, mediante interação com o sistema computacional, a parte que o acessou tem conhecimento da disposição do proprietário desse sistema em se vincular, originando na pessoa que acessa a vontade de integrar o vínculo. Portanto, o computador interligado à rede, utilizado desse modo, atua como auxiliar no processo de formação das vontades".[45]

Num momento inicial, por meio de comandos informáticos, ingressa-se no *site* do emitente do título ou do banco, se a ele dirigido. Aquele a quem é dirigida, examina os dados relativos ao *e-mail*, e, verificada a concordância, emite, pressionando as teclas, a concordância.

---

[42] *A Cobrança e o Procedimento Executivo da Duplicata*, p. 124.

[43] *A Cobrança e o Procedimento Executivo da Duplicata*, p. 201.

[44] *Títulos de Crédito*, p. 725.

[45] *Contratos Eletrônicos*, São Paulo, Editora Saraiva, 2001, p. 56.

A Lei nº 9.492/1997, trouxe algumas normas relativas ao protesto da duplicata, que se operacionaliza via computador. Atribui, nos §§ 1º e 2º, introduzidos pela Lei nº 13.775/2018, do art. 8º, a responsabilidade ao apresentante pelos dados fornecidos:

> "§ 1º Poderão ser recepcionadas as indicações a protestos das Duplicatas Mercantis e de Prestação de Serviços, por meio magnético ou de gravação eletrônica de dados, sendo de inteira responsabilidade do apresentante os dados fornecidos, ficando a cargo dos Tabelionatos a mera instrumentalização das mesmas.
>
> § 2º Os títulos e documentos de dívida mantidos sob a forma escritural nos sistemas eletrônicos de escrituração ou nos depósitos centralizados de que trata a Lei nº 12.810, de 15 de maio de 2013, poderão ser recepcionados para protesto por extrato, desde que atestado por seu emitente, sob as penas da lei, que as informações conferem com o que consta na origem".

A exclusividade em autorizar o exercício da atividade de escrituração de duplicatas escriturais compete ao Banco Central do Brasil, conforme restou determinado por força do Decreto nº 9.769/2019.

No instrumento de protesto constarão a "reprodução ou transcrição do documento ou das indicações feitas pelo apresentante e declarações nele inseridas" (inc. III do art. 22).

O devedor, recebendo o título, o que faz ingressando no programa do emitente ou do banco, ou recebendo por *e-mail*, em vez da concordância, pode apresentar as razões de recusa do aceite. O título não terá, então, condições de execução, impedindo que o credor se utilize do disposto no art. 784 do CPC/2015.

No encaminhamento para o protesto, que se comunica por meio de gravação eletrônica, acompanhará a prova da efetivação do negócio de compra e venda ou de prestação de serviços, o que possibilita a execução judicial do crédito.

Com o instrumento do protesto, que deverá conter todos os elementos previstos para o ato, o titular do crédito valer-se-á do processo executivo para haver o crédito. Salienta-se que se lavrará o protesto, se não existir o aceite, caso o cartório tenha recebido a prova do vínculo contratual, e da entrega e recebimento da mercadoria, ou da efetiva prestação de serviços. Não se efetua o protesto se apresentadas razões de recusa.

Em suma, todo o procedimento se concretiza por meio de operações computacionais, utilizando a via *e-mail*, com o que se tem acesso ao título e aos demais elementos.

15. ENDOSSO DA DUPLICATA E AÇÃO DE ANULAÇÃO

Matéria de grande complexidade é a anulação de duplicata endossada a terceiro de boa-fé. Emite-se uma duplicata representativa de uma transação de compra e venda ou de prestação de serviços e endossa-se o título a um terceiro, que fica credor da pessoa contra a qual foi emitido.

Em princípio, os terceiros de boa-fé endossatários não podem ser prejudicados em negócio jurídico de compra e venda desfeito. Todavia, a impossibilidade de se anular importa em graves consequências. Suponha-se que sejam emitidas friamente as duplicatas, sem causa, ou em valores diferentes dos realmente contratados. A fim de se livrar da anulação bastaria a sua transferência para terceiro. Nem sempre é fácil a demonstração da existência de má-fé de parte do adquirente.

Outrossim, o reverso também é viável. Admitindo-se singelamente a anulação, não fica fora de cogitação o conluio entre o emitente e o devedor, para que este ingresse com uma demanda de desconstituição do título, que foi endossado a terceiro, com o que se isentaria de honrar a obrigação. Obterá o endossante vantagem, já que recebeu valores pela venda do título – situação viável de acontecer nas transações de *factoring*.

Em verdade, resta difícil isentar o devedor da obrigação de pagar se regular o contrato de compra e venda mercantil, sendo as duplicatas representativas de negócio jurídico realizado, com o aceite do sacado, e sem que se evidencie qualquer demonstração de má-fé por parte do endossatário. Uma vez transferido o título, não cabe o mero desfazimento, com repercussão negativa junto ao adquirente do título.

Há um entendimento do STJ defendendo a validade do endosso, e dando ênfase aos princípios da carturalidade, da abstração, da autonomia e da inoponibilidade das exceções pessoais. Foi o que preponderou nesta ementa do STJ:

> "A causalidade da duplicata reside apenas na sua origem, mercê do fato de somente poder ser emitida para a documentação de crédito nascido de venda mercantil ou de prestação de serviços. Porém, a duplicata mercantil é título de crédito, na sua generalidade, como qualquer outro, estando sujeita às regras de direito cambial, nos termos do art. 25 da Lei nº 5.474/68, ressaindo daí, notadamente, os princípios da cartularidade, abstração, autonomia das obrigações cambiais e inoponibilidade das exceções pessoais a terceiros de boa-fé.
>
> A compra e venda é contrato de natureza consensual, de sorte que a entrega do bem vendido não se relaciona com a esfera de existência do negócio jurídico, mas tão somente com o seu adimplemento. Vale dizer, o que dá lastro à duplicata de compra e venda mercantil, como título de crédito apto à circulação, é apenas a existência do negócio jurídico subjacente, e não o seu adimplemento.
>
> Com efeito, a ausência de entrega da mercadoria não vicia a duplicata no que diz respeito a sua existência regular, de sorte que, uma vez aceita, o sacado (aceitante) vincula-se ao título como devedor principal e a ausência de entrega da mercadoria somente pode ser oponível ao sacador, como exceção pessoal, mas não a endossatários de boa-fé. Há de ser ressalvado, no caso, apenas o direito de regresso da autora-reconvinda (aceitante), em face da ré (endossante), diante do desfazimento do negócio jurídico subjacente".[46]

A fundamentação aportada pelo voto esclarece devidamente tal ponto de vista:

> "É de se notar, de início, que a causalidade da duplicata reside apenas na sua origem, mercê do fato de somente poder ser emitida para a documentação de crédito nascido de venda mercantil ou de prestação de serviços. Porém, a duplicata mercantil é título de crédito, na sua generalidade, como qualquer outro, estando sujeita às regras de direito cambial, nos termos do art. 25 da Lei nº 5.474/68, ressaindo daí, notadamente, os princípios da cartularidade, abstração, autonomia das obrigações cambiais e inoponibilidade das exceções pessoais a terceiros de boa-fé.
>
> Vale dizer, conquanto a duplicata mercantil seja causal na sua emissão, sua circulação, mormente após o aceite do sacado, rege-se pelo princípio da abstração, desprenden-

---

[46] Recurso Especial nº 261.170/SP. Relator: Min. Luis Felipe Salomão. 4ª Turma. Julgado em 04.08.2009, *DJe* de 17.08.2009.

do-se de sua causa original, sendo por isso inoponíveis exceções pessoais a terceiros de boa-fé, como a ausência da entrega das mercadorias compradas. Fábio Ulhoa Coelho, na esteira do magistério de Pontes de Miranda, faz o mesmo alerta, *verbis*: (...) 'Claro que, sendo endossado a terceiro de boa-fé, em razão do regime cambiário aplicável à circulação do título (LD, art. 25), a falta de causa legítima não poderá ser oposta pelo sacado perante o endossatário. A ineficácia do título como duplicata, em função da irregularidade do saque, somente pode ser invocada contra o sacador, o endossatário-mandatário ou terceiros de má-fé (quer dizer, os que conhecem o vício na emissão do título).

Da causalidade da duplicata, note-se bem, não é correto concluir qualquer limitação ou outra característica atinente à negociação do crédito registrado pelo título. A duplicata mercantil circula como qualquer outro título de crédito, sujeita ao regime do direito cambiário. Isso significa, em concreto, que ela comporta endosso, que o endossante responde pela solvência do devedor, que o executado não pode opor contra terceiros de boa-fé exceções pessoais, que as obrigações dos avalistas são autônomas em relação às dos avalizados, etc. Não é jurídico pretender vinculação entre a duplicata e a compra e venda mercantil, que lhe deu ensejo, maior do que a existente entre a letra de câmbio, a nota promissória ou o cheque e as respectivas relações originárias' (Curso de direito comercial: direito de empresa. 12ª ed. São Paulo: Saraiva, 2008, volume I, p. 459).

No caso dos autos, houve compra e venda mercantil apta a lastrear a emissão da duplicata, e o negócio jurídico subjacente somente foi desfeito depois de o devedor lançar no título o seu aceite e posteriormente ao endosso a terceiro de boa-fé.

A jurisprudência deste E. Tribunal posiciona-se no sentido de que após o aceite lançado na duplicata, desaparece sua causalidade, *verbis*:

'(...) A duplicata mercantil é título de crédito criado pelo direito brasileiro, disciplinada pela Lei 5.474/68, submetendo-se ao mesmo regime jurídico cambial dos demais títulos de crédito, sujeita, portanto, aos princípios da cartularidade, da literalidade e, principalmente, da autonomia das obrigações.

Nos termos do art. 15 da Lei nº 5.474/68, para execução judicial da duplicata basta o próprio título, desde que aceito. Assim, não se exige que o endossatário confira a regularidade do aceite, pois se trata de ato pelo qual o título transmuda de causal para abstrato, desvencilhando-se do negócio originário.

Ausente qualquer indício de má-fé por parte do endossatário, exigir que ele responda por fatos alheios ao negócio jurídico que o vinculam à duplicata contraria a própria essência do direito cambiário, aniquilando sua principal virtude, que é permitir a fácil e rápida circulação do crédito.

Embargos de declaração que tenham por fim o prequestionamento não se sujeitam à sanção do artigo 538, parágrafo único, do CPC. Súmula 98/STJ. Recurso especial conhecido e parcialmente provido' (REsp. nº 1.102.227/SP. Relatora: Min.ª Nancy Andrighi. Terceira Turma. Julgado em 12.05.2009, *DJe* de 29.05.2009).

(...) '1. Ainda que a duplicata mercantil tenha por característica o vínculo à compra e venda mercantil ou prestação de serviços realizada, ocorrendo o aceite – como verificado nos autos –, desaparece a causalidade, passando o título a ostentar autonomia bastante para obrigar a recorrida ao pagamento da quantia devida, independentemente do negócio jurídico que lhe tenha dado causa.

Em nenhum momento restou comprovado qualquer comportamento inadequado da recorrente, indicador de seu conhecimento quanto ao descumprimento do acordo realizado entre as partes originárias' (REsp. nº 668.682/MG. Relator: Min. Hélio Quaglia Barbosa. Quarta Turma. Julgado em 13.02.2007, DJ de 19.03.2007, p. 355).

O próprio legislador de 2002 agasalhou esta tese no art. 916: 'As exceções, fundadas em relação do devedor com os portadores precedentes, somente poderão ser por ele opostas ao portador, se este, ao adquirir o título, tiver agido de má-fé'.

A compra e venda, como é sabido, é contrato consensual, de sorte que a entrega do bem vendido não se relaciona com a esfera de existência do negócio jurídico, mas tão somente com o seu adimplemento.

Vale dizer, o que dá lastro à duplicata de compra e venda mercantil, como título de crédito apto à circulação, é apenas a existência do negócio jurídico subjacente, e não o seu adimplemento, consistente na entrega do bem adquirido. Com efeito, a ausência de entrega da mercadoria não vicia a duplicata no que diz respeito a sua existência regular, de sorte que, uma vez aceita, o sacado (aceitante) vincula-se ao título como devedor principal e a ausência de entrega da mercadoria somente pode ser oponível ao sacador, como exceção pessoal, mas não a endossatários de boa-fé.

Há de ser ressalvado, no caso, apenas o direito de regresso da autora-reconvinda (aceitante), em face da ré (endossante), diante do desfazimento do negócio jurídico subjacente".

O referido art. 538, parágrafo único, equivale ao art. 1.026, §§ 2º e 3º, do CPC/2015.

É necessária, entrementes, cautela, de modo a não exagerar na valorização de certos conceitos.

Havendo a desconstituição do negócio, deixa a duplicata de ter validade, pois meramente representativa do negócio. Mesmo que se dê a transferência do título pelo emitente, não se impede a anulação. Não fosse assim, ou seja, se perdurasse o título por si só, serviria para falcatruas e fraudes. Bastaria as pessoas simularem um negócio, emitir uma duplicata, endossá-la, para tornar exigível o valor que representasse, sem a viabilidade do endossatário impugnar a sua validade jurídica.

Nesse sentido a jurisprudência, sempre ressalvando o direito de regresso do endossatário contra o endossante.

> "Protesto. Título sem aceite. Direito de regresso do portador contra o endossante. Hipótese de desfazimento do negócio subjacente.
>
> Já assentou esta Corte que reconhecida a hipótese de desfazimento do negócio subjacente, o endossatário de boa-fé deve ter resguardado o seu direito de regresso, embora procedente a cautelar de sustação de protesto de título sem aceite.
>
> Recurso especial conhecido e provido, em parte".[47]
>
> "...Negócio subjacente desfeito, mediante notificação do banco descontário. A duplicata emitida sem causa ou cujo negócio foi objeto de desfazimento é ineficaz em relação ao sacado, subsistindo as obrigações cambiais em relação ao endossante

---

[47]   STJ. Recurso Especial nº 549.766/RS. Relator: Min. Carlos Alberto Menezes Direito. 3ª Turma. Julgado em 14.06.2004, DJ de 06.09.2004.

e endossatário. Direito de regresso do endossatário. Inteligência do art. 13, § 4º, da Lei das Duplicatas. Precedentes jurisprudenciais. Sentença mantida. Apelação desprovida".[48]

---

[48] TJRGS. Apelação Cível nº 70009617408. Relatora: Des.ª Ângela Terezinha de Oliveira Brito. 13ª Câmara Cível. Julgado em 09.06.2005.

Capítulo XII
Títulos Representativos de Mercadorias

1. ESPÉCIES

Existem títulos representativos de mercadorias, pois o crédito que neles se insere consiste em bens corporificados em coisas, e não em dinheiro. Temos, nesta classe, o conhecimento de transporte, o conhecimento de depósito e *warrant*. Constituem títulos de crédito pela razão de conterem uma obrigação certa e definida para ser cumprida. Procurar-se-á especificar cada figura, de modo a termos uma noção significativa da natureza do título.

2. CONHECIMENTO DE TRANSPORTE

Previsto inicialmente no Código Comercial, artigos 99 e seguintes e artigos 575 e seguintes, o conhecimento de transporte veio a ser regulado particularizadamente, por último, pelos Decretos nº 19.473, de 10.12.1930 (o qual restou revogado pelo Decreto s/nº, de 25.04.1991, mas que permanece em vigor, segundo razoável entendimento, eis que não há outro diploma legal que trata da matéria), e nº 20.454, de 29.09.1931, tratando, respectivamente, do conhecimento de transporte de mercadorias e do conhecimento de frete emitido não à ordem.

A Lei nº 9.611, de 19.02.1998, dispõe sobre o transporte multimodal de cargas, considerado, na forma de seu art. 2º, como aquele transporte que, "regido por um único contrato, utiliza duas ou mais modalidades de transporte, desde a origem até o destino, e é executado sob a responsabilidade única de um Operador de Transporte Multimodal".

Define-se o conhecimento de transporte, no que se aplica a qualquer título representativo de transporte de coisas, como o título representativo do recebimento da mercadoria. Justino Adriano Farias da Silva classifica-o como "o documento representativo do contrato de transporte firmado pelo transportador relativo às mercadorias que recebeu com a obrigação de transferi-las do local de embarque para outro lugar".[1] Esclarece mais Fernando Netto Boiteux: "O conhecimento de transporte, também conhecido de frete ou de carga, como visto, é o título que representa o direito de receber, do transportador, mediante a apresentação de cártula, determinada mercadoria. A aquisição desse título de crédito importa na aquisição de um *direito real*, de propriedade, sobre a coisa em trânsito".[2]

Consoante o art. 8º da citada Lei nº 9.611/1998, o conhecimento de transporte multimodal de cargas "evidencia o contrato de transporte multimodal e rege toda a operação de transporte desde o recebimento da carga até a sua entrega no destino, podendo ser negociável ou não

---

[1] *Contrato de Transporte de Coisas*, Rio de Janeiro, Aide Editora, 1986, p. 74.

[2] *Títulos de Crédito* (em conformidade com o Novo Código Civil), p. 225.

negociável, a critério do expedidor". Portanto, quem recebe a mercadoria e se responsabiliza pela sua entrega, recebe a posse da mesma, mas não a propriedade, a qual permanece com o remetente.

De modo que o conhecimento de transporte, ou de frete, o que se aplica a qualquer tipo de transporte, é o título comprobatório do recebimento da mercadoria a ser transferida de um local para outro, e serve para criar a obrigação de entregá-la. O transportador é o emitente, ou fretante.

Expõe com clareza Fran Martins: "A prova do recebimento da mercadoria e da obrigação do transportador de entregá-la no lugar de destino é feita pelo conhecimento de transporte, também conhecido como conhecimento de frete ou conhecimento de carga. Trata-se de um documento emitido pelo transportador, por ocasião do recebimento da mercadoria, contendo as especificações que nele deverão figurar taxativamente. Emitido pelo transportador, será entregue ao remetente da mercadoria, que o enviará ao destinatário para recebimento dessa, no lugar de destino".[3]

Terá o conhecimento de transporte multimodal os seguintes requisitos, que lhe dão existência própria, na previsão do art. 10 da Lei nº 9.611/1998: "O Conhecimento de Transporte Multimodal de Cargas apresentará as características e dados próprios deste documento, devendo explicitar o valor dos serviços prestados no Brasil e no exterior, e conter:

> I – a indicação 'negociável' ou 'não negociável' na via original, podendo ser emitidas outras vias, não negociáveis;
> II – o nome, a razão ou denominação social e o endereço do emitente, do expedidor, bem como do destinatário da carga ou daquele que deva ser notificado, quando não nominal;
> III – a data e o local da emissão;
> IV – os locais de origem e destino;
> V – a descrição da natureza da carga, seu acondicionamento, marcas particulares e números de identificação da embalagem ou da própria carga, quando não embalada;
> VI – a quantidade de volumes ou de peças e o seu peso bruto;
> VII – o valor do frete, com a indicação 'pago na origem' ou 'a pagar no destino';
> VIII – outras cláusulas que as partes acordarem".

Será ao portador o conhecimento que não contiver a indicação do consignatário.

Os requisitos destacados podem ser aplicados ao transporte em geral. O art. 575 do Código Comercial, que perdura vigorando, trata dos requisitos do conhecimento de frete marítimo.

Esse documento, em face do mencionado dispositivo, conterá os seguintes elementos:

> "I – o nome do capitão, e o do carregador e consignatário (podendo omitir-se o nome deste se for à ordem), e o nome e porte do navio;
> II – a qualidade e a quantidade dos objetos de carga, suas marcas e números, anotados à margem;
> III – o lugar da partida e do destino, com declaração das escalas, havendo-as;
> IV – o preço do frete e primagem, se for estipulada, e o lugar e forma do pagamento;
> V – a assinatura do capitão (artigo nº 577), e do carregador".

---

[3]   *Contratos e Obrigações Comerciais*, 11ª ed., Rio de Janeiro, Editora Forense, 1990, p. 252.

O art. 235 do Código Brasileiro de Aeronáutica (Lei nº 7.565, de 19.12.1986) enumera os requisitos para o transporte aéreo. Esse transporte é disciplinado, ainda, pela Convenção de Varsóvia, modificada pela convenção assinada em Montreal, no ano de 1975.

Pelo citado art. 235, conterá o conhecimento de transporte:

"I – o lugar e a data de emissão;

II – os pontos de partida e destino;

III – o nome e endereço do expedidor;

IV – o nome e endereço do transportador;

V – o nome e endereço do destinatário;

VI – a natureza da carga;

VII – o número, acondicionamento, marcas e numeração dos volumes;

VIII – o peso, quantidade e o volume ou dimensão;

IX – o preço da mercadoria, quando a carga for expedida contra pagamento no ato da entrega, e, eventualmente, a importância das despesas;

X – o valor declarado, se houver;

XI – o número das vias do conhecimento;

XII – os documentos entregues ao transportador para acompanhar o conhecimento;

XIII – o prazo de transporte, dentro do qual deverá o transportador entregar a carga no lugar do destino, e o destinatário ou expedidor retirá-la".

Para o transporte ferroviário, existe o Decreto nº 1.832, de 04.03.1996, em plena vigência. Sobre o conhecimento de transporte, seu art. 1º considera-o o documento que caracteriza o contrato de transporte entre a administração ferroviária e o usuário.

Existem as normas do transporte de álcool, cuja regulamentação está na Lei nº 7.029, de 13.09.1982. Igualmente o transporte de petróleo tem uma disciplina específica, consubstanciada na Lei nº 9.478, de 06.08.1997.

Uma vez emitido o título, não importando a espécie de transporte, desde que atendidos os requisitos de sua constituição, torna-se um título de crédito, que passa para o poder do dono da mercadoria, apto a ser executado como um título executivo extrajudicial.

No pertinente à natureza jurídica do conhecimento de transporte em geral, como se observou, constitui um título de crédito, sujeito à circulação, e à ordem, equivalendo a afirmar que pode transferir-se por simples declaração no verso, ou por endosso, esclarecendo Theophilo de Azeredo Santos: "O endosso do conhecimento deve ser puro e simples, reputando-se não escritas quaisquer cláusulas convencionais ou modificativas, não autorizadas em lei".[4] É nominativo se nomeada a pessoa a quem for entregue. E nominativo à ordem, salienta Fernando Mendonça, quando revela "o nome do destinatário da mercadoria, e pode ser transferido por endosso em preto ou em branco".[5] Classifica-se como título ao portador quando houver cláusula nesse sentido, lançada no contexto. Considera-se proprietário do título aquele que o detiver. Sua transferência opera-se mediante a entrega do título, ou por mera tradição manual. Sendo título representativo de mercadorias, as quais deverão constar nele mencionadas, sujeita-se às regras comuns dos títulos de crédito em geral.

---

[4]   *Manual dos Títulos de Crédito*, 3ª ed., Rio de Janeiro, Companhia Editora Americana, 1975, p. 289.

[5]   *Direito dos Transportes*, São Paulo, Editora Saraiva, 1984, p. 176.

A exigibilidade do título faz-se por meio de processo de execução de título executivo extrajudicial. Ingressa-se com a ação para executar a entrega da mercadoria, ou de execução para cobrança de quantia certa, desde que assinalado o valor. Se movido o processo para entrega da mercadoria, logicamente, ao legítimo portador se garante, no dizer de Fernando Mendonça, "o direito de exigir a prestação de um serviço (o transporte)".[6]

Desponta a natureza causal, pois está ligado à causa de sua origem. Daí se deduz a ausência da característica da abstração, pois submete-se à discussão da origem ou da efetivação do negócio.

Para o exercício de direitos sobre o título, tem sido admitida a cópia, desde que apresente cláusula impedindo a negociação, consoante demonstra a seguinte decisão do STJ: "Admissível a apresentação de cópia xerográfica do conhecimento de transporte, cuja autenticidade não foi contestada, tratando-se, além do mais, de título não negociável".[7]

Oportuno referir que existe o conhecimento de bagagem, envolvendo as coisas de uso pessoal do passageiro, também conhecida como nota de bagagem. Aduz Fernando Mendonça que "é o documento expedido pelo transportador e entregue ao passageiro que o habilita a retirar a bagagem no destino".[8]

3. CONHECIMENTO DE DEPÓSITO E *WARRANT*

Essa espécie de títulos tem origem em um decreto de 1897, e se consolidou no Decreto nº 1.102, de 21.11.1903, regramento que ainda perdura. Há notícias dessa espécie de estabelecimento desde a Idade Média, mas o formato atual surgiu na Inglaterra, a partir do século XVII como os *docks* (docas, no sentido *latu sensu*: entrepostos, armazéns gerais) no Posto de Glasgow. Num país como o nosso, que é um dos maiores produtores de grãos do mundo, os referidos armazéns são encontrados em todos os lugares, sendo o mais famoso o de Docas de Santos.

O contrato de depósito de mercadorias define-se como o documento pelo qual o depositário reconhece o recebimento de mercadoria entregue pelo proprietário da mesma. Sebastião José Roque fornece o seguinte conceito: "É o contrato em que uma pessoa, chamada depositante, entrega a outra, chamada depositária, uma coisa móvel para guardar e conservar, até que o depositante a peça de volta".[9] Constitui o documento em que consta que o depositário recebe um bem móvel para guardar em nome do proprietário do mesmo. Waldemar Ferreira explica que esse título "opera como se fosse, e efetivamente o é, o recibo das mercadorias entregues à empresa de armazéns gerais e por esta tomadas sob sua custódia. Externa, concomitantemente, a celebração de contrato real, perfeito e acabado".[10] Comum a sua utilização nos depósitos de coisas fungíveis, que são entregues em armazéns gerais ou silos, a fim de aguardarem a posterior venda.

Os armazéns gerais emitem o chamado conhecimento de depósito e o *warrant*, que Fran Martins os nomina como "títulos que servem para atestar a disposição da mercadoria e movimentação do crédito por parte do proprietário".[11]

---

[6]   *Direito dos Transportes*, p. 174.
[7]   Recurso Especial nº 108.487/RS. 4ª Turma. Julgado em 21.05.2002, *DJ* de 16.09.2002.
[8]   *Direito dos Transportes*, p. 182.
[9]   *Títulos de Crédito*, p. 69.
[10] *Tratado de Direito Comercial*, 10º vol., p. 420.
[11] *Contratos e Obrigações Comerciais*, p. 463.

Theophilo de Azeredo Santos define os armazéns gerais: "Denominam-se armazéns gerais as empresas cujo escopo é a guarda e conservação de mercadorias, destinadas à venda de pronto ou não, por seu proprietário, que pode querer exportá-las, importá-las, ou fazê-las por ali simplesmente transitar".[12]

O proprietário, ao entregar as mercadorias nos estabelecimentos dos depositários, em geral para aguardar melhores preços, recebe os títulos que representam ditas mercadorias entregues.

O documento ou recibo conterá vários elementos, salientando-se a natureza do produto, a quantidade, número, marca, medida e peso.

Assim, o conhecimento de depósito é o documento que comprova a entrega e a propriedade da mercadoria. Todavia, dessa relação é possível que surja outro título, que corresponderá ao crédito representado pelo valor das mercadorias, denominado *warrant*. De posse do conhecimento, se interessar ao depositante, ele pedirá um documento contendo o crédito que equivale à mercadoria. Esse documento é o *warrant*.

Essa mesma concepção é dada pelo STJ: "No contrato de armazenagem (depósito de mercadorias em armazém geral), o depositário emite um 'recibo', ou títulos de sua emissão exclusiva, quais sejam, conhecimento de depósito e respectivo *warrant*, representativos, de um lado, das mercadorias depositadas e, de outro lado, das obrigações assumidas, em razão do contrato de depósito".[13]

Enquanto o conhecimento de depósito serve para atestar a propriedade da mercadoria, o *warrant*, na visão de Rubens Requião, se refere ao crédito e valor das mesmas.[14] J. X. Carvalho de Mendonça, nesta mesma visão, segue explicitando que "o *warrant* serve de instrumento de crédito sobre mercadorias, o conhecimento de depósito, de meio de circulação de mercadorias".[15]

A quem apresentar o conhecimento de depósito, o armazém geral ou depositário, na colocação de J. C. Sampaio de Lacerda, estará "obrigado a restituir a mercadoria".[16] Já aquele que apresentar o *warrant*, poderá dispor do crédito que representa a mercadoria, e, inclusive, dá-la em garantia pignoratícia.

No *warrant*, insere-se a promessa de pagar uma determinada quantia em dinheiro, figurando a mercadoria como garantia. Estabelece-se um penhor. Acrescenta Fernando Netto Boiteux: "A aquisição de um *warrant* importa na aquisição de um direito real de garantia, pois o *warrant* significa penhor da mercadoria, assim, para obter uma determinada quantia em dinheiro, em empréstimo, deposito as mercadorias em um armazém geral, que emite a meu favor o *warrant*. Como este título representa a mercadoria, a sua transferência importa na tradição da coisa nele representada, mas não a título de propriedade e, sim, de penhor, ou seja, um direito real de garantia".[17]

Daí que, de posse do *warrant*, o portador habilita-se a endossá-lo a um banco, como garantia de um empréstimo em dinheiro. Afirma, em vista dessa faculdade, Fran Martins que o *warrant* representa as mercadorias depositadas, mas servindo, precipuamente, "de instru-

---

[12] *Manual dos Títulos de Crédito*, pp. 265-266.
[13] REsp nº 1217701/TO. Relator: Min. Luis Felipe Salomão. 4ª Turma. Julgado em 07.06.2016, *DJe* de 28.06.2016.
[14] *Curso de Direito Comercial*, 2º vol., p. 466.
[15] *Tratado de Direito Comercial Brasileiro*, São Paulo, Editora Freitas Bastos, 1963, nº 1.112.
[16] *Dos Armazéns-Gerais – Seus Títulos de Crédito*, Rio de Janeiro, Editora Forense, p. 52.
[17] *Títulos de Crédito* (em conformidade com o Novo Código Civil), p. 215.

mento comprobatório de penhor que se faz sobre elas".[18] A transferência do *warrant* traz, para o cessionário, o penhor sobre as mercadorias. Esta a finalidade principal. Além de significar um valor, o seu endosso opera a garantia de uma obrigação, firmada sobre as mercadorias entregues. Nesta ordem, o armazém, uma vez tendo emitido o *warrant*, está jungido a não entregar a mercadoria ao portador apenas do conhecimento de depósito, ou sem que apresente o *warrant*. Se não procede dessa forma, fica responsável junto ao terceiro que concedeu o crédito e aceitou a garantia do *warrant*, na previsão do art. 17 do Decreto nº 1.102/1903. Daí a desnecessidade do registro em algum cartório para a validade frente a terceiros.

Nesse sentido o Superior Tribunal de Justiça já se manifestou: "Cabe à empresa de armazéns gerais proceder à entrega das mercadorias a quem, como legítimo possuidor, apresente aqueles títulos. O conhecimento de depósito presta-se a evidenciar, em princípio, quem é o proprietário da mercadoria, propriedade que se transmite com o endosso. Se isso não ocorreu, em virtude da natureza das relações pessoais entre endossante e endossatário, é matéria estranha ao depositário".

No curso do voto, salienta-se que o endosso do conhecimento de depósito "transmite a disponibilidade dos bens", não se cuidando de excussão de penhor, "mas simplesmente de pretender a devolução do depositado". Ressalta-se a finalidade do *warrant*, significando "a constituição de penhor sobre os bens. Aquele que detém os dois títulos terá, como regra, a completa disponibilidade das coisas depositadas".[19]

São títulos causais e à ordem (circulam por endosso).

Todavia, permite-se que tanto o conhecimento como o *warrant* sejam transferíveis em separado (art. 18 do Decreto nº 1.102/1903). Nesta eventualidade, com o endosso do conhecimento, transmite-se o direito de propriedade da mercadoria; com o endosso do *warrant*, opera-se a transmissão do crédito e do penhor. Mais apropriadamente, tem-se uma cessão de crédito garantido pelo penhor. Sobre o endosso, elucida Theophilo de Azeredo Santos: "O conhecimento de depósito e o correspondente *warrant* são títulos à ordem (art. 15, § 1º, do Decreto nº 1.102/1903) e sendo a endossabilidade sua característica essencial, ainda não constando a cláusula à ordem, poderão ser transferidos por meio do endosso, unidos ou separadamente, não havendo ilegitimidade na transferência feita por meio de cessão por escrito, revestida das formalidades comuns".[20]

Cabe lembrar, a teor do art. 19 da Lei nº 8.088, de 31.10.1990, que "todos os títulos, valores mobiliários e cambiais serão emitidos sempre sob a forma nominativa, sendo transmissíveis somente por endosso em preto". Em decorrência, não se faz o endosso em branco dos títulos.

Para a entrega do produto, é indispensável a apresentação conjunta do conhecimento e do *warrant*. Esta a importância do *warrant*, como disserta J. C. Sampaio de Lacerda, ao evidenciar que o seu portador terá plena solvabilidade do devedor, pois, se não houver o pagamento, "poderá pagar-se de tudo o que lhe for devido com o preço da venda da mercadoria".[21] Ou seja, não se afasta a garantia sem a apresentação de ambos os títulos.

Sobre a necessidade da entrega dos dois títulos, para a retirada da mercadoria, já se manifestou o Superior Tribunal de Justiça: "Cabe à empresa de armazéns gerais proceder à entrega das mercadorias a quem, como legítimo possuidor, apresente aqueles títulos. O conhecimento de depósito presta-se a evidenciar, em princípio, quem o proprietário da mercadoria,

---

[18] *Contratos e Obrigações Comerciais*, p. 467.

[19] Recurso Especial nº 73.700/RJ. 3ª Turma. Julgado em 09.10.1995, *DJ* de 27.11.1995.

[20] *Manual dos Títulos de Crédito*, p. 267.

[21] *Dos Armazéns-Gerais – Seus Títulos de Crédito*, p. 81.

propriedade que se transmite com o endosso. Se isso não ocorreu, em virtude da natureza das relações pessoais entre endossante e endossatário, é matéria estranha ao depositário".[22]

Operando-se a transferência do direito sobre a propriedade da mercadoria, o que se autoriza ao titular do conhecimento de depósito, em tendo sido emitido o *warrant*, tal se dá com o ônus de penhor gravado. Unicamente se for apresentado o *warrant*, ao cessionário do conhecimento admite-se retirar a mercadoria, a menos que deposite o preço, juros e despesas relativas ao penhor.

Para servirem como títulos de crédito, o art. 15 do Decreto nº 1.102/1903, elenca os requisitos a serem preenchidos:

> 1 – a denominação da empresa do armazém geral e sua sede;
>
> 2 – o nome, profissão e domicílio do depositante ou de terceiro por este indicado;
>
> 3 – o lugar e o prazo do depósito, facultado aos interessados acordarem, entre si, na transferência posterior das mesmas mercadorias de um para outro armazém da emitente, ainda que se encontrem em localidade diversa da em que foi feito o depósito inicial. Em tais casos, far-se-ão, nos conhecimentos e *warrants* respectivos, as seguintes anotações:
>
> a) local para onde se transferirá a mercadoria em depósito;
>
> b) para os fins do art. 26, § 2º, as despesas decorrentes da transferência, inclusive as de seguro por todos os riscos;
>
> 4 – a natureza e quantidade das mercadorias em depósito, designadas pelos nomes mais usados no comércio, seu peso, o estado dos envoltórios e todas as marcas e indicações próprias para estabelecerem a sua identidade, ressalvadas as peculiaridades das mercadorias depositadas a granel;
>
> 5 – a qualidade da mercadoria, tratando-se daquelas a que se refere o art. 12;
>
> 6 – a indicação do segurador da mercadoria e o valor do seguro (art. 16);
>
> 7 – a declaração dos impostos e direitos fiscais, dos encargos e despesas a que a mercadoria está sujeita, e do dia em que começaram a correr as armazenagens (art. 26, § 2º);
>
> 8 – a data da emissão dos títulos e a assinatura do empresário ou pessoa devidamente habilitada por este.

Destacam-se algumas características específicas:

- o conhecimento de depósito e o *warrant* podem ser penhorados ou arrestados por dívida do devedor (art. 17);
- os títulos são emitidos à ordem, podendo circular (art. 18);
- o endosso pode ser em branco ou em preto (art. 18, § 1º);
- o endosso do conhecimento de depósito transmite ao endossatário o direito sobre a mercadoria (art. 18, § 2º);
- o endosso do *warrant*, em separado, transfere o direito de penhor sobre a mercadoria (art. 18, § 2º);
- é proibida qualquer medida judicial constritiva sobre os bens, desde que emitidos os dois títulos (art. 17);

---

[22] Recurso Especial nº 73.700-RJ. 3ª Turma. Julgado em 09.10.1995.

- o primeiro endosso do *warrant* declarará a importância do crédito garantido, e os respectivos encargos (art. 19);
- é utilizada ao portador dos dois títulos a divisão da mercadoria em tantos lotes quantos lhe convenha, e a entrega de conhecimentos de depósito e *warrants* correspondentes a cada um dos lotes (art. 20);
- é retirada a mercadoria do armazém contra a entrega do conhecimento e do *warrant* (art. 21);
- no caso de endosso do *warrant*, autoriza-se ao portador do conhecimento retirar a mercadoria, desde que se consigne no armazém os juros e encargos, fazendo-se imediata comunicação, por escrito, ao endossador (art. 22);
- no vencimento o *warrant* deverá ser apresentado ao devedor, que, em geral, é o portador do conhecimento de transporte, e, também, o endossador (art. 23, § 7º);
- o lugar do pagamento, e do protesto, deve ser o do local do armazém geral, eis que nele se procederá a venda das mercadorias (inteligência do art. 23 e parágrafos);
- procedido o protesto, o portador do *warrant* providenciará na venda das mercadorias por meio de corretor ou leiloeiro (art. 23, § 1º);
- no caso de não pagamento, o portador do *warrant* que não proceder à venda dos produtos no prazo de dez dias, ou não proceder ao imediato protesto, manterá os seus direitos apenas contra o primeiro endossador e o portador e os demais endossadores do conhecimento de depósito, perdendo o direito de regresso contra os coobrigados no *warrant* (art. 23, § 7º).

A matéria é extensa, mas não interferindo no conhecimento de depósito e no *warrant* como títulos de crédito em si.

Como título de crédito, o conhecimento de depósito representa mercadoria e torna o portador seu legítimo proprietário; já o *warrant*, também como título de crédito, equivale a uma promessa de pagamento, eis que o seu subscritor se obriga a pagar certa soma em dinheiro, no vencimento, e confere ao beneficiário ou portador a garantia de penhor sobre as mercadorias depositadas. Considerado título de crédito, ao portador do conhecimento assegura-se a ação de execução de entrega de coisa certa, enquanto ao portador do *warrant*, reserva-se a ação de execução por quantia certa.

Aquele que efetua o pagamento, sub-roga-se nos direitos assegurados no respectivo título.

Pelos prejuízos que os armazéns gerais causam, na guarda, conservação e outras obrigações, cabe a indenização, cujo pedido prescreve em três meses, na forma do art. 11, § 1º, do Decreto 1.102/1903, no que já decidiu o Superior Tribunal de Justiça: "Prescreve em três meses a pretensão indenizatória contra armazém geral, por danos sofridos em mercadorias nele depositadas".[23]

Importante, ainda, observar:

- O portador do conhecimento de depósito não tem ação regressiva contra os endossadores anteriores, o que o dispensa de tirar o protesto. Já o portador do *warrant*, por força do art. 23 do Decreto nº 1.102/1903, que não for pago no dia do vencimento, e que não achar no armazém geral a importância do seu crédito e juros, deverá levar a protesto o título, o que lhe cabe providenciar no prazo e na forma estabelecidos

---

[23] Recurso Especial nº 302.737/SP. 4ª Turma. Julgado em 04.12.2001, *DJ* de 18.03.2002.

para os títulos cambiários. A apresentação para o protesto se fará no primeiro dia útil após o vencimento, de conformidade com o art. 28 do Decreto nº 2.044/1908, que se mantém em vigor, por ordem do art. 9º do Anexo II da Lei Uniforme, que introduziu reserva ao art. 44, alínea 3ª, do Anexo I.

– Ao portador do *warrant* o art. 25 do Decreto nº 1.102/1903 garante o direito de buscar a indenização junto aos endossadores anteriores, se não ficar integralmente pago seu crédito, em virtude de insuficiência do produto líquido da venda da mercadoria ou da indenização do seguro.

4. DIREITOS DO PORTADOR DE TÍTULO REPRESENTATIVO DE MERCADORIA

O Código Civil, no art. 894, especifica os direitos do portador de título representativo de mercadorias, que são o conhecimento de transporte, o conhecimento de depósito e o *warrant*, estes dois últimos chamados títulos armazenários, todos acima vistos.

No estudo de cada um dos institutos já ficaram salientados os direitos. No entanto, entendeu o legislador do Código Civil em destacá-los. Reza o dispositivo invocado: "O portador de título representativo de mercadoria tem o direito de transferi-lo, de conformidade com as normas que regulam a sua circulação, ou de receber aquela independentemente de quaisquer formalidades, além da entrega do título devidamente quitado".

Versa o dispositivo sobre os títulos representativos de mercadoria, para cujo titular é reservado o direito da transferência do título, ou de receber as mercadorias que representam, mas de acordo com as normas que regulam a circulação, e que são estabelecidas pelas normas próprias de cada título, e desde que sejam titulares legitimados. Pode, no entanto, não haver formalidades para essa última faculdade, bastando a mera entrega do título com a quitação.

A transferência dos títulos, o que permite o recebimento das mercadorias, fica na dependência do pagamento das despesas de frete e de armazenagens. Em geral, o conhecimento de frete contém a cláusula "frete a pagar". Aliás, a Lei nº 9.973, de 2000, no art. 9º, já previa o direito de retenção sobre as mercadorias depositadas para garantia de pagamento de armazenagem e despesas tarifárias; adiantamentos feitos com fretes, seguros e outras despesas e serviços, desde que devidamente autorizados, por escrito, pelo depositante; comissões, custos de cobrança e outros encargos, relativos à operação com mercadorias depositadas.

Já ficou analisado que temos, como títulos representativos de mercadorias, o conhecimento de transporte, e o conhecimento de depósito e *warrant*. Contêm eles a declaração de entrega de mercadoria para a finalidade de transporte ou de depósito. Destinam-se para representar operações de entrega de produtos a transportadores, ou a silos, armazéns frigoríficos ou entrepostos. No tocante aos armazéns gerais que recebem os produtos, emitem dois documentos, que são o conhecimento de depósito propriamente dito e o *warrant*.

As leis que tratam da matéria, consoante observado, estabelecem regras sobre a circulação e a exigibilidade do crédito. Como acontece com os demais títulos, é autorizado o endosso, em branco ou em preto, o que outorga ao endossatário ou cessionário o direito de dispor livremente dos títulos ou da mercadoria. Com esta transferência, o endossatário adquire a livre disposição sobre a mercadoria, ou sobre o valor que representa o título *warrant*.

Na prática, é mais comum o conhecimento de depósito, pelo qual se operacionalizam as transferências de produtos armazenados, tanto para o exterior como para o mercado interno.

Como se depreende do artigo em comento, ele mesmo remete às leis acima, que regulamentam especificamente a circulação.

Capítulo XIII
Títulos de Crédito com Garantia Real ou Privilégio Especial

1. A FORMALIZAÇÃO DOS TÍTULOS EM ESPÉCIE

Os títulos de crédito com garantia real são formalizados mediante um documento particular, no qual se descrevem os bens que servem de garantia, de modo minucioso. Por virem com garantia real, e representarem uma promessa de pagamento, costuma-se denominá-los cédulas hipotecárias ou pignoratícias, abrangendo um contrato de financiamento ou empréstimo e outro de garantia. É indispensável, nesses tipos de títulos, o registro no Cartório dos Registros Públicos. Tornam-se endossáveis, com o que o credor pode negociá-los a terceiros. Mais detalhadamente, a cédula com garantia real corresponde a um papel representativo de dinheiro, ou a um documento escrito, no qual vem expressa uma quantia em dinheiro, acompanhando uma garantia, com o caráter de certeza, liquidez e exigibilidade, equivalendo a uma confissão de dívida.

São os títulos instituídos para finalidades determinadas, não se permitindo uso diverso daquele específico que a lei prevê. Nesta ordem, se o título é uma cédula de crédito rural, o financiamento só pode ser dirigido à atividade agrícola. Eis a orientação do Superior Tribunal de Justiça: "Em sendo a cédula de crédito industrial um título causal, pode o obrigado invocar como defesa, além das exceções estritamente cambiais, as fundadas em direito pessoal seu contra a outra parte, para demonstrar que a obrigação carece de causa ou que esta é viciosa. Não é exequível a cédula industrial, cujo financiamento é aplicado em finalidade diversa daquela prevista na lei de regência".[1]

As cédulas de crédito reguladas por leis especiais hoje em vigor, que formam títulos de crédito, são as de crédito rural, de crédito industrial, de crédito comercial, de crédito à exportação, de crédito habitacional, e de crédito bancário.

Esses títulos, porque classificados entre os títulos com privilégio especial, não se submetem à concordata, no dizer de Fernando Netto Boiteux: "Os títulos com privilégio especial, como a nota de crédito rural, a nota promissória rural e a duplicata rural, não estão sujeitos à concordata do devedor, razão pela qual o credor pode prosseguir com a ação de execução, apesar de estar o devedor em concordata, conforme a doutrina (Lauro Muniz Barreto, "Nota Promissória Rural – título representativo de crédito com privilégio especial – direito do seu titular de promover a cobrança executiva, não obstante a concordata preventiva o respectivo devedor, 'comentários à jurisprudência'", em *Revista de Direito Mercantil, Econômico e Financeiro*, nº 1, Nova Série, pp. 122-128, 1971) e o Superior Tribunal de Justiça (Recurso Especial nº 84.508-MG. 4ª Turma. Relator: Min. Ruy Rosado de Aguiar. Julgamento em 12.08.1996. Unânime)".[2]

---

[1]   Recurso Especial nº 162.032/RS. 3ª Turma. Julgado em 26.10.1999, *DJ* de 17.04.2000.

[2]   *Títulos de Crédito* (em conformidade com o Novo Código Civil), p. 248.

Relativamente aos títulos de crédito rurais, industriais, comerciais e à exportação, incidem as normas do direito cambiário. Quanto aos rurais, estabelece o art. 60 do Decreto-Lei nº 167, de 14.02.1967, que se aplicam as normas de direito cambial, inclusive quanto ao aval, dispensado, porém, o protesto para assegurar o direito de regresso. No pertinente aos industriais, cuja regulamentação se estende aos comerciais e à exportação (Lei nº 6.840, de 03.11.1980, art. 5º, e Lei nº 6.313, de 16.12.1975, art. 3º), o art. 52 do Decreto-Lei nº 413, de 09.01.1969, introduz norma semelhante, ou seja, a de direito cambial, dispensando o protesto.

Esses mesmos títulos têm um regime especial na incidência de juros de mora e multa, em face de arts. 5º, parágrafo único, e 71 do Decreto-Lei nº 167/1967, e dos arts. 5º, parágrafo único, e 58 do Decreto-Lei nº 413/1969 (aplicável à cédula comercial e à exportação, por força do art. 5º da Lei nº 6.840/1980, e do art. 3º da Lei nº 6.313/1975, acima citadas), sendo os juros de um por cento ao ano, e a multa de dez por cento, aplicável em caso de cobrança administrativa ou judicial.

Os juros remuneratórios, em face do *caput* do art. 5º do Decreto-Lei nº 167/1967, do art. 5º, *caput*, do Decreto-Lei nº 413/1969, do art. 5º da Lei nº 6.840/1980 e do art. 3º da Lei nº 6.313/1975, dependem da taxa fixada pelo Conselho Monetário Nacional, parecendo oportuno transcrever, *in exemplis*, o art. 5º do Decreto-Lei nº 167/1967: "As importâncias fornecidas pelo financiador vencerão juros às taxas que o Conselho Monetário Nacional fixar e serão exigíveis em 30 de junho e 31 de dezembro ou no vencimento das prestações, se assim acordado entre as partes; no vencimento do título e na liquidação, ou por outra forma que vier a ser determinada por aquele Conselho, podendo o financiador, nas datas previstas, capitalizar tais encargos na conta vinculada à operação".

Sobre a capitalização dos juros, há a Súmula nº 93, do STJ, de 1993: "A legislação sobre cédulas de crédito rural, comercial e industrial admite o pacto de capitalização de juros".

O Superior Tribunal de Justiça endossou a competência do Conselho Monetário Nacional em fixar a taxa de juros, afastando a Lei de Usura. Na omissão, os juros mantêm-se no patamar dos legais: "Omitindo-se o órgão no desempenho de tal mister, torna-se aplicável a regra geral do art. 1º, *caput*, da Lei de Usura, que veda a cobrança de juros em percentual superior ao dobro da taxa legal (12% ao ano), afastada a incidência da Súmula nº 596 do C. STF, porquanto se dirige à Lei nº 4.595/1964, ultrapassada, no particular, pelo diploma legal mais moderno e específico, de 1967. Precedentes do STJ".[3]

Presentemente, sendo a taxa legal de doze por cento ao ano, o dobro corresponderia a vinte e quatro por cento ao ano.

Necessário observar que a esses contratos, e a mais alguns, já que regidos por legislação específica, não se aplicam os Temas formados no Recurso Repetitivo nº REsp 1.061.530/RS, da 2ª Seção do STJ, julgado em 22.10.2008 publ. no DJe de 10.03.2009, tendo figurado como relatora a Min. Nancy Andrighi. Eis alguns temas:

Tema 24: "As instituições financeiras não se sujeitam à limitação dos juros remuneratórios estipulada na Lei de Usura (Decreto 22.626/1933), Súmula 596/STF".

Tema 25: "A estipulação de juros remuneratórios superiores a 12% ao ano, por si só, não indica abusividade".

Tema 26: "São inaplicáveis aos juros remuneratórios dos contratos de mútuo bancário as disposições do art. 591 c/c o art. 406 do CC/02".

Tema 27: "É admitida a revisão das taxas de juros remuneratórios em situações excepcionais, desde que caracterizada a relação de consumo e que a abusividade (capaz de colocar o consumidor em desvantagem exagerada (art. 51, §1 º, do CDC) fique cabalmente demonstrada, ante às peculiaridades do julgamento em concreto".

---

[3]   Recurso Especial nº 113.112-RS. 4ª Turma. Julgado em 05.10.2000.

Tema 28: "O reconhecimento da abusividade nos encargos exigidos no período da normalidade contratual (juros remuneratórios e capitalização) descaracteriza a mora".

Tema 29: "A simples propositura da ação de revisão de contrato não inibe a caracterização da mora do autor".

Tema 30: "Nos contratos bancários, não-regidos por legislação específica, os juros moratórios poderão ser convencionados até o limite de 1% ao mês".

Tema 31: "A abstenção da inscrição/manutenção em cadastro de inadimplentes, requerida em antecipação de tutela e/ou medida cautelar, somente será deferida se, cumulativamente:

i) a ação for fundada em questionamento integral ou parcial do débito;

ii) houver demonstração de que a cobrança indevida se funda na aparência do bom direito e em jurisprudência consolidada do STF ou STJ;

iii) houver depósito da parcela incontroversa ou for prestada a caução fixada conforme o prudente arbítrio do juiz. A inscrição/manutenção do nome do devedor em cadastro de inadimplentes decidida na sentença ou no acórdão observará o que for decidido no mérito do processo. Caracterizada a mora, correta a inscrição/manutenção".

Outrossim, é de rigor, no preenchimento dos instrumentos, a fiel obediência à forma prevista pela lei, como enfatizou o Superior Tribunal de Justiça: "Os títulos de crédito devem observar a forma prevista em lei; faltando na cédula de crédito industrial, nominada como tal, a descrição dos bens dados em garantia, o documento não pode ser considerado uma nota de crédito industrial".[4]

Esses títulos passam, nos itens que seguem, a ser analisados.

2. TÍTULOS DE CRÉDITO RURAL

Dentre os diplomas que regulam o crédito rural, destacam-se a Lei nº 4.829, de 05.11.1965, e o Decreto nº 58.380, de 10.05.1966, que se inspiraram na Lei nº 4.504, de 30.11.1964, a qual instituiu o Estatuto da Terra.

O art. 1º da Lei nº 4.829/1965 considera o crédito rural ligado ao desenvolvimento da produção e ao próprio bem-estar do povo. Conforme o art. 2º, diz tal crédito respeito ao suprimento de recursos financeiros por entidades públicas e estabelecimentos de créditos particulares, a produtores rurais ou a suas cooperativas, para aplicação exclusiva em atividades que se enquadrem nos objetivos indicados na legislação em vigor.

O art. 2º, § 1º, do Decreto nº 58.380/1966 estabelece que o dito crédito se dirige ao suprimento de recursos que atendam tais finalidades e será feito por instituições financeiras, assim consideradas as pessoas jurídicas públicas, privadas ou de economia mista, que tenham como atividade principal ou acessória a coleta, intermediação ou aplicação de recursos financeiros próprios ou de terceiros.

De acordo com o art. 2º da Lei nº 4.829/1965, a concessão do crédito rural destina-se aos produtores rurais e às suas cooperativas.

Os instrumentos de crédito rural são regulados pelo Decreto-Lei nº 167/1967, que substituiu a Lei nº 3.253/1957 pela Lei nº 8.929/1994 e pela Lei nº 13.986/2020 (a chamada Lei do Agro).

Cumpre anotar que a Lei nº 13.986, de 7.04.2020, é proveniente da Medida Provisória nº 897, de 1º.10.2019, que foi elaborada em conjunto pelos ministérios da Economia, da Agricultura, Pecuária e Abastecimento e pelo Banco Central do Brasil. A referida Medida Provisória, convertida com várias alterações na Lei nº 13.986, introduziu o sistema escritural de emissão

---

4   Recurso Especial nº 147.121/RS. 3ª Turma. Julgado em 13.02.2001, *DJ* de 04.06.2001.

de títulos de crédito rural, que corresponde à digitalização na sua emissão. Os seguintes títulos, entre outros, podem ser emitidos escrituralmente por meios eletrônicos: as cédulas de crédito e demais títulos do Decreto-lei nº 167/1967; a cédula de produto rural da Lei n 8.929/1994, e a cédula de crédito imobiliário, criação da própria Medida Provisória e da Lei referidas.

2.1. Títulos de crédito rural regidos pelo Decreto-Lei nº 167/1967

Os títulos de crédito rural introduzidos pelo Decreto-Lei nº 167/1967 têm a seguinte divisão (art. 9º):

a) cédula rural pignoratícia;
b) cédula rural hipotecária;
c) cédula rural pignoratícia e hipotecária;
d) nota de crédito rural.

Todos esses títulos se enquadram na denominação geral "cédula de crédito rural", que é promessa de pagamento em dinheiro; as três primeiras com garantia real cedularmente constituída, e a última sem vinculação de qualquer lastro real. Aquelas, pois, constituem cédulas de crédito real rural e a nota de crédito rural classifica-se como cédula de crédito pessoal rural.

Existem, ainda, outros dois títulos: nota promissória rural e duplicata rural, também sem garantia real. Destinam-se ambos a contratos de venda a prazo de produtos agrícolas. São títulos líquidos e certos, ensejando processo de execução, e podendo ser negociados ou endossados a estabelecimentos de crédito, o que permite a conclusão de que servem como instrumentos de garantia em empréstimos bancários contraídos por agricultores e produtores rurais.

Salienta Fran Martins: "Declara a lei que 'a cédula de crédito rural é um título civil, líquido e certo, exigível pela soma dele constante ou do endosso, além dos juros, da comissão de fiscalização, se houver, e demais despesas que o credor fizer para segurança, regularidade e realização do seu direito creditório' (art. 10). Considera a lei o título como civil por se prender a atividades rurais, em regra afastadas do campo do direito comercial".[5] Em vista do art. 10 do Decreto-lei nº 167/1967, na redação da Lei nº 13.986/2020, ao conceito acima é acrescentado que se trata de um título transferível e de livre negociação.

Como se verá, é dispensado o protesto contra endossantes e seus avalistas, no que divergem quanto aos títulos cambiais em si.

Há de se observar as finalidades para que foram criados, como diz Waldírio Bulgarelli: "... estão eles jungidos a certos tipos de operações (mútuo, abertura de crédito, compra e venda, entrega da produção, recebimento de insumos), presos subjetivamente aos que produzem (produtores rurais e sua cooperativas, compreendidos, aí, tanto proprietários, como meeiros e arrendatários) e aos que atuam no financiamento rural (instituições financeiras ligadas ao sistema do crédito rural)".[6]

De observar que o Código Civil (art. 1.438, parágrafo único), contempla a possibilidade de se emitir a cédula de crédito rural.

Se a emissão se der com base no Decreto-Lei nº 167/1967, conforme restou observado acima, três são as cédulas de crédito rural com garantia real: a cédula rural pignoratícia, a cédula rural hipotecária e a cédula rural pignoratícia e hipotecária. Os demais não possuem garantia real.

---

[5] *Títulos de Crédito*, 3ª ed., Rio de Janeiro, Editora Forense, 1986, vol. II, p. 252.

[6] "Aspectos Jurídicos dos Títulos de Crédito Rural", *in Revista dos Tribunais*, nº 453, p. 17.

2.1.1. Emissão e características

Quanto à emissão, permitido que seja através de documento escrito ou digitalizado, e por meio eletrônico ou escritural, lançada de forma informatizada em sistema eletrônico de escrituração, que será mantido em entidade autorizada pelo Banco Central do Brasil a exercera atividade de escrituração eletrônica. Nesta modalidade, veio o regramento através da Lei nº 13.986/2020, nos arts 10-A a 10-D.

Compete ao Banco Central do Brasil, consoante o art. 10-A e parágrafos, a regulamentação da atividade de escrituração eletrônica, e autorizar e supervisionar o seu exercício. Tal atividade é concedível por segmento, por espécie ou por grupos de entidades que atendam os critérios específicos, dispensando-se, pois, a autorização individualizada. Há, pois, uma entidade autorizada pelo Banco Central do Brasil para fazer a escrituração dos títulos, quando adotado o sistema eletrônico.

As infrações às normas que regem a atividade de escrituração importam na incidência, aos responsáveis, das penalidades contidas na Lei nº 13.506/2017, a qual dispõe sobre o processo administrativo sancionador na esfera de atuação do Banco Central do Brasil e da Comissão de Valores Mobiliários.

Na sequência das normas advindas, consta do art. 10-B e de seu parágrafo único, que a entidade responsável pelo sistema eletrônico de escrituração expedirá, mediante solicitação, certidão de inteiro teor do título, inclusive para fins de protesto e de execução judicial. Permite-se a emissão pela forma eletrônica, desde que garantida a autenticidade e integridade do documento.

Os arts. 10-C e 10-D e respectivos parágrafos incumbem ao Banco Central do Brasil a regulamentação de questões relacionadas à emissão, à negociação e à liquidação da cédula escritural, devendo-se registrar no sistema eletrônico de escrituração os seguintes atos:

I – os requisitos essenciais do título;

II – o endosso e a respectiva cadeia de endossos, se houver;

III – a forma de pagamento ajustada no título;

IV – os aditamentos, as ratificações e as retificações de que trata o art. 12 deste Decreto-Lei;

V – a inclusão de notificações, de cláusulas contratuais, de informações ou de outras declarações referentes à cédula de crédito rural; e

VI – as ocorrências de pagamento, se houver.

Em havendo a constituição de gravames, necessária a informação no sistema eletrônico de escrituração da entidade autorizada pelo Banco Central do Brasil a exercer a atividade de escrituração (parágrafo único do art. 10-D, incluído pela Lei nº 13.986/2020).

Em vista, pois, da Lei nº 13.986/2020, todos os títulos (cédulas pignoratícias e hipotecárias, nota de crédito rural, nota promissória rural e duplicata rural) poderão ser emitidas por meio do lançamento em sistema eletrônico de escrituração, observado, no que couber, o disposto nos art. 10-A, art. 10-B, art. 10-C e art. 10-D.

Eis as características das cédulas de crédito rural:

a) Títulos de crédito, por representarem um direito creditório.

b) Civis, em face do art. 10 do Decreto-Lei nº 167/1967. Assim, regem-se pelo direito civil, exceto no que tange ao endosso e ao aval, que obedecem as normas do direito cambial (art. 60). Desta sorte, com base no art. 52 da Lei Cambial, de nº 2.044/1908, "a ação cambial contra o endossador e respectivo avalista prescreve em doze meses".

c) Específicos, porquanto restritos aos financiamentos rurais concedidos pelos órgãos integrantes do Sistema Nacional de Crédito Rural (art. 7º da Lei nº 4.829/1965) e pelas cooperativas rurais a seus associados.

d) Líquidos e certos, sendo que expressam uma dívida de existência certa e de valor determinado.

e) Não formais, em face da simplificação dada pelo Decreto-Lei nº 167/1967, fugindo ao rigor formalístico. Isto a ponto de permitir o art. 12 o aditamento, a ratificação e a retificação através de simples acréscimos textuais.

f) Confessórios, por confessar o emitente a dívida e admitir sua adesão às condições ou cláusulas inseridas na cártula.

g) Causais, em vista da destinação do financiamento a determinado objetivo rural.

h) Particularizados quanto às obrigações, sendo essencial a contratação dentro da legislação específica agrária.

i) Providos ou não de garantias reais. A cédula rural pignoratícia, a cédula rural hipotecária e a cédula rural pignoratícia e hipotecária munem-se de garantia real. A nota de crédito rural não contém qualquer garantia real.

2.1.2. Registro imobiliário das cédulas rurais

No tocante ao registro, a fim de valer perante terceiros, reza o art. 30 do Decreto-Lei nº 167/1967: "As cédulas de crédito rural, para terem eficácia contra terceiros, inscrevem-se no Registro de Imóveis". É também o que vem expresso no art. 167, item I, nº 13, da Lei nº 6.015/1973. A cédula rural pignoratícia será registrada no Livro nº 3 (Livro Auxiliar); a cédula rural hipotecária também no mesmo livro; a hipoteca cedular, em resumo, no Livro nº 2 (Registro Geral); e a cédula rural pignoratícia e hipotecária no Livro nº 3, do ofício da circunscrição dos bens apenhados, e a hipoteca cedular, em resumo, no Livro nº 2, do cartório da circunscrição dos bens hipotecados. A nota de crédito rural terá o registro no Livro nº 3 (arts. 176, 177 e 178 da Lei nº 6.015, com as alterações das Leis nº 6.216/1975, nº 6.688/1979, nº 6.941/1981, nº 8.245/1991, nº 9.254/2006, nº 9.514/1997, nº 10.257/2001, nº 10.267/2001, nº 10.931/2004, nº 11.284/2006, 11.952/2009, nº 11.977/2009, nº 12.424/2011, nº 12.810/2013, nº 13.465/2017 e nº 13.777/2018).

Sem o registro, a cédula origina um direito pessoal, obrigando somente as partes envolvidas. Lavram-se os registros no prazo de trinta dias, conforme art. 188 da Lei nº 6.015/1973.

Os endossos, as menções adicionais, os aditivos, avisos de prorrogação e qualquer ato modificativo da garantia ou das condições pactuadas constarão, por averbação, à margem do registro da cédula.

2.1.3. Cobrança judicial das cédulas de crédito rural

Para a cobrança do crédito, o procedimento é a ação de execução, segundo preceitua o art. 41 do Decreto-Lei nº 167/1967.

Uma vez ajuizada a demanda, e procedida a penhora dos bens garantidores do crédito, permite-se a sua expropriação imediata para satisfazer o credor, como deflui do § 1º do citado art. 41: "Penhorados os bens constitutivos da garantia real, assistirá ao credor o direito de promover, a qualquer tempo, contestada ou não a ação, a venda daqueles bens, observado o disposto nos arts. 704 e 705 do Código de Processo Civil, podendo ainda levantar, desde logo, mediante caução idônea, o produto líquido da venda, à conta e no limite de seu crédito, prosseguindo-se na ação". Trata-se de uma medida violenta, em que se prejulga praticamente a favor do credor.

Os arts. 704 e 705 são do diploma processual civil revogado de 1939; correspondem aos arts. 1.113 e seguintes do Código de 1973, sendo que, pelo art. 1.049 do CPC de 2015, aplica-se o procedimento comum.

O § 2º do mesmo art. 41 encerra: "Decidida a ação por sentença passada em julgado, o credor restituirá a quantia ou excesso levantado, conforme seja a ação julgada improcedente total ou parcialmente, sem prejuízo de outras cominações da lei processual".

E o § 3º: "Da caução a que se refere o parágrafo primeiro dispensam-se as cooperativas rurais e as instituições financeiras públicas (art. 22 da Lei nº 4.595, de 31.12.1964), inclusive o Banco do Brasil S.A.".

Salienta-se, todavia, que dificilmente a ação toma tais rumos. A execução, na prática, segue os trâmites da execução disciplinada no Código de Processo Civil.

A plena vigência da venda antecipada já foi confirmada pela jurisprudência: "Execução. Cédula de crédito rural. O § 1º do art. 41 do Decreto-Lei nº 167/1967 não foi revogado pelo atual Código de Processo Civil, com o que regular é o deferimento de requerimento para venda antecipada dos bens constitutivos da garantia real e que foram penhorados".[7]

2.1.4. Impossibilidade de penhora, sequestro e arresto em bens objetos da cédula de crédito rural

Em princípio, desponta a regra do art. 69 do Decreto-Lei nº 167/1967: "Os bens objeto de penhor ou de hipoteca constituídos pela cédula de crédito rural não serão penhorados, arrestados ou sequestrados por outras dívidas do emitente ou do terceiro empenhador ou hipotecante, cumprindo ao emitente ou ao terceiro empenhador ou hipotecante denunciar a existência da cédula às autoridades incumbidas da diligência ou a quem a determinou, sob pena de responderem pelos prejuízos resultantes de sua omissão".

Em duas situações, no entanto, a impenhorabilidade cede, mesmo no caso da hipoteca cedular ser a primeira, e a disciplinada pelo Código Civil a segunda, conforme Tupinambá Miguel Castro do Nascimento: "a) Se a cedular já se venceu, principalmente quando o devedor comum só tem o bem duplamente hipotecado. A permissão de penhorar, que se inclui na de executar, é expressa no art. 813 do Código Civil, aplicável subsidiariamente nas hipotecas cedulares por autorização das leis extravagantes; b) se o devedor comum for insolvente, também hipótese prevista no art. 813 do Código Civil. Aqui, inclusive, há o apoio do art. 1.054, I, do Código de Processo Civil. Com efeito, depois de se admitir embargos de terceiro para o credor com garantia real obstar alienação judicial do objeto da hipoteca (art. 1.047, II, do Código de Processo Civil), diz o referido inciso I do art. 1.054, do mesmo diploma processual, que o embargado pode alegar, procedentemente, que 'o devedor comum é insolvente'".[8]

O art. 813 acima citado equivale ao art. 1.477 do atual Código Civil. Já os referidos arts. 1.047, II, e 1.054, I, do CPC/1973 correspondem, respectivamente, aos arts. 674, § 2º, IV, e 680, I, do CPC/2015.

2.1.5. Perda dos privilégios especiais na transmissão ou transferência dos títulos de crédito rural

Os títulos de crédito rural são normalmente transmissíveis por endosso, cessão ou qualquer forma de transferência. Acompanham as garantias na transferência a um novo titular,

---

[7]   TARGS. Agravo de Instrumento nº 184.033.462. 3ª Câmara Cível. *Revista dos Tribunais*, 606/43.

[8]   *Hipoteca*, Rio de Janeiro, Aide Editora, 1985, pp. 211-212.

mas não os privilégios especiais, como a impenhorabilidade, segundo evidencia o seguinte aresto: "As cédulas de crédito rural hipotecário, como títulos de crédito, são negociáveis fora do círculo restrito para que foram criadas, mas então se desnaturam: transmitem apenas o crédito e sua garantia real, com todos os privilégios de direito comum, inclusive eventual prelação quando concorram com créditos de natureza diversa. Não transferem, porém, os privilégios da lei especial, e instituídos *intuito personae*, como a discutida impenhorabilidade do art. 69 do Decreto-Lei nº 167/1967; a faculdade de o credor, sem prévia autorização judicial, promover a venda do bem recebido em garantia, conforme o dispõe o art. 41 etc.".[9]

2.1.6. *Vencimento antecipado da cédula rural*

A cédula de crédito rural é dirigida para custear a produção agrícola, que se constitui de uma atividade passível de sofrer inúmeras vicissitudes comuns da natureza e da própria comercialização, além de impor uma série de medidas preservativas e conservadoras do solo, não se podendo programar garantias mais seguras quanto ao empreendimento desenvolvido.

São tais fatores que, dentre outros, ordenam a formulação de uma política agrária e econômica favorável aos produtores rurais, sobressaindo o custeio, pelo governo, de parte dos juros e da correção monetária.

Por isso, o crédito bancário concedido neste setor deve ser obrigatoriamente empregado na produção agrícola ou pecuária, não se permitindo o desvio para finalidades outras, sob pena de ser considerado vencido antecipadamente o contrato. É o que se extrai do art. 11 do Decreto-Lei nº 167/1967: "Importa vencimento da cédula de crédito rural, independentemente de aviso ou interpelação judicial ou extrajudicial, a inadimplência de qualquer obrigação convencional ou legal do emitente do título ou, sendo o caso, do terceiro prestante da garantia real".

Tão séria a obrigatoriedade em cumprir as cláusulas contratuais, que a rescisão atinge mesmo outros contratos de financiamento rural, como ressoa do parágrafo único da apontada norma.

2.1.7. *Cédula rural pignoratícia*

2.1.7.1. Conceituação

Existe a cédula rural pignoratícia da Lei nº 492, de 30.08.1937, que decorre da existência anterior do penhor rural, sendo título de crédito que se vincula a um penhor já firmado. A sua finalidade é representar o valor do crédito garantido pelo penhor registrado. Não decorre necessariamente do penhor, que pode ter vida própria e independente da cédula rural pignoratícia.

A causa da emissão é a mera conveniência do credor, que poderá dispor de um título de crédito endossável.

Igualmente o art. 1.438, parágrafo único, do Código Civil de 2002 trata do penhor rural. Já a cédula rural pignoratícia fundada no Decreto-Lei nº 167/1967, que substituiu a Lei nº 3.253/1957, nasce concomitantemente com o penhor, isto é, ao mesmo tempo, sendo a exteriorização do mesmo.

No penhor rural, com a emissão posterior da respectiva cédula, segue-se esta tramitação:

I – Efetua-se o contrato de penhor.

II – Leva-se a Registro Imobiliário o instrumento.

III – O oficial do Registro de Imóveis emite a cédula, desde que haja pedido do credor.

---

[9]   1º TACivSP. Apelação Cível nº 310.902. 5ª Câmara. *Revista dos Tribunais*, 577/141.

A cédula rural pignoratícia instituída pelo Decreto-Lei n° 167/1967 obedece a uma ordem diferente:

I – Elaboração do contrato no próprio ato do financiamento, sendo o instrumento de garantia.

II – O registro da cédula produz o direito real do penhor.

Em suma, a cédula rural pignoratícia, aqui tratada, é o próprio contrato de penhor.

Convém esclarecer que, de acordo com o art. 19 do Decreto-lei n° 167/1967, com redação pela Lei n° 13.986/2020, apenas no que não contiver o Decreto-Lei n° 167/1967 segue-se a legislação suplementar, isto é, o Código Civil (que tem normas sobre o penhor rural), a Lei n° 492/1937 (regulamentando o penhor rural e a cédula pignoratícia) e a Lei n° 2.666/1955 (que disciplina o penhor dos produtos agrícolas).

Na regulamentação do Decreto-lei n° 167/1967, no próprio instrumento de garantia se contrata o financiamento, pois consta de seu art. 1°: "O financiamento rural concedido pelos órgãos integrantes do sistema nacional de crédito rural a pessoa física ou jurídica poderá efetuar-se por meio das cédulas de crédito rural previstas neste Decreto-Lei".

No art. 9° temos que o financiamento se consubstancia através da cédula de crédito rural, que pode ter a garantia real constituída no mesmo contrato, pela cédula rural pignoratícia.

Na prática, a cédula rural pignoratícia objeto do Decreto-Lei n° 167/1967 tomou o lugar do penhor rural, sendo que constitui uma simplificação e uma agilização no processamento do financiamento rural. Torna-se um título civil, líquido e certo, exigível pela soma dela constante ou do endosso, de acordo com o art. 5° do citado diploma.

2.1.7.2. Finalidade

É utilizada a cédula rural pignoratícia para dar garantia aos financiamentos que objetivam o desenvolvimento e o incremento da produção rural. A finalidade básica é, pois, rural, seja na área agrícola ou na pecuária. Tanto isto que o devedor obriga-se a cumprir a finalidade sinalada no contrato, como impõe o art. 2° do Decreto-Lei em questão: "O emitente da cédula fica obrigado a aplicar o financiamento nos fins ajustados, devendo comprovar essa aplicação no prazo e na forma exigidos pela instituição financiadora".

Para obrigar o cumprimento da finalidade, permite o art. 6° a atuação fiscalizadora do financiador: "O financiado facultará ao financiador a mais ampla fiscalização da aplicação da quantia financiada, exibindo, inclusive, os elementos que lhe forem exigidos".

A constituição envolve a emissão da cédula rural pignoratícia e o competente registro público.

2.1.7.3. Constituição

Conterá o instrumento os seguintes elementos, de conformidade com o art. 14, em texto da Lei n° 13.986/2020:

I – A denominação "cédula rural pignoratícia".

II – Data e condições de pagamento; havendo prestações periódicas ou prorrogações de vencimento, acrescentar: "nos termos da cláusula Forma de Pagamento abaixo" ou "nos termos da cláusula Ajuste de Prorrogação abaixo".

III – Nome do credor e a cláusula à ordem.

IV – Valor do crédito deferido, lançado em algarismos e por extenso, com indicação da finalidade ruralista a que se destina o financiamento concedido e a forma de sua utilização.

V – Descrição dos bens vinculados em penhor, que se indicarão pela espécie, qualidade, quantidade, marca ou período de produção, se for o caso, além do local ou depósito em que os mesmos bens se encontrarem.

VI – Taxa de juros a pagar, e a comissão de fiscalização, se houver, e o tempo de seu pagamento.

VII – Praça do pagamento.

VIII – Data e lugar da emissão.

IX – assinatura do emitente ou de representante com poderes especiais, admitida a assinatura sob a forma eletrônica, desde que garantida a identificação inequívoca de seu signatário.

O § 1º do art. 14 edita outras formalidades: "As cláusulas 'forma de pagamento' ou 'ajuste de prorrogação', quando cabíveis, serão incluídas logo após a prescrição da garantia, estabelecendo-se, na primeira, os valores e datas das prestações e, na segunda, as prorrogações previstas e as condições a que está sujeita sua efetivação".

Prossegue o § 2º: "A descrição dos bens vinculados à garantia poderá ser feita em documento à parte, em duas vias, assinadas pelo emitente e autenticadas pelo credor, fazendo-se, na cédula, menção a essa circunstância, logo após a indicação do grau do penhor e de seu valor global".

O § 3º proíbe ao registrador exigir qualquer outro documento complementar, como avaliação do bem ofertado em garantia, anotação de responsabilidade técnica, reconhecimento de firma ou sinal público.

Não se pode, na forma do § 4º, para o registro de operações financeiras, obrigar o contraente a apresentar Certidão Negativa de Débito (CND), com a finalidade de comprovação da quitação de créditos tributários, de contribuições federais e de outras imposições pecuniárias compulsórias.

O § 5º impede que se vede o registro do título na hipótese em que o valor da garantia seja inferior ao crédito liberado.

Pelo § 6º, estendem-se as disposições dos §§ 3º, 4º e 5º às demais cédulas e instrumentos vinculados a financiamentos rurais, como a cédula pignoratícia e hipotecária, a nota de crédito rural, a nota promissória rural e a duplicata rural.

2.1.7.4. Prazo de duração e bens objetos da cédula

No concernente ao máximo de prazo da garantia, os limites estão inseridos no art. 61 do diploma em análise, em redação da Lei nº 12.873/2013: "O prazo do penhor rural, agrícola ou pecuário não excederá o prazo da obrigação garantida e, embora vencido o prazo, permanece a garantia, enquanto subsistirem os bens que a constituem".

Podem constituir objeto do penhor cedular:

I – As coisas suscetíveis de penhor rural (agrícola e pecuário) e de penhor mercantil – art. 15 do Decreto-Lei nº 167/1967.

II – Os gêneros oriundos da produção agrícola, extrativa ou pastoril, ainda que se destinem a beneficiamento ou transformação – art. 55, do citado diploma.

III – Os seguintes bens, quando destinados aos serviços das atividades rurais – art. 56 do mesmo Decreto-Lei:

a) Caminhões, camionetas de carga e outros veículos automotores ou de tração mecânica.

b) Carretas, carroças, carros, carroções e outros veículos não automotores.

c) Canoas, barcos, balsas e embarcações fluviais, com ou sem motores.

d) Máquinas e utensílios destinados ao preparo de rações ou ao beneficiamento, armazenagem, industrialização, frigorificação, conservação, acondicionamento e transporte de produtos e subprodutos agropecuários ou extrativos ou utilizados nas atividades rurais, bem como bombas, motores, canos e demais pertences de irrigação.

e) Incubadoras, chocadeiras, criadeiras, pinteiros e galinheiros desmontáveis ou móveis, gaiolas, bebedouros, campânulas e quaisquer máquinas e utensílios usados nas explorações avícolas ou agropastoris.

2.1.7.5. A posse dos bens

Assim como é autorizado no penhor rural comum, igualmente no penhor rural cedular os bens empenhados permanecem com o devedor ou o terceiro empenhante. Não se efetiva a tradição para o credor pignoratício. É claro o art. 17 do Decreto-Lei nº 167/1967: "Os bens apenhados continuam na posse imediata do emitente ou do terceiro prestante da garantia real, que responde por sua guarda e conservação como fiel depositário, seja pessoa física ou jurídica. Cuidando-se do penhor constituído por terceiro, o emitente da cédula responderá solidariamente com o empenhador pela guarda e conservação dos bens apenhados". A posse mediata ou indireta, no entanto, transfere-se ao credor pignoratício, o que lhe permite certa vigilância e acompanhamento quanto ao estado dos mesmos.

Se terceiro for o instituidor do penhor, o devedor pignoratício responderá solidariamente com aquele pela guarda e conservação dos bens apenhados, segundo o estatuído pelo art. 17 do Decreto-Lei nº 167/1967.

Se os bens apenhados forem animais, preceitua o art. 66 do estatuto acima: "O emitente da cédula fica obrigado a manter todo o rebanho, inclusive os animais adquiridos com o financiamento, se for o caso, protegidos pelas medidas sanitárias e profiláticas recomenda-das em cada caso, contra a incidência de zoonose, moléstias infecciosas ou parasitárias de ocorrência frequente na região".

A permissão para a remoção do bem móvel é disciplinada no art. 18 da mesma lei: "Antes da liquidação da cédula, não poderão os bens apenhados ser removidos das propriedades nela mencionadas, sob qualquer pretexto e para onde quer que seja, sem prévio consentimento escrito do credor".

Acontecendo motivo de força maior, ou de urgência, sem viabilidade de conseguir-se a autorização, como no caso de incêndio ou de uma inundação, a remoção é autorizada, pois cabe ao devedor zelar pelos bens empenhados.

Não incide a prisão para o depositário, ou o detentor direto da posse, se os aliena ou se desfaz deles, embora entendimento contrário do STF.[10] A finalidade da obrigação é de mera garantia de uma obrigação, realidade bem enfatizada pelo STJ: "Quando o depósito de coisas fungíveis e consumíveis – como o que se cuida – é mero garantidor de mútuo celebrado, não merece nem a proteção austera decorrente da ameaça de prisão que incide sobre o depositário, nem o rito sufocante que é imposto pelos arts. 901 e seguintes do Código de Processo Civil, daí a impropriedade da ação especial de depósito, pelo que deve ser reconhecida a carência do autor para a demanda da proposta".[11]

Os arts. 901 a 906 não possuem disposições correspondentes no CPC/2015, sendo aplicável à ação que busca o depósito o procedimento comum.

---

[10]   *Habeas Corpus* nº 75.904-SP. Julgado em 23.06.1998.

[11]   Recurso Especial nº 93.032-RS, *DJU* de 30.06.1997.

2.1.7.6. Alienação dos bens

De conformidade com os arts. 59 e 63 do Decreto-Lei nº 167/1967, a alienação dos bens depende de consentimento expresso do credor pignoratício, o que não impede a instituição de novo gravame, através de penhor em segundo grau, como está previsto no art. 57 do citado Decreto-Lei.

A depreciação dos bens gera a obrigação do devedor em reforçar a garantia, por meio de suporte cartular ou escritural, o que também se aplica se baixar o respectivo valor no mercado e se diminuir a garantia constituída (art. 65 do Decreto-Lei nº 167/1967, na redação da Lei nº 13.986/2020). Nestas eventualidades, incumbe ao devedor, no prazo de quinze dias da notificação procedida pelo credor, reforçar a garantia, sob pena de considerar-se vencida antecipadamente a dívida.

De conformidade com o art. 69, os bens-objeto do penhor constituído por cédula de crédito rural são impenhoráveis, inarrestáveis e insequestráveis por outras dívidas do emitente ou do terceiro empenhador.

2.1.8. *Cédula rural hipotecária*

2.1.8.1. Caracterização

Trata-se de uma hipoteca convencional, instrumentalizada por uma cédula, na qual se inserem, de modo simples, em espaços reservados para o preenchimento, o acordo de criação e reconhecimento de uma dívida de natureza pessoal e representada pelo valor do financiamento, concedido para fins rurais; a constituição do título de crédito; e a especialização dos bens dados em garantia.

Ou seja, é uma espécie de contrato de financiamento rural, no qual encontram especialização os bens que garantirão a dívida. Representa uma promessa de pagamento em dinheiro, com garantia real cedularmente constituída. Vem a ser um título civil, líquido e certo, exigível pela soma dele constante ou pelo endosso, além dos juros, da comissão de fiscalização, se houver, e demais despesas que o credor fizer para segurança, regularidade e realização de seu direito creditório.

Está regulada a cédula no Decreto-Lei nº 167/1967, em seus arts. 20 a 24.

Só podem atuar como agentes financeiros e credores hipotecários os órgãos integrantes do Sistema Nacional de Crédito Rural (art. 1º do Decreto-Lei nº 167/1967), e que constam elencados na Lei nº 4.829/1965, art. 7º, na seguinte ordem: o Banco Central do Brasil, o Banco do Brasil, o Banco de Crédito da Amazônia, o Banco do Nordeste do Brasil e o Banco Nacional de Crédito Cooperativo, além de outros órgãos integrantes do Sistema Financeiro Nacional.

No próprio instrumento ou cédula em que se contrata a dívida é firmada a hipoteca, especializando o bem dado em garantia. Descreve-se o imóvel hipotecado, indicando a denominação do mesmo, se houver, as dimensões, confrontações, benfeitorias, título de aquisição e dados do Registro Imobiliário. Dispensam-se as referências das confrontações e benfeitorias se anexadas cópias dos títulos de domínio, com menção expressa no local próprio do contrato.

Classificando-se a cédula como direito real de garantia, depende de publicidade, que se efetiva mediante o Registro Imobiliário.

2.1.8.2. Objeto da cédula rural hipotecária

Reza o art. 23 do Decreto-Lei em epígrafe: "Podem ser objeto de hipoteca cedular imóveis rurais e urbanos".

No art. 21, lê-se que "são abrangidos pela hipoteca constituída as construções, respectivos terrenos, maquinismos, instalações e benfeitorias".

E no art. 22: "Incorporam-se na hipoteca constituída as máquinas, aparelhos, instalações e construções, adquiridos ou executados com o crédito, assim como quaisquer outras benfeitorias acrescidas aos imóveis na vigência da cédula, as quais, uma vez realizadas, não poderão ser retiradas, alteradas ou destruídas, sem o consentimento do credor, por escrito". Subentende-se a autorização, desde que haja convenção a respeito.

De modo que os bens acessórios, como construções, instalações, benfeitorias, plantações e semeaduras, integram a hipoteca, pois fazem parte do imóvel. Não estão sujeitos à hipoteca as pertenças, como máquinas, aparelhamentos; os imóveis por afetação intelectual, os por ficção de direito e os por acessão física. Se considerados como acessórios, é possível a sua inclusão na hipoteca. Separadamente, prestam-se para servir como objeto de penhor cedular.

2.1.8.3. Direitos resultantes da cédula rural hipotecária

Várias prerrogativas traz a cédula rural hipotecária:

a) O direito de excussão, que é a execução da dívida garantida nos próprios bens hipotecados.

b) O direito de sequela, pelo qual a excussão alcançará o bem, mesmo que transferido pelo devedor, e se encontre ou não em poder de terceiro, quer seja por transmissão entre vivos ou *causa mortis*. A venda, no entanto, de bens considerados garantia depende de prévia anuência do credor por escrito, como ordena o art. 59 do Decreto-Lei nº 167/1967.

c) Direito de preferência, ou de prelação, que consiste no pagamento, em primeiro lugar, e sem concorrência, com o produto da venda do bem hipotecado, ao credor hipotecário. Os demais credores são preteridos, recebendo em rateio o que sobrar. O art. 64 do mesmo diploma conduz a tal conclusão: "Os bens dados em garantia assegurarão o pagamento do principal, juros, comissões, pena convencional, despesas legais e convencionais, com as preferências estabelecidas na legislação em vigor".

A preferência do crédito hipotecário cede, no entanto, diante dos créditos trabalhistas e dos créditos por acidente do trabalho, como está consignado no art. 83 da Lei nº 11.101/2005, e no art. 186 da Lei nº 5.172/1966, em texto da Lei Complementar nº 118/2005.

d) O direito de sub-rogação, segundo o qual, em casos de perecimento ou danos do bem, o credor hipotecário se sub-roga nas importâncias estipuladas para indenizar tais acontecimentos, mantendo a preferência assegurada pelo contrato na satisfação de seu crédito.

A sub-rogação ou preferência na satisfação dos créditos se revela, sobretudo, na desapropriação do bem hipotecado, na indenização por seguro e na responsabilidade civil por ato criminoso ou culposo.

e) O direito ao redesconto. Ao credor hipotecário outorga-se tal direito, pelo qual o financiador concedente do crédito rural, tornando-se, com a cédula, credor hipotecário, pode recuperar a soma emprestada mediante o redesconto. O art. 72 prevê esta forma de recuperação do valor emprestado: "As cédulas de crédito rural, a nota promissória rural e a duplicata rural poderão ser redescontadas no Banco Central do Brasil, nas condições estabelecidas pelo Conselho Monetário Nacional".

f) O direito de exigir reforço da garantia. Autoriza-se esta faculdade quando se verificar a baixa dos produtos no mercado, a deterioração das coisas, ou sua diminuição e depreciação.

O art. 65 do Decreto-Lei n° 167/1967 assegura o direito: "Na hipótese de redução do valor dos bens oferecidos em garantia, o emitente reforçará a garantia por meio de suporte cartular ou escritural, no prazo de quinze dias, contado da data de recebimento da notificação por escrito que o credor lhe fizer".

O reforço, no entanto, não se tornará obrigatório com o simples procedimento da notificação. O pedido em tal sentido nem sempre expressa o realismo da situação fática, e poderá representar uma simples manobra para caracterizar a inadimplência e o vencimento automático da dívida, ou a hipótese do art. 11 e seu parágrafo único do Decreto-Lei n° 167/1967, isto é, o descumprimento de cláusulas convencionais ou de normas legais.

Se não oferecido o reforço pretendido, e o credor ajuizar o competente processo de execução, admite-se a competente defesa do devedor, via embargos, no momento oportuno, se demonstrar a inocorrência do fato ensejador do vencimento antecipado da obrigação.

2.1.8.4. Requisitos do contrato

Na forma do art. 20 do Decreto-Lei n° 167/1967, na redação da Lei n° 13.986/2020, eis os elementos a serem inseridos na cédula rural hipotecária:

> I – Denominação "cédula rural hipotecária".
>
> II – Data e condições de pagamento; havendo prestações periódicas ou prorrogações de vencimento, acrescentar: "Nos termos da cláusula Forma de Pagamento abaixo", ou "Nos termos da cláusula Ajuste de Prorrogação abaixo".
>
> III – Nome do credor e a cláusula à ordem.
>
> IV – Valor do crédito deferido, lançado em algarismos e por extenso, com indicação da finalidade ruralista a que se destina o financiamento concedido e a forma de sua utilização.
>
> V – Descrição do imóvel hipotecado com indicação do nome, se houver, dimensões, confrontações, benfeitorias, título e data de aquisição e anotações (número, livro e folha) do Registro Imobiliário.
>
> VI – Taxas dos juros a pagar e a comissão de fiscalização, se houver, e o tempo de seu pagamento.
>
> VII – Praça do pagamento.
>
> VIII – Data e lugar da emissão.
>
> IX – assinatura do emitente ou de representante com poderes especiais, admitida a assinatura sob a forma eletrônica, desde que garantida a identificação inequívoca de seu signatário.

Ainda, as cláusulas "Forma de pagamento" ou "Ajuste de prorrogação", quando cabíveis, serão incluídas logo após a descrição da garantia, estabelecendo-se, na primeira, os valores e datas das prestações e, na segunda, as prorrogações previstas e as condições a que está sujeita sua efetivação. A descrição dos bens vinculados à garantia poderá ser feita em documento à parte, em duas vias, assinadas pelo emitente e autenticadas pelo credor, fazendo-se, na cédula, menção a essa circunstância, logo após a indicação do grau da hipoteca e de seu valor global (§ 1° do art. 20, c/c os §§ 1° e 2°, do art. 14).

Caso a descrição do imóvel hipotecado se fizer em documento à parte, constarão da cédula todas as indicações mencionadas no item quinto acima, menos as confrontações e benfeitorias (§ 2° do art. 20). Mas é possível a substituição da especificação dos imóveis hipotecados através da descrição pela anexação à cédula dos respectivos títulos de propriedade. Isto desde que se refira, na cédula, expressamente, a anexação dos títulos mencionados e a declaração de que eles farão parte integrante da cédula até a sua final liquidação (§§ 3° e 4° do art. 20).

Às partes se autoriza a inclusão de outras obrigações e condições, desde que não infrinjam as disposições legais.

2.1.8.5. Incidência de várias hipotecas sobre o mesmo bem

Ao bem já gravado por uma hipoteca constituída nos termos do art. 1.476 do Código Civil é possível acrescentar outras, mesmo cedulares: "O dono do imóvel hipotecado pode constituir outra hipoteca sobre ele, mediante novo título, em favor do mesmo, ou de outro credor".

Daí que nenhum impedimento surge para a formação de hipoteca mediante cédula rural, sem qualquer necessidade de consentimento do primeiro credor, mas consignando-se no documento a constituição da primeira. É o que vem ordenado no parágrafo único, art. 21, do Decreto-Lei nº 167/1967. Configura-se crime de estelionato a omissão de tal elemento, punível com as mesmas penas previstas no art. 171 do Código Penal.

Existindo uma hipoteca cedular, é permitida a constituição e o registro de uma hipoteca comum, desde que o titular do primeiro gravame dê sua anuência por escrito, como se depreende do art. 59 do Decreto-Lei nº 167/1967: "A venda dos bens apenhados ou hipotecados pela cédula de crédito rural depende de prévia anuência do credor, por escrito". Observa-se que o dispositivo fala em venda dos bens. Se para tal ato não se prescinde da autorização do credor, pela mesma razão impõe-se dita providência para hipotecar pela segunda vez. A validade desta última garantia depende da anuência do credor da primeira.

Duas hipotecas cedulares são viáveis se obtido o consentimento do titular da primeira e se for consignado na última a existência da anterior.

Dois direitos reais de garantia se estabelecem. A preferência assenta na hipoteca que recebeu o primeiro número de ordem (art. 1.493, parágrafo único, do Código Civil). O credor da segunda oneração, embora vencida, não poderá executar o imóvel antes de vencida a primeira (art. 1.477 do Código Civil). Neste sentido, o art. 186 da Lei dos Registros Públicos reforça tal primazia ao expor que o número de ordem determinará a prioridade do título, sendo esta a preferência dos direitos reais.

2.1.9. *Cédula rural pignoratícia e hipotecária*

Constitui uma garantia real no empréstimo, envolvendo bens móveis e bens imóveis.

Diante do envolvimento das duas espécies de bens, a formação da cédula obedecerá aos ditames próprios de cada hipótese (art. 26 do Decreto-Lei nº 167/1967 com as ressalvas que constam no art. 25, em texto da Lei nº 13.986/2020): "A cédula rural pignoratícia e hipotecária conterá os seguintes requisitos, lançados no contexto:

> I – Denominação "Cédula Rural Pignoratícia e Hipotecária".
>
> II – Data e condições de pagamento havendo prestações periódicas ou prorrogações de vencimento, acrescentar: "nos termos da cláusula Forma de Pagamento abaixo" ou "nos termos da cláusula Ajuste de Prorrogação abaixo".
>
> III – Nome do credor e a cláusula à ordem.
>
> IV – Valor do crédito deferido, lançado em algarismos e por extenso, com indicação da finalidade ruralista a que se destina o financiamento concedido e a forma de sua utilização.
>
> V – Descrição dos bens vinculados em penhor, os quais se indicarão pela espécie, qualidade, quantidade, marca ou período de produção se for o caso, além do local ou depósito dos mesmos bens.

VI – Descrição do imóvel hipotecado com indicação do nome, se houver, dimensões, confrontações, benfeitorias, título e data de aquisição e anotações (número, livro e folha) do registro imobiliário.

VII – Taxa dos juros a pagar e da comissão de fiscalização, se houver, e tempo de seu pagamento.

VIII – Praça do pagamento.

IX – Data e lugar da emissão.

X – Assinatura do emitente ou de representante com poderes especiais, admitida a assinatura sob a forma eletrônica, desde que garantida a identificação inequívoca de seu signatário".

2.1.10. *Nota de crédito rural*

A nota de crédito rural constitui mais um título de crédito rural representativo de um financiamento ou empréstimo bancário. É um título de crédito, equiparado aos títulos cambiais, representando um financiamento.

Preencherá os seguintes requisitos ou elementos, de acordo com o art. 27 do Decreto-Lei nº 167/1967, com alteração da Lei nº 13.986/2020:

"I – Denominação *nota de crédito rural.*

II – Data e condições de pagamento; havendo prestações periódicas ou prorrogações de vencimento, acrescentar: 'nos termos da cláusula Forma de Pagamento abaixo', ou 'nos termos da cláusula Ajuste de Prorrogação abaixo'.

III – Nome do credor e a cláusula à ordem.

IV – Valor do crédito deferido, lançado em algarismos e por extenso, com indicação da finalidade ruralista a que se destina o financiamento concedido e a forma de sua utilização.

V – Taxa dos juros a pagar e da comissão de fiscalização, se houver, e tempo de seu pagamento.

VI – Praça do pagamento.

VII – Data e lugar da emissão.

VIII – Assinatura do emitente ou de representante com poderes especiais, admitida a assinatura sob a forma eletrônica, desde que garantida a identificação inequívoca de seu signatário".

Por sua vez, o art. 28 do mesmo diploma estabelece que o crédito goza do privilégio especial estabelecido no art. 1.563 do Código Civil de 1916. O atual Código Civil não trouxe disposição semelhante.

2.1.11. *Nota promissória rural*

Diz respeito a contrato de compra e venda a prazo de bens agrícolas. Constituise um título líquido e certo, ensejando ação de execução, e classifica-se como título civil, e não comercial, embora se destine a uma função econômico-financeira no âmbito do comércio.

Vem a ser uma espécie do gênero *nota promissória*, desta distinguindo-se por detalhes que lhe dão um matiz especial.

Consoante o art. 42, § 1º, do Decreto-Lei nº 167/1967, em redação da Lei nº 13.986/2020, a nota promissória emitida pelas cooperativas de produção agropecuária em favor de seus cooperados, no recebimento de produtos entregues por estes, constitui promessa de pagamento representativa de adiantamento por conta do preço dos produtos recebidos para venda.

Introduzida pelo § 2º do mesmo artigo, incluído também pela Lei nº 13.986/2020, a permissão da emissão na forma escritural, mediante lançamento em sistema eletrônico de escrituração, observando-se, no que couber, o disposto nos arts. 10-A, 10-B, 10-C e 10-D do Decreto-Lei nº 167/1967.

Inclui, em seu âmbito, a documentação de atos praticados entre as cooperativas rurais e seus associados. Aboliu o direito assecuratório da consignação dos bens vendidos. Assegura o direito de regresso, entre endossantes e seus avalistas, que é admitido independentemente do protesto cambial do título, como ressoa do art. 60 do Decreto-Lei nº 167/1967: "Aplicam-se à cédula de crédito rural, à nota promissória rural e à duplicata rural, no que forem cabíveis, as normas de direito cambial, inclusive quanto ao aval, dispensado, porém, o protesto para assegurar o direito de regresso contra endossantes e seus avalistas".

A nota promissória goza de privilégio especial sobre os bens indicados no próprio texto do título e no art. 1.563 do Código Civil de 1916 (art. 45 do Decreto-Lei nº 167/1967), que não veio introduzido no Código Civil de 2002. Permanece o privilégio estabelecido, pois o Decreto-Lei nº 167/1967 não sofreu alterações nesse aspecto.

O privilégio recai em bens não abarcados por outras garantias reais indicadas.

Em face do privilégio especial, pouco importa se encontre em regime de recuperação judicial ou falência o devedor. É executável a qualquer momento, desde que vencida e desde que existam os bens que garantem a obrigação.

Serve a nota promissória rural às seguintes situações, de acordo com o art. 42 do Decreto-Lei nº 167/1967:

a) Vendas, não à vista, de bens de natureza agrícola, extrativa ou pastoril, representando a obrigação do emitente comprador para com o vendedor beneficiário, seja este produtor rural ou cooperativa.

b) Entregas, por cooperativado, de produtos da mesma natureza a cooperativas, para comercialização e/ou beneficiamento, gerando obrigação da cooperativa emitente para com seu associado beneficiário.

c) Fornecimentos, por cooperativas, de bens de produção e/ou consumo a associados, como causa de obrigação do cooperativado emitente para com sua cooperativa beneficiária.

Conterá o título os seguintes requisitos (art. 43 do Decreto-Lei nº 167/1967, em redação da Lei nº 13.986/2020):

"I – Denominação *nota promissória rural.*

II – Data do pagamento.

III – Nome da pessoa ou entidade que vende ou entrega os bens e a qual deve ser paga, seguido da cláusula à ordem.

IV – Praça do pagamento.

V – Soma a pagar em dinheiro, lançada em algarismos e por extenso, que corresponderá ao preço dos produtos adquiridos ou recebidos ou no adiantamento por conta do preço dos produtos recebidos na venda.

VI – Indicação dos produtos objeto da compra e venda ou da entrega.

VII – Data e lugar da emissão.

VIII – Assinatura do emitente ou de representante com poderes especiais, admitida a assinatura sob a forma eletrônica, desde que garantida a identificação inequívoca do signatário".

As cooperativas rurais incumbem-se de promover a comercialização e, às vezes, o beneficiamento e a industrialização, para posterior comercialização, dos produtos de seus associados. Vê-se, pois, que o produtor rural entrega certa quantidade de mercadoria à cooperativa, com aquelas finalidades.

A forma de documentar o recebimento é a nota promissória rural, que encerra o valor atribuído pela estimativa prévia do preço do produto. Com a venda do produto, posteriormente, realiza-se o acerto. De posse do título, permite-se ao agricultor o desconto nos estabelecimentos bancários, que, por sua vez, o redescontam no Banco Central do Brasil (art. 72 do Decreto-Lei nº 167/1967).

Em síntese, a nota promissória rural serve de meio para obter recursos no prosseguimento de suas atividades. Daí a sua utilidade e importância.

Na hipótese de falta de pagamento, promovido o processo de execução, a penhora recairá nos próprios bens indicados no título, ou em outros da mesma espécie, qualidade e quantidade, pertencentes ao emitente.

Em suma, equipara-se o título à cédula rural, para efeito de cobrança (art. 44, parágrafo único, do Decreto-Lei nº 167/1967).

2.1.12. *Duplicata rural*

Como a nota promissória rural, é a duplicata rural um título de crédito rural utilizado na compra e venda de bens agropecuários por produtores rurais e cooperativas agrícolas.

Na qualidade de sacador figura o produtor ou a cooperativa. Na posição de sacado ou aceitante está o comprador dos bens de natureza agropastoril.

Constitui um título de crédito líquido e certo, específico, formal, confessório e causal, de emissão exclusiva do produtor rural ou cooperativa rural, levado ao aceite do comprador de bens de natureza agrícola, extrativa ou pastoril.

Enquanto a nota promissória rural é de emissão pura e simples do comprador no ato típico da venda, a duplicata rural é emitida pelo vendedor, devendo dela constar as assinaturas do vendedor e, ao seu tempo, do comprador.

O parágrafo único do art. 46, em acréscimo da Lei nº 13.986/2020, permite a emissão sob a forma escritural, mediante o lançamento em sistema eletrônico de escrituração, observado, no que couber, o disposto nos arts. 10-A, 10-B, 10-C e 10-D do Decreto-Lei nº 167/1967, em redação da Lei nº 13.986/2020.

Os seguintes elementos figurarão no contexto do título (art. 48 do Decreto-Lei nº 167/1967, em redação da Lei nº 13.986/2020):

"I – Denominação duplicata rural.

II – Data do pagamento, ou a declaração de dar-se a tantos dias da apresentação ou de ser à vista.

III – Nome e domicílio do vendedor.

IV – Nome e domicílio do comprador.

V – Soma a pagar em dinheiro, lançada em algarismos e por extenso, que corresponderá ao preço dos produtos adquiridos.

VI – Praça do pagamento.

VII – Indicação dos produtos objeto da compra e venda.

VIII – Data e lugar da emissão.

IX – Cláusula à ordem.

X – Reconhecimento de sua exatidão e a obrigação de pagá-la, para ser firmada do próprio punho do comprador ou de representantes com poderes especiais.

XI – Assinatura do emitente ou de representante com poderes especiais, admitida a assinatura sob a forma eletrônica, desde que garantida a identificação inequívoca de seu signatário".

No extravio ou perda, um novo documento será emitido, com a expressão *segunda via*, em linhas paralelas que cruzem o título.

Da mesma forma que a nota promissória rural, é permitido o desconto nos bancos, o que garante a consecução de fundos de parte do produtor para o investimento em atividades rurais. É, pois, um título circulável por endosso, sendo dispensável o protesto para o exercício do direito de regresso contra os endossantes, na forma do Decreto-Lei nº 167/1967, art. 60.

De notar que a duplicata rural poderá ser descontada pelo vendedor, mediante endosso do emitente que, nesse título, funciona sempre como sacador e beneficiário. Havendo endosso, o sacador se obriga pelo pagamento do título, caso não seja o mesmo solvido pelo devedor principal, comprador, sacado ou emitente.

O vendedor emite a duplicata, encaminhando-a ao comprador dos produtos, que a assinará. A remessa se procederá diretamente pelo vendedor ou por seu representante, por intermédio de instituições bancárias, que apresentarão os títulos ao comprador. Este os assinará e devolverá. Se os intermediários receberem os mesmos, obrigam-se à restituição até a data do resgate.

Quando a duplicata não for à vista, ao comprador cabe a devolução no espaço de 10 (dez) dias contados da data da apresentação, devidamente assinada ou acompanhada de declaração, contendo as razões da falta de aceite (art. 51, em redação da Lei nº 13.986/2020).

No caso de não devolução no prazo, assiste ao vendedor o direito de efetuar o protesto por falta de aceite.

O protesto, no entanto, é dispensável, embora a lei mande que se apliquem, no que forem cabíveis, as normas do direito cambial, inclusive do aval. O art. 60 do Decreto-Lei nº 167/1967 autoriza a dispensa do protesto para assegurar o direito de regresso do portador contra o endossante e avalista, segundo já se observou.

A duplicata rural não é calcada em um documento, o que acontece com a duplicata mercantil em relação à fatura. De modo que se qualifica a duplicata rural como um título autônomo, criado por leis inspiradas na duplicata mercantil, mas com requisitos próprios, e sem aproveitar normas atinentes àquelas duplicatas, no que diz respeito, *v.g.*, à obrigatoriedade do aceite.

Algumas regras que regulamentam a duplicata mercantil foram aproveitadas pelo Decreto-Lei nº 167, como: a obrigação da remessa ao comprador, a fim de obter-se a assinatura do mesmo (art. 47); a extração de uma segunda via no caso de perda ou extravio da duplicata (art. 49); a pena de reclusão, além de multa, para quem expedir duplicata que não corresponda a uma venda efetiva (art. 54).

O procedimento judicial para a cobrança é o processo de execução, conforme o art. 52 do Decreto-Lei nº 167/1967.

Está assegurado à duplicata rural o privilégio especial sobre os bens enumerados no art. 1.563 do Código Civil anterior, como ficou especificado quanto à nota promissória rural, mantendo-se o dispositivo em vigor, eis que o Decreto-Lei nº 167/1967 não foi alterado.

2.2. Cédula de Produto Rural – CPR

Cuida-se de uma cédula diferente de todas as outras. Há as cédulas para garantir o pagamento dos financiamentos, reguladas pelo Decreto-Lei nº 167/1967, já estudadas. Há, também, a cédula de produto rural, ou cédula de produto rural financeira, que é um título circulatório, uma promessa de que se entregará o produto a determinada pessoa. Está regulada na Lei nº 8.929, de 22.08.1994, alterada pelas Leis nº 10.200/2001, nº 11.076/2004 e nº 13.986/2020.

Mais como exceção, a regulamentação posterior admitiu a emissão de cédula de produto rural de liquidação financeira, isto é, exigível pelo valor contido em sua face.

Como se disse, basicamente é uma promessa de entrega de produtos, mas unicamente para produtos rurais, vindo acompanhada de uma garantia de que será entregue o produto. Que tipo de garantia? Uma garantia cedular, isto é, de cunho real. Por outras palavras, é criada com uma garantia real de que o produto descrito na cédula será efetivamente transferido para o credor. É o que consta do art. 1º, alterado pela Lei nº 13.986/2020: "Fica instituída a Cédula de Produto Rural (CPR), representativa de promessa de entrega de produtos rurais, com ou sem garantias cedularmente constituídas".

2.2.1. *Conceito, requisitos e emissão*

Eis o conceito desta cédula, trazido por Paulo Salvador Frontini: "De fato, o ponto mais significativo da cédula de produto rural está na circunstância de que, ao criá-la, o emitente formula promessa pura e simples de entregar o produto nela mencionado no local combinado e nas condições de entrega estabelecidas, dentro das especificações de quantidade e qualidade também indicadas no título.

Assim, na verdade, a cédula de produto rural – CPR – é título representativo da promessa de entregar, em data futura (ou seja, no vencimento da cártula), o produto rural indicado, na quantidade e qualidade especificadas".[12]

Representa o título um compromisso, pois, de entregar uma mercadoria futura, que ainda não existe, e que se formará da cultura a que se dedica o produtor rural.

Não se trata de promessa de pagamento pecuniário, como segue explicando o autor acima citado: "Não consubstancia, portanto, obrigação pecuniária. A CPR não constitui documento de dívida a ser paga, no vencimento, mediante cumprimento de prestação de entregar certa soma em dinheiro. Nesse ponto reside sua mais expressiva diferença perante a Nota Promissória Rural (Decreto-Lei nº 167, art. 42), que é promessa de pagamento e dinheiro. Pelo contrário, representa obrigação de entregar, em data futura (a do vencimento do título) o produto objeto da obrigação, na quantidade e qualidade indicadas. Tanto isso é verdade que, para cobrança da CPR, cabe ação de execução para entrega de coisa incerta (art. 15)".[13]

Constitui um título semelhante ao conhecimento de transporte, ao conhecimento de depósito, ao conhecimento de frete, ao conhecimento marítimo, e ao conhecimento de depósito em armazém. Algumas disposições são acrescentadas nos parágrafos do art. 1º, vindas com a Lei nº 13.986/2020.

O § 1º autoriza a liquidação financeira da CPR, desde que obedecidas as condições estipuladas na lei.

O § 2º discrimina, pelo gênero, os produtos rurais a serem entregues, que são os obtidos nas seguintes atividades:

> I – agrícola, pecuária, de floresta plantada e de pesca e aquicultura, seus derivados, subprodutos e resíduos de valor econômico, inclusive quando submetidos a beneficiamento ou a primeira industrialização;

---

[12] "Cédula de produto rural", *in RDM* 99/122.

[13] "Cédula de produto rural", p. 122.

II – relacionadas à conservação de florestas nativas e dos respectivos biomas e ao manejo de florestas nativas no âmbito do programa de concessão de florestas públicas, ou obtidos em outras atividades florestais que vierem a ser definidas pelo Poder Executivo como ambientalmente sustentáveis.

Pelo § 3º, ao Poder Executivo se autoriza regulamentar o dispositivo *supra*, inclusive relacionar os produtos passíveis de emissão de CPR.

De acordo com o art. 2º da Lei nº 8.929/1994, na alteração da Lei nº 13.986/2020, legitimam-se para a emissão do título o produtor rural, seja pessoa natural ou jurídica, mesmo aquela cujo objeto social não seja exclusivamente a produção rural, as cooperativas agropecuárias e as associações de produtores rurais que tenham por objeto a produção, a comercialização e a industrialização dos produtos rurais.

Nessa linha, devendo ser emitida pelo produtor rural, inclusive para a aquisição de insumos ou maquinário necessários à atividade, por sua regulamentação especial, não cabe alegar a nulidade do negócio porque o instrumento legal, na compra de produtos, é a duplicata, por força do § 2º da Lei nº 5.474/1968, assunto já tratado pelo STJ:

> "A CPR pode instrumentalizar uma compra e venda mercantil, como a referida no caso dos autos, podendo ser emitida para representar qualquer negócio jurídico em que o produtor rural assume a obrigação de entregar seu produto ao outro contratante.
>
> O art. 2º da Lei n. 5.474/1968 proíbe ao vendedor das mercadorias sacar título diverso da duplicata, mas não impede o comprador de fazê-lo".[14]

No voto do Relator, ficou consignado:

> "Tampouco procede a alegação dos recorrentes, de que a duplicata seria o único título de crédito apto a instrumentalizar uma compra e venda mercantil, em obediência ao art. 2º da Lei nº 5.474/1968. Na verdade, esse dispositivo legal proíbe ao vendedor das mercadorias sacar outro título, mas a CPR é uma promessa de pagamento emitida pelo comprador. É por isso que a regra legal em questão não impede, por exemplo, uma compra e venda instrumentalizada por nota promissória ou cheque, como ensina, mais uma vez, Fábio Ulhoa Coelho:
>
> 'No Brasil, o comerciante somente pode emitir a duplicata para documentar o crédito nascido da compra e venda mercantil. A lei proíbe qualquer outro título sacado pelo vendedor das mercadorias (LD, art. 2º), em dispositivo que exclui apenas a juridicidade da letra de câmbio. Com efeito, a nota promissória e o cheque pós-datado são plenamente admissíveis, no registro do crédito oriundo de compra e venda mercantil, porque são sacados pelo comprador, escapando assim à proibição da lei' (COELHO, Fábio Ulhoa. *Curso de direito comercial*. 16ª ed. São Paulo: Saraiva, vol. I. p. 522)".

Regras especiais seguem nos parágrafos, trazidas pela Lei nº 13.986/2020.

O § 1º estende a emissão da cédula às pessoas naturais ou jurídicas que explorem floresta nativa ou plantada, ou que beneficiem ou promovam a primeira industrialização dos produtos rurais.

---

[14] REsp 1.049.984/MS, 4ª Turma, rel. Min. Antonio Carlos Ferreira, j. em 3.10.2017, DJe de 9.10.2017.

O § 2º indica o imposto que incidirá sobre as operações, que é o sobre operações de crédito, câmbio e seguro, ou relativas a títulos ou valores mobiliários, mas não se aplicando o disposto no inciso V do *caput* do art. 3º da Lei nº 11.033, de 21 de dezembro 2004, nem quaisquer outras isenções. Pelo referido inciso, fica isenta do imposto de renda, na fonte e na declaração de ajuste anual das pessoas físicas, a remuneração produzida pela Cédula de Produto Rural – CPR, com liquidação financeira, instituída pela Lei nº 8.929, de 22 de agosto de 1994, alterada pela Lei nº 10.200, de 14 de fevereiro de 2001, desde que negociada no mercado financeiro.

O § 3º autoriza o Poder Executivo a regulamentar o disposto no art. 2º, inclusive alterando o rol dos emissores de CPR.

Em conformidade com o art. 3º, com modificações da Lei nº 13.986/2020, eis os elementos que compõem a cártula:

"I – denominação 'Cédula de Produto Rural' ou 'Cédula de Produto Rural com Liquidação Financeira', conforme o caso;
II – data da entrega ou vencimento e, se for o caso, cronograma de liquidação;
III – nome e qualificação do credor e cláusula à ordem;
IV – promessa pura e simples de entrega do produto, sua indicação e as especificações de qualidade, de quantidade e do local onde será desenvolvido o produto rural;
V – local e condições da entrega;
VI – descrição dos bens cedularmente vinculados em garantia, com nome e qualificação dos seus proprietários e nome e qualificação dos garantidores fidejussórios;
VII – data e lugar da emissão;
VIII – nome, qualificação e assinatura do emitente e dos garantidores, que poderá ser feita de forma eletrônica;
IX – forma e condição de liquidação; e
X – critérios adotados para obtenção do valor de liquidação da cédula".

Diversos parágrafos complementam e explicitam os requisitos da cédula, em inovações da Lei nº 13.986/2020.

O § 1º autoriza que a CPR, emitida sob a forma cartular ou escritural, contenha outras cláusulas em seu contexto.

Pelo § 2º, a descrição dos bens vinculados em garantia pode ser feita em documento à parte, assinado pelo emitente, fazendo-se, na cédula, menção a essa circunstância.

Permite o § 3º que os bens vinculados em garantia sejam descritos de modo simplificado e, quando for o caso, sejam identificados pela sua numeração própria e pelo número de registro ou matrícula no registro oficial competente, dispensada, no caso de imóveis, a indicação das respectivas confrontações.

De acordo com o § 4º, sendo escritural a cédula, admite-se a utilização das formas previstas na legislação específica quanto à assinatura em documentos eletrônicos, como senha eletrônica, biometria e código de autenticação emitido por dispositivo pessoal e intransferível, inclusive para fins de validade, eficácia e executividade.

Em vista do § 5º, em parte repetida a disposição no art. 9º, a CPR poderá ser aditada, ratificada e retificada por termo aditivo que a integre, datado e assinado pelo emitente, pelo garantidor e pelo credor, com a formalização e o registro na forma do título original, atendendo ao art. 3º-A da Lei nº 8.929/1994, dispositivo que será visto adiante.

Na liquidação física da CPR, segundo os §§ 6º e 7º, os procedimentos para definição da qualidade do produto obedecerão ao disposto em regulamento do Poder Executivo, quando houver, ao qual está permitida a regulamentação.

Deve ser formalizada como as cédulas em geral, afigurando-se relevante a promessa pura e simples de entregar o produto, sua indicação e as especificações de qualidade e quantidade.

Constará a descrição dos bens móveis ou imóveis cedularmente vinculados em garantia, o que pode ser feito em documento à parte, expresso em qualquer espécie de garantia, materializada, exemplificativamente, em cédula hipotecária, em cédula pignoratícia e em alienação fiduciária (art. 5º, com alteração da Lei nº 13.986/2020).

De acordo com os arts. 6º e 7º e parágrafos, as garantias imobiliárias são formalizadas pela hipoteca cedular, isto é, na própria cédula, de imóveis rurais ou urbanos. A garantia, por meio de penhor cedular, realiza-se em bens suscetíveis de penhor rural e penhor mercantil, prosseguindo os bens na posse do emitente da cédula ou de terceiro prestador da garantia, respondendo, qualquer deles, por sua guarda e conservação como fiel depositário. Se prestada a garantia por terceiro, o emitente da cédula é responsável solidário na guarda e conservação.

Às cédulas hipotecárias e pignoratícia aplicam-se os preceitos da legislação sobre penhor, inclusive o mercantil, o rural e o constituído por meio de cédulas.

Relativamente à alienação fiduciária, existem as normas do art. 8º e seus respectivos parágrafos, incluídos pela Lei nº 13.986/2020.

O art. 8º mantém a eficácia da alienação fiduciária se não identificados os bens que servem de garantia, a qual incidirá, então, em outros bens do mesmo gênero, qualidade e quantidade, de propriedade do garante. Incidirá, pois, a garantia em outros bens, se desfizer-se o devedor do patrimônio. Eis o texto da regra: "A não identificação dos bens objeto de alienação fiduciária não retira a eficácia da garantia, que poderá incidir sobre outros do mesmo gênero, qualidade e quantidade, de propriedade do garante".

O § 1º tem em conta a alienação fiduciária de produtos agropecuários e de seus subprodutos, que poderá recair sobre bens presentes ou futuros, fungíveis ou infungíveis, consumíveis ou não, cuja titularidade pertença ao fiduciante, devedor ou terceiro garantidor, sujeitando-se a disciplina ao Código Civil e à legislação especial a respeito do penhor, do penhor rural e do penhor agrícola e mercantil, e às disposições sobre a alienação fiduciária de bens infungíveis, em tudo o que não for contrário ao disposto.

Por força do § 2º, o beneficiamento ou a transformação dos gêneros agrícolas dados em alienação fiduciária não extinguem o vínculo real que se transfere automaticamente para os produtos e subprodutos resultantes de beneficiamento ou transformação.

O § 3º permite a ação de busca e apreensão, com amparo no Decreto-lei nº 911/1969, dos bens alienados fiduciariamente.

Apesar das disposições acima, a mera descrição dos bens vinculados à CPR é suficiente para estabelecer a garantia, segundo decorre do art. 18: "Os bens vinculados à CPR não serão penhorados ou sequestrados por outras dívidas do emitente ou do terceiro prestador da garantia real, cumprindo a qualquer deles denunciar a existência da cédula às autoridades incumbidas da diligência, ou a quem a determinou, sob pena de responderem pelos prejuízos resultantes de sua omissão".

Dando força a essa garantia, pontificou a seguinte decisão no STJ:

> "A Cédula de Produto Rural (Lei nº 8.929/1994) é instrumento-base do financiamento do agronegócio, facilitadora da captação de recursos. É título de crédito, líquido e certo, de emissão exclusiva dos produtores rurais, suas associações e cooperativas,

traduzindo-se na operação de entrega de numerário ou de mercadorias, com baixo custo operacional para as partes.

Tendo em vista sua função social e visando garantir eficiência e eficácia à CPR, o art. 18 da Lei n. 8.929/1994 prevê que os bens vinculados à CPR não serão penhorados ou sequestrados por outras dívidas do emitente ou do terceiro prestador da garantia real, cabendo a estes comunicar tal vinculação a quem de direito.

A impenhorabilidade criada por lei é absoluta em oposição à impenhorabilidade por simples vontade individual. A impenhorabilidade absoluta é aquela que se constitui por interesse público, e não por interesse particular, sendo possível o afastamento apenas desta última hipótese.

O direito de prelação em favor do credor cedular se concretiza no pagamento prioritário com o produto da venda judicial do bem objeto da garantia excutida, não significando, entretanto, tratamento legal discriminatório e anti-isonômico, já que é justificado pela existência da garantia real que reveste o crédito privilegiado. Os bens vinculados à cédula rural são impenhoráveis em virtude de lei, mais propriamente do interesse público de estimular o crédito agrícola, devendo prevalecer mesmo diante de penhora realizada para garantia de créditos trabalhistas".[15]

Há, também, a cédula de produto rural eletrônica.

Com efeito, a Lei nº 13.986/2020, precedida pela Medida Provisória 897/2019, trouxe profundas inovações por meio dos arts. 3º-A a 3º-E, quanto à emissão da cédula de produto rural escritural, isto é, por meio de caracteres eletrônicos, digitalizados ou criados em computador, como já previa o art. 889, § 3º, do Código Civil, devendo constar na escrituração do emitente. Com efeito, preceitua o art. 3º-A da Lei nº 8.929/1994, incluído pela citada lei: "A CPR poderá ser emitida sob a forma cartular ou escritural".

A emissão na forma escritural, isto é, por meio eletrônico ou digital, corresponde à escrituração contábil da titularidade do crédito, conforme está no § 1º do mesmo artigo: "A emissão na forma escritural, que poderá valer-se de processos eletrônicos ou digitais, será objeto de lançamento em sistema eletrônico de escrituração gerido por entidade autorizada pelo Banco Central do Brasil a exercer a atividade de escrituração".

Se emitida a Cédula na modalidade cartular, manterá a forma escritural, ao prever o § 2º, que assim se dará: "enquanto permanecer depositada em entidade autorizada pelo Banco Central do Brasil a exercer a atividade de depósito centralizado de ativos financeiros ou de valores mobiliários". Os negócios ocorridos durante o período em que a CPR emitida sob a forma cartular estiver depositada não serão transcritos no verso do título, cabendo ao sistema referido no § 1º deste artigo (entidade autorizada pelo Banco Central do Brasil) o controle da titularidade, de acordo com o § 3º.

É a CPR considerada ativo financeiro, para os fins de registro e de depósito em entidades autorizadas pelo Banco Central do Brasil a exercer tais atividades.

O art. 3º-B dá competência ao Banco Central do Brasil para:

"I – estabelecer as condições para o exercício da atividade de escrituração de que trata o § 1º do art. 3º-A desta Lei; e

II – autorizar e supervisionar o exercício da atividade prevista no inciso I do *caput* deste artigo".

---

[15] REsp 1.327.643/RS, da 4ª Turma, rel. Min. Luis Felipe Salomão, j. em 21.05.2019, *DJe* de 06.08.2019.

Em consonância com os §§ 1º, 2º e 3º, a autorização de que trata o inciso II do *caput* do art. 3º-B poderá, a critério do Banco Central do Brasil, ser concedida por segmento, por espécie ou por grupos de entidades que atendam a critérios específicos, dispensada a autorização individualizada. Por sua vez, a entidade responsável pela escrituração, autorizada pelo Banco Central, expedirá, mediante solicitação do titular do crédito, certidão de inteiro teor do título, inclusive para fins de protesto, de procedimento extrajudicial ou de medida judicial, mesmo contra garantidores; e certidão de registro de cédulas escrituradas em nome do emitente e garantidor, quando aplicável. Estando, pois, depositado o título, o credor buscará certidão do título para o exercício de seus direitos de crédito. Possível emitir a certidão do título através de forma eletrônica, desde que observados os requisitos de segurança, autenticidade e integridade do documento.

O art. 3º-C aponta para os requisitos de emissão da Cédula na forma cartular ou escritural:

I – os requisitos essenciais do título;
II – as transferências de titularidade realizadas;
III – os aditamentos, as ratificações e as retificações;
IV – a inclusão de notificações, de cláusulas contratuais e de outras informações;
V – a forma de liquidação de entrega ajustada no título;
VI – a entrega ou pagamento em até 30 (trinta) dias após suas ocorrências; e
VII – as garantias do título.

Os requisitos essenciais, exigidos pelo inc. I, são os do art. 3º.

De acordo com o parágrafo único do art. 3º-C, as garantias dadas na CPR ou, ainda, a constituição de ônus e gravames sobre o título deverão ser informadas no sistema ao qual se refere o § 1º do art. 3º-A, isto é, no sistema eletrônico de escrituração gerido por entidade autorizada pelo Banco Central do Brasil. O art. 3º-E sujeita a entidade responsável pelo sistema eletrônico de escrituração, os seus administradores e os membros de seus órgãos estatutários ou contratuais, nas infrações às normas legais regulamentares que regem a atividade de escrituração eletrônica, ao disposto na Lei nº 13.506/2017, que dispõe sobre o processo administrativo sancionador na esfera de atuação do Banco Central do Brasil e da Comissão de Valores Mobiliários.

Também cabe referir, quanto ao registro, a obrigação de depositar a Cédula junto a entidade credenciada pelo Banco Central do Brasil, de acordo com o art. 12, na redação da Lei nº 13.986/2020: "A CPR emitida a partir de 1º de janeiro de 2021, bem como seus aditamentos, para ter validade e eficácia, deverá ser registrada ou depositada, em até 10 (dez) dias úteis da data de emissão ou aditamento, em entidade autorizada pelo Banco Central do Brasil a exercer a atividade de registro ou de depósito centralizado de ativos financeiros ou de valores mobiliários".

Vários parágrafos do art. 12, em texto da Lei nº 13.986/2020, cuidam do registro da cédula e de outros assuntos.

Averba-se no Registro de Imóveis, se instituída a garantia por meio de hipoteca, penhor rural ou alienação fiduciária sobre imóvel, em vista do § 1º: "Sem prejuízo do disposto no *caput* deste artigo, a hipoteca, o penhor rural e a alienação fiduciária sobre bem imóvel garantidores da CPR serão levados a registro no cartório de registro de imóveis em que estiverem localizados os bens dados em garantia". O § 2º firma a validade da cédula independentemente do registro, que se faz necessário para valer a garantia perante terceiros: "A validade e a eficácia da CPR não dependem de registro em cartório, que fica dispensado, mas as garantias reais a ela vinculadas ficam sujeitas, para valer contra terceiros, à averbação no cartório de registro de imóveis em que estiverem localizados os bens dados em garantia, devendo ser efetuada no prazo de 3 (três) dias úteis, contado da apresentação do título ou certidão de inteiro teor, sob pena de responsabilidade funcional do oficial encarregado de promover os atos necessários".

O § 3º diz respeito aos emolumentos cartorários para o registro, remetendo a cobrança do valor às regras aplicáveis ao registro de garantias vinculadas à Cédula de Crédito Rural, de que trata o Decreto-Lei nº 167/1967.

Pelos §§ 4º e 5º sobre o registro, se a garantia consistir em alienação fiduciária de bem móvel, faz-se o registro no cartório de registro de títulos e documentos do domicílio do emitente, ficando autorizado o Conselho Monetário Nacional estabelecer outras condições para o registro e o depósito, na seguinte ordem:

I – estabelecer normas complementares para o cumprimento do disposto no *caput* deste artigo, inclusive acerca das informações requeridas para o registro ou o depósito;

II – dispensar o registro ou o depósito de que trata o *caput* deste artigo, com base em critérios de:

a) valor;

b) forma de liquidação; e

c) características do emissor.

Relativamente à dispensa do inciso II, pelo § 6º, não se aplica à CPR emitida após 31 de dezembro de 2023.

2.2.2. *O endosso e a liquidação*

Uma vez emitida, possível o endosso para qualquer interessado, inclusive para os bancos. Transforma-se em um título líquido e certo, exigível pela quantidade e qualidade de produtos nela previstos. Todavia, o art. 3º-D, acrescentado pela Lei nº 13.986/2020, autoriza a negociação do título nos mercados regulamentados de valores mobiliários, desde que registrada ou depositada em entidade autorizada pelo Banco Central do Brasil a exercer a atividade de registro ou depósito centralizado de ativos financeiros. Na negociação, em vista do parágrafo único, a Cédula é considerada ativo financeiro e a operação ficará isenta do imposto sobre operações de crédito, câmbio e seguro, ou relativas a títulos ou valores mobiliários.

É permitida a liquidação financeira da CPR, cuja cobrança se processa mediante a ação de execução para a entrega de coisa incerta ou de execução de quantia certa, sendo que esta última modalidade no caso de ser financeira a cédula. Consta do art. 4º, na redação vinda com a Lei nº 13.986/2020: "A CPR é título líquido e certo, exigível pela quantidade e qualidade de produto ou pelo valor nela previsto, no caso de liquidação financeira".

O parágrafo único, na redação da mesma lei, permite a CPR em prestação única ou parcelada, sendo que, nesta última hipótese, deverão constar do título as condições e o cronograma de cumprimento das obrigações.

Na exigibilidade pelo valor constante no título, isto é, de liquidação financeira, transforma-se o produto em valor monetário. Ou, em vez de seguir a execução para entrega de coisa certa ou incerta, procede-se à execução mediante a execução por quantia certa.

Para tanto, deverão estar contidos, no corpo da cédula, os referenciais necessários à clara identificação do preço ou do índice de preços a ser utilizado no resgate do título, e mais, a instituição responsável por sua apuração ou divulgação, a praça ou o mercado de formação do preço e o nome do índice. Os indicadores de preço devem ser apurados por instituição idônea e de credibilidade, vindo divulgados ampla e periodicamente. Ou seja, pode-se exigir o pagamento em valores monetários, e não pela entrega de produto. A disciplina está no art. 4º-A e em seus parágrafos, na redação das Leis nº 10.200/2001 e nº 13.986/2020:

> "A emissão de CPR com liquidação financeira deverá observar as seguintes condições:
> I – que sejam explicitados, em seu corpo, os referenciais necessários à clara iden-tificação do preço ou do índice de preços, da taxa de juros, fixa ou flutuante, da atualização monetária ou da variação cambial a serem utilizados no resgate do título, bem como a instituição responsável por sua apuração ou divulgação, a praça ou o mercado de formação do preço e o nome do índice;
> II – que os indicadores de preço de que trata o inciso anterior sejam apurados por instituições idôneas e de credibilidade junto às partes contratantes, tenham divulgação periódica, preferencialmente diária, e ampla divulgação ou facilidade de acesso, de forma a estarem facilmente disponíveis para as partes contratantes;
> III – que seja caracterizada por seu nome, seguido da expressão 'financeira'".

Quanto à qualidade da CPR com liquidação financeira, ou CPRF, como título de crédito, a previsão está nos §§ 1º e 2º, nos textos das Leis nº 10.200/2001 e nº 13.986/2020:

> "§ 1º A CPR com liquidação financeira é título líquido e certo, exigível, na data de seu vencimento, pelo resultado da multiplicação do preço praticado para o produto, aplicados eventuais índices de preços ou de conversão de moedas apurados segundo os critérios previstos neste artigo, pela quantidade do produto especificado.
> § 2º Para cobrança da CPR com liquidação financeira, cabe ação de execução por quantia certa".

Outras importantes inovações vieram quanto à emissão da cédula do Produto Rural, introduzidas pela Lei 13.986/2020.

Assim, no § 3º, está permitida a emissão da Cédula de Produto Rural com cláusula de correção monetária pela variação cambial, ou seja, pelo valor da moeda estrangeira, subme-tendo-se a matéria à regulamentação pelo Conselho Monetário Nacional.

O art. 4º-B, no texto da Lei nº 13.986/2020, trata da prova da liquidação do pagamento: "A liquidação do pagamento em favor do legítimo credor, por qualquer meio de pagamento existente no âmbito do Sistema de Pagamentos Brasileiro, constituirá prova de pagamento total ou parcial da CPR emitida sob a forma escritural".

Quanto à prova do pagamento, insere mais o parágrafo único do art. 4º-B, em redação da mencionada lei: "A prova de pagamento de que trata o *caput* deste artigo será informada no sistema eletrônico de escrituração de que trata o § 1º do art. 3º-A, com referência expressa à CPR amortizada ou liquidada".

2.2.3. *Caráter de direito cambial e execução*

O art. 10 estabelece que "aplicam-se à CPR, no que forem cabíveis, as normas de direito cambial, com as seguintes modificações:

De anotar, no entanto, que a Lei nº 13.986 revogou os incisos do art. 10 na versão ori-ginal da lei, ficando inapropriada a parte final do dispositivo. As modificações estabelecidas eram as seguinte: "I – os endossos devem ser completos; II – os endossantes não respondem pela entrega do produto, mas, tão somente, pela existência da obrigação; III – é dispensado o protesto cambial para assegurar o direito de regresso contra avalistas".

Foi, no entanto, coerente a supressão, em vista de permitir a liberdade na aplicação das normas de direito cambial, sem as limitações nomeadas. Mesmo assim, não se pode afastar as situações especiais que afastam a responsabilidade do endossante. Eram coerentes as previsões, em especial a do inciso II.

Sobre o assunto – não exigibilidade da entrega do produto pelo endossante –, comentou Lutero de Paiva Martins: "A Lei tornou o endossante inatingível no que respeita à obrigação de entregar o bem prometido na cártula pelo emitente, nos casos de Cédula de Produto Rural.

Nesses títulos, a responsabilidade do endossante se circunscreve a responder pela existência da obrigação. Já no caso de Cédula de Produto Rural Financeira, onde não há promessa de entrega de produto rural, mas, sim, de pagamento em quantia certa, tal preceito de proteção ao endossante certamente não lhe será possível invocar".[16]

Se tal o tratamento dado ao endossante, o mesmo há de se dizer em aparecendo um avalista como garante; embora a obrigação que lhe cabe, na inadimplência do devedor, a rigor seja de entregar, no vencimento do título, igual quantidade e qualidade de produto, deve-se fixar a obrigação no pagamento do valor do título.

Em vista do caráter cambial, ainda outras decorrências emergem, como a não exigência do adiantamento do valor no ato da emissão, e a predominância dos requisitos do título de crédito, segundo o seguinte norte do STJ:

> "Direito Agrário. Contrato de compra e venda de soja. Fechamento futuro do preço, em data a ser escolhida pelo produtor rural. Ausência de abusividade. Emissão de Cédula de Produto Rural (CPR) em garantia da operação. Anulação do título, porquanto o adiantamento do preço consubstanciaria requisito fundamental. Reforma da decisão. Reconhecimento da legalidade da CPR. Precedente.
>
> A Lei 8.929/1994 não impõe, como requisito essencial para a emissão de uma Cédula de Produto Rural, o prévio pagamento pela aquisição dos produtos agrícolas nela representados. A emissão desse título pode se dar para financiamento da safra, com o pagamento antecipado do preço, mas também pode ocorrer numa operação de 'hedge', na qual o agricultor, independentemente do recebimento antecipado do pagamento, pretende apenas se proteger contra os riscos de flutuação de preços no mercado futuro.
>
> A Cédula de Produto Rural é um título de crédito e, como tal, é regulada por princípios como o da cartularidade e da literalidade, consubstanciando um título representativo de mercadoria. Para que ela possa desempenhar seu papel de fomento agrícola, é importante que se confira segurança ao negócio, garantindo que, no vencimento da cártula, os produtos por ela representados sejam efetivamente entregues.
>
> O pagamento pela safra representada no título pode se dar antecipadamente, parceladamente ou mesmo após a entrega dos produtos. Ele poderá estar disciplinado na própria Cédula de Produto Rural, mediante a inclusão de cláusulas especiais com esse fim, (...) ou poderá constar de contrato autônomo, em relação ao qual a Cédula de Produto Rural funcionará como mera garantia.

---

[16] *Comentários à Lei da Cédula de Produto Rural*, 3ª ed., 2ª tiragem. Curitiba: Juruá Editora, 2006. Vol. I., p. 117.

Inexiste abusividade na assinatura de promessa de compra e venda envolvendo safra agrícola, com fixação futura de preço. A determinação do preço em data futura não representa condição potestativa na hipótese em que é dado ao agricultor optar pela data na qual a operação será fechada. Referida modalidade de contratação representa importante instrumento à disposição do produtor rural, para planejamento de sua safra, disponibilizando-lhe mecanismos para se precaver contra oscilações excessivas de preço.

Recurso especial conhecido e provido".[17]

Como se procede à execução? Pela dicção do art. 15, ajuíza-se a execução para a entrega de coisa incerta, com a citação para tal finalidade, no prazo assinado pelo juiz, sob pena de expedir-se mandado de busca e apreensão, ou de imissão de posse. Inexistindo o bem, converte-se o processo em execução por quantia certa contra devedor solvente, já estabelecendo o credor o valor dos produtos pela cotação da bolsa oficial do dia, provada através de publicações ou fornecimento de listagem de preços por instituição que atua no setor.

Vindo acompanhada a cédula de outra garantia real, terá o credor o caminho de excutir os bens assim comprometidos.

Nada impede que, em situações especiais, se ajuízem medidas liminares ou cautelares, como a busca e apreensão, segundo assinala o art. 16, modificado pela Lei nº 13.986/2020.

Mesmo que excutidos os bens dados em garantia, nos termos do mesmo art. 16, havendo saldo devedor remanescente, ao credor se autoriza o prosseguimento da execução, buscando satisfazer o crédito em outras garantias instituídas, ou em bens em nome do devedor.

Admitida a emissão da cédula de produto rural financeira, se preferir, o credor tem a execução do art. 824 do CPC para realizar o seu crédito, assegurada pelo § 2º do art. 4º-A, matéria já observada no item 2.2.2 *supra*.

De anotar, por último, pelos arts. 13 e 14, que deverá o credor concordar em receber, se o devedor quiser entregar antecipadamente o produto; e que o descumprimento de obrigações, na forma pactuada, importa em vencimento da cédula.

2.2.4. A qualificação como título de crédito

O STJ tem considerado a CPR título de crédito, estando

> "regulada por princípios como o da cartularidade e da literalidade, consubstanciando um título representativo de mercadoria. Para que ela possa desempenhar seu papel de fomento agrícola, é importante que se confira segurança ao negócio, garantindo que, no vencimento da cártula, os produtos por ela representados sejam efetivamente entregues.
>
> O pagamento pela safra representada no título pode se dar antecipadamente, parceladamente ou mesmo após a entrega dos produtos. Ele poderá estar disciplinado na própria Cédula de Produto Rural, mediante a inclusão de cláusulas especiais com esse fim, como autoriza o art. 9º da Lei 8.929/1994, ou poderá constar de contrato autônomo, em relação ao qual a Cédula de Produto Rural funcionará como mera garantia.

---

[17] *REsp.* nº 910.537/GO, da 3ª Turma, j. em 25.05.2010, *DJe* de 7.06.2010, relatora Ministra Nancy Andrighi.

A inexistência de obrigação de antecipar o preço não implica a desnecessidade de seu pagamento. É possível a emissão de uma Cédula de Produto Rural para pagamento futuro, e o posterior inadimplemento do sacado. Nessas situações, se o título não circulou, é possível ao emitente discutir a matéria em embargos à execução. Nas hipóteses em que tenha circulado a cártula, a obrigação cambial deve ser cumprida e a discussão quanto ao preço deve se travar mediante ação autônoma, entre as partes do negócio originário".[18]

Regramento importante e prático insere o art. 11: "Além de responder pela evicção, não pode o emitente da CPR invocar em seu benefício o caso fortuito ou de força maior". Ou seja, cumpre que o emitente do documento garanta a existência do produto, respondendo se desaparecer. Todavia, parece de exagero desmesurado a segunda parte do cânone. Aconselha Lutero de Paiva Pereira que, "nos casos em que a orça maior efetivamente impede o cumprimento da entrega prometida pela CPR, como quando ocorrem perdas decorrentes de fatores climáticos e que retiram qualquer possibilidade de o emitente da Cédula entregar o bem prometido, não só porque sua própria lavoura pereceu mas também aquelas que lhe são próximas, o preceito em exame deve merecer redobrado estudo do aplicador da lei... A agricultura deve ser tratada de modo diferente, máxime em momentos críticos quando a força maior e o caso fortuito colocam sob risco iminente o patrimônio daqueles que laboram dentro dessa finalidade de cunho social".[19]

2.2.5. A responsabilidade dos endossantes apenas pela obrigação, e não pelo produto

Ainda sobre a execução contra os endossantes, reforçando o afirmado no item 2.2.3, respondem eles apenas pela existência da obrigação. Paradigma deste entendimento é o seguinte aresto, do STJ:

"Apesar de os arts. 621 e 622 do CPC determinarem a necessidade de depósito da coisa para a apresentação de embargos, a segurança do juízo, no atual quadro jurídico, introduzido pela Lei 11.382/2006, não é mais pressuposto para o ajuizamento dos embargos à execução, configurando apenas um dos requisitos para atribuição de efeito suspensivo.

O procedimento da execução para entrega de coisa, fundada em título extrajudicial, deve ser interpretado à luz das modificações feitas pela Lei 11.382/2006, porquanto o juiz deve conferir unidade ao ordenamento jurídico.

Na CPR os endossantes não respondem pela entrega do produto rural descrito na cártula, mas apenas pela existência da obrigação.

O endossatário da CPR não pode exigir do endossante a prestação da entrega do produto rural, visto que o endossante deve apenas assegurar a existência da obrigação".[20]

O referido art. 621 corresponde ao art. 806 do CPC/2015, enquanto o art. 622 não encontra dispositivo correspondente no atual Código.

---

[18] *REsp.* nº 1.023.083/GO, da 3ª Turma, j. em 15.04.2010, *DJe* de 1º.07.2010, relatora Ministra Nancy Andrighi.

[19] *Comentários à Lei da Cédula de Produto Rural*, ob. cit., p. 121.

[20] *REsp.* nº 1.177.968/MG, da 3ª Turma, j. em 12.04.2011, *DJe* de 25.04.2011, relª Ministra Nancy Andrighi.

2.3. Cédula Imobiliária Rural

A Medida Provisória nº 897, de 2.10.2019, convertida na Lei nº 13.986/2020, introduziu várias inovações na concessão do crédito para fins rurais, com a finalidade de ampliar, facilitar, modernizar e expandir o crédito por meio do mercado de capitais; de renegociar as dívidas existentes e futuras; de atrair bancos particulares no fornecimento do crédito; e de obter a concessão externa de crédito. Na verdade, cria mecanismos de negócios propensos a proteger aqueles que negociam com o produtor rural.

Trata-se de um documento legislativo de profundas inovações no cenário do crédito rural, esperado pela classe produtora, e que suscitou ampla participação nos debates, tendo recebido várias contribuições quando da tramitação da Medida Provisória no Congresso.

Uma das novidades está na cédula imobiliária rural – CIR, que se apresenta como mais um título de crédito, e que não se confunde com a cédula de crédito rural e a cédula de produto rural. Salientam-se as diferenças especialmente no fato de que, na cédula imobiliária rural, o produtor rural poderá perder a sua propriedade, ou parte dela se omitir-se no pagamento da dívida no vencimento, enquanto nos outros dois títulos faz-se necessária a providência de mover um processo judicial, com o direito de defesa assegurado ao devedor. Além disso, enquanto na cédula imobiliária rural unicamente o proprietário de imóvel rural está habilitado a emiti-la, nas outras duas cédulas tal faculdade estende-se a qualquer produtor rural, seja ou não titular de propriedade rural. De ressaltar, igualmente, relativamente à cédula de crédito rural, que a cédula imobiliária rural é garantia dada a um único banco, enquanto na outra facultam-se garantias a mais de uma instituição, o que se efetiva mediante hipoteca de primeiro, segundo ou terceiro grau.

Alguns aspectos, por envolverem os títulos de crédito rural, devem ser analisados prévia e especificamente.

2.3.1   Fundo Garantidor Solidário

Uma das principais inovações diz respeito à criação do chamado Fundo Garantidor Solidário – FGS, que se constitui pela formação de um fundo monetário, no qual participarão dois produtores, o credor e o garantidor, se houver (art. 2º).

Autoriza-se ao Poder Executivo "limitar o número de devedores do FGS", o que importa em afirmar que se permite aumentar o número de participantes (parágrafo único).

Tal fundo visa garantir subsidiariamente as operações de crédito realizadas por instituições financeiras com produtores rurais, bem como as operações resultantes de consolidação de dívidas (art. 1º). Constitui um instrumento disponibilizado aos produtores para obterem garantia solidária destinada especialmente a renegociar eventuais dívidas de operações de crédito rural. O parágrafo único estende essa instituição de garantia à implantação de infraestrutura de conectividade rural, isto é, à implantação da Internet nas atividades agropecuárias ou na disponibilidade de redes de internet no campo, levando em consideração a necessidade de um grande número de aplicativos de gestão agrícola, mantidos em grandes bancos de dados.

O art. 3º e seus parágrafos indicam como será a integralização dos recursos do FAF, devendo-se observar a estrutura das cotas de percentuais mínimos, incidentes sobre os saldos existentes das operações financeiras pelo FGS:

> I – cota primária, de responsabilidade dos devedores, correspondente a quatro por cento;

II – cota secundária, de responsabilidade do credor ou, na hipótese de consolidação, dos credores originais, correspondente a quatro por cento; III – cota terciária, de responsabilidade do garantidor, se houver, correspondente a dois por cento.

Quanto à cota, admite-se a sua integralização por meio da redução do saldo do credor garantido pelo FGS (§ 1º).

No caso de consolidação de dívidas:

I – a instituição consolidadora poderá exigir a transferência das garantias oferecidas nas operações originais para a operação de consolidação; e

II – os percentuais de que trata o *caput* deste artigo incidirão sobre os valores que vierem a ser consolidados, considerando o crédito de cada um dos credores originais (§ 2º).

Os percentuais estabelecidos para composição do FGS poderão ser majorados, desde que se mantenha a proporção entre as cotas de mesma categoria de participantes, permitida a alteração da proporcionalidade entre as cotas primária, secundária e terciária, se houver (§ 3º)

O § 4º estabelece que os recursos integralizados, enquanto não quitada a totalidade das operações garantidas pelo FGS, não responderão por outras dívidas ou obrigações, presentes ou futuras, contraídas pelos participantes, independentemente da natureza dessa dívida ou obrigação.

O § 5º limita a garantia das operações havidas com os bancos, prestada pelo FGS, aos recursos existentes nos respectivos fundos constituídos. As operações, daí, são garantidas pelos recursos que formam os fundos.

O § 6º proíbe o pagamento de rendimentos aos cotistas que ingressaram com recursos para formar o fundo, salvo na hipótese prevista no parágrafo único do art. 5º, isto é, se houver saldo positivo, após a extinção do FGS pela quitação das dívidas, em que se devolve aos cotistas o saldo remanescente. Eventuais rendimentos serão devidos desde que sobrem os recursos, e proporcionalmente à integralização efetuada individualmente pelos cotistas.

O art. 4º trata do ressarcimento em favor do credor e da instituição consolidadora no caso de consolidação das dívidas, depois do vencimento e do não pagamento da parcela ou operação. O ressarcimento se fará por meio da utilização dos recursos do FGS, na ordem constante nos incisos:

I – cota primária;

II – cota secundária; e

III – cota terciária.

Consoante o art. 5º e seu parágrafo único, extingue-se o FGS pela quitação de todas as dívidas garantidas, ou pelo exaurimento de seus recursos. Se a extinção se der pela quitação das dívidas, os recursos remanescentes serão devolvidos aos cotistas de modo a repor os valores inicialmente aportados, considerada a proporção da integralização efetuada pelos participantes, nesta ordem:

I – cota terciária;

II – cota secundária; e

III – cota primária.

Terão os fundos os respectivos estatutos, nos quais deverão estar previstas a constituição do FGS e sua administração, a remuneração do administrador, a utilização dos recursos e sua forma de atualização, inclusive a forma de restituição do valor remanescente após a extinção do fundo, a representação ativa e passiva do fundo, entre outras disposições necessárias ao seu funcionamento.

2.3.2. A cédula imobiliária rural e patrimônio de afetação

O que mais interessa, no estudo dos títulos de crédito, é a cédula imobiliária rural, cuja regulamentação está nos arts. 17 a 29, mas exigindo a compreensão da matéria que cuida da afetação do patrimônio rural, que vem disciplinada nos arts. 7º a 16.

Considera-se a cédula imobiliária rural um título de crédito nominativo, transferível e de livre negociação. De modo que uma nova espécie passa a integrar os títulos de crédito que autorizam o processo de execução. Esse título de crédito encerra dois conteúdos:

> I – promessa de pagamento em dinheiro, decorrente de operação de crédito, de qualquer modalidade, contratada com instituição financeira; e
>
> II – obrigação de entregar, em favor do credor, bem imóvel rural, ou fração deste, vinculado ao patrimônio rural em afetação, e que seja garantia da operação de que trata o inciso I do *caput* do art. 7º, nas hipóteses em que não houver o pagamento da operação até a data do vencimento.

Veja-se, pois, a novidade inserida no inc. II: promessa de entrega ao credor bem imóvel ou fração do mesmo submetido ao regime de patrimônio de afetação, se não houver o pagamento da operação de crédito. No entanto, não parece tão simplista como se pretende no texto original, quanto à entrega de bem imóvel pela dívida, como se verá adiante.

Patrimônio de afetação, em vista do art. 7º da Lei nº 13.986/2020, é a disponibilização do imóvel rural, ou parte dele, para garantir, junto a uma instituição financeira, uma dívida ou operação de crédito concedida para a atividade rural. Integram esse patrimônio 'apartado' o terreno, as acessões e as benfeitorias nele fixada.

Consoante o parágrafo único, excetuam-se exceto as lavouras, os bens móveis e os semoventes. Ainda, o instrumento de garantia da afetação dos bens será a Cédula de Produto Rural, de que trata a Lei nº 8.929/1994. Deve-se, pois, emitir uma cédula de produto rural, na qual conste a entrega dos bens oferecidos em garantia, mas desde que não paga a obrigação.

Mais concretamente, institui-se a faculdade de prender ou ligar um patrimônio a um empreendimento, a uma obrigação, a um compromisso, não se liberando enquanto perdura a relação criada entre aquele que se obriga e os credores da obrigação. Assim, a afetação não retira o bem do patrimônio do titular, mas apenas o mantém apartado, de modo que não se comunique com o restante do patrimônio.

De acordo com os arts. 8º, 9º e 10º, não podem ingressar no patrimônio de afetação o imóvel gravado por hipoteca ou alienação, ou por qualquer outro ônus real, ou com registro ou averbação na Matrícula de citações, constrições, restrições administrativas, decisões judiciais e outros tipos de atos capazes de comprometer o patrimônio; a pequena propriedade rural desde que trabalhada pela família; a área de tamanho inferior ao módulo rural ou à fração mínima de parcelamento, o que for menor; e o bem de família.

Dada a importância do assunto, faz-se mister reproduzir e explicitar os dispositivos.

O art. 8º veda, além das lavouras, dos bens móveis e dos semoventes, conforme já visto, a constituição de patrimônio rural em afetação incidente sobre:

I – O imóvel já gravado por hipoteca, por alienação fiduciária de coisa imóvel ou por outro ônus real, ou, ainda, que tenha registrada ou averbada em sua matrícula qualquer uma das informações de que trata o art. 54 da Lei nº 13.097/2015. O art. 54 referido estabelece que os negócios jurídicos que tenham por fim constituir, transferir ou modificar direitos reais sobre imóveis são eficazes em relação a atos jurídicos precedentes, nas hipóteses em que não tenham sido registradas ou averbadas na matrícula do imóvel as informações sobre o registro de citação de ações reais ou pessoais reipersecutórias; a averbação, por solicitação do interessado, de constrição judicial, do ajuizamento de ação de execução ou de fase de cumprimento de sentença; averbação de restrição administrativa ou convencional ao gozo de direitos registrados, de indisponibilidade ou de outros ônus quando previstos em lei; e averbação, mediante decisão judicial, da existência de outro tipo de ação cujos resultados ou responsabilidade patrimonial possam reduzir seu proprietário à insolvência.

II – A pequena propriedade rural de que trata a alínea "a" do inciso II do *caput* do art. 4º da Lei nº 8.629/1993, isto é, a propriedade até quatro módulos rurais, respeitada a fração mínima de parcelamento.

III – A área de tamanho inferior ao módulo rural ou à fração mínima de parcelamento, o que for menor, nos termos do art. 8º da Lei nº 5.868/1972.

IV – O bem de família de que trata o Código Civil, exceto na situação prevista no § 2º do art. 4º da Lei nº 8.009/1990 (o imóvel rural, menos a sede que serve de moradia), isto é, parte do patrimônio dos cônjuges ou entidade familiar, desde que não ultrapasse um terço do patrimônio líquido existente ao tempo da instituição, mantidas as regras sobre a impenhorabilidade do imóvel residencial estabelecida em lei especial.

Segundo o art. 9º, o proprietário requererá ao Registro de Imóveis o registro do regime de afetação, com a especificação da área e dos bens envolvidos. Uma vez lavrado o ato, unicamente o patrimônio afetado responde pela operação, não se comunicando com o patrimônio restante nem fica comprometido por outras obrigações, por força do art. 10, desde que atendidas as seguintes condições:

I – esteja vinculado o patrimônio rural em afetação a cédula imobiliária rural – CIR ou a cédula de produto rural – CPR;

II – esteja adequado à medida das garantias expressas na CIR ou na CPR a ele vinculadas.

É necessário observar, pois, que não basta instituir o patrimônio de afetação, para possibilitar a execução. Afigura-se indispensável que tal patrimônio fique vinculado a uma cédula imobiliária rural, e seja dado como garantia.

De acordo com os parágrafos que seguem, importa em afirmar que se constitui o patrimônio de afetação para a finalidade de servir de garantia a uma cédula imobiliária rural. Não se providenciará a afetação sem uma finalidade, que consiste em servir de garantia na emissão da cédula imobiliária rural.

Durante o período de afetação, incidem restrições ao patrimônio, proibindo-se a compra e venda; as doações e outros atos de transmissão da propriedade por ato do proprietário; o oferecimento como garantia para outros compromissos; as constrições judiciais; a incidência dos efeitos da falência, da insolvência civil e da recuperação judicial; o envolvimento na massa concursal. Todavia, não são atingidas as obrigações trabalhistas, previdenciárias e fiscais do proprietário rural.

Os arts. 11 a 16 descrevem o procedimento do registro imobiliário e as condutas a serem observadas pelo proprietário do patrimônio de afetação.

O pedido de afetação será protocolado no Registro de Imóveis com os seguintes documentos:

I – Os documentos comprobatórios:

a) da inscrição do imóvel no Cadastro Nacional de Imóveis Rurais, do domínio ou titularidade e da inexistência de ônus de qualquer espécie sobre o patrimônio do requerente e sobre o imóvel rural, incluídos os de natureza fiscal;

b) da inscrição do imóvel no Cadastro Ambiental Rural (CAR), nos termos da Lei nº 12.651, de 25 de maio de 2012;

c) da regularidade fiscal, trabalhista e previdenciária do requerente; e

d) da certificação, perante o Sistema de Gestão Fundiária (Sigef) do Instituto Nacional de Colonização e Reforma Agrária (Incra), do georreferenciamento do imóvel do qual a totalidade ou a fração está sendo constituída como patrimônio rural em afetação;

II – a prova de atos que modifiquem ou limitem a propriedade do imóvel;

III – o memorial de que constem os nomes dos ocupantes e confrontantes com a indicação das respectivas residências;

IV – a planta do imóvel, obtida a partir de memorial descritivo assinado por profissional habilitado e com a Anotação de Responsabilidade Técnica, que deverá conter as coordenadas dos vértices definidores dos limites dos imóveis rurais, georreferenciadas ao Sistema Geodésico Brasileiro e com precisão posicional adotada pelo Incra para a certificação do imóvel perante o Sigef/Incra; e

V – as coordenadas dos vértices definidores dos limites do patrimônio afetado, georreferenciadas ao Sistema Geodésico Brasileiro e com precisão posicional adotada pelo Incra para certificação do imóvel perante o Sigef/Incra.

Relativamente à exigência da alínea "c" do inciso I do § 1º do art. 12, os documentos compreendem as certidões negativas de débitos fiscais perante as Fazendas Públicas, bem como de distribuição forense e de protestos do proprietário do imóvel, tanto no local de seu domicílio quanto no local do imóvel.

Poderá o oficial do Registro de Imóveis solicitar a complementação, concedendo o prazo de trinta dias. Cabe interessado o devido atendimento, mas com a faculdade de pedido de reconsideração quanto às novas exigências.

Uma vez realizado o registro da afetação, ao proprietário cabem a administração, inclusive por meio de medidas judiciais, e o cumprimento das obrigações fiscais, previdenciárias e trabalhistas.

Elenca o art. 15 e parágrafos o cancelamento da afetação do imóvel rural, ou da fração sobre a qual a mesma incidiu, que se faz mediante averbação no registro de imóveis. Instrui-se o pedido com a prova da não mais existência da cédula imobiliária ou da cédula de produto rural sobre o patrimônio a ser desafetado. A prova se faz por meio de certidão emitida pela entidade autorizada pelo Banco Central do Brasil a exercer a atividade de registro ou depósito centralizado de ativos financeiros e de valores mobiliários, nos termos da Lei nº 12.810/2013.

2.3.3. Elementos e configuração da cédula imobiliária rural

Conforme já visto, a Lei nª 13.986/2020, que sucedeu a Medida Provisória 897/2019, trouxe um novo título de crédito com garantia no pagamento do crédito concedido. Representa uma obrigação líquida e certa, tendo como origem o fornecimento de crédito.

Enquadra-se entre os títulos de crédito da relação do art. 784, incisos III e XII, do Código de Processo Civil, isto é, constitui um documento particular assinado pelo devedor e por duas testemunhas, e está contemplado nessa tipologia pela Lei nº 13.986/2020, em seus arts. 17 a 29. É nominativo, devendo constar os nomes das partes contratantes, podendo ser endossado e negociado, e servindo para representar uma promessa de pagamento em dinheiro, cuja causa tenha sido uma operação de crédito contratada com uma instituição financeira, ou uma obrigação de entregar para o credor um bem imóvel rural, ou fração de bem imóvel, um ou outro vinculado ao patrimônio de afetação, e que tenha sido dado em garantia do pagamento, no caso de inadimplemento. Revela-se importante ver a dicção do art. 17, para bem apreender a extensão do objeto desse novo título:

> "Fica instituída a CIR, título de crédito nominativo, transferível e de livre negociação, representativa de:
> I – promessa de pagamento em dinheiro, decorrente de operação de crédito, de qualquer modalidade; e
> II – obrigação de entregar, em favor do credor, bem imóvel rural ou fração deste, vinculado ao patrimônio rural em afetação, e que seja garantia da operação de crédito de que trata o inciso I do *caput* deste artigo, nas hipóteses em que não houver o pagamento da operação até a data do vencimento".

Não importa em concluir, na compreensão do inc. II, que o emitente simplesmente entregará o imóvel na omissão de pagar o valor devido. Embora o justo e correto seria o imóvel servir de garantia, pois afetado à obrigação contraída, não se dispensando o procedimento de execução, mister que se tenha em conta a equiparação do regime de afetação ao da Lei nº 9.514/1997. Como se analisará adiante, embora se dê a entrega do imóvel, impõe-se a posterior venda em leilão, nos termos dos arts. 26 e 27 da Lei nº 9.514/1997.

Pelos arts. 18 a 21 e parágrafos, unicamente quem destacou o imóvel rural ou parte do mesmo para servir de garantia está autorizado a emitir a cédula, sempre nos limites da garantia representada pelo imóvel afetado, ou fração do mesmo. Emite-se por parte ou por todo o patrimônio rural em afetação, devendo ser identificado. Autorizada expressamente a emissão sob a forma escritural, mediante lançamento em sistema de escrituração autorizado a funcionar pelo Banco Central do Brasil.

Uma vez emitida, leva-se, no prazo de cinco dias, a Cédula a registro junto à entidade autorizada pelo Banco Central do Brasil, que exerça a atividade de registro ou depósito centralizado de ativos financeiros e de valores mobiliários. Sem esse registro ou depósito, não terá a Cédula eficácia executiva sobre o patrimônio de afetação a ela vinculado.

Considera-se cartular a cédula antes do seu depósito e após a sua baixa. Enquanto permanecer depositada, será escritural. Durante o período do depósito, o histórico dos negócios ocorridos não será transcrito no verso do título, mas anotado nos registros do sistema.

Regras comuns dos títulos de crédito causais se aplicam, como:

– Admite-se a garantia por terceiros, inclusive por instituição financeira ou seguradora.

– Considera-se título executivo extrajudicial e representa dívida em dinheiro, certa, líquida e exigível no correspondente ao valor indicado ou saldo devedor pendente de pagamento.

– Fica autorizado o aval, que constará do registro do título perante a entidade autorizada pelo Banco Central do Brasil ou pela Comissão de Valores Mobiliários.

– Dispensa-se o protesto para assegurar o direito de regresso contra endossantes e avalistas.

Estão discriminados, no art. 22, os requisitos que terá a Cédula, na sua formação, sem impedir que outras cláusulas sejam adotadas, inclusive não financeiras e em documento separado, com a assinatura do emitente e a menção da sua existência no registro ou depósito da cártula:

"I – a denominação 'Cédula Imobiliária Rural';

II – a assinatura do emitente;

III – o nome do credor, permitida a cláusula à ordem;

IV – a data e o local da emissão;

V – a promessa do emitente de pagar o valor da CIR, em dinheiro, certo, líquido e exigível no seu vencimento;

VI – a data e o local do pagamento da dívida e, na hipótese de pagamento parcelado, as datas e os valores de cada prestação;

VII – a data de vencimento;

VIII – a identificação do patrimônio rural de afetação, ou de sua parte, correspondente à garantia oferecida na CIR; e

IX – a autorização irretratável para que o oficial de registro de imóveis processe, em favor do credor, o registro de transmissão da propriedade do imóvel rural, ou da fração, constituinte do patrimônio rural em afetação vinculado à Cédula Imobiliária Rural, de acordo com o disposto no art. 28 desta Lei".

Relativamente ao item VIII, na identificação do patrimônio de afetação, se indicarão os números de registro e de matrícula do imóvel no registro oficial competente e as coordenadas dos vértices definidores dos limites da área rural ou da fração constitutiva do patrimônio de afetação ou de sua parte vinculado à Cédula Imobiliária Rural, georreferenciadas ao Sistema Geodésico Brasileiro, observadas as vedações de que trata o art. 8º e respeitadas as exigências estabelecidas pela legislação ambiental. Deve ser obedecida, inclusive, a legislação ambiental.

O art. 23 restringe a negociação da Cédula aos mercados regulamentados de valores mobiliários, devendo estar registrada ou depositada em entidade autorizada pelo Banco Central do Brasil, que exerça a atividade de registro ou depósito centralizado de ativos financeiros e de valores mobiliários.

Já pelo art. 24, é autorizado o emitente da Cédula a usar, até a efetiva liquidação da obrigação garantida pela CIR, a suas expensas e risco, o imóvel rural objeto do patrimônio de afetação, conforme a sua destinação, devendo empregar, na sua guarda, a diligência exigida por sua natureza.

O art. 25 garante à instituição credora a preferência no recebimento de seu crédito, em caso de desapropriação ou de danos causados no imóvel por terceiro. Com efeito, promovendo-se a desapropriação do imóvel dado em garantia, ou ocorrendo danos no seu valor causados por terceiros, sub-roga-se o credor no direito à indenização devida pelo expropriante ou pelo terceiro causador do dano, até o montante necessário para liquidar ou amortizar a obrigação garantida.

Várias situações importam no vencimento antecipado da Cédula, independentemente de aviso ou interpelação extrajudicial, estando arroladas no art. 26:

I – descumprimento das obrigações de que trata o inciso I do *caput* do art. 14 desta Lei;

II – insolvência civil, falência ou recuperação judicial do emitente; ou

III – existência de prática comprovada de desvio de bens e administração ruinosa do imóvel rural que constitui o patrimônio rural em afetação a ela vinculado.

Pelo art. 27 (regra que não vinha na Medida Provisória 897/2019), está o credor obrigado a informar à entidade autorizada pelo Banco Central do Brasil sobre a liquidação da cédula, o que deve fazer no prazo máximo de cinco dias úteis após sua efetivação.

O art. 28, num dos pontos de maior suscetibilidade jurídica frente ao direito vigorante, permite, no caso de inadimplemento das obrigações contidas na cédula, a transferência do imóvel ou da fração do mesmo para a titularidade da instituição credora. Veja-se o texto: "Vencida a CIR e não liquidado o crédito por ela representado, o credor poderá exercer de imediato o direito à transferência, para sua titularidade, do registro da propriedade da área rural que constitui o patrimônio rural em afetação, ou de sua fração, vinculado à CIR no cartório de registro de imóveis correspondente".

O § 1º do mesmo artigo dita o caminho para o Cartório do Registro de Imóveis seguir, como quando a área rural constitutiva do patrimônio de afetação vinculada à Cédula Imobiliária Rural estiver contida em imóvel rural de maior área, ou quando apenas parte do patrimônio de afetação estiver vinculada à Cédula Imobiliária Rural. No caso, consta que cabe ao oficial de registro de imóveis, de ofício e à custa do beneficiário final, efetuar o desmembramento e estabelecer a matrícula própria correspondente. Acredita-se que, na averbação do patrimônio de afetação e na Cédula, venham referidas as dimensões e extensões do imóvel objeto da afetação. Então, ao oficial torna-se possível simplesmente averbar que se operou a transferência do imóvel ou fração constante nos registros para a titularidade da instituição credora.

Na forma como consta no art. 28 e em seu § 1º, constitui um acinte às normas mais comuns de direito, pois autorizada a transferência por mero ato cartorário e não através de procedimento judicial. Na verdade, o correto seria o processo de execução judicial da obrigação, e a satisfação do crédito por meio da excussão do bem apartado em patrimônio de afetação, e descrito como garantia na Cédula.

Embora prevista a transferência para o agente credor, são necessárias a prévia intimação para emendar a mora, isto é, pagar a dívida pendente, e a posterior venda do bem em leilão, em não havendo o pagamento pelo emitente, pois o § 2º ordena que se apliquem as regras dos arts. 26 e 27 da Lei nº 9.514/1997, em se verificando a inadimplência pela omissão na liquidação do crédito: "Na hipótese prevista no *caput*, aplica-se, no que couber, o disposto nos art. 26 e art. 27 da Lei nº 9.514, de 20 de novembro de 1997, respeitado o disposto no § 3º deste artigo".

Pelos citados artigos, simplesmente transfere-se a propriedade para o credor, vencida e não paga a dívida, mas se exigindo que haja a intimação do devedor para satisfazer, no prazo de quinze dias, a prestação vencida e as que se vencerem até a data do pagamento. Não conseguida a intimação pessoal, efetua-se a intimação por edital publicado durante três dias, pelo menos, em um dos jornais de maior circulação local ou noutro de comarca de fácil acesso, se no local não houver imprensa diária, contado o prazo para purgação da mora da data da última publicação do edital.

Vê-se, pois, a condição da intimação do devedor para viabilizar a transferência do imóvel ou área afetada, o que se fará nos moldes dos arts. 26 e 27 da Lei nº 9.514/1997. Mesmo assim, surge um grave equívoco. É que a Lei nº 9.514/1997, dentre outros objetivos, instituiu a alienação fiduciária de coisa imóvel. Seu art. 22 estabelece que a alienação fiduciária regulada pela Lei constitui o negócio jurídico pelo qual o devedor, ou fiduciante, com o escopo de garantia, contrata a transferência ao credor, ou fiduciário, da propriedade resolúvel de coisa imóvel. Há a transferência da propriedade ao credor, sendo resolúvel essa transferência se houver o pagamento da totalidade da dívida contraída, cujo valor corresponde ao objeto do contrato. No caso da afetação da propriedade, não corresponde à transferência, mas à contratação de uma garantia. O bem garante a operação efetuada com a instituição financeira.

Por isso, não parece que prevaleça a equiparação da afetação do patrimônio à alienação fiduciária, pois, pela afetação, resulta uma garantia, enquanto na alienação fiduciária decorre a transferência da titularidade, embora em caráter resolúvel. Comungam dessa forma de ver Vitor Frederico Kümpel e Giselle de Menezes Viana, observando: "Observe-se que, apesar das aproximações entre os institutos, neste aspecto o patrimônio de afetação difere da alienação fiduciária. Com efeito, conforme o art. 22 da lei 9.514/1997, a alienação fiduciária importa na transferência da propriedade resolúvel do imóvel ao credor, com o escopo de garantia. Daí ser efetivada por ato de registro em sentido estrito"[21].

Maior o risco traz o diploma quando há o inadimplemento por frustração de safra em razão de fatores que fogem ao controle do produtor, ou por problemas de mercado. Total a falta de preceito legal que proteja o produtor. Seu patrimônio é colocado em risco de perda irreversível.

Operando-se a transferência, e realizado o leilão, sobrando algum valor, entrega-se o mesmo ao devedor. Embora o montante alcançado não abranja a totalidade da dívida, dá-se a sua extinção, impondo-se ao credor dar a quitação ao devedor, tudo em consonância com os §§ 4º, 5º e 6º do art. 27 da Lei nº 9.514/1997:

> "§ 4º Nos cinco dias que se seguirem à venda do imóvel no leilão, o credor entregará ao devedor a importância que sobejar, considerando-se nela compreendido o valor da indenização de benfeitorias, depois de deduzidos os valores da dívida e das despesas e encargos de que tratam os §§ 2º e 3º, fato esse que importará em recíproca quitação, não se aplicando o disposto na parte final do art. 516 do Código Civil.
>
> § 5º Se, no segundo leilão, o maior lance oferecido não for igual ou superior ao valor referido no § 2º, considerar-se-á extinta a dívida e exonerado o credor da obrigação de que trata o § 4º.
>
> § 6º Na hipótese de que trata o parágrafo anterior, o credor, no prazo de cinco dias a contar da data do segundo leilão, dará ao devedor quitação da dívida, mediante termo próprio".

O art. 516 do Código Civil, constante no § 4º acima transcrito, trata da preferência que deve ser dada ao titular do imóvel na compra se houver a venda em leilão, que não se aplica no caso de venda em leilão para o pagamento da dívida.

Quanto ao § 5º, há, no entanto, a exceção do § 3º do art. 28 da Lei nº 13.986/2020, a que o § 2º do mesmo artigo manda que seja respeitado. Não se dá a quitação, pois admitida a cobrança via ação de execução de valores remanescentes, incluídos encargos de seguro, tributos, e demais encargos. Veja-se o texto do § 3º: "Se, no segundo leilão de que trata o art. 27 da Lei nº 9.514, de 1997, o maior lance oferecido não for igual ou superior ao valor da dívida, somado ao das despesas, dos prêmios de seguro e dos encargos legais, incluídos os tributos, o credor poderá cobrar do devedor, por via executiva, o valor remanescente de seu crédito, sem nenhum direito de retenção ou indenização sobre o imóvel alienado".

---

[21] O patrimônio de afetação e a Cédula Imobiliária Rural na Medida Provisória 897/2019, em https://www.migalhas.com.br› Registralhas.

Por último, o art. 25 manda aplicar à Cédula Imobiliária Rural as normas de direito cambial, com as modificações de que os endossos devem ser completos e de que os endossantes responderão somente pela existência da obrigação.

3. TÍTULOS DE CRÉDITO INDUSTRIAL

O crédito industrial objetiva colocar à disposição do setor industrial financiamentos concedidos por instituições financeiras a pessoas físicas ou jurídicas que se dediquem às atividades industriais.

O diploma que regula os títulos de crédito industrial é o Decreto-Lei nº 413, de 9 de janeiro de 1969, o qual instituiu a cédula de crédito industrial e a nota de crédito industrial.

A cédula de crédito industrial vem a ser uma promessa de pagamento em dinheiro, com garantia real, constituída por via de cártula. Trata-se de título líquido e certo, exigível pela soma dele constante ou do endosso, além dos juros, da comissão de fiscalização, se houver, e demais despesas que o credor fizer para a segurança, regularidade e realização do seu direito creditório. Enquadra-se como título formal, do tipo cambiariforme, na designação de Pontes de Miranda, ao qual se aplicam, no que for cabível, as regras do direito cambiário.[22]

O financiador será necessariamente uma instituição financeira, pública ou privada, sob a forma de sociedade anônima, com a totalidade de seu capital representado por ações nominativas, segundo o art. 25 da Lei nº 4.595/1964.

Como financiado aparece a pessoa física ou jurídica que se dedique à atividade industrial, de acordo com o art. 1º do Decreto-Lei nº 413/1969.

Em geral, os juros são menores relativamente a empréstimos comuns. É que o crédito industrial objetiva incentivar de modo especial determinados setores da produção, levando em conta a importância do investimento para a coletividade como um todo, o que faz exsurgir o interesse público.

As garantias da cédula de crédito industrial são constituídas pelo penhor, pela hipoteca e pela alienação fiduciária, segundo o art. 19 do Decreto-Lei nº 413/1969.

3.1. Formalização da cédula industrial

A cédula, tanto para o penhor como para a hipoteca, conterá os requisitos constantes do art. 14 do Decreto-Lei nº 413/1969:

> "I – Denominação 'cédula de crédito industrial'.
>
> II – Data do pagamento; se a cédula for emitida para pagamento parcelado, acrescentar-se-á a cláusula discriminando o valor e a data do pagamento das prestações.
>
> III – Nome do credor e a cláusula à ordem.
>
> IV – O valor do crédito deferido, lançado em algarismos e por extenso, e a forma de sua utilização.
>
> V – Descrição dos bens objeto do penhor ou da alienação fiduciária, que se indicarão pela espécie, qualidade, quantidade e marca, se houver, além do local ou do depósito de sua situação, indicando-se, no caso de hipoteca, a situação, as dimensões, confrontações, benfeitorias, os títulos e a data de aquisição do imóvel e anotações (número, livro e folha) do Registro Imobiliário.

---

[22] Waldirio Bulgarelli, *Títulos de Crédito*, p. 422.

VI – Taxa de juros a pagar e comissão de fiscalização, se houver, e épocas em que serão exigíveis, podendo ser capitalizadas.

VII – Obrigatoriedade de seguro dos bens objeto da garantia.

VIII – Praça do pagamento.

IX – Data e lugar da emissão.

X – Assinatura do próprio punho do emitente ou do representante com poderes especiais".

Como sucede nas cédulas de crédito rural, a descrição dos bens dados em garantia poderá ser feita em documento separado, em duas vias, assinadas pelo emitente e pelo credor, enunciando-se o fato no contexto da cédula. Neste caso, conterá a descrição todos os requisitos exigidos na situação de constar a descrição na própria cédula, exceto as confrontações e benfeitorias (§§ 2º, 3º e 4º do art. 14).

3.2. Obrigações das partes

Várias determinações aparecem disseminadas nos dispositivos iniciais do Decreto-Lei nº 413/1969, relativamente ao devedor e emitente:

I – Obriga-se ele a aplicar o financiamento nas finalidades ajustadas.

II – Comprovará a aplicação em tais objetivos nos prazos e na forma constantes no contrato.

III – O valor do financiamento obedecerá ao orçamento previamente elaborado, em duas vias, e assinado pelas partes.

IV – Facultará o devedor a fiscalização pelo credor na aplicação do valor emprestado.

A cédula é título causal, sendo suscetível de vencimento antecipado independentemente de aviso ou interpelação judicial, em ocorrendo inadimplência de qualquer obrigação do emitente, ou do garantidor (art. 11 e parágrafos).

3.3. Posse dos bens vinculados à cédula

Os bens vinculados à cédula continuam na posse imediata do emitente, ou do terceiro prestante da garantia real, que responderá por sua guarda e conservação como fiel depositário, seja pessoa física ou jurídica. Cuidando-se de garantia constituída por terceiro, este e o emitente da cédula responderão solidariamente pela guarda e conservação dos bens gravados (art. 28).

Ao credor reserva-se a posse mediata ou indireta, com importantes efeitos, como capacidade ativa para, além das ações petitórias, promover as ações possessórias.

Quanto ao penhor de títulos de crédito, no entanto, a posse direta ou imediata é transmitida ao credor pignoratício. O empenhante terá a posse indireta ou mediata. É o que vem exposto no parágrafo único do art. 28 do Decreto-Lei 413/1969.

Os bens permanecerão no local indicado no contrato, sendo irremovíveis, a menos que ocorra caso de força maior ou motivo urgente de remoção.

Cuidando-se de veículos, como os terrestres, embarcações, automotores, viaturas de tração mecânica, dragas, aviões, autoriza o parágrafo único do art. 22 a retirada ou remoção temporária do local da situação, se assim impor a atividade financiada.

A venda dos bens, dentro do previsto no art. 51, depende de anuência expressa e por escrito do credor, exceto na hipótese de matéria-prima encontrar-se empenhada, que será transformada em produtos, passando estes a constituir a garantia (art. 45), e se permanecer em estoque matéria-prima suficiente para cobrir o saldo devedor (art. 44).

3.4. Bens objetos do penhor industrial cedular

Como é sabido, o financiamento destina-se a atender a atividade industrial, cumprindo ao financiado comprovar a efetiva aplicação do dinheiro no desenvolvimento, progresso e incremento da indústria.

Submetem-se à garantia da cédula os bens que já possuem existência física e os que inexistem na titularidade dominical do empenhante quando da contratação, e que consistem naqueles que serão adquiridos com o valor do financiamento, conforme o art. 21 do Decreto-Lei nº 413/1969: "... podem se incluir na garantia os bens adquiridos ou pagos com o financiamento, feita a respectiva averbação...".

Os bens devem ser móveis, caracterizados como "os bens suscetíveis de movimento próprio, ou de remoção por força alheia, sem alteração da substância ou da destinação econômico-social", conforme art. 82 do atual Código Civil.

O art. 20 do Decreto-Lei nº 413/1969 discrimina os bens sujeitos à constituição da garantia.

I – Máquinas e aparelhos utilizados na indústria, com ou sem os respectivos pertences.

II – Matérias-primas, produtos industrializados e materiais empregados no processo produtivo, inclusive embalagens.

III – Animais destinados à industrialização de carnes, pescados, seus produtos e subprodutos, assim como os materiais empregados no processo produtivo, inclusive embalagens.

IV – Sal que ainda esteja na salina, bem assim as instalações, máquinas, instrumentos, utensílios, animais de trabalho, veículos terrestres e embarcações, quando servirem à exploração salineira.

V – Veículos automotores, equipamentos para execução de terraplanagens, de pavimentação, extração de minério e construção civil, bem como quaisquer viaturas de tração mecânica usadas nos transportes de passageiros e cargas e, ainda, nos serviços dos estabelecimentos industriais.

VI – Dragas e implementos destinados à limpeza e à desobstrução de rios, portos e canais, ou à construção dos dois últimos, ou utilizados nos serviços dos estabelecimentos industriais.

VII – Toda a construção utilizada como meio de transporte por água, e destinada à indústria da navegação ou da pesca, quaisquer que sejam os seus característicos e lugar de tráfego.

VIII – Todo o aparelho manobrável em voo, apto a se sustentar, a circular no espaço aéreo mediante reações aerodinâmicas, e capaz de transportar pessoas ou coisas.

IX – Letras de câmbio, promissórias, duplicatas, conhecimentos de embarques, ou conhecimentos de depósitos, unidos aos respectivos *warrants*.

X – Outros bens que o Conselho Monetário Nacional venha a admitir como lastro dos financiamentos industriais.

Quanto à matéria-prima, importante a regra do art. 44 do Decreto-Lei n° 413/1969: "Quando do penhor cedular fizer parte matéria-prima, o emitente se obriga a manter em estoque, na vigência da cédula, uma quantidade desses mesmos bens ou dos produtos resultantes de sua transformação suficiente para a cobertura do saldo devedor por ela garantido". Encerra o art. 45 que tal estoque não impede a industrialização: "A transformação da matéria-prima oferecida em penhor cedular não extingue o vínculo real, que se transfere para os produtos e subprodutos".

O parágrafo único aduz à possibilidade de substituição do bem empenhado por títulos de crédito representativos da comercialização daqueles produtos, a critério do credor, mediante endosso pleno.

3.5. Bens objetos da hipoteca industrial cedular

A hipoteca cedular industrial é formalizada de acordo com as normas do direito comum, com algumas exceções especificadas no Decreto-Lei n° 413/1969 que, na verdade, nada revelam de novo.

Assim, dentro do art. 25, na hipoteca são incorporadas as instalações e construções adquiridas ou executadas com o crédito, além de quaisquer outras benfeitorias acrescidas aos imóveis na vigência do contrato, as quais, uma vez realizadas, não poderão ser retiradas ou destruídas sem o consentimento, por escrito, do credor.

Todas as disposições atribuídas à cédula industrial pignoratícia se estendem à cédula hipotecária, no que não contrariem as regras próprias do instituto. De modo que é tal cédula título de crédito líquido e certo, exigível pela soma nele constante ou do endosso, além dos juros, comissão de fiscalização e demais despesas que o credor fizer para segurança, regularidade e realização do seu direito creditório. Por caracterizar-se como um título à ordem, a transferência se consuma por endosso, nele constando a importância pela qual a cédula é transferida. Caso não referida a transferência se efetua pelo valor consignado no documento.

3.6. Registro da cédula industrial

A cédula requer o registro no Cartório do Registro de Imóveis para valer contra terceiros. Caso contrário, os efeitos circunscrevem-se apenas aos subscritores. Reza o art. 29 do Decreto-Lei n° 413/1969: "A cédula de crédito industrial somente vale contra terceiros desde a data da inscrição. Antes da inscrição, a cédula obriga apenas seus signatários". E o art. 30: "De acordo com a natureza da garantia constituída, a cédula de crédito industrial inscreve-se no Cartório de Registro de Imóveis da Circunscrição do local de situação dos bens objeto do penhor cedular, da alienação fiduciária, ou em que esteja localizado o imóvel hipotecado".

De observar, ainda, a regra do art. 48: "Quando, do penhor ou da alienação fiduciária, fizerem parte veículos automotores, embarcações ou aeronaves, o gravame será anotado nos assentamentos próprios da repartição competente para expedição de licença ou registro dos veículos".

3.7. Vencimento antecipado da dívida

Existem hipóteses de vencimento antecipado da dívida, como a falta de cumprimento das obrigações do emitente do título, ou do terceiro prestante da garantia real; não ter em estoque quantidade de mercadorias suficientes para suportar o saldo devedor; deixar de prestar reforço de garantia nos casos previstos em lei, como na depreciação ou diminuição do valor dos bens; remoção imotivada e sem autorização dos bens.

3.8. Incidência de multa em caso de cobrança judicial da dívida

De acordo com o art. 58 do Decreto-Lei n° 413/1969, na situação de cobrança em processo contencioso ou não, judicial ou administrativo, o emitente da cédula de crédito industrial responderá, ainda, pela multa de dez por cento sobre o principal e acessórios devidos, exigível a partir do primeiro despacho da autoridade competente na petição de cobrança ou de habilitação do crédito.

3.9. Cobrança judicial da dívida garantida pela cédula

Independentemente do registro da cédula de crédito industrial, o art. 41 e parágrafos do Decreto-Lei n° 413/1969 prescrevem determinado procedimento para a cobrança judicial da dívida.

De início, ajuizado o competente processo de cobrança, cita-se o devedor através de simples entrega de outra via do requerimento para, em vinte e quatro horas, pagar a dívida.

Desatendendo o réu o mandado, procede-se à penhora ou ao sequestro dos bens constitutivos da garantia, ou, em se tratando de nota de crédito industrial, à penhora dos bens sem garantia real, e dos que não gozam de privilégio especial ou geral, isto é, dos bens móveis do devedor não sujeitos a direito real de outrem; dos imóveis não hipotecados; do saldo do preço dos bens sujeitos a penhor ou hipoteca, depois de pagos os respectivos credores.

Levada a efeito a penhora e procedida a intimação, concede-se aos réus o lapso temporal de quarenta e oito horas para impugnarem o pedido.

Se necessário, cumpre ao juiz realizar uma instrução sumária, cabendo às partes a produção das provas conforme julgarem necessário.

Os recursos que forem interpostos não terão efeito suspensivo. O foro competente para o ajuizamento será sempre o da praça de pagamento da cédula.

Embora a lei específica preveja o procedimento acima, não se impede à parte o uso do rito disciplinado pelo Código de Processo Civil.

Aliás, o art. 784, XII, do CPC/2015, considera títulos executivos extrajudiciais, entre outros, todos os demais títulos aos quais a lei atribui força executiva. Atribuindo o Decreto-Lei n° 413/1969 força executiva à cédula de crédito industrial, não resta dúvida sobre a possibilidade da execução segundo os trâmites doa lei processual civil.

O Superior Tribunal de Justiça vai mais longe, considerando revogado o art. 41: "Encontram-se revogadas, pelo art. 585, VI, do Código de Processo Civil as normas contidas no art. 41 do Decreto-Lei n° 413/1969, estabelecendo procedimento próprio para a cobrança de débitos consubstanciados em cédulas de crédito industrial e que, caso vigentes, haveriam de aplicar-se às cédulas de crédito comercial (Lei n° 6.840/80)". Em face de reformas sucessivas do CPC/1973, após o acórdão, a regra abordada ficou inserida no inc. VIII do art. 585, o qual equivale ao art. 784, inc. XII, do CPC/2015.

Acontece que o art. 585, inc. VIII, do CPC/1973, que corresponde ao art. 784, inc. XII, do CPC/2015, justifica o voto, "estabeleceu que seriam títulos executivos extrajudiciais todos aqueles a que a lei, expressamente, atribuísse força executiva. Ficaram abrangidos todos os títulos, sem exceção. Entre eles, o de que aqui se cogita. E o procedimento para exigir-lhes o valor será o que o próprio Código prevê. Assim sendo, considero que não mais vigem as regras procedimentais, a respeito das quais se controverte".[23]

Questão de real importância é a aplicação do direito cambial comum para as hipóteses de inadimplência. A respeito, contém o art. 52 do Decreto-Lei n° 413/1969: "Aplicam-se às

---

[23] Recurso Especial n° 5.344-MG. 3ª Turma. Julgado em 11.03.1991.

cédulas de crédito industrial e à nota de crédito industrial, no que forem cabíveis, as normas do direito cambial, dispensado, porém, o protesto para garantir direito de regresso contra endossantes e avalistas".

Diante de tal regra, a prescrição do título é regulada pelo art. 70 da Lei Uniforme de Genebra sobre a nota promissória e a letra de câmbio, nos seguintes termos: "Todas as ações contra o aceitante relativas a letras prescrevem em três anos a contar de seu vencimento.

As ações do portador contra os endossantes e contra o sacador prescrevem em um ano, a contar da data do protesto feito em tempo útil, ou da data do vencimento, se se trata de letra que contenha cláusula 'sem despesas'.

As ações dos endossantes uns contra os outros e contra o sacador prescrevem em seis meses, a contar do dia em que o endossante pagou a letra ou em que ele próprio foi acionado".

3.10. Transferência da cédula

Por ser um título à ordem, a transferência da cédula se fará por endosso, constando nele a importância pela qual a mesma se procede. Na ausência de menção, entende-se que se realiza a transferência pelo valor especificado no título.

Conforme o art. 52, aplicam-se à cédula de crédito industrial e à nota de crédito industrial, no que forem cabíveis, as normas de direito cambial, inclusive no tocante à circulação. Dispensa-se, no entanto, o protesto para garantir o direito de regresso contra endossante e avalistas.

3.11. Ordem de preferência na excussão dos bens que garantem a cédula de crédito industrial

Lê-se no art. 57 do Decreto-Lei nº 413/1969: "Os bens vinculados à cédula de crédito industrial não serão penhorados ou sequestrados por outras dívidas do emitente ou do terceiro prestante da garantia real, cumprindo a qualquer deles denunciar a existência da cédula às autoridades incumbidas da diligência, ou a quem a determinou, sob pena de responderem pelos prejuízos resultantes de sua omissão".

Todavia, o Código Tributário Nacional (Lei nº 5.172/1966), quanto aos créditos fiscais, faz uma ressalva, no art. 184: "Sem prejuízo dos privilégios especiais sobre determinados bens, que sejam previstos em lei, responde pelo pagamento do crédito tributário a totalidade dos bens e das rendas de qualquer origem ou natureza, do sujeito passivo, seu espólio ou sua massa falida, inclusive os gravados por ônus real ou cláusula de inalienabilidade ou impenhorabilidade, seja qual for a data da constituição do ônus ou da cláusula, excetuados unicamente os bens e rendas que a lei declare absolutamente impenhoráveis".

O dispositivo deve ser lido frente ao art. 186 do Código Tributário Nacional, na redação da Lei Complementar nº 118/2005, que encerra: "O crédito tributário prefere a qualquer outro, seja qual for a natureza ou o tempo da constituição deste, ressalvados os créditos decorrentes da legislação do trabalho ou de acidente de trabalho".

Na sequência, despontam restrições aos créditos tributários se procurados na falência, a teor do parágrafo único do mesmo artigo:

> "Na falência:
> I – o crédito tributário não prefere aos créditos extraconcursais ou às importâncias passíveis de restituição, nos termos da lei falimentar, nem aos créditos com garantia real, no limite do valor do bem gravado;

II – a lei poderá estabelecer limites e condições para a preferência dos créditos decorrentes da legislação do trabalho; e

III – a multa tributária prefere apenas aos créditos subordinados".

Interessa observar a preterição da preferência quanto aos créditos com garantia, real, no limite do valor do bem gravado, levando a concluir que estão os bens que garantem a cédula na preferência, perante os créditos tributários, para garantir os respectivos créditos.

Não se submete o crédito tributário ao concurso de credores ou à habilitação e outras formas de classificação segundo o art. 187, em texto da Lei Complementar nº 118/2005: "A cobrança judicial do crédito tributário não é sujeita a concurso de credores ou habilitação em falência, recuperação judicial, concordata, inventário ou arrolamento.

Parágrafo único – O concurso de preferência somente se verifica entre pessoas jurídicas de direito público, na seguinte ordem:

I – União;

II – Estados, Distrito Federal e Territórios, conjuntamente e *pro rata*;

III – Municípios, conjuntamente e *pro rata*".

Diante das normas acima, especialmente do art. 186, a preferência na insolvência ou quebra obedece à seguinte ordem: em primeiro lugar, estão as obrigações trabalhistas, inclusive a decorrente de acidente do trabalho; depois, vêm os créditos com garantia real (isto é, garantidos por penhor ou hipoteca); e só então entram os fiscais. Na mesma posição dos créditos fiscais se encontram as dívidas pendentes junto à Previdência Social.

Tal classificação encontra respaldo na própria Lei de Recuperação de Empresas e Falência (art. 83).

A preferência em primeiro lugar aos créditos trabalhistas, além de assinalada no art. 186, em sua redação da Lei Complementar nº 118/2005, da Lei nº 5.172/1966, está sustentada no parágrafo único do art. 449 da Consolidação da Leis Trabalhistas, com a redação dada pela Lei nº 6.499/1977, que dispõe: "Na falência, constituirão crédito privilegiado a totalidade dos salários devidos ao empregado e a totalidade das indenizações a que tiver direito".

3.12. Impenhorabilidade dos bens submetidos à cédula de crédito e excussão dos bens que garantem mais de uma cédula de crédito

Como se depreende do art. 57 do Decreto-Lei nº 413/1969, é vedada a penhora dos bens vinculados à cédula de crédito industrial.

A impenhorabilidade surgiu para assegurar o êxito da política financeira do governo no atendimento do desenvolvimento industrial do país.

No entanto, ela foi instituída em benefício do credor, a quem interessa a garantia cedular. Consta do art. 51 do Decreto-Lei nº 413/1969: "A venda dos bens vinculados à cédula de crédito industrial depende de prévia anuência do credor, por escrito".

Consequentemente, se apenas ao credor é permitido decidir quanto ao momento e à oportunidade de alienação dos bens, a impenhorabilidade foi exigida exclusivamente a seu favor. Apenas ele terá poderes para decidir se a impenhorabilidade deverá ou não continuar existindo. Daí que ao devedor não é permitido invocar direitos de terceiro, em caso de penhora sobre o bem dado em garantia. Não se lhe autoriza invocar direito alheio, como encerra o art. 18 do CPC/2015.

Por outro lado, há situações em que não prevalece tal privilégio. Prescreve o art. 26 do Decreto-Lei nº 413/1969: "Aplicam-se à hipoteca cedular os princípios da legislação ordinária sobre hipoteca, no que não colidirem com o presente Decreto-Lei".

Em outros termos, dispositivos do Código Civil disciplinam a cédula industrial, quando não contrários à lei especial. Assim, temos no art. 1.477 do Código Civil esta regra: "Salvo o caso de insolvência do devedor, o credor da segunda hipoteca, embora vencida, não poderá executar o imóvel antes de vencida a primeira". Se for insolvente, pois, admite-se a execução, o que pressupõe, é óbvio, a penhora pelo segundo credor.

3.13. Multa em caso de cobrança da dívida

De acordo com o art. 58 do Decreto-Lei nº 413/1969, em caso de cobrança em processo contencioso ou não, judicial ou administrativo, o emitente da cédula de crédito industrial responderá, ainda, pela multa de dez por cento sobre o principal e acessórios devidos, exigível a partir do primeiro despacho da autoridade competente na petição de cobrança ou de habilitação do crédito.

3.14. Causas de extinção da cédula

Extinguem a cédula, em consonância com o art. 39, a prova de sua quitação, lançada no próprio título ou passada em documento em separado com força probante; e a ordem judicial competente, como a sentença declaratória da nulidade da cédula ou da dívida.

Outras causas aparecem, comuns às causas extintivas previstas no Código Civil, como a renúncia do credor; o perecimento das coisas dadas em garantia; a confusão, pela qual o credor se torna proprietário dos bens oferecidos em garantia; o usucapião do bem por terceiro; e a desapropriação.

3.15. Nota de crédito industrial

De acordo com o que explica Fran Martins: "o outro título criado pelo Dec.-Lei nº 413, que pode ser utilizado no financiamento industrial, é a nota de crédito industrial, a que se referem especificamente os arts. 15 a 18 daquele diploma legal. A nota de crédito industrial não é baseada em garantia real; trata-se, sim, de uma promessa de pagamento em dinheiro, com a garantia pessoal do subscritor, destinando-se, entretanto, a importância a fins industriais, o que diferencia a nota de um empréstimo comum".[24]

No contexto da nota, constarão os seguintes elementos:

I – A denominação "nota de crédito industrial".

II – A data do pagamento. Sendo a nota de crédito emitida para pagamento parcelado, deve conter uma cláusula discriminando o valor e a data de pagamento das prestações.

III – O nome do credor e a cláusula à ordem.

IV – O valor do crédito deferido, lançado em algarismos e por extenso, e a forma de sua utilização.

---

[24] *Títulos de crédito*, edição de 1986, vol. II, p. 280.

V – A taxa de juros a pagar e a comissão de fiscalização, se houver, bem como as épocas em que serão exigíveis, podendo ser capitalizados.

VI – A praça de pagamento.

VII – A data e o lugar da emissão.

VIII – A assinatura do próprio punho do emitente, ou do representante com poderes especiais.

Possui a nota de crédito industrial privilégio especial sobre os bens indicados no art. 1.563 do Código Civil anterior, isto é, sobre: os bens móveis do devedor, não sujeitos a direito real de outrem; os imóveis não hipotecados; o saldo do preço dos bens sujeitos a penhor ou hipoteca, depois de pagos os respectivos credores; o valor do seguro e da desapropriação. Mantém-se o privilégio, embora não reeditado o dispositivo acima no atual Código Civil, em face da não modificação do Decreto-Lei nº 413/1969.

De tais garantias, excepcionam-se as dívidas provenientes de salários do trabalhador agrícola, que serão pagos, precipuamente a quaisquer outros créditos, pelo produto da colheita para a qual houver concorrido com o seu trabalho.

De conformidade com o art. 18, exceto no que se refere às garantias e à inscrição, aplicam--se à nota de crédito as disposições referentes à cédula de crédito industrial.

4. TÍTULOS DE CRÉDITO COMERCIAL

Há, ainda, os títulos de crédito comercial, destinados a instrumentalizar operações de empréstimos concedidos por instituições financeiras a pessoas físicas ou jurídicas dedicadas à atividade comercial ou de prestação de serviços.

Estes títulos são dois: a cédula de crédito comercial e a nota de crédito comercial.

Constituem os mesmos criação da Lei nº 6.840, de 03.11.1980, que, em seu art. 1º, preceitua: "As operações de empréstimos concedidas por instituições financeiras a pessoa física ou jurídica que se dedique à atividade comercial ou de prestação de serviços poderão ser representadas por cédula de crédito comercial e por nota de crédito comercial".

Constante o art. 5º do mesmo diploma, aos dois títulos aplicam-se as normas do Decreto--Lei nº 413/1969, inclusive quanto aos modelos anexos àquele regramento, respeitadas, em cada caso, a respectiva denominação e as disposições da lei especial, que os disciplina.

Na instrumentalização da cédula de crédito comercial seguem-se os requisitos estatuídos para a cédula de crédito industrial, com as ressalvas peculiares do tipo em exame, como no tocante à denominação, que há de ser "cédula de crédito comercial", e no que se refere aos bens dados em penhor, devendo envolver os destinados à comercialização, indicados pela espécie, qualidade, quantidade e marca, se houver, além da especificação do local ou do depósito, e sua situação. Informar-se-ão, no caso de hipoteca, a situação, as dimensões, as confrontações, as benfeitorias, o título e a data de aquisição.

De acordo com o art. 2º, a aplicação do crédito decorrente da operação de crédito poderá ser ajustada em orçamento ou cronograma assinado pelo financiado, dele devendo constar expressamente qualquer alteração que convencionarem os estipulantes.

De conformidade com o parágrafo único, na hipótese acima, far-se-á, na cédula, menção ao orçamento, que a ela ficará vinculado.

Permite o art. 3º a dispensa da descrição a que se refere o art. 14, inc. V, do Decreto-Lei nº 413/1969, quando a garantia se constituir através de penhor de títulos de crédito, hipótese em que se estabelecerá apenas o valor global. O citado dispositivo impõe que a cédula conterá a descrição dos bens objeto do penhor ou da alienação fiduciária, além de outros requisitos.

De outro lado, em razão do art. 4º, a falta de identificação dos bens objeto da alienação fiduciária cedular não retira a eficácia da garantia, que incidirá sobre outros do mesmo gênero, quantidade e qualidade.

5. TÍTULOS DE CRÉDITO À EXPORTAÇÃO

A fim de incentivar as atividades relacionadas à exportação, instituíram-se a "cédula de crédito à exportação" e a "nota de crédito à exportação". Com efeito, a Lei nº 6.313, de 16.12.1975, em seu art. 1º, reza: "As operações de financiamento à exportação ou à produção de bens para a exportação, bem como às atividades de apoio e complementação integrantes e fundamentais da exportação, realizadas por instituições financeiras, poderão ser representadas por cédula de crédito à exportação e por nota de crédito à exportação com características idênticas, respectivamente, à cédula de crédito industrial e à nota de crédito industrial, instituídas pelo Decreto-Lei nº 413, de 09 de janeiro de 1969".

Vê-se, pois, que dois são os títulos em espécie, acima referidos, sendo que a garantia real favorece apenas a cédula de crédito à exportação, concretizando-se através de penhor ou hipoteca.

Segundo o parágrafo único, a cédula de crédito à exportação e a nota de crédito à exportação poderão ser emitidas por pessoas físicas e jurídicas, que se dediquem a qualquer das atividades referidas no citado art. 1º.

O art. 3º manda seguir, no que forem cabíveis, as disposições do Decreto-Lei nº 413/1969. E o art. 5º ordena que serão obedecidos os modelos anexos ao mesmo diploma, na confecção dos títulos de crédito, com as respectivas denominações.

Consoante o art. 2º, "os financiamentos efetuados por meio da cédula de crédito à exportação e da nota de crédito à exportação ficarão isentos do imposto sobre operações financeiras de que trata a Lei nº 5.143, de 20 de outubro de 1966".

A Lei nº 5.143/1966, que instituiu o imposto sobre operações financeiras, prescreve que o mesmo incide nas operações de crédito e de seguro, tendo como fato gerador, no primeiro caso, a entrega do respectivo valor ou sua colocação à disposição do interessado. Pelo art. 3º desta lei, a alíquota será de 0,3% sobre o valor global dos saldos das operações, apurados mensalmente.

6. CÉDULA HIPOTECÁRIA HABITACIONAL

Nos contratos de financiamento na aquisição da casa própria, através do Sistema Financeiro da Habitação, a garantia do mútuo é firmada mediante a emissão de cédula hipotecária habitacional, pela qual o próprio imóvel adquirido fica hipotecado ao agente financeiro, até o implemento total da dívida. Com efeito, reza o art. 10 do Decreto-Lei nº 70, de 21.11.1966: "É instituída a cédula hipotecária para hipotecas inscritas no Registro Geral de Imóveis, como instrumento hábil para a representação dos respectivos créditos hipotecários, a qual poderá ser emitida pelo credor hipotecário nos casos de:

I – operações compreendidas no Sistema Financeiro da Habitação;

II – hipotecas de que sejam credores instituições financeiras, em geral, e companhias de seguros;

III – hipotecas entre outras partes, desde que a cédula hipotecária seja ordinariamente emitida em favor das pessoas jurídicas a que se refere o inc. II *supra*".

De acordo com o art. 15, conterá a cédula hipotecária:

I – No anverso:

a) nome, qualificação e endereço do emitente e do devedor;

b) número e série da cédula hipotecária, com indicação da parcela ou totalidade do crédito que represente;

c) número, data, livro e folhas do Registro Geral de Imóveis em que foi inscrita a hipoteca e averbada a cédula hipotecária;

d) individualização do imóvel dado em garantia;

e) o valor da cédula, como previsto nos arts. 10 e 12 e juros convencionados e a multa estipulada para o caso de inadimplemento;

f) o número de ordem da prestação a que corresponder a cédula hipotecária, quando houver;

g) a data do vencimento da cédula hipotecária ou, quando representativa de várias prestações, os seus vencimentos de amortização e juros;

h) a autenticação feita pelo oficial do Registro Geral de Imóveis;

i) a data de emissão, e as assinaturas do emitente, com promessa de pagamento do devedor;

j) o lugar do pagamento do principal, juros, seguros e taxa.

II – No verso, a menção ou locais apropriados para o lançamento dos seguintes elementos:

a) data ou datas de transferência por endosso;

b) nome, assinatura e endereço do endossante;

c) nome, qualificação, endereço e assinatura do endossatário;

d) as condições do endosso;

e) a designação do agente recebedor e sua comissão.

Conterá, ainda, a cédula, no verso, a indicação dos seguros obrigatórios estipulados pelo agente financeiro (art. 15, parágrafo único, do Decreto-Lei nº 70/1966). Será a mesma sempre nominativa, aparecendo como credor o agente que a emite. Permite-se, no entanto, o endosso em preto lançado no verso. Conforme o art. 17, na emissão e no endosso da cédula, o emitente e o endossante permanecem solidariamente responsáveis pela liquidação do crédito, a menos que avisem o devedor hipotecário e o segurador, quando houver, de cada emissão ou endosso, até trinta dias após a sua realização através de carta, do emitente ou do endossante, conforme o caso, entregue mediante recibo ou enviada pelo Registro de Títulos e Documentos, ou, ainda, por meio de notificação judicial, indicando-se, na carta ou na notificação, o nome, a qualificação e o endereço completo do beneficiário (se se tratar de emissor) ou do endossatário (se se tratar de endosso).

O valor nominal de cada hipoteca poderá ser expresso pela equivalência em fator de correção monetária e representado pelo quociente da divisão do valor inicial da dívida ou da prestação, prestações ou frações de prestações de amortizações e juros de dívida originária, pelo valor corrigido do fator de correção monetária no trimestre da constituição da dívida (art. 12).

Instrumentaliza-se o contrato por meio de escrito particular, como estabelece o art. 61, § 5º, da Lei nº 4.380/1964: "Os contratos de que forem parte o Banco Nacional da Habitação ou entidades que integram o Sistema Financeiro da Habitação, bem como as operações efetuadas por determinação da presente lei, poderão ser celebrados por instrumento particular, os quais poderão ser impressos, não se aplicando aos mesmos as disposições do art. 134, II, do Código Civil, atribuindo-se o caráter de escritura pública, para todos os fins de direito, aos contratos particulares firmados pelas entidades acima citadas até a publicação desta lei".

O art. 134, II, do CC/1916 tem regra equivalente no art. 108 do CC/2002.

De sorte que, para resultar eficácia real, basta o mero registro, no Livro n° 2 do Cartório Imobiliário, do contrato particular. Com a liberação da hipoteca, procede-se à averbação na sequência do registro.

6.1. Execução extrajudicial da dívida hipotecária

O Decreto-Lei n° 70/1966, com as inovações do art. 21 da Lei n° 8.004/1990, prescreve uma forma de execução extrajudicial da dívida hipotecária, desde que vencidas três ou mais prestações.

Com efeito, reza o art. 29 do Decreto-Lei n° 70/1966: "As hipotecas a que se referem os arts. 9° e 10° e seus incisos, quando não pagas no vencimento, poderão, à escolha do credor, ser objeto de execução na forma do Código de Processo Civil ou deste Decreto-Lei."

O art. 1° da Lei n° 5.741/1971, manteve a execução extrajudicial, ao dizer que, "para a cobrança de crédito hipotecário vinculado ao Sistema Financeiro da Habitação criado pela Lei n° 4.380, de 21 de agosto de 1964, é lícito ao credor promover a execução de que tratam os arts. 31 e 32 do Decreto-Lei n° 70, de 21 de novembro de 1966, ou ajuizar a ação executiva na forma da presente lei".

Para proceder à execução com base no Decreto-Lei n° 70/1966, é preciso que o credor escolha um agente fiduciário, que poderá ser a própria Caixa Econômica Federal, ou qualquer agente financeiro integrante do Sistema Financeiro da Habitação, em consonância com o art. 30. A função é mera cobrança da dívida, pois não é permitido ao credor hipotecário proceder à execução.

Os agentes fiduciários são credenciados pelo Banco Central do Brasil mediante requerimento de solicitação. Estando eles credenciados, assinarão termo de compromisso lavrado em livro próprio existente nas agências da Caixa Econômica Federal, se não possuem ainda a regularização formalizada. Quando da existência do Banco Nacional da Habitação, os termos eram assinados nas agências regionais.

Em cada contrato de financiamento, dentro do Sistema Financeiro da Habitação, os contratantes nomeiam o agente fiduciário, indicando o nome da entidade que intervirá caso haja a execução.

Na hipótese, o credor somente poderá solicitar a execução à entidade que estiver especificada no contrato como agente fiduciário.

O agente fiduciário, na hipótese, é um mandatário da confiança de ambas as partes, responsável pela cobrança e pela regular condução do procedimento que culmina com a alienação do bem, na situação de não pagamento do débito. Deverá receber em nome do credor a purga do débito até a assinatura da ata do leilão. Entrega-lhe o valor recebido ou apurado, se houver leilão. Depois, prestará contas ao credor e ao devedor no prazo de cinco dias, sob pena de sofrer cobrança através de processo de execução (art. 35 do Decreto-Lei n° 70/1966). Poderá responder por perdas e danos perante a parte prejudicada, se portar-se com má-fé ou simulação, e ser substituído, além de sofrer outras cominações.

Como se percebe, a sua atuação revela as características de mandato, com atribuições peculiares, agindo em nome do credor e do devedor, tanto que o art. 35 diz expressamente: "O agente fiduciário é autorizado, independentemente de mandato do credor ou do devedor..."

Em nome do devedor atua quando concorda com a adjudicação do imóvel ao credor. O nome "agente fiduciário" não se enquadra, assim, perfeitamente. Mais correto seria considerá-lo um mero representante ou mandatário para determinado ato, que é a efetivação da cobrança da dívida.

O primeiro passo do agente fiduciário, tão logo receba a comunicação para a cobrança, até seis meses antes da prescrição do crédito, é cientificar o devedor para que, no prazo de vinte dias, purgue a mora. O débito envolverá as prestações vencidas, as penalidades previstas no contrato, até dez por cento do valor devido, mais a remuneração pela cobrança em até cinco por cento do débito (art. 39). A notificação se processará mediante o Cartório de Registro de Títulos e Documentos, ou por via judicial. Não encontrado o devedor, admite-se a efetivação da medida por meio de edital.

Não purgado o débito, o agente fiduciário realizará, com o prazo intercalado de quinze dias, o primeiro e o segundo leilão, aceitando-se, naquele, o maior lance, que cubra o montante do saldo devedor, mais despesas gerais, multa e remuneração do agente fiduciário; no segundo leilão, também prepondera o maior lance, mesmo que inferior ao total devido (art. 32, § 1°). Em primeiro lugar, cobrem-se as despesas decorrentes da execução. Do resíduo a descoberto é autorizada a execução.

Ao que arremata entrega-se a respectiva carta de arrematação, sujeita a registro, o qual, uma vez efetuado, concede a propriedade plena ao seu titular.

A purgação da mora é autorizada até o momento da assinatura da carta de arrematação.

Assinarão a mesma o leiloeiro, o credor, o agente fiduciário e cinco pessoas idôneas e capazes, na qualidade de testemunhas, além do devedor, caso esteja presente e não se recusar. Negando-se a assinar, ou estando ausente, fará o leiloeiro constar o fato na ata.

Pedro Vasconcellos traça o mesmo esquema no desenrolar do procedimento extrajudicial:

> "O agente fiduciário recebe do credor a solicitação de execução de dívida (SED) em quatro vias, com os documentos que a instruem e que são:
> a) cópia dos avisos encaminhados aos devedores;
> b) demonstrativo da dívida em atraso e do respectivo saldo devedor;
> c) título da dívida (contrato ou escritura) com a respectiva cédula hipotecária (ser for o caso), com a certidão do Registro de Imóveis e averbação".

Considerados em ordem os documentos enviados, é aposto em três vias da solicitação de execução da dívida o carimbo de recebimento de agente fiduciário, sendo duas vias devolvidas ao credor (agente), que fará remeter uma via ao seguro; uma delas é enviada pelo próprio agente fiduciário à Delegacia Regional do BNH. A quarta serve para o agente fiduciário autuar o processo administrativo.

Autuado o processo, aberta a ficha respectiva, onde será colocado o número do processo, o nome do agente credor, o local do imóvel hipotecado e o nome dos mutuários-devedores, e, finalmente, a data da autuação, é providenciada a carta de notificação aos devedores, comunicando que têm o prazo de vinte dias, da ciência, para purgar a mora ou quitar a dívida, fazendo-o na sede do agente fiduciário.

Se os devedores não forem encontrados, o seu chamamento dar-se-á por edital publicado em jornal.

Decorridos os vinte dias, contados da notificação, ou da publicação, sem que os devedores tenham acudido à convocação, é elaborada e remetida carta ao leiloeiro nos três primeiros dias, sendo que este, a partir do seu recebimento, deverá marcar o primeiro leilão público nos quinze dias imediatos.

O leiloeiro providenciará a publicação dos editais desse primeiro leilão público.

No dia do leilão, o imóvel só pode ser arrematado por preço não inferior ao saldo devedor e acréscimos (despesas, honorários, condomínio, impostos etc.).

Não ocorrendo a arrematação, é marcado o segundo leilão, que deverá realizar-se nos quinze dias seguintes.

Ainda aí o leiloeiro deverá providenciar na publicação dos respectivos editais.

No dia desse segundo leilão, o imóvel poderá ser arrematado desde que o arrematante ofereça, no mínimo, importância que represente setenta por cento do valor original da compra e venda do imóvel... Não sendo licitado por terceiro, sê-lo-á pelo próprio credor.

Feito o auto de leilão, o agente financeiro faz aprontar a carta de arrematação, entregando-a ao seu titular.

São cobrados os honorários do leiloeiro e do agente fiduciário, além das despesas".[25]

Do texto do art. 892, § 1º, do CPC/2015, depreende-se a possibilidade do credor licitar o bem.

O STJ, no REsp. nº 480.475/RS, 4ª Turma, julgado em 03.05.2005, *DJU* de 05.06.2006, sendo rel. o Min. Barros Monteiro, embora com dois votos vencidos, entendeu indispensável a prévia avaliação anteriormente à venda:

> "Execução hipotecária extrajudicial. Decreto-Lei nº 70, de 21.11.1966.
>
> Nulidade. Ausência de avaliação. Tanto quanto na execução judicial prevista na Lei nº 5.741, de 1º.12.71, na execução hipotecária extrajudicial instituída pelo Decreto-Lei nº 70, de 21.11.66, a prévia avaliação do imóvel a ser alienado constitui uma exigência para garantia do mutuário e de terceiros eventualmente interessados".

Dada a peculiaridade da matéria, é razoável a transcrição do voto do eminente Relator: "É certo que o Decreto-Lei nº 70/1966, em seu art. 32, §§ 1º e 2º, não alude à avaliação, tampouco o faz a Lei nº 5.741/1971, em seu art. 6º. Mas esse ato processual insere-se como imprescindível ao processo de execução, seja o judicial (Código de Processo Civil; Lei nº 5.741/71), seja o extrajudicial (Dec.-Lei nº 70/1966). Segundo José da Silva Pacheco, '*a avaliação consiste no primeiro importante ato preparatório da expropriação, com o objetivo de tornar explícito e claro o valor dos bens que se*rão expropriados, quer *através de sua alienação, que por meio de adjudicação ao credor, quer mediante remição ao familiar do devedor, consoante o disposto nos artigos 690, 715 e 787 do CPC. Tem-se a avaliação prévia como pressuposto necessário à consumação dos atos expropriatórios*' (Doutrina e Pesquisa – Comentário em torno do decidido no REsp. nº 193.636-MG, *in ADV Informativo*, boletim semanal nº 48/99, p. 796).

(...) O devedor, na qualidade de proprietário, tem o direito de conhecer o valor do imóvel a ser levado a leilão, assim como os terceiros eventualmente interessados, pois é a partir desse montante que poderão efetuar os seus lances. Além disso, conforme reza o art. 32, §§ 1º e 2º, do Decreto-Lei nº 70/1966, se no leilão não se atingir a soma constituída pelo saldo devedor, pelas despesas constantes de seu art. 33, mais as do anúncio de venda e a contratação da praça, prevalecerá o maior lance apurado, podendo advir daí consequências danosas ao devedor hipotecário, na linha do que, por sinal, dispõe o § 2º do aludido art. 32 do Decreto-Lei

---

[25] *Execução Extrajudicial e Judicial do Crédito Hipotecário no Sistema Financeiro da Habitação*, Rio de Janeiro, Livraria Francisco Alves Editora S.A., 1976, pp. 20-21.

nº 70/1966, 'in verbis': 'Parágrafo 2º – Se o maior lance do segundo público leilão for inferior àquela soma, serão pagas inicialmente as despesas componentes da mesma soma, e a diferença entregue ao credor, que poderá cobrar do devedor, por via executiva, o valor remanescente de seu crédito, sem nenhum direito de retenção ou indenização sobre o imóvel alienado'.

Avulta, destarte, a importância da justa avaliação como garantia da regular alienação judicial do bem hipotecado, inclusive para a verificação da ocorrência de eventual preço irrisório ou vil.

Se assim é em relação ao processo executivo previsto na Lei nº 5.741, de 1971, com mais razão há de ser no âmbito do processo de execução extrajudicial (Dec.-Lei nº 70/1966), em que os requisitos formais devem ser estrita e rigorosamente observados, uma vez que o agente fiduciário, neste último, faz as vezes do juiz na condução do processo executivo (REsps. nᵒˢ 427.771-PR e 652.782-SC, relator Ministro Aldir Passarinho Junior). Pacífico, nos dias atuais, em ambas as Turmas que integram a Segunda Seção deste Tribunal, o entendimento segundo o qual a avaliação prévia do bem a ser alienado na execução hipotecária regida pela Lei nº 5.741/1971 é uma exigência de que não se pode prescindir para a garantia do interesse do mutuário (cfr. REsps. nᵒˢ 193.636-MG e 363.598-RS, relatados pelo Ministro Ruy Rosado de Aguiar; REsp. nº 345.884/SP, relator Ministro Carlos Alberto Menezes Direito; REsp. nº 325.591-RJ, de minha relatoria). Na mesma linha a orientação da Segunda Turma: REsp. nº 134.949-SP, relator Ministro João Otávio de Noronha).

Nesses termos, o decisório ora combatido não malferiu as normas legais apontadas nas razões de recurso especial, sendo certo que Resolução do Conselho de Administração do antigo BNH não constitui lei federal para fins de interposição do apelo excepcional. Tampouco é passível de caracterizar-se o dissenso pretoriano alegado, porquanto a recorrente não cumpriu as exigências dos arts. 541, parágrafo único, do CPC, e 255, § 2º, do RISTJ, mencionando as circunstâncias que identifiquem ou assemelhem as hipóteses confrontadas. Cingiu-se, com efeito, à transcrição das respectivas ementas dos arestos carreados como paradigmas.

Isso posto, não conheço do recurso".

Os mencionados arts. 690, 692 e 541, parágrafo único, correspondem, respectivamente, aos arts. 892, 891 e 1.029, § 1º, do CPC/2015. Já os arts. 715 e 787 restaram revogados pela Lei nº 11.382/2006.

Dois Ministros votaram contrariamente, dispensando a avaliação, inclusive com vistas à inviabilidade, por se tratar de uma venda extrajudicial. A única forma de avaliação consistiria em procedimento particular, sem o aval judicial.

6.2. Execução judicial da dívida hipotecária

De duas formas se procede à execução judicial da dívida hipotecária: através do rito da Lei nº 5.741, de 1º.12.1971, e através do rito estabelecido pelo Código de Processo Civil. Analisam-se as duas modalidades.

a) *Execução judicial com o rito da Lei nº 5.741/1971*

Este procedimento, mais justo e legal de executar a dívida hipotecária no financiamento da casa própria, segue o caminho delineado pela Lei nº 5.741/1971.

Verificada a inadimplência em três ou mais prestações (art. 21 da Lei nº 8.004), faculta--se a execução, com uma medida prévia, que é a notificação do devedor, comunicando-o da mora, e dando-lhe a oportunidade de colocar em dia as prestações. Embora o inc. IV, art. 2º,

Cap. XIII • Títulos de Crédito com Garantia Real ou Privilégio Especial | 255

da Lei em epígrafe, fale em avisos, não é nula a execução se proposta após a expedição de um único aviso, desde que perfeitamente encaminhado, com a prova da chegada ao destinatário.

É indispensável a comprovação do recebimento do aviso e não a simples prova da remessa, pois a Lei nº 5.741/1971, no dispositivo citado, quer acautelar o mutuário do perigo que corre com a mora, podendo perder a casa própria, que é um dos bens mais indispensáveis e desejados pelas pessoas de modo geral. Como o imóvel é do interesse da família, de primordial necessidade para todos os seus membros, as precauções que devem cercar a execução serão maiores, mais amplas e profundas que em outros tipos de execuções. A intimação estender-se-á também à mulher, em virtude de que a ela igualmente diz respeito o imóvel, em especial por força do art. 73 do Código de Processo Civil, cuja finalidade principal é a defesa do patrimônio conjugal.

O espírito do legislador, ao editar a norma do art. 2º, inc. IV, da Lei nº 5.741/1971, foi o de somente permitir a execução do mutuário quando, avisado extrajudicialmente de seu débito, ainda assim resta ele inerte, sem procurar quitar a sua dívida.

Os documentos necessários para a execução correspondem aos seguintes:

I – Título da dívida devidamente inscrito.

II – Indicação do valor das prestações e encargos cujo não pagamento deu lugar ao vencimento do contrato.

III – Saldo devedor, discriminadas as parcelas relativas ao principal, juros, multa e outros encargos contratuais, fiscais e honorários advocatícios.

IV – Cópia de avisos regulares reclamando o pagamento da dívida.

Após a providência da notificação, cita-se o devedor, como no processo de execução comum, para que pague a dívida ou deposite o imóvel em juízo, no prazo de vinte e quatro horas, sob pena de penhora, com as seguintes diferenças quanto à execução comum:

I – O simples fato de se acharem o devedor e o cônjuge fora da jurisdição da situação do imóvel permite a citação mediante edital, publicável uma vez no órgão da imprensa oficial do Estado, e duas vezes em jornal local de grande circulação, dando-se o prazo de dez dias para o pagamento, sob a cominação da penhora.

II – Encontrando-se o imóvel com terceiro, permite a lei a intimação para a desocupação no prazo de dez dias. Se encontrar-se na posse direta do devedor, o prazo para a entrega é de trinta dias (art. 4º, § 1º).

De outra parte, em face da atual redação do § 1º do art. 3º da Lei nº 5.741/1971, introduzida pela Lei nº 8.004/1990, art. 18, é necessária a citação do devedor e do cônjuge. Ficou, assim, dirimida velha discussão jurisprudencial e doutrinária que girava sobre o assunto, entendendo muitos bastar a simples citação do devedor.

A constrição judicial processa-se tão logo decorra o prazo, sem pagamento, nomeando--se depositário o próprio credor.

De ressaltar que o oferecimento de embargos, com o depósito do total reclamado na inicial, ou o resgate da dívida, provando-se a quitação, autoriza o recebimento da defesa com efeito suspensivo (art. 5º), isto é, sem a desocupação do imóvel.

Mesmo que a defesa envolva outras matérias, no entanto, a praxe é não se conceder a desocupação no prazo de trinta dias. Só ao final da execução, após a expedição da carta de arrematação ou da adjudicação, é que se concede a imissão.

Em outros termos, comumente são recebidos no efeito suspensivo os embargos. Isto em razão de que, se for entendido o contrário, se coloca um óbice ao direito de defesa. Exigindo o depósito do valor devido, a fim de evitar a ordem de desocupação, a lei limita a possibilidade de defesa. Nesta circunstância, o juiz pode deixar de aplicar tal disposição. Não está ele obrigado a fazer incidir uma lei que fere uma outra norma hierarquicamente superior, pois é da Constituição Federal o direito de defesa em qualquer contenda judicial (art. 5º, inc. LV).

Para possibilitar os embargos, é evidente a necessidade da intimação do ato da penhora, contando-se o prazo de dez dias a começar da data da respectiva intimação pessoal.

Decorrido o prazo de embargos, ou rejeitados os mesmos, publica-se edital da praça designada, em três oportunidades, com o prazo de dez dias, em um dos jornais locais de maior circulação, onde existir. Haverá uma só praça, de acordo com os termos do art. 6º da Lei nº 5.741/1971.

O preço da venda não poderá ser inferior ao do saldo devedor da dívida.

Ao credor hipotecário é autorizada a adjudicação até o prazo de quarenta e oito horas após a data designada para a presença. Neste caso, fica o devedor desonerado de pagar o restante da dívida.

A remição da dívida pelo devedor é possibilitada até o momento da assinatura do auto de arrematação. O depósito do valor devido envolverá todas as prestações atrasadas, mais os encargos, honorários advocatícios e despesas processuais.

Não ordena a lei que se proceda à avaliação antes da praça. O art. 6º permite a realização da praça tão logo se dê a rejeição dos embargos, não falando em avaliação: "Rejeitados os embargos referidos no *caput* do artigo anterior, o juiz ordenará a venda do imóvel hipotecado, em praça pública, por preço não inferior ao saldo devedor, expedindo-se edital pelo prazo de dez dias".

Não determina a norma expressamente a avaliação, mas também não a exclui. Seu objetivo é impedir a praça por preço insuficiente ou incapaz de saldar o débito, representado pelas prestações atrasadas.

O art. 7º, ao permitir a adjudicação pelo credor, conclui que se exonera o executado da obrigação de pagar o restante da dívida. Daí extrair-se que a venda e a adjudicação têm como limite mínimo o valor das prestações devidas.

b) *Execução judicial com o rito do Código de Processo Civil*

Nada impede que o credor, relegando os ritos especiais examinados, opte pelo procedimento executório previsto no Código de Processo Civil.

O art. 784, inc. V, do CPC/2015 arrola os contratos de hipoteca como sendo títulos executivos extrajudiciais. O titular do crédito hipotecário promoverá a execução desde que se constate o inadimplemento do devedor.

A petição inicial será acompanhada de procuração, do contrato de mútuo hipotecário devidamente registrado, do demonstrativo das prestações em atraso com os encargos previstos, do saldo devedor e da cédula hipotecária.

A citação proceder-se-á através de mandado, admitindo-se que seja por hora certa, se para tanto der ensejo a conduta do réu, ou por edital, se ele estiver em lugar incerto e desconhecido.

A penhora incidirá no imóvel hipotecado.

Seguem-se todos os trâmites da execução comum, inclusive com a intimação da penhora, possibilitando-se os embargos com efeito suspensivo sem depósito prévio do valor devido, ou a devolução do bem pelo devedor.

7. CÉDULA DE CRÉDITO BANCÁRIO

A Medida Provisória nº 2.160-25, de 23.08.2001, atualmente substituída pela Lei nº 10.931, de 02.08.2004, introduziu a Cédula de Crédito Bancário, constituindo mais um título de crédito contratual, a par dos já existentes. Tem o caráter de título de crédito e de garantia, podendo, porém, conter somente a primeira qualidade. É o que se depreende do art. 26 da Lei nº 10.931/2004: "A Cédula de Crédito Bancário é título de crédito emitido, por pessoa física ou jurídica, em favor de uma instituição financeira ou de entidade a esta equiparada, representando promessa de pagamento em dinheiro, decorrente de operação de crédito de qualquer modalidade".

Nota-se a presença do elemento de promessa de pagamento. Já o art. 28 da mesma Lei nº 10.931/2004 adiciona os requisitos que formam o título de crédito: "A Cédula de Crédito Bancário é título executivo extrajudicial e representa dívida em dinheiro, certa, líquida e exigível, seja pela soma nela indicada, seja pelo saldo devedor demonstrado em planilha de cálculo, ou nos extratos de conta corrente, elaborados conforme previsto no § 2º".

A finalidade é munir as instituições financeiras com maiores garantias e imprimir mais agilidade aos contratos. Inspirou a introdução, sobretudo, o imperativo de atender alguns contratos não protegidos por leis específicas, mormente os de abertura de crédito. É que esses contratos tornaram-se um meio apropriado para agilizar as operações de concessão de crédito. Ao mesmo tempo em que dispensam a constante celebração de novos contratos, o que acontece no empréstimo ou mútuo, favorecem os interessados, posto que os encargos iniciam unicamente a partir do uso do crédito.

A disposição de crédito ao cliente é automática, durante o prazo de vigência, conforme expressamente assinala o art. 40: "Nas operações de crédito rotativo, o limite de crédito concedido será recomposto, automaticamente e durante o prazo de vigência da Cédula de Crédito Bancário, sempre que o devedor, não estando em mora ou inadimplente, amortizar ou liquidar a dívida".

A proteção verifica-se, sobretudo, nas garantias reais que passaram a ser permitidas com este novo instrumento. Antes, apenas mediante escritura pública de hipoteca ou penhor era possível imprimir maior segurança. Normalmente, utilizava-se a garantia fidejussória, ou de fiança. Nem se permitia o aval, já que restrito aos títulos de crédito cambiários. Nem vingaram algumas fórmulas criadas, como "devedor" ou "garante subsidiário", ou "solidário".

7.1. Pressupostos e requisitos da cédula

Como primeiro pressuposto, exige-se que a cédula seja emitida por pessoa física ou jurídica, em favor de instituição financeira ou entidade a esta equiparada.

O segundo pressuposto está no tipo de operação, que corresponderá a crédito bancário, representando uma promessa de pagamento. A natureza da operação é o mútuo, ou a concessão de um crédito, não importando qual a finalidade a que se destina – mútuo, ou financiamento na aquisição de bem ou na realização de atividades.

De sorte que, conjugando-se os dois pressupostos, não se destina para instrumentalizar obrigações contraídas perante entidades que não se enquadrem na Lei nº 4.595/1964. O § 1º do art. 26 da Lei nº 10.931/2004 é categórico na sua destinação: "A instituição credora deve integrar o Sistema Financeiro Nacional, sendo admitida a emissão da Cédula de Crédito Bancário em favor de instituição domiciliada no exterior, desde que a obrigação esteja sujeita exclusivamente à lei e ao foro brasileiros".

Passa-se a discriminar os requisitos, que se dividem em instrumentais, essenciais e acessórios.

Os instrumentais dizem com a forma de exteriorização da cédula, que se emitirá por escrito ou digitação, em tantas vias quantas forem as partes que nela intervierem, e outros elementos constantes do § 2º, art. 29, sendo o texto na redação da Lei nº 13.986/2020: "Na hipótese de emissão sob a forma cartular, a Cédula de Crédito Bancário será emitida em tantas vias quantas forem as partes que nela intervierem, assinadas pelo emitente e pelo terceiro garantidor, se houver, ou por seus respectivos mandatários, e cada parte receberá uma via".

Outrossim, unicamente a via do credor será negociável, dentro do estipulado no § 3º do mesmo artigo: "Somente a via do credor será negociável, devendo constar nas demais vias a expressão 'não negociável'".

Autoriza o § 4º do mesmo art. 29 que seja o documento aditado, retificado e ratificado, sempre por escrito, com os requisitos previstos para a cédula, passando o documento a integrar a cédula original, e naturalmente em tantas vias quantas forem as partes.

O § 1º do citado artigo possibilita a negociação: "A Cédula de Crédito Bancário será transferível mediante endosso em preto, ao qual se aplicarão, no que couberem, as normas do direito cambiário, caso em que o endossatário, mesmo não sendo instituição financeira ou entidade a ela equiparada, poderá exercer todos os direitos por ela conferidos, inclusive cobrar os juros e demais encargos na forma pactuada na Cédula".

Já os requisitos essenciais, e assim considerados por ordem do art. 29, são os seguintes:

> I – a denominação "Cédula de Crédito Bancário";
>
> II – a promessa do emitente de pagar a dívida em dinheiro, certa, líquida e exigível no seu vencimento ou, no caso de dívida oriunda de contrato de abertura de crédito bancário, a promessa do emitente de pagar a dívida em dinheiro, certa, líquida e exigível correspondente ao crédito utilizado;
>
> III – a data e o lugar do pagamento da dívida e, no caso de pagamento parcelado, as datas e os valores de cada prestação, ou os critérios para essa determinação;
>
> IV – o nome da instituição credora, podendo conter cláusulas à ordem;
>
> V – a data e o lugar de sua emissão; e
>
> VI – a assinatura do emitente e, se for o caso, do terceiro garantidor da obrigação, ou de seus respectivos mandatários.

Anote-se que é facultada a assinatura eletrônica do emitente ou do terceiro garantidor, em vista do § 5º do art. 29, incluído pela Lei nº 13.986/2020.

Os requisitos acessórios estão discriminados no art. 28 e em seus parágrafos. Podem ser considerados acessórios porque, uma vez atendidos, dão a qualidade de executividade à dívida. Se não preenchidos, ao credor faltará título líquido, certo e exigível para a execução, sobrando-lhe a ação ordinária para haver o seu crédito.

O art. 28 fornece a natureza da executividade: "A Cédula de Crédito Bancário é título executivo extrajudicial e representa dívida em dinheiro, certa, líquida e exigível, seja pela soma nela indicada, seja pelo saldo devedor demonstrado em planilha de cálculo, ou nos extratos da conta corrente, elaborados conforme previsto no § 2º".

Naturalmente, ao se procurar o pagamento, quando do vencimento, busca-se a satisfação com os encargos acumulados. Assim acontecendo, deverá conter a cédula todas as condições relativas a tais custos, e que estão discriminadas no § 1º do mesmo artigo, onde consta ostentada a faculdade de sua inserção: "Na Cédula de Crédito Bancário poderão ser pactuados:

I – os juros sobre a dívida, capitalizados ou não, os critérios de sua incidência e, se for o caso, a periodicidade de sua capitalização, bem como as despesas e os demais encargos decorrentes da obrigação;

II – os critérios de atualização monetária ou de variação cambial, como permitido em lei;

III – os casos de ocorrência de mora e de incidência das multas e penalidades contratuais, bem como as hipóteses de vencimento antecipado da dívida;

IV – os critérios de apuração e de ressarcimento, pelo emitente ou por terceiro garantidor, das despesas de cobrança da dívida e dos honorários advocatícios, judiciais ou extrajudiciais, sendo que os honorários advocatícios extrajudiciais não poderão superar o limite de dez por cento do valor total devido;

V – quando for o caso, a modalidade de garantia da dívida, sua extensão e as hipóteses de substituição de tal garantia;

VI – as obrigações a serem cumpridas pelo credor;

VII – a obrigação do credor de emitir extratos da conta corrente ou planilhas de cálculo da dívida, ou de seu saldo devedor, de acordo com os critérios estabelecidos na própria Cédula de Crédito Bancário, observado o disposto no § 2º; e

VIII – outras condições de concessão do crédito, suas garantias ou liquidação, obrigações adicionais do emitente ou do terceiro garantidor da obrigação, desde que não contrariem as disposições desta Lei".

O § 2º do art. 28 exige a anexação de planilha de cálculo ou do extrato da conta corrente, para aferir a dívida: "Sempre que necessário, a apuração do valor exato da obrigação, ou de seu saldo devedor, representado pela Cédula de Crédito Bancário, será feita pelo credor, por meio de planilha de cálculo e, quando for o caso, de extrato emitido pela instituição financeira, em favor da qual a Cédula de Crédito Bancário foi originalmente emitida, documentos esses que integrarão a Cédula, observado que:

I – os cálculos realizados deverão evidenciar de modo claro, preciso e de fácil entendimento e compreensão, o valor principal da dívida, seus encargos e despesas contratuais devidos, a parcela de juros e os critérios de sua incidência, a parcela de atualização monetária ou cambial, a parcela correspondente a multas e demais penalidades contratuais, as despesas de cobrança e de honorários advocatícios devidos até a data do cálculo e, por fim, o valor total da dívida; e

II – a Cédula de Crédito Bancário representativa de dívida oriunda de contrato de abertura de crédito bancário em conta corrente será emitida pelo valor total do crédito posto à disposição do emitente, competindo ao credor, nos termos deste parágrafo, discriminar nos extratos de conta corrente ou nas planilhas de cálculo, que serão anexados à Cédula, as parcelas utilizadas do crédito aberto, os aumentos do limite do crédito inicialmente concedido, as eventuais amortizações da dívida e a incidência dos encargos nos vários períodos de utilização do crédito aberto".

Notam-se as exigências para tornar executável o crédito, de modo que os encargos se encontrem todos discriminados, com as taxas de juros, os períodos, e assim também quanto à atualização, à multa, aos honorários advocatícios e demais cominações previstas no contrato. Sobretudo as cédulas de contrato de abertura de crédito deverão especificar os valores aproveitados, sempre lançados nos extratos, com a evidenciação calculada de seus custos e penalidades. Não basta a mera aposição do valor devido. Tendo à frente o contrato e as planilhas que o acompanham, fica o devedor possibilitado de examinar a dívida, aferindo a sua exatidão, os percentuais de juros, os índices de correção monetária e a legalidade das penalidades.

Traz o § 3º do citado artigo a cominação no desatendimento dos requisitos: "O credor que, em ação judicial, cobrar o valor do crédito exequendo em desacordo com o expresso na Cédula de Crédito Bancário, fica obrigado a pagar ao devedor o dobro cobrado a maior, que poderá ser compensado na própria ação, sem prejuízo da responsabilidade por perdas e danos".

Ademais, não se procedendo da maneira acima, com a completa e minuciosa descrição da dívida, incide-se na Súmula nº 233 do Superior Tribunal de Justiça, editada em 13.12.1999, através da 2ª Seção: "O contrato de abertura de crédito, ainda que acompanhado de extrato da conta corrente, não é título executivo".

Somente se apresentados os requisitos acima referidos é o título exigível através de execução judicial. Neste sentido a compreensão de julgados como o presente:

> "A jurisprudência deste Tribunal Superior, sedimentada no julgamento do Recurso Especial n. 1.291.575/PR, submetido ao rito do art. 543-C do CPC/73 (recurso repetitivo), dispõe no sentido de que a cédula de crédito bancário é título executivo extrajudicial, representativo de operações de crédito de qualquer natureza, circunstância que autoriza sua emissão para documentar a abertura de crédito em conta-corrente, nas modalidades de crédito rotativo ou cheque especial. Súmula 83/STJ".[26]

Efetivamente, o Tema 576, originado do Recurso Repetitivo 1.291.575/PR, j. em 14.08.2013, DJe de 2.09.2013, da 2ª Seção, contempla a seguinte tese: "A Cédula de Crédito Bancário é título executivo extrajudicial, representativo de operações de crédito de qualquer natureza, circunstância que autoriza sua emissão para documentar a abertura de crédito em conta-corrente, nas modalidades de crédito rotativo ou cheque especial".

Para a sua aplicação, conforme consta no corpo do acórdão, o título de crédito deve vir acompanhado de claro demonstrativo acerca dos valores utilizados pelo cliente, trazendo o diploma legal, de maneira taxativa, a relação de exigências que o credor deverá cumprir, de modo a conferir liquidez e exequibilidade à Cédula (art. 28, § 2º, incisos I e II, da Lei nº 10.931/2004).

7.2. As espécies de cédulas e seus elementos constitutivos

Em consonância com os arts. 27 e 30 da Lei nº 10.931/2004, há cédulas sem garantia e cédulas com garantia.

As primeiras constituem um documento de mera natureza cambial. Conterão os requisitos do art. 29, significando exatamente uma promessa de pagamento de dívida em dinheiro. Servem como título exequível se for certa, líquida e exigível a dívida, o que requer o atendimento

---

[26] AgInt no AREsp 1.091.593/SP, da 3ª Turma do STJ, rel. Min. Marco Aurélio Bellizze, j. em 17.10.2017, *DJe* 26.10.2017.

dos requisitos dos parágrafos do art. 28, descritos no item anterior. Não são favorecidas por quaisquer privilégios para o adimplemento da dívida.

As segundas, ou com garantias, de acordo com a previsão do parágrafo único do art. 27, que remete às disposições gerais da Lei, são de duas espécies: as com garantia fidejussória e as com garantia real.

Aquelas com garantia fidejussória abrangem a fiança e a caução, esta especialmente por meio de título de crédito. Entrementes, admite-se que a garantia consista em aval, em razão do art. 44, que manda aplicar, no que couber, a legislação cambial, dispensado o protesto para garantir o direito de regresso contra endossantes, avalistas ou terceiros garantidores. Daí ser admitido o aval, previsto nos títulos cambiários, regulados pelo Decreto nº 2.044, de 1908, e pela Lei Uniforme de Genebra.

Sobre o protesto, optando o portador por efetuá-lo, orienta o art. 41 da Lei nº 10.931/2004 que a cédula de crédito bancário "poderá ser protestada por indicação, desde que o credor apresente declaração de posse da sua única via negociável, inclusive no caso de protesto parcial".

As garantias reais das cédulas constam discriminadas nos arts. 30 a 40. Merecem destaque os pontos que seguem.

O art. 31 autoriza que se constitua "por bem patrimonial de qualquer espécie, disponível e alienável, móvel ou imóvel, material ou imaterial, presente ou futuro, fungível ou infungível, consumível ou não, cuja titularidade pertença ao próprio emitente ou a terceiro garantidor da obrigação principal".

Quando móveis, tem-se a cédula pignoratícia; se imóveis, será hipotecária a cédula.

Pelo art. 35, possibilita-se que os bens fiquem na posse daquele que fornece a garantia. Procurando acautelar de segurança o credor, o mesmo dispositivo obriga a indicação do local em que o bem será guardado e conservado, sendo que seus §§ 1º e 2º atribuem responsabilidades na guarda e conservação ao terceiro que presta a garantia e ao representante da pessoa jurídica.

Para valer contra terceiros, necessário o registro no Livro nº 3 (Registro Auxiliar) do Cartório de Imóveis, consoante a Lei nº 6.015, de 1973, art. 178, com a averbação na matrícula do Registro Imobiliário, em se tratando de imóveis. Reza ao art. 42 da Lei nº 10.931/2004 que a eficácia da garantia não depende do registro, exceto para valer contra terceiros.

No próprio instrumento da cédula far-se-á a constituição da garantia, ou em documento apartado (art. 32), com a descrição do bem, a sua individualização, de modo a possibilitar a sua fácil identificação (art. 33).

Os bens acessórios (benfeitorias, frutos etc.) acompanham o bem dado em garantia (art. 34). Não é permitida a alteração dos bens abrangidos pela garantia (art. 34, § 2º). Havendo desapropriação, sub-roga-se o credor nos direitos (art. 37). Deteriorando-se os bens, autoriza--se a exigência de substituição (art. 39).

Em adendo, lembra-se que, além da formalização das garantias através de cédulas, autoriza o art. 35 a transferência fiduciária do bem. Mediante contrato, o devedor transfere fiduciariamente bens ao credor, os quais já integram seu patrimônio, não sendo adquiridos com a concessão do crédito. Esta prática tem sido abonada pelo Superior Tribunal de Justiça, que emitiu a Súmula nº 28: "O contrato de alienação fiduciária em garantia pode ter por objeto bem que já integrava o patrimônio do devedor".

Importante observar que, em havendo garantias, à instituição credora autoriza-se que siga cobrando o valor através da excussão de tais garantias, em havendo a instauração da recuperação judicial contra o devedor, nos moldes de decisões do STJ: "Segundo o entendimento jurisprudencial adotado por este Superior Tribunal de Justiça, 'não obstante o plano de recuperação judicial opere novação das dívidas a ele submetidas, as garantias reais ou fidejussórias são preservadas, circunstância que possibilita ao credor exercer seus direitos contra terceiros garantidores e impõe a manutenção das ações e execuções aforadas em face de fiadores, avalistas ou coobrigados em geral' (AgInt no AREsp 1176871/MS, Rel. Ministro Luis Felipe Salomão, Quarta Turma, julgado em 15.03.2018, *DJe* 20.03.2018)".[27]

Cabe explicitar as formas instrumentais de exteriorização da cédula, a qual se emitirá por escrito ou por emissão de caracteres eletrônicos.

A primeira, que é a cartular, materializa-se em documento escrito, em tantas vias quantas forem as partes que nela intervierem, e outros elementos constantes do § 2.º do art. 29 da Lei 10.931/2004, na alteração da Lei nº 13.986/2020: "Na hipótese de emissão sob a forma cartular, a Cédula de Crédito Bancário será emitida em tantas vias quantas forem as partes que nela intervierem, assinadas pelo emitente e pelo terceiro garantidor, se houver, ou por seus respectivos mandatários, e cada parte receberá uma via".

Outrossim, unicamente a via do credor será negociável, dentro do estipulado no § 3.º do mesmo artigo: "Somente a via do credor será negociável, devendo constar nas demais vias a expressão 'não negociável'".

Autoriza o § 4.º que seja o documento aditado, retificado e ratificado, sempre por escrito, com data, em tantas vias quantas forem as partes, com a qualidade de negociável a do credor e contendo a expressão "não negociável" as demais vias.

Já a segunda, que é a forma eletrônica, denominada cédula escritural ou virtual, vem lançada virtualmente por meio eletrônico na escrituração do emitente, definindo-se como o título de crédito eletrônico emitido a partir de caracteres criados em computador, ou meio técnico equivalente, e que conste de escrituração do emitente.

A sua previsão está nos arts. 27-A a 27-D da Lei nº 10.931/2004, incluídos pela Lei nº 13.986/2020, cujos textos seguem sintetizados na seguinte ordem:

– O lançamento sob a forma escritural se dá em sistema eletrônico de escrituração.

– O sistema eletrônico de escrituração será mantido em instituição financeira ou em outra entidade autorizada pelo Banco Central do Brasil a exercer a atividade de escrituração eletrônica.

– Ao Banco Central do Brasil compete: I – estabelecer as condições para o exercício da atividade de escrituração eletrônica de que trata o parágrafo único do art. 27-A; II – autorizar e supervisionar o exercício da atividade prevista no inciso I.

– Admite-se que a autorização para o lançamento escritural, a critério do próprio Banco Central do Brasil, se conceda por segmento, por espécie ou por grupos de entidades que atendam a critérios específicos, dispensada a concessão de autorização individualizada.

– As infrações legais ou regulamentares pela entidade responsável ou seus administradores e membros pelo sistema eletrônico de escrituração importam na incidência da Lei nº 13.506/2017, que dispõe sobre o processo administrativo sancionador na esfera de atuação do Banco Central do Brasil e da Comissão de Valores Mobiliários.

– Está a entidade responsável pelo sistema eletrônico de escrituração autorizada a expedir, mediante solicitação de seu titular, certidão de inteiro teor do título, a qual corresponderá a título executivo extrajudicial, admitindo-se a emissão na forma

---

[27] AgInt no AREsp 1370644/SP, 4ª Turma, rel. Min. Marco Buzzi, j. em 24.06.2019, *DJe*. de 28.06.2019.

eletrônica, observados os requisitos de segurança que garantam a autenticidade e a integridade do documento.

– Possibilita-se ao Banco Central do Brasil a regulamentação da emissão, da assinatura, da negociação e da liquidação da cédula de crédito bancário emitida sob a forma escritural.

Ainda sobre a emissão escritural da cédula, por força do art. 42-A, incluído pela Lei nº 13.986/2020, o sistema eletrônico deverá registrar os seguintes elementos:

I – a emissão do título, com seus requisitos essenciais;

II – a forma de pagamento ajustada no título;

III – o endosso em preto de que trata o § 1º do art. 29 desta Lei e a cadeia de endossos, se houver;

IV – os aditamentos, as retificações e as ratificações de que trata o § 4º do art. 29 desta Lei;

V – a inclusão de notificações, de cláusulas contratuais, de informações, inclusive sobre o fracionamento, quando houver, ou de outras declarações referentes à Cédula de Crédito Bancário ou ao certificado de que trata o art. 43 desta Lei; e

VI – as ocorrências de pagamento, se houver.

Estabelecem os §§ 1º e 2º que, na hipótese de se constituírem garantias e quaisquer outros gravames e ônus, tais ocorrências serão informadas no sistema eletrônico de escrituração de que trata o art. 27-A, o qual permite a emissão da cédula na forma escritural, por meio do lançamento em sistema eletrônico de escrituração.

7.3. A circulação da cédula

O próprio sentido de cédula implica sua circulação, o que equivale a afirmar a sua transferência mediante endosso. O § 1º do art. 29 da Lei nº 10.931/2004 reza sobre o assunto: "A Cédula de Crédito Bancário será transferível mediante endosso em preto, ao qual se aplicarão, no que couberem, as normas do direito cambiário, caso em que o endossatário, mesmo não sendo instituição financeira ou entidade a ela equiparada, poderá exercer todos os direitos por ela conferidos, inclusive de cobrar os juros e demais encargos na forma pactuada na Cédula".

Procede-se a transferência, pois, através do endosso (instituto típico do direito cambiário), o qual se distingue da cessão, por ser esta um contrato bilateral, por conferir direitos derivados e não autônomos; por afetar a nulidade os atos de transferências posteriores; por admitir a oposição, em favor do devedor, a mesma defesa que teria contra o cedente, ao passo que o endossatário não pode levantar as exceções senão contra o endossante que lhe transferiu o título.

Pelo endosso, faculta-se à instituição financeira transferir ou vender o título para outra instituição do mesmo gênero ou não, sub-rogando-se o endossatário ou adquirente em todos os direitos do endossante, inclusive os relativos aos juros e demais encargos, nos patamares pactuados com o cedente.

Consoante o § 3º do mesmo art. 29, "somente a via do credor será negociável, devendo constar nas demais vias a expressão 'não negociável'".

7.4. Emissão da cédula em favor de instituição domiciliada no exterior

Dentre as inovações introduzidas pelo instituto, prima a contemplada no art. 26, § 1º, isto é, a que admite "a emissão de Cédula de Crédito Bancário em favor de uma instituição domiciliada no exterior, desde que a obrigação esteja sujeita exclusivamente à lei e ao foro brasileiros". O § 2º acrescenta a possibilidade da emissão em moeda estrangeira.

Não se pode olvidar o § 1º do art. 11 da Lei de Introdução às normas do Direito Brasileiro, pelo qual as instituições estrangeiras, para atuarem no Brasil como pessoas jurídicas, devem constituir-se segundo a lei brasileira. Assim, além da autorização do Governo Federal, de rigor a formação da pessoa jurídica em consonância com o ordenamento legal brasileiro, sendo necessária, ainda, a obediência à Lei nº 4.595/1964.

Inviável que se emita uma cédula a favor de uma instituição financeira unicamente com sede no exterior. A emissão será a favor da pessoa jurídica estabelecida no Brasil, embora a sua sede principal se encontre no exterior. Até porque, do contrário, a competência não seria da autoridade judiciária brasileira, e sim do país onde se encontra o domicílio.

A permissão em pura e simplesmente inserir o valor em moeda estrangeira encontra óbice no art. 1º do Decreto-Lei nº 857/1969, devendo ser entendida a possibilidade em conjunto com as exceções abertas pelo art. 2º do mesmo Decreto-Lei, verificadas na importação ou exportação de mercadorias; no financiamento ou na prestação de garantias relativas às exportações de bens de produção nacional; nos contratos de compra e venda de câmbio em geral; nos empréstimos e quaisquer outras obrigações cujo credor ou devedor seja pessoa residente e domiciliada no exterior; e nos contratos que tenham por objeto a cessão, transferência, delegação, assunção ou modificação das obrigações advindas de empréstimos e obrigações contraídas no exterior, ainda que ambas as partes contratantes sejam pessoas residentes e domiciliadas no Brasil.

Finalmente, o inc. II do § 1º do art. 28 da Lei nº 10.931/2004, para ensejar a formação de título exequível, enfatiza a necessidade dos critérios de atualização cambial da dívida. Neste dispositivo pretende-se evidenciar a natureza do contrato cambial. Ao contrair o financiamento ou empréstimo externo, parece óbvio que a instituição financeira está entregando moeda estrangeira, a qual, antes de passar para o mutuário, é transformada na moeda nacional. Quando do momento de se honrar a obrigação, devolve-se o produto recebido com os encargos. Para objetivar esta adimplência, compra-se a moeda estrangeira no Brasil, que será repassada ao credor do exterior. Daí conceber-se o contrato de câmbio como uma compra e venda de moeda estrangeira. Constitui-se do consenso das partes, sendo pressuposto a entrega da mercadoria, que, na operação, revela-se na moeda do país onde se encontra o credor. Por isso, pode-se afirmar que o contrato de empréstimo externo equivale a um contrato de câmbio, que se formaliza com a compra e venda pura, perfeita e acabada de moeda estrangeira.

8. CERTIFICADOS DE CÉDULAS DE CRÉDITO BANCÁRIO

A Lei nº 10.931/2004 introduziu uma nova modalidade de comercialização de títulos, denominada Certificado de Cédula de Crédito Bancário. Eis a redação do art. 43, *caput*, com as modificações da Lei nº 13.986/2020: "As instituições financeiras, nas condições estabelecidas pelo Conselho Monetário Nacional, podem emitir título representativo das Cédulas de Crédito Bancário por elas mantidas em custódia, do qual constarão:

"I – o local e a data da emissão;
II – o nome e a qualificação do custodiante das Cédulas de Crédito Bancário;

Cap. XIII • Títulos de Crédito com Garantia Real ou Privilégio Especial | **265**

III – a denominação 'Certificado de Cédulas de Crédito Bancário';

IV – a especificação das cédulas custodiadas, o nome dos seus emitentes e o valor, o lugar e a data do pagamento do crédito por elas incorporado;

V – o nome da instituição emitente;

VI – a declaração de que a instituição financeira, na qualidade e com as responsabilidades de custodiante e mandatária do titular do certificado, promoverá a cobrança das Cédulas de Crédito Bancário, e a declaração de que as cédulas custodiadas, o produto da cobrança do seu principal e os seus encargos serão entregues ao titular do certificado somente com a apresentação deste;

VII – o lugar da entrega do objeto da custódia; e

VIII – a remuneração devida à instituição financeira pela custódia das cédulas objeto da emissão do certificado, se convencionada".

Trata-se de títulos lastreados em cédulas, ou seja, que têm por base um crédito constituído a favor da instituição financeira, crédito este geralmente garantido por aval, caução, ou penhor, ou hipoteca. A instituição financeira, tendo concedido um crédito, e recebendo a cédula, ao invés de cedê-la ou negociá-la, guarda-a ou a mantém em custódia, e emite certificados no seu valor correspondente, os quais, como títulos, são colocados à venda. Com esta operacionalização de um crédito que tem a receber, consegue novos fundos para futuros investimentos. Realmente, forma-se um novo veículo para captação de recursos junto a investidores.

O certificado, bem como a cédula de crédito bancário, constituem títulos cambiais, o que é afirmado pelo art. 45-A da Lei nº 10.931/2204, incluído pela Lei nº 13.986/2020, desde que a instituição financeira ou entidade:

I – seja titular dos direitos de crédito por eles representados;

II – preste garantia às obrigações por eles representadas; ou

III – realize, até a liquidação final dos títulos, o serviço de monitoramento dos fluxos de recursos entre credores e devedores e de eventuais inadimplementos.

A instituição financeira responde pelas cédulas emitidas, dispondo, a respeito, o § 1.º do art. 43, modificado pela Lei nº 13.986/2020: "A instituição financeira responderá pela origem e pela autenticidade das Cédulas de Crédito Bancário nela custodiadas".

Consoante o § 2.º, as Cédulas de Crédito Bancário e as importâncias recebidas pela instituição financeira, a título de pagamento do principal e de encargos, ficam excluídas de penhora, arresto, sequestro, busca e apreensão ou outra medida que impeça a entrega do certificado ao titular. No entanto, o certificado é suscetível de penhora ou qualquer medida cautelar por obrigação do seu titular. Na forma do § 3.º, em redação da Lei nº 13.986/2020, "o certificado poderá ser emitido sob forma escritural, por meio do lançamento no sistema eletrônico de escrituração, hipótese em que se aplica, no que couber, com as devidas adaptações, o disposto nos arts. 27-A, 27-B, 27-C, 27-D e 42-A desta Lei".

Conforme já visto anteriormente, título de crédito escritural é uma forma de título de crédito eletrônico, ou seja, não cartular, surgida pela necessidade de adequação dos títulos de crédito ao comércio eletrônico, realizado pelo meio virtual, sem a emissão de papel físico.

O § 4º, modificado pela Lei nº 13.986/2020, trata da transferência do certificado, que se operará somente por meio de endosso, ainda que por meio de sistema eletrônico de escrituração, hipótese em que a transferência deverá ser datada e assinada por seu titular ou mandatário com poderes especiais e, na hipótese de certificado cartular, averbada junto à instituição financeira emitente, no prazo de dois dias, contado da data do endosso. Já o § 6º, modificado pela mesma lei, garante ao endossatário do certificado, ainda que não seja instituição financeira ou entidade a ela equiparada, todos os direitos nele previstos, incluída a cobrança de juros e demais encargos. O endossatário ou cessionário, consoante o § 5.º, arcará com as despesas e encargos provenientes da transferência e averbação acima referidas, a menos que o contrário seja disposto pelas partes.

Pelos §§ 7º e 8º, incluídos pela referida lei, o certificado representará uma única cédula, o agrupamento de cédulas ou as frações de cédulas, no caso de representar frações de cédulas, o certificado somente poderá representar frações de cédulas de crédito bancário emitidas sob forma escritural, devendo a informação constar do sistema eletrônico de escrituração, como está no § 3º do art. 43.

9. CONSOLIDAÇÃO DE UM CRÉDITO EM OUTRO TÍTULO E NATUREZA EXECUTIVA

É frequente a prática de renegociação de uma dívida pendente de pagamento, com a formalização de outro título para representá-la, e dar-lhe o caráter de executividade.

Feita a renegociação, como no caso de envolver dívida originada de um contrato de abertura de crédito, e expedido o novo título de crédito, passa o mesmo a constituir título executivo, não importando a origem da dívida anterior. Regerão o novo título as regras apropriadas para o mesmo. Existindo um saldo devedor de um empréstimo, não se dá a perda do direito à execução se formalizado em uma cédula de crédito industrial. Incidirão, então, os ditames que disciplinam o crédito industrial, ou seja, o Decreto-lei nº 413/1969, cujos encargos são, inclusive, mais favoráveis ao devedor.

O STJ vem reiterando os julgamentos nesse rumo, conforme a seguinte ementa: "O título de crédito rural, comercial ou industrial utilizado para renegociação de débito de origem diversa, conserva sua natureza executiva. Matéria pacificada. Precedente".[28]

No voto, o relator do recurso no STJ, ministro Aldir Passarinho Junior, deixou claro que "(...) a renegociação da dívida constituída por intermédio de contratos não contemplados nos Decretos-leis nº 167/1967 e 413/1969 e na Lei nº 6.840/1980 pode ocorrer por intermédio de notas ou cédulas rurais, comerciais e industriais. *In casu*, a cédula de crédito comercial foi utilizada para pagamento do contrato de abertura de crédito em conta corrente que, inclusive, era utilizado pela empresa devedora, para fins comerciais.

Ademais, a 2ª Seção tem adotado posição mais flexível no ensejo de preservar a efetividade do processo executivo, notadamente com a recente edição da Súmula nº 300, que cristalizou o entendimento já uniforme de que a confissão de dívida oriunda de saldo devedor em conta corrente, que por si só ou acompanhado de extratos não detém tal qualidade, nos termos da Súmula nº 233/STJ, reconhecendo que a repactuação importa no reconhecimento da existência da dívida, porém sem impedir a investigação dos meios pelos quais foi constituída.

Assim, em prestígio à linha interpretativa, estou em que não é o caso de se considerar descaracterizada a natureza executiva dos títulos assim formados, mesmo porque em tais hipóteses há evidente vantagem para o devedor, que se sujeitará a partir daí a encargos remuneratórios condizentes com a espécie, muito abaixo daqueles praticados para os demais contratos bancários.

---

[28] AgRg no REsp. nº 976.253/SP. 4ª Turma. Julgado em 4.10.2007, *DJU* de 3.12.2007.

Nesse sentido, colacionam-se os seguintes precedentes:

'(...) O título de crédito rural, comercial ou industrial utilizado para renegociação de débito de origem diversa, conserva sua natureza executiva. Precedentes turmários mais recentes.

Recurso especial conhecido em parte e, nessa extensão, provido' (REsp. nº 737.999/MS. Relator: Min. Aldir Passarinho Junior. 4ª Turma. *DJU* de 26.09.2005, unânime).

'(...) Nos termos de pacífica jurisprudência do Superior Tribunal de Justiça, não há que se falar em nulidade do título executivo por desvio de finalidade quando o valor do crédito é usado para pagamento de dívidas anteriores, pois o empréstimo importou em fomento ao capital de giro da empresa.

Agravo regimental desprovido' (AgRg no REsp. nº 774.020/MG. Relator: Min. Fernando Gonçalves. 4ª Turma. *DJe* de 08.03.2010, unânime) (...).

'(...) Não é nula a cédula de crédito industrial emitida para saldar dívidas do comerciante, dado que o empréstimo permanece tendo como escopo o fomento ao capital de giro da empresa. Precedentes.

Recurso especial conhecido e provido' (REsp. nº 480.261/SC. Relator: Min. Barros Monteiro. 4ª Turma. *DJU* de 13.06.2005, unânime).

'(...) Não é nula a cédula de crédito comercial emitida para saldar dívidas do comerciante pois, além de não haver previsão legal para tanto, o empréstimo importa em fomento ao capital de giro da empresa. Precedente. Recurso especial provido na parte em que conhecido' (REsp. nº 540.288/SC. Relatora: Min.ª Nancy Andrighi. 3ª Turma. *DJU* de 13.09.2004, unânime)'

Nesse contexto, conheço em parte do recurso e dou-lhe provimento (...)".

Capítulo XIV
Títulos de Crédito Rural no Agronegócio e com Lastro em Direitos Creditórios

1. TÍTULOS DE CRÉDITO CRIADOS EM FUNÇÃO DO AGRONEGÓCIO

Primeiramente, esclarece-se que o agronegócio (*agrobusiness*) diz respeito ao conjunto de negócios relacionados à agricultura e à pecuária. Busca expressar a relação comercial e industrial envolvendo a cadeia produtiva agrícola ou pecuária. Compreende a atividade agropecuária, termo utilizado para definir o uso econômico do solo para o cultivo da terra e a criação de animais. É entendido como o conjunto organizado de atividades econômicas que envolve a fabricação e o fornecimento de insumos, a produção, o processamento e armazenamento até a distribuição para consumo interno e internacional de produtos de origem agrícola ou pecuária, compreendidas no mesmo as bolsas de mercadorias e futuros, bem como as formas próprias de financiamento, sistematizadas por meio de políticas públicas específicas.[1]

Mais simplificadamente, refere-se o termo aos negócios relacionados à agricultura e à pecuária. Abrangendo o conjunto de negócios relacionados à agricultura e à pecuária, natural-mente significa a soma total das operações de distribuição, processamento e de suprimentos de produtos agrícolas. Inclui os setores relacionados às plantações e às criações de animais, como o comércio de sementes, de máquinas e de equipamentos, as indústrias agrícolas, os abatedouros, o transporte da produção e as atividades voltadas à distribuição, importando em uma fonte de entrada de divisas. Em suma, refere-se a todas as atividades de comércio com produtos agrícolas.

Surgiram, com a Lei nº 11.076, de 30.12.2004, alterada pelas Leis nº 11.524/2007, nº 13.097/2015, nº 13.331/2016, nº 13.606/2018 e nº 13.986/2020, cinco novos títulos de crédito para incentivar o setor privado e elevar a disponibilidade de capital para o agronegócio. São os seguintes: Certificado de Depósito Agropecuário – CDA, Warrant Agropecuário – WA, Certificado de Direitos Creditórios do Agronegócio – CDCA, Letra de Crédito do Agrone-gócio – LCA e Certificado de Recebíveis do Agronegócio – CRA.

A Lei nº 11.076/2004 foi criada com finalidade de permitir a captação de recursos no mercado de capitais, estabelecendo uma nova fonte de financiamento para o Agronegócio, desafogando o Setor Público.

---

[1] Buranello, Renato Macedo. *Sistema privado de financiamento do agronegócio*. São Paulo: Quartier Latin, 2009. p. 30.

Os dois primeiros títulos – Certificado de Depósito Agropecuário – CDA, *Warrant* Agropecuário – WA, se referem à armazenagem de produtos agropecuários e os demais estão ligados aos direitos creditórios do agronegócio, tendo praticamente apenas o emitente/sacado diferenciado.

A sua criação teve como objetivo incentivar ou incrementar a migração de parte do capital que circula no mercado financeiro para o agronegócio. Passaram os títulos de crédito do agronegócio a constituir uma alternativa para aplicação dos recursos oriundos dos fundos de investimento, trazendo vantagens tanto para os investidores como para aqueles que têm no Agronegócio seu meio de vida.

Considerando como foco a sua instituição, tem-se que os dois primeiros (CDA e WA), como já dito, decorrem de armazenagem de produtos agropecuários. Já os demais (CDCA, LCA e CRA) dizem respeito aos direitos creditórios do agronegócio, relacionados com a produção, comercialização, beneficiamento ou industrialização de produtos e insumos agropecuários ou de máquinas e implementos utilizados na agropecuária. São os títulos lastreados em recebíveis originados de negociação entre os agentes do agronegócio. O lastro está nos direitos creditórios originários de negócios realizados entre produtores rurais, ou suas cooperativas, e terceiros, inclusive financiamentos ou empréstimos relacionados com a produção, comercialização, beneficiamento ou industrialização de produtos ou insumos agropecuários ou de máquinas e implementos utilizados na atividade agropecuária.

Por outras palavras, cada título poderá ser vinculado aos direitos creditórios que o seu respectivo emissor possua, ou seja, é uma espécie de repasse destes recebíveis aos investidores privados antes dos seus vencimentos. Esse repasse proporcionará maior disponibilidade de capital aos agentes do agronegócio, que poderão aumentar a oferta de financiamento e crédito nas compras a prazo dos produtores rurais e cooperativas e reduzir o custo desses recursos.

O credor de tais recebíveis está legitimado a emitir o CDCA, a LCA e o CRA e a repassar ou vender para investidores privados, com a finalidade de capitalização. Por suas características, devem ser negociados em Bolsas de Valores e de Mercadorias e Futuros ou em mercados de balcão autorizados pela Comissão de Valores Mobiliários – CVM.

O valor dos títulos não poderá exceder o valor total dos direitos creditórios a ele relacionados (art. 23, § 1º, redação da Lei nº 13.331/2016).

Esses títulos de crédito rural dispensam o registro no Cartório de Registro de Imóveis, ao contrário dos demais, para cuja eficácia perante terceiros, ou pessoas não envolvidas no negócio, se faz mister o registro.

2. REGRAMENTO RELATIVO AO CERTIFICADO DE DEPÓSITO AGROPECUÁRIO – CDA E AO *WARRANT* AGROPECUÁRIO – WA

Quanto aos dois títulos acima, a sua criação consta no art. 1.º da Lei 11.076/2004: "Ficam instituídos o Certificado de Depósito Agropecuário – CDA e o Warrant Agropecuário – WA".

O CDA e o WA são títulos de crédito cartulares ou escriturais, que dependem da existência de produto agropecuário armazenado, nos termos da Lei nº 9.973/2000, lei esta que trata das regras de armazenagem.

O § 1.º do art. 1.º dá o significado do Certificado de Depósito Agropecuário: "O CDA é título de crédito representativo de promessa de entrega de produtos agropecuários, seus derivados, subprodutos e resíduos de valor econômico, depositados em conformidade com a Lei n. 9.973, de 29 de maio de 2000".

Relativamente ao *Warrant* Agropecuário, no § 2º está o conceito: "O WA é título de crédito representativo de promessa de pagamento em dinheiro que confere direito de penhor sobre o CDA correspondente, assim como sobre o produto nele descrito" (redação dada pela Lei nº 11.524, de 2007).

Importante ressaltar a diferença entre um e outro.

O CDA é título de crédito representativo da promessa de entrega de produtos agropecuários, seus derivados, subprodutos e resíduos de valor econômico, emitido pelo armazenador, em favor do depositante, que poderá ser produtor, cooperativa, comerciante, indústria ou exportador. O WA corresponde a título de crédito representativo de promessa de pagamento em dinheiro que confere direito de penhor sobre o CDA correspondente, assim como sobre o produto nele descrito.

Conforme o § 3º, por formarem títulos unidos, são "emitidos simultaneamente pelo depositário, a pedido do depositante, podendo ser transmitidos unidos ou separadamente, mediante endosso". O endosso deve ser completo (endosso em preto, nominativo ou pleno) com ou sem aval do endossante, havendo, ainda, a possibilidade de instituir cessão fiduciária em garantia dos direitos creditórios em favor do credor (arts. 43 e 44, I, da Lei nº 11.076/2004).

O § 4.º considera-os títulos executivos extrajudiciais.

Uma vez emitidos, os produtos neles descritos não poderão ser objeto de penhora, embargo, sequestro ou qualquer outra forma de embaraço à circulação dos produtos (art. 12 da Lei nº 11.076/2004). De se acrescentar que se mantém o direito do titular do CDA ou do WA à restituição dos produtos que se encontrarem em poder do depositário na data do pedido de recuperação judicial ou da decretação da falência do depositante. Na quantidade de produto, e na parte que exceder, e se devidamente comprovada, tem permissão a restituição na recuperação judicial e na falência, segundo se pode entender da má redação do parágrafo único do art. 12, incluído pela Lei nº 13.986/2020: "Na hipótese de o titular do CDA e do correspondente WA diferir do depositante, o produto objeto desses títulos não poderá ser confundido com bem de propriedade do depositante ou sujeitar-se aos efeitos de sua recuperação judicial ou falência, prevalecendo os direitos de propriedade sobre a coisa ao endossatário final que se apresentar ao depositário, nos termos do inciso II do § 1º do art. 6º e do § 5º do art. 21 desta Lei". O CDA, que corresponde ao antigo conhecimento de depósito, representa promessa de entrega de produto agropecuário depositado em armazém, sendo emitido pelo armazenador, em favor do depositante, que poderá ser produtor, cooperativa, comerciante, indústria ou exportador. Segundo Lutero de Paiva Pereira, "é título representativo de entrega de produtos agropecuários, seus derivados, subprodutos e resíduos de valor econômico cuja emissão depende de estarem tais produtos depositados conforme preceitua a Lei 9.973/2000".[2]

A Lei referida, de nº 9.973/2000, dispõe sobre o sistema de armazenagem dos produtos agropecuários, constando de seu art. 3º que "o contrato de depósito conterá, obrigatoriamente, entre outras cláusulas, o objeto, o prazo de armazenagem, o preço e a forma de remuneração pelos serviços prestados, os direitos e as obrigações do depositante e do depositário, a capacidade de expedição e a compensação financeira por diferença de qualidade e quantidade".

O WA significa o direito de penhor sobre o produto descrito no CDA correspondente. No dizer de Lutero de Paiva Pereira, constitui o "título de crédito representativo de promessa de pagamento em dinheiro, conferindo direito de penhor sobre o CDA que lhe corresponde, inclusive sobre os produtos neste descritos".[3] É título de crédito, pois, que confere ao credor o

---

[2]   *Legislação especial do direito agrofinanceiro*, ob. cit., vol. II, p. 110.
[3]   *Legislação especial do direito agrofinanceiro*, ob. cit., vol. II, p. 111.

direito de penhor sobre o produto descrito no CDA correspondente. O proprietário do CDA, ao negociar o WA, assume dívida perante o comprador do WA e a garantia dessa dívida é o penhor da mercadoria descrita no CDA.

Cumpre que se explicite pormenorizadamente a dinâmica da emissão.

Os títulos CDA e WA são emitidos pelo armazenador em nome do depositante do produto agropecuário, podendo ser transferidos mediante endosso, sendo considerados como um novo ativo para os produtores rurais, os quais poderão vender o certificado como se vendesse o produto ou levantar um empréstimo com o WA.

Regras especiais sobre a emissão dos títulos, na forma escritural autorizada pelo art. 3º, vieram com a Lei nº 13.986/2020. Na hipótese, de acordo com os parágrafos do art. 3º, a emissão se dará por meio do lançamento em sistema eletrônico de escrituração gerido por entidade autorizada pelo Banco Central do Brasil a exercer atividade de escrituração. Mesmo que emitidos na forma cartular, os títulos assumirão a forma escritural enquanto permanecerem depositados em depositário central. Se realizados negócios envolvendo os títulos emitidos cartularmente, e encontrando-se os mesmos depositados, não serão os mesmos transcritos no seu verso. As operações ficarão descritas na forma escritural.

Para a compreensão, necessário se vejam alguns conceitos dados pelo art. 4º, com as alterações e acréscimos da Lei nº 13.986/2020: "Para efeito desta Lei, entende-se como:

> I – depositário: pessoa jurídica apta a exercer as atividades de guarda e conservação dos produtos especificados no § 1º do art. 1º desta Lei, de terceiros e, no caso de cooperativas, de terceiros e de associados, sem prejuízo do disposto nos arts. 82 e 83 da Lei nº 5.764, de 16 de dezembro de 1971;
>
> II – depositante: pessoa física ou jurídica responsável legal pelos produtos especificados no § 1º do art. 1º desta Lei entregues a um depositário para guarda e conservação;
>
> III – entidade registradora autorizada: entidade autorizada pelo Banco Central do Brasil ou pela Comissão de Valores Mobiliários, no âmbito de suas competências, a exercer a atividade de registro de ativos financeiros e de valores mobiliários de que trata a Lei nº 12.810, de 15 de maio de 2013;
>
> IV – depositário central: entidade autorizada pelo Banco Central do Brasil ou pela Comissão de Valores Mobiliários, no âmbito de suas competências, a exercer a atividade de depósito centralizado de ativos financeiros e de valores mobiliários de que trata a Lei nº 12.810, de 15 de maio de 2013;
>
> V – produtos agropecuários: produtos agropecuários, seus derivados, subprodutos e resíduos de valor econômico de que trata a Lei nº 9.973, de 29 de maio de 2000".

Regras especiais vieram com os arts. 3º-A, 3º-B e 3º-C, incluídos pela Lei nº 13.986/2020.

Pelo art. 3º-A, atribui ao Banco Central do Brasil certas obrigações, sintetizadas nos incisos I e II:

> I – estabelecer as condições para o exercício da atividade de escrituração de que trata o § 1º do art. 3º desta Lei; e
>
> II – autorizar e supervisionar o exercício da atividade prevista no inciso I do *caput* deste artigo.

Complementam os §§ 1º, 2º e 3º do art. 3º-A que a autorização do inc. II, do Banco Central do Brasil, poderá ser concedida por segmento, por espécie ou por grupos de entidades que atendam a critérios específicos, dispensada a autorização individualizada. De outro lado, a entidade responsável pela escrituração fica autorizada, mediante pedido, a expedir certidão de inteiro teor do título, inclusive para fins de protesto e de execução judicial, certidão que se emitirá na forma eletrônica, observados os requisitos de segurança que garantam a autenticidade e a integridade do documento.

O art. 3º-B cuida da liquidação do pagamento em favor do legítimo credor, que uma vez efetuado por qualquer meio admitido no âmbito do Sistema de Pagamentos Brasileiro, constituirá prova de pagamento total ou parcial do WA emitido sob a forma escritural. Evidente que o pagamento se prova por qualquer meio que revele a entrega do valor devido. Manda o parágrafo único que se informe no sistema eletrônico a prova do pagamento, com referência expressa ao WA amortizado ou liquidado.

Pelo art. 3º-C, quando a emissão na forma escritural ocorrer por meio do lançamento em sistema eletrônico de escrituração gerido por entidade autorizada pelo Banco Central do Brasil a exercer atividade de escrituração, deverão ficar registrados os seguintes elementos:

I – os requisitos essenciais do título;

II – o endosso e a cadeia de endossos, se houver;

III – os aditamentos, as ratificações e as retificações; e

IV – a inclusão de notificações, de cláusulas contratuais e de outras informações.

Incluem-se no sistema as informações sobre gravames e ônus, por imposição do parágrafo único do art. 3º-C.

As formas de comercialização do CDA e do WA são: (a) negociação do CDA juntamente com o WA, com base no valor da mercadoria lastreada; (b) negociação apenas do WA, definindo-se o seu valor e a respectiva taxa de juros (correspondente a um percentual do valor da mercadoria depositada); e, (c) negociação apenas do CDA, com o valor da mercadoria lastreada menos o valor do WA negociado. Ressalta-se que no CDA não consta o valor da mercadoria depositada, apenas a descrição e especificação do produto e o seu peso bruto e líquido.

Tais instrumentos podem proporcionar um novo dinamismo à comercialização agropecuária, pois permitem que a produção agrícola seja negociada várias vezes sem a transferência física da mercadoria para cada comprador, ou seja, o armazém emitirá um título lastreado no produto colhido e depositado, sendo este título comercializado junto a investidores institucionais. Apenas o último comprador deverá retirar a mercadoria do armazém e arcar com os impostos e contribuições devidas.

Emitem-se o CDA e o WA simultaneamente. Ao depositante (pessoa que realizará o depósito) cabe a solicitação de que a emissão seja feita pelo depositário (armazém apto a exercer as atividades de guarda e conservação de produtos agropecuários). Uma vez depositados os produtos e emitidos os títulos, torna-se o depositário responsável pela regularidade e exatidão neles lançados, e pela guarda, conservação, manutenção da qualidade e quantidade do produto recebido em depósito e da entrega ao credor na quantidade e qualidade prevista no CDA e WA.

Várias outras normas se encontram na Lei nº 11.076/2004, com as alterações das Leis nº 11.524/2007, nº 13.097/2015, nº 13.331/2016, nº 13.606/2018 e nº 13.986/2020.

Há responsabilidade do depositante, sob as penas da lei, na solicitação da emissão do CDA e do WA, devendo declarar que o produto é de sua propriedade e está livre e desembaraçado de quaisquer ônus. Ao mesmo tempo, outorgará, em caráter irrevogável, poderes ao depositário para transferir a propriedade do produto ao endossatário do CDA. O depositário deverá arquivar os documentos das operações, da declaração e da outorga de poderes, dispensando-se a entrega de recibo de depósito (art. 6º e parágrafos).

Por outro lado, o depositário é responsável, civil e criminalmente, inclusive perante terceiros, pelas irregularidades e inexatidões indicadas nos títulos. Responde, também, pela existência, liquidez, certeza e exigibilidade dos direitos indicados no CDA e no WA, ficando vedado ao emitente opor ao terceiro titular do CDA ou do WA as exceções pessoais oponíveis ao depositante (art. 9º e parágrafos, em redação da Lei nº 13.986/2020), pois é ele que emite os títulos. Seria um contrassenso permitir defesas pessoais envolvendo os títulos que emitiu.

A emissão na forma cartular se dá em duas vias, com as seguintes destinações (art. 8º, alterado pela Lei nº 13.986/2020, e parágrafo único):

> I – primeiras vias, ao depositante;
>
> II – segundas vias, ao depositário, nas quais constarão os recibos de entrega dos originais ao depositante.

Ambos os títulos terão numeração sequencial, idêntica nos documentos, em série única, vedada a subsérie.

Após o depósito do produto agropecuário e a emissão do CDA e do WA a ele correspondentes, cabe ao depositante providenciar, no prazo de 30 dias contados da data da emissão, o depósito dos títulos em depositário central autorizado pelo Banco Central do Brasil, devendo constar o número de controle do título, que deve ser idêntico para cada conjunto de CDA e WA (art. 15, com alteração da Lei nº 13.986/2020). Caso referido registro não seja realizado no prazo acima, deverá o depositante solicitar ao depositário o cancelamento dos títulos e sua substituição por instrumentos novos ou por recibo de depósito, emitidos em seu nome.

Uma vez depositados, o CDA e o WA serão negociados nos mercados de bolsa e de balcão como ativos financeiros (art. 16), o que lhes confere maior liquidez, facilitando, portanto, a negociação dos produtos agropecuários depositados em armazém.

Deve o depositário central, quando da primeira negociação do WA separado do CDA, consignar em seus registros o valor da negociação do WA, a taxa de juros e a data de vencimento ou, ainda, o valor a ser pago no vencimento ou o indicador que será utilizado para o cálculo do valor da dívida (art. 17, em texto da Lei 11.524/2007 e da Lei nº 13.986/2020).

Seguem algumas regras nos parágrafos, em redação das mesmas leis acima, explicitando sobre as anotações, ao se realizarem as negociações, e as consequências da execução na omissão.

O § 1º ordena que os lançamentos dos negócios realizados com o CDA e com o WA unidos ou separados serão atualizados em meio eletrônico pelo depositário central.

De acordo com o § 2º, se, na data do vencimento do WA, o CDA e o WA não estiverem em nome do mesmo credor e o credor do CDA não houver consignado o valor da dívida na forma do inciso II do § 1º do art. 21 (a baixa do registro eletrônico ocorrerá somente se "(...) II – o credor do CDA consignar, em dinheiro, na instituição custodiante, o valor do principal e dos juros devidos até a data do vencimento do WA"), permite-se ao titular do WA promover a execução do penhor sobre:

> "I – o produto, mediante sua venda em leilão a ser realizado em bolsa de mercadorias; ou
>
> II – o CDA correspondente, mediante a venda do título, em conjunto com o WA, em bolsa de mercadorias ou de futuros, ou em mercado de balcão organizado".

O § 3°, quanto às situações dos incisos *supra*, destina o produto da venda da mercadoria ou dos títulos, conforme o caso, para o pagamento imediato do crédito representado pelo WA ao seu respectivo titular na data do vencimento, devendo o saldo remanescente ser entregue ao titular do CDA, após debitadas as despesas comprovadamente incorridas com a realização do leilão da mercadoria ou dos títulos.

O § 4° autoriza ao adquirente dos títulos no leilão colocá-los novamente em circulação, sendo obrigado a observar o disposto no *caput* do art. 17, no caso de negociação do WA separado do CDA, que consiste na consignação, pelo depositário central, em seus registros, o valor da negociação do WA, a taxa de juros e a data de vencimento ou, ainda, o valor a ser pago no vencimento ou o indicador que será utilizado para o cálculo do valor da dívida.

Os negócios ocorridos durante o período em que o CDA e o WA emitidos sob a forma cartular estiverem depositados em depositário central não serão transcritos no verso dos títulos (art. 19, em texto da Lei nº 13.986/2020).

Para que o credor da CDA efetue a retirada do produto junto ao depositário, deverá ele solicitar à entidade registradora baixa do registro eletrônico da CDA, o endosso na cártula (em seu nome) e a sua entrega, juntamente com o WA (art. 21). Caso o WA e o CDA não estejam em nome do mesmo credor, poderá o credor do CDA consignar, em dinheiro, o valor do principal e dos juros até a data do vencimento da WA na câmara de compensação da entidade registradora.

De posse do CDA com o respectivo WA (ou comprovante do depósito acima mencionado), extingue-se o mandato a que se refere o inciso II do § 1º do art. 6º (§ 5º do art. 21). Assim, a retirada do produto só pode ocorrer com os dois títulos que devem constar no mesmo nome. Para que seja transferida a propriedade do produto ou sua retirada do armazém, deverá o novo proprietário pagar os serviços de armazenagem, conservação e expedição, além do cumprimento das obrigações tributárias, principais e acessórias, relativas à operação.

A referência ao inc. II do § 1º do art. 6º importa em dizer que se extinguem os poderes que o depositante havia outorgado ao depositário para transferir a propriedade do produto ao endossatário da CDA.

São condições, ainda, para a retirada do produto, em vista do § 6º do art. 21:

> I – o pagamento dos serviços de armazenagem, conservação e expedição, na forma do inciso XII e do parágrafo único do art. 5º desta Lei;
> II – o cumprimento das obrigações tributárias, principais e acessórias, relativas à operação.

De observar, também, que, nas negociações do CDA e do WA, juntos ou separadamente, há isenção do Imposto sobre Operações de Crédito, Câmbio e Seguro ou relativas a Títulos e Valores Mobiliários, a teor do art. 18: "As negociações do CDA e do WA são isentas do Imposto sobre Operações de Crédito, Câmbio e Seguro ou relativas a Títulos ou Valores Mobiliários".

De capital importância a garantia real que oferecem os títulos aos produtos e ao crédito, de modo a afastarem penhoras, sequestros ou arrestos por dívidas de terceiros, conforme já referido. Veja-se, novamente, o art. 12 da Lei nº 11.076/2004: "Emitidos o CDA e o WA, o produto a que se referem não poderá sofrer embargo, penhora, sequestro ou qualquer outro embaraço que prejudique a sua livre e plena disposição". Bulgarelli, considerando o *warrant* comum e o conhecimento de depósito, que equivalem aos títulos em questão, anotou: "Emitidos os títulos, passam as mercadorias depositadas a ser verdadeiramente intocáveis, não podendo sofrer embargo, penhora, sequestro ou outro qualquer embaraço que prejudique a sua livre disposição, salvo em caso de perda ou extravio do título, desde que o interessado notifique o armazém geral para não entregar, sem ordem judicial, a mercadoria ou o saldo disponível".[4]

Torna-se lembrar a extensão dos privilégios dos títulos, constantes do parágrafo único do art. 12, no aporte da Lei nº 13.986/2020: ao titular do CDA e do WA, na hipótese de recuperação judicial ou de falência do depositante, o direito à restituição dos produtos que se encontrarem em poder do depositário na data do pedido de recuperação judicial ou da decretação da falência.

O prazo do depósito do CDA e do WA será de um ano, contado da data da emissão, admitida a renovação pelo depositário (art. 13).

O art. 5º elenca os elementos que constarão nos títulos CDA e WA:

"I – denominação do título;

II – número de controle, que deve ser idêntico para cada conjunto de CDA e WA;

III – menção de que o depósito do produto sujeita-se à Lei n. 9.973, de 29 de maio de 2000, e, no caso de cooperativas, à Lei n. 5.764, de 16 de dezembro de 1971;

IV – identificação, qualificação e endereços do depositante e do depositário;

V – identificação comercial do depositário;

VI – cláusula à ordem;

VII – endereço completo do local do armazenamento;

VIII – descrição e especificação do produto;

IX – peso bruto e líquido;

X – forma de acondicionamento;

XI – número de volumes, quando cabível;

XII – valor dos serviços de armazenagem, conservação e expedição, a periodicidade de sua cobrança e a indicação do responsável pelo seu pagamento;

XIII – identificação do segurador do produto e do valor do seguro;

XIV – qualificação da garantia oferecida pelo depositário, quando for o caso;

XV – data do recebimento do produto e prazo do depósito;

XVI – data de emissão do título;

XVII – identificação, qualificação e assinatura dos representantes legais do depositário;

XVIII – identificação precisa dos direitos que conferem".

## 3.	REGRAMENTOS RELATIVOS AO CERTIFICADO DE DIREITOS CREDITÓRIOS DO AGRONEGÓCIO – CDCA, À LETRA DE CRÉDITO DO AGRONEGÓCIO – LCA E AO CERTIFICADO DE RECEBÍVEIS DO AGRONEGÓCIO – CRA

Já os três últimos (Certificados de Direitos Creditórios do Agronegócio – CDCA, Letra de Crédito do Agronegócio – LCA e Certificado de Recebíveis do Agronegócio – CRA) são títulos de crédito nominativos, de livre negociação, representativos de promessa de pagamento em dinheiro e constituem títulos executivos extrajudiciais (art. 784, XII, do CPC), tanto que são aplicáveis a eles as normas de direito cambial, como prevê o art. 44 da Lei 11.076/2004.

---

[4]	*Títulos de crédito.* 6. ed. São Paulo: Atlas, 1988. p. 385.

Numa visão mais completa, são títulos de crédito representativos de promessa de pagamento em dinheiro, de execução judicial, emitidos com base em lastro de recebíveis originados de negócios realizados com produtores rurais e cooperativas, relacionados com a produção, comercialização, beneficiamento ou industrialização de produtos ou insumos agropecuários ou de máquinas e implementos utilizados na atividade agropecuária.

As três modalidades apresentam funções e características muito semelhantes entre elas, sendo a única diferença a instituição do emitente. Basicamente, todos são títulos de crédito lastreados em dívidas a receber de produtores rurais. Visam à captação de recursos no mercado financeiro, em organizações que financiam esses agentes.

A LCA é emitida por instituições financeiras, enquanto o CDCA provém de ato de empresas processadoras, fornecedores de insumos, cooperativas e *tradings*. Já o CRA constitui criação de companhias securitizadoras do agronegócio.

Encontram-se previstos no art. 23 da mesma Lei nº 11.076/2004:

> "Ficam instituídos os seguintes títulos de crédito:
> I – Certificado de Direitos Creditórios do Agronegócio – CDCA;
> II – Letra de Crédito do Agronegócio – LCA;
> III – Certificado de Recebíveis do Agronegócio – CRA".

Nos termos do § 1º, em texto da Lei nº 13.331/2016, "os títulos de crédito de que trata este artigo são vinculados a direitos creditórios originários de negócios realizados entre produtores rurais, ou suas cooperativas, e terceiros, inclusive financiamentos ou empréstimos, relacionados com a produção, a comercialização, o beneficiamento ou a industrialização de produtos ou insumos agropecuários ou de máquinas e implementos utilizados na atividade agropecuária". Importa afirmar que a exigibilidade assenta-se na garantia da negociação dos produtos que os originaram.

De acordo com o § 2º, em redação das Leis nº 13.331/2016 e nº 13.606/2018, "os bancos cooperativos, as confederações de cooperativas de crédito e as cooperativas centrais de crédito integrantes de sistemas cooperativos de crédito constituídos nos termos da Lei Complementar nº 130, de 17 de abril de 2009, podem utilizar, como lastro de LCA de sua emissão, título de crédito representativo de repasse interfinanceiro realizado em favor de cooperativa singular de crédito do sistema, quando a totalidade dos recursos se destinar a apenas uma operação de crédito rural, observando que:

> I – ambos os títulos devem observar idênticas datas de liquidação, indicar sua mútua vinculação e fazer referência ao cumprimento das condições estabelecidas neste artigo; e
> II – o instrumento representativo da operação de crédito rural deve ser dado em garantia ao banco cooperativo repassador".

Quando o inciso refere-se a "ambos os títulos", quer significar a LCA e o título de crédito representativo de repasse interfinanceiro contemplado no § 2º.

São títulos nominativos, exigindo que o nome do beneficiário conste no registro do emitente, de conformidade com a norma do art. 921 do CC. De sorte que a empresa emitente deverá lançar em livro próprio o nome da pessoa beneficiária. Na transferência do título, a pessoa que transfere e o adquirente assinarão um termo próprio do negócio, em livro do sacado, a quem incumbe recolher o título transferido e emitir um novo em favor do adquirente. Admite-se a transferência por endosso, com a devida averbação no registro do emitente.

Tratando-se de títulos de livre negociação, não existe restrição para sua transferência ou cessão. Por se enquadrarem como promessa de pagamento em dinheiro, nasce a característica cambiária dos títulos. Isso porque não são representativos de mercadorias. O endosso deve ser completo (endosso em preto, nominativo ou pleno), com ou sem aval do endossante, havendo, ainda, a possibilidade de instituir cessão fiduciária em garantia dos direitos creditórios em favor do credor (arts. 43 e 44, I, da Lei nº 11.076/2004).

A lei ressalta a executividade de tais documentos, pois revestidos das qualidades de certeza, liquidez e exigibilidade.

Os direitos creditórios vinculados ao CDCA e à LCA não poderão ser penhorados, sequestrados ou arrestados em decorrência de outras dívidas do emitente desses títulos, a quem caberá informar ao juízo, que tenha determinado tal medida, a respeito da vinculação de tais direitos aos respectivos títulos, sob pena de responder pelos prejuízos resultantes de sua omissão (art. 34 da Lei nº 11.076/2004).

Admite-se, além da emissão da cláusula de variação do valor nominal (art. 42), a emissão com cláusula de correção pela variação cambial desde que integralmente vinculados a direitos creditórios com cláusula de correção na mesma moeda, ficando autorizado o Banco Central do Brasil a dispor sobre a emissão de tais títulos. Ou seja, a permissão da variação cambial está condicionada à existência da correção pela mesma moeda nos direitos creditórios (§§ 3º e 4º do art. 23, incluídos pela Lei nº 13.986/2020). Tais títulos são distribuíveis publicamente e negociáveis na Bolsa de Valores e de Mercadorias e Futuros, bem como em mercados de balcão organizados, e autorizados a funcionar pela Comissão de Valores Mobiliários.

Permitida pelo art. 41 da Lei 11.076/2004, a cessão fiduciária em garantia de direitos creditórios do agronegócio, em favor dos adquirentes do CDCA, da LCA e do CRA, nos termos do disposto nos arts. 18 a 20 da Lei nº 9.514, de 20 de novembro de 1997. Vale afirmar que os direitos creditórios são transferidos aos adquirentes do CDCA, da LCA e do CRA, neles permanecendo até o pagamento dos títulos. Para tanto, deve haver a cessão da alienação fiduciária, seguindo-se a ordem dos arts. 18 a 20 da Lei nº 9.504/1997. Pelo contrato de alienação fiduciária em garantia, opera-se ao credor da titularidade dos créditos cedidos, até a liquidação da dívida garantida.

O art. 43 autoriza a distribuição pública e a negociação na Bolsa de Valores e de Mercadorias e Futuros e em mercados de balcão organizados autorizados a funcionar pela Comissão de Valores Mobiliários do CDCA, da LCA e do CRA, seguindo-se a Lei nº 6.385/1976, que disciplina o mercado de valores mobiliários e cria a Comissão de Valores Mobiliários.

Conferem, ainda, o CDCA e a LCA, direito de penhor sobre os direitos creditórios a eles vinculados, independentemente de convenção entre as partes envolvidas na operação.

De se analisarem as características básicas de cada um desses três títulos.

3.1. Quanto ao CDCA

Quanto ao Certificado de Direitos Creditórios do Agronegócio – CDCA, a teor do art. 24, trata-se de "título de crédito nominativo, de livre negociação, representativo de promessa de pagamento em dinheiro e constitui título executivo extrajudicial". Estão autorizadas a emitir o título cooperativas agropecuárias e de outras pessoas jurídicas que exerçam a atividade de comercialização, beneficiamento ou industrialização de produtos, insumos, máquinas e implementos agrícolas, pecuários, florestais, aquícolas e extrativos (§ 1º, na redação da Lei nº 13.986/2020).

O emissor responde pela origem e autenticidade dos direitos creditórios que lastreiam os certificados. Os CDCAs têm como lastro direitos creditórios originários de negócios realizados entre produtores rurais, ou suas cooperativas, e terceiros, inclusive financiamentos ou empréstimos, relacionados com a produção, comercialização, beneficiamento ou industrialização de produtos ou insumos agropecuários ou de máquinas e implementos utilizados na atividade agropecuária.

Conforme lembra Lutero de Paiva Pereira, no que se estende à LCA e ao CRA, submete-se o título "às normas de direito cambial, respeitado o que dispõe o art. 44".[5]

Eis a disposição do art. 44: "Aplicam-se ao CDCA, à LCA e ao CRA, no que forem cabíveis, as normas de direito cambial, com as seguintes modificações:

> I – os endossos devem ser completos;
> II – é dispensado o protesto cambial para assegurar o direito de regresso contra endossantes e avalistas".

O STJ já entendeu da mesma forma:

> "(...) Cumpre ressaltar que, quanto aos únicos títulos (nominados) criados após o CC/2002 – Certificado de Depósito Agropecuário – CDA, Warrant Agropecuário – WA, Certificado de Direitos Creditórios do Agronegócio – CDCA, Letra de Crédito do Agronegócio – LCA e Certificado de Recebíveis do Agronegócio – CRA –, a Lei n. 11.076/2004, em clara remissão à LUG (já que o CC não prevê o protesto necessário), estabeleceu, nos arts. 2º e 44, *in verbis*: Art. 2º – 'Aplicam-se ao CDA e ao WA as normas de direito cambial no que forem cabíveis e o seguinte:
> I – os endossos devem ser completos;
> II – os endossantes não respondem pela entrega do produto, mas,tão somente, pela existência da obrigação;
> III – é dispensado o protesto cambial para assegurar o direito de regresso contra endossantes e avalistas'.
> (...) Art. 44 – 'Aplicam-se ao CDCA, à LCA e ao CRA, no que forem cabíveis, as normas de direito cambial, com as seguintes modificações:
> I – os endossos devem ser completos;
> II – é dispensado o protesto cambial para assegurar o direito de regresso contra endossantes e avalistas'".[6]

Para que um adquirente de CDCA possa garantir os direitos creditórios a ele vinculados, o título deverá (I) ser registrado ou depositado em entidade autorizada pelo Banco Central do Brasil ou pela Comissão de Valores Mobiliários a exercer a atividade de registro ou de depósito centralizado de ativos financeiros e de valores mobiliários; (II) ser custodiado em instituições financeiras ou outras instituições autorizadas pela Comissão de Valores Mobiliários a prestar serviço de custódia de valores mobiliários; e (III) poderá ser formalizado em meio físico ou eletrônico e, quando correspondentes a títulos de crédito, sob a forma cartular ou escritural (§ 1º do art. 25, em redação da Lei nº 13.986/2020).

---

5   *Legislação especial do direito agrofinanceiro*, ob. cit., vol. II, p. 135.

6   REsp 1.453.930-SP, rel. Luis Felipe Salomão, j. em 22.11.2016, *DJe* de 7.12.2016.

À instituição custodiante caberá: (a) manter sob sua guarda documentação que evidencie a regular constituição dos direitos creditórios vinculados ao CDCA; (b) realizar a liquidação física e financeira dos direitos creditórios custodiados, devendo, para tanto, estar munida de poderes suficientes para efetuar sua cobrança e recebimento, por conta e ordem do emitente do CDCA; (c) prestar quaisquer outros serviços contratados pelo emitente do CDCA (§ 2º do art. 25).

Os valores nominais do título não poderão exceder o valor total dos direitos creditórios do Agronegócio a eles vinculados.

Quanto aos requisitos que devem conter na cártula em estudo, estão descritos no art. 25 e incisos, como segue:

O art. 25 indica os elementos que terá o CDCA:

"I – o nome do emitente e a assinatura de seus representantes legais;

II – o número de ordem, local e data da emissão;

III – a denominação 'Certificado de Direitos Creditórios do Agronegócio';

IV – o valor nominal;

V – a identificação dos direitos creditórios a ele vinculados e seus respectivos valores, ressalvado o disposto no art. 30 desta Lei;

VI – data de vencimento ou, se emitido para pagamento parcelado, discriminação dos valores e das datas de vencimento das diversas parcelas;

VII – taxa de juros, fixa ou flutuante, admitida a capitalização;

VIII – o nome da instituição responsável pela custódia dos direitos creditórios a ele vinculados;

IX – o nome do titular;

X – cláusula 'à ordem', ressalvado o disposto no inciso II do art. 35 desta Lei".

Mais duas regras merecem ser lembradas.

a) Emissão de CDCA em série:

"§ 3º Será admitida a emissão de CDCA em série, em que os CDCA serão vinculados a um mesmo conjunto de direitos creditórios, devendo ter igual valor nominal e conferir a seus titulares os mesmos direitos."

b) Correção monetária pela variação cambial:

"§ 4º O CDCA pode ser emitido com cláusula de correção pela variação cambial desde que:

I – integralmente vinculado a direitos creditórios com cláusula de correção na mesma moeda; e

II – emitido em favor de:

a) investidor não residente, observado o disposto no § 5º; ou

b) companhia securitizadora de direitos creditórios do agronegócio, para o fim exclusivo de vinculação a CRA com cláusula equivalente."

O § 5º, alterado pela Lei nº 13.986/2020, faculta ao Conselho Monetário Nacional estabelecer outras condições para a emissão de CDCA com cláusula de correção pela variação cambial, inclusive sobre a emissão em favor de investidor residente no Brasil e o rol de produtos admitidos nos direitos creditórios objeto de CDCA.

3.2. Quanto à LCA

No pertinente à Letra de Crédito do Agronegócio – LCA, conforme o art. 26, "é título de crédito nominativo, de livre negociação, representativo de promessa de pagamento em dinheiro e constitui título executivo extrajudicial", sendo de emissão exclusiva de instituições financeiras públicas ou privadas (art. 26 e parágrafo único).

Constitui título negociável, ficando dispensado o protesto cambial para assegurar o direito de regresso contra endossantes e avalistas.

Seu objetivo é renegociar direitos creditórios com investidores privados para captar mais recursos para novos investimentos. Os direitos creditórios devem ser os originados de negócios com produtores rurais ou cooperativas, ou seja, a LCA é lastreada em recebíveis do agronegócio.

Os valores nominais adstringem-se ao valor total dos direitos creditórios do Agronegócio a eles vinculados.

Realmente, cada título poderá ser vinculado aos direitos creditórios que o seu respectivo emissor possua, ou seja, é uma espécie de repasse destes recebíveis aos investidores privados antes dos seus vencimentos. Esse repasse proporcionará maior disponibilidade de capital aos agentes do agronegócio, que poderão aumentar a oferta de financiamento e crédito nas compras a prazo dos produtores rurais e cooperativas e reduzir o custo desses recursos. Esses títulos de crédito poderão ser lastreados em Notas Promissórias Rurais (NPR), Duplicatas Rurais (DR), Cédula de Produto Rural (CPR), Certificado de Depósito Agropecuário (CDA) e o *Warrant* Agropecuário (WA), Contratos de fornecimento futuro e outros títulos que a legislação permite que essas pessoas jurídicas emitam em suas operações comerciais no meio rural.

No art. 27 estão os requisitos que terá a LCA:

> "I – o nome da instituição emitente e a assinatura de seus representantes legais;
> II – o número de ordem, o local e a data de emissão;
> III – a denominação 'Letra de Crédito do Agronegócio';
> IV – o valor nominal;
> V – a identificação dos direitos creditórios a ela vinculados e seus respectivos valores, ressalvado o disposto no art. 30 desta Lei;
> VI – taxa de juros, fixa ou flutuante, admitida a capitalização;
> VII – data de vencimento ou, se emitido para pagamento parcelado, discriminação dos valores e das datas de vencimento das diversas parcelas;
> VIII – o nome do titular;
> IX – cláusula 'à ordem', ressalvado o disposto no inciso II do art. 35 desta Lei".

Regras especiais estão contempladas nos §§ 1º e 2º do art. 27, com modificações e acréscimos da Lei nº 13.986/2020.

Relativamente ao registro e à manutenção em custódia (§ 1º), os direitos creditórios vinculados à LCA:

> "I – deverão ser registrados ou depositados em entidade autorizada pelo Banco Central ou pela Comissão de Valores Mobiliários a exercer a atividade de registro ou de depósito centralizado de ativos financeiros e de valores mobiliários; e
> II – poderão ser mantidos em custódia, hipótese em que se aplica, neste caso, o disposto no inciso II do § 1º e no § 2º do art. 25".

Está previsto o direcionamento de recursos da LCA ao crédito rural de que trata a Lei nº 4.829/1965 (Lei que instituiu o crédito rural), se atendidas as condições advindas do Conselho Monetário Nacional (§ 2º), ou seja, se a LCA tem lastro nos seguintes títulos:

"I – Cédula de Produto Rural (CPR) emitida por produtor rural, inclusive as adquiridas por instituições financeiras de terceiros;

II – quotas de fundos garantidores de operações de crédito com produtores rurais, pelo valor da integralização, desde que as operações de crédito garantidas sejam crédito rural;

III – CDCA e CRA, desde que os direitos creditórios vinculados sejam integralmente originados de negócios em que o produtor rural seja parte direta; e

IV – CDA e WA, desde que tenham sido emitidos em favor de produtor rural".

No caso de falta de cumprimento da obrigação da LCA, e assim do CDCA e do CRA, e vindo a execução judicial, quem prestou garantia por meio de títulos, como da cédula de produto rural, não pode ser considerado parte passiva da ação, no que já se posicionou o STJ:

"Ilegitimidade passiva. Não figurando os recorrentes como devedores nos Certificados de Direitos Creditórios do Agronegócio (CDCA), que constituem títulos executivos a consubstanciar promessa de pagamento, mas em Cédulas de Produto Rural (CPR) cedidas em garantia a essas CDCAs, não é possível reconhecer a sua legitimidade para compor o polo passivo da execução, como também a possibilidade de serem cumulados pedidos executivos com base em títulos cujos procedimentos executivos não são os mesmos, nem os devedores coincidem".[7]

O voto do Relator desenvolve a matéria, ao mesmo tempo que mostra a impossibilidade de cumular a execução do CDCA e da CPR:

"O fato de as CPRs (físicas) emitidas pelos recorrentes terem sido cedidas em garantia dos títulos que agora fulcram a execução por quantia certa não faz, os seus emitentes – que não figuram como devedores das CDCAs – legitimados a estarem na presente execução, nem, tampouco, logra fazer híbrido o procedimento da execução por quantia certa a ponto de sustentar, também, execução para entrega de coisa.

É absolutamente inviável acomodarem-se os ritos de cada um dos procedimentos na execução por quantia certa ora levada a efeito.

Não se deslembre que, se é possível cumularem-se títulos executivos – e resposta é inegavelmente positiva –, tal providência deverá sempre observar a idoneidade do meio executório para os títulos cujas obrigações se procura verem cumpridas cumulativamente, além de figurar o mesmo devedor em relação a cada uma das execuções cumuladas".

A questão é, deveras, importante.

A rigor, pois, não seria possível executar, concomitantemente, o obrigado do título e aquele que ofereceu a garantia, sendo exemplo o emitente da CPR. Dirige-se a execução contra o devedor. Na inviabilidade de satisfazer o crédito nos bens do devedor, busca-se a constrição

---

[7] REsp 1.538.139/SP, da 3ª Turma, rel. Min. Paulo de Tarso Sanseverino, j. em 5.05.2016, *DJe* de 13.05.2016. Repete-se o entendimento no REsp 1.679.007/SP, da mesma Turma e com o mesmo Relator, j. em 14.11.2017, *DJe* de 20.11.2017.

no patrimônio que serviu de lastro ao título garantidor, seguindo-se a execução. Não se poderia executar no mesmo feito o título e a garantia, se os procedimentos forem diferentes. Com efeito, na CPR, a execução será para a entrega de coisa incerta, enquanto a execução do título visará ao pagamento de quantia certa. A menos, obviamente, se tratar-se de CPR financeira, em que se busca o recebimento de um valor em quantia já definida.

3.3. Regras e princípios comuns aplicáveis ao CDCA e à LCA

Os arts. 28 a 35-D, com alterações e inclusões primeiramente da Medida Provisória nº 897/2019 e depois da Lei nº 13.986/2020, trazem regras e princípios comuns ao CDCA e à LCA, descritos na forma que segue:

– Proibição do valor do CDCA e da LCA exceder o valor total dos direitos creditórios do agronegócio a eles vinculados.

– Respondem os emitentes dos mencionados títulos pela origem e pela autenticidade dos direitos creditórios vinculados aos títulos.

– Possibilidade de identificação dos direitos creditórios vinculados aos títulos em documento à parte, que terá a assinatura dos representantes legais do emitente e menção no certificado ou nos registros da instituição responsável pela manutenção do sistema de escrituração.

– Permissão de identificação dos direitos vinculados aos títulos pelos correspondentes números de registro em entidade autorizada pelo Banco Central ou pela Comissão de Valores Mobiliários.

– Admitem-se mais cláusulas nos títulos, além das obrigatórias constantes dos arts. 25 e 27 da Lei nº 11.076/2004, que constarão em documento à parte, devidamente assinado pelos representantes legais do emitente, com menção dessa circunstância em seu contexto.

– Assegura-se aos títulos direito de penhor sobre os direitos creditórios a eles vinculados, independentemente de convenção, e não incidindo os arts. 1.452 e 1.453 do Código Civil, os quais tratam do instrumento de constituição do penhor e da notificação do devedor.

– Substituição dos direitos creditórios vinculados aos títulos importa na extinção do penhor e constituição de novo penhor sobre os direitos creditórios que se deram em substituição.

– Dando-se a emissão de CDCA em série, o direito de penhor incidirá sobre a fração ideal do conjunto de direitos creditórios, proporcionalmente ao crédito do titular do CDCA da mesma série.

– Além do penhor, constituído na forma do art. 32 da Lei em exame, o CDCA e a LCA poderão contar com quaisquer garantias adicionais previstas na legislação e livremente pactuadas entre as partes, podendo ser constituídas no próprio título ou em documento à parte. Sendo a garantia constituída no próprio título, permitida a descrição dos bens em documento à parte, com a assinatura dos representantes legais e menção no contexto do título.

Outrossim, mantém-se a penhora do bem dado em penhor ou garantia se houver a sua transformação em produtos derivados, pois não se trata de outro bem, conforme já entendeu o STJ: "Segundo o art. 32, *caput*, da referida lei: 'O CDCA e a LCA conferem direito de penhor sobre os direitos creditórios a eles vinculados, independentemente de convenção, não se aplicando o disposto nos artigos 1.452, *caput*, e 1.453 da lei nº 10.406, de 10 de janeiro de 2002 – Código Civil'.

O penhor recaiu sobre a cana-de-açúcar e a penhora sobre as sacas de açúcar não se mostra indevida, pois, nos termos do art. 2º da Lei nº 2.666/1955: 'O benefício ou a transformação dos gêneros agrícolas, dados em penhor rural ou mercantil, não extinguem o vínculo real que se transfere para os produtos e subprodutos resultantes de tais operações'".[8]

– Os direitos creditórios dos títulos não serão penhorados, sequestrados ou arrestados em processos de outras dívidas do emitente dos títulos, devendo-se informar ao juízo onde se processa a cobrança a vinculação dos direitos aos títulos, sob pena de responsabilização do emitente.

– Previsão da emissão dos títulos sob a forma escritural, devendo, então, tais títulos ser registrados ou depositados em entidade autorizada a exercer a atividade de registro ou de depósito centralizado de ativos financeiros e de valores mobiliários, segundo regulamentação da Resolução BACEN 4.593/2017, dispondo sobre o registro e o depósito centralizado de ativos financeiros e valores mobiliários por parte de instituições financeiras e demais instituições autorizadas a funcionar pelo Banco Central do Brasil, bem como sobre a prestação de serviços de custódia de ativos financeiros.

– Em relação ao CDCA, a emissão escritural poderá dar-se, alternativamente, por meio do lançamento em sistema eletrônico de escrituração gerido por entidade autorizada pelo Banco Central do Brasil a exercer a atividade de escrituração.

– É da competência do Banco Central do Brasil estabelecer condições para a emissão escritural dos títulos, autorizar e supervisionar o exercício da atividade do sistema eletrônico de escrituração.

– A autorização por meio do lançamento em sistema eletrônico de escrituração gerido por entidade autorizada pelo Banco Central do Brasil a exercer a atividade de escrituração poderá ser concedida por segmento, por espécie ou por grupos de entidades que atendam a critérios específicos, dispensada a autorização individualizada.

– A entidade responsável pela emissão escritural dos títulos através de meio eletrônico fornecerá, quando solicitada, certidão de inteiro teor do título, inclusive para fins de protesto e de execução.

– Autorizada a emissão da certidão de inteiro teor do título na forma eletrônica, desde que observados os requisitos de segurança que garantam a autenticidade e a integridade do documento.

– Quanto ao CDCA emitido na forma escritural, a liquidação do pagamento em favor do legítimo credor, por qualquer meio de pagamento existente no âmbito do Sistema de Pagamentos Brasileiro, constituirá prova de pagamento total ou parcial, devendo ser informada no sistema eletrônico da emissão escritural. Deve-se informar a prova de pagamento no sistema eletrônico de escrituração de que trata o art. 35-A desta Lei (sistema eletrônico de escrituração gerido por entidade autorizada pelo Banco Central do Brasil a exercer a atividade de escrituração), com referência expressa ao CDCA amortizado ou liquidado.

– O sistema escritural por lançamento eletrônico de escrituração gerido por entidade autorizada pelo Banco Central do Brasil a exercer a atividade de escrituração

---

[8]   Ag 1.379.876, rel. Min. Raul Araújo, j. em 22.09.2016, decisão monocrática.

registrará os seguintes elementos: os requisitos essenciais do título; o endosso e a cadeia de endossos, se houver; os aditamentos, as ratificações e as retificações; a inclusão de notificações, de cláusulas contratuais e de outras informações; e, em havendo, os gravames e ônus, necessária a informação ao sistema eletrônico de escrituração gerido por entidade autorizada pelo Banco Central do Brasil a exercer a atividade de escrituração, previsto no art. 35-A.

3.4. Quanto ao CRA

Em relação ao Certificado de Recebíveis do Agronegócio – CRA, nos termos do art. 36 da Lei 11.076/2004, vem a ser um "título de crédito nominativo, de livre negociação, representativo de promessa de pagamento em dinheiro e constitui título executivo extrajudicial". Estabelece o parágrafo único do mesmo artigo, alterado pela Lei nº 13.986/2020, que será "de emissão exclusiva das companhias securitizadoras de direitos creditórios do agronegócio, nos termos do § 1º do art. 23".

Incluem-se entre os títulos de renda fixa, estando lastreados em recebíveis originados de negócios entre produtores rurais, ou suas cooperativas, e terceiros, abrangendo financiamentos ou empréstimos relacionados à produção, à comercialização, ao beneficiamento ou à industrialização de produtos, insumos agropecuários ou máquinas e implementos utilizados na produção agropecuária. Sendo os negócios referidos garantidos, e originando recebíveis, automaticamente transmite-se a garantia originada dos negócios.

As empresas cedem seus recebíveis para uma securitizadora, a qual emitirá os CRAs, colocando-os para a negociação no mercado de capitais, com o auxílio de uma instituição financeira. A securitizadora pagará à empresa pelos recebíveis cedidos.

Eis como se desenvolve a operação: o produtor rural procura o banco para obter um financiamento ou empréstimo para sua atividade produtiva, ou para a aquisição de terra, insumos, máquinas, gado etc.

Concedendo o banco o valor solicitado, negocia o seu crédito resultante para uma securitizadora. Assim, o banco tem a antecipação de seu crédito, que é o recebível. Recebe de imediato o valor que, normalmente, levaria alguns anos para retornar aos seus cofres.

A securitizadora converte a dívida daquele produtor rural em títulos de crédito – no caso, em CRA, o qual é vendido remuneradamente no balcão para um investidor.

A relação envolve produtores rurais, ou suas cooperativas, e terceiros.

Essas companhias securitizadoras têm a sua caracterização no art. 38: "As companhias securitizadoras de direitos creditórios do agronegócio são instituições não financeiras constituídas sob a forma de sociedade por ações e terão por finalidade a aquisição e securitização desses direitos e a emissão e colocação de Certificados de Recebíveis do Agronegócio no mercado financeiro e de capitais".

Há a aquisição de direitos creditórios originários de negócios realizados entre produtores rurais, ou suas cooperativas, e terceiros, inclusive financiamentos ou empréstimos relacionados com a produção, comercialização, beneficiamento ou industrialização de produtos ou insumos agropecuários ou de máquinas e implementos utilizados na atividade agropecuária, como, por exemplo, Cédulas de Produto Rural (CPR), contratos de exportação, duplicatas rurais, títulos de contas a receber e demais recebíveis.

As companhias securitizadoras possuidoras de direitos creditórios do Agronegócio podem instituir regime fiduciário sobre os citados direitos, que serão regidos pelas disposições expressas nos arts. 9º a 16 da Lei nº 9.514/1997. Isso significa que os títulos terão como lastro um patrimônio separado, integrado pela totalidade dos créditos submetidos ao regime fiduciário que lastreiem a emissão. Ou seja, a securitizadora é unicamente responsável perante o detentor do papel pelo repasse do produto da cobrança dos recebíveis que o lastreiam. Para o detentor do título sob regime fiduciário, a avaliação de risco tem a ver com a qualidade dos recebíveis que o lastreiam. Estão os direitos creditórios livres de qualquer ação ou execução pelos credores da companhia securitizadora, não sendo passíveis de constituição de garantias ou de excussão por quaisquer dos credores da mencionada companhia.

No art. 37 constam os requisitos do CRA:

"I – nome da companhia emitente;

II – número de ordem, local e data de emissão;

III – denominação 'Certificado de Recebíveis do Agronegócio';

IV – nome do titular;

V – valor nominal;

VI – data de vencimento ou, se emitido para pagamento parcelado, discriminação dos valores e das datas de vencimento das diversas parcelas;

VII – taxa de juros, fixa ou flutuante, admitida a capitalização;

VIII – identificação do Termo de Securitização de Direitos Creditórios que lhe tenha dado origem".

Permitida pelo § 1º a adoção da forma escritural, devendo haver obediência aos arts. 35, 35-A, 35-B, 35-C e 35-D, analisados no item 3.3.

Importante preceito consta no § 2º, concedendo garantia flutuante ao título: "O CRA poderá ter, conforme dispuser o Termo de Securitização de Direitos Creditórios, garantia flutuante, que assegurará ao seu titular privilégio geral sobre o ativo da companhia securitizadora, mas não impedirá a negociação dos bens que compõem esse ativo". Efetivamente, a garantia flutuante é concebida como um privilégio geral sobre o ativo da companhia emitente, sem que esta fique impedida de negociar os bens que compõem esse ativo, já que eles não ficam vinculados à emissão.

O § 3º, acrescentado pela Lei 13.331/2016 e alterado pela Lei nº 13.986/2020, admite a correção monetária pela variação cambial, desde que:

"I – integralmente vinculado a direitos creditórios com cláusula de correção na mesma moeda; e

II – emitido em favor de investidor não residente, observado o disposto no § 4º deste artigo".

O § 4º referido dá poderes ao Conselho Monetário Nacional para impor mais condições na emissão de CRA com cláusula de correção pela variação cambial, inclusive sobre a emissão em favor de investidor residente no Brasil.

Oportuno esclarecer que a securitização dos títulos de crédito compreende a operação pela qual os direitos creditórios são vinculados ao título de crédito emitido pela companhia securitizadora, mediante Termo de Securitização de Direitos Creditórios, nos termos do art. 40 da Lei nº 11.076/2004: "A securitização de direitos creditórios do agronegócio é a operação pela qual tais direitos são expressamente vinculados à emissão de uma série de títulos de crédito, mediante Termo de Securitização de Direitos Creditórios, emitido por uma companhia securitizadora, do qual constarão os seguintes elementos:

I – identificação do devedor;

II – valor nominal e o vencimento de cada direito creditório a ele vinculado;

III – identificação dos títulos emitidos;

IV – indicação de outras garantias de resgate dos títulos da série emitida, quando constituídas".

Daí se concluir que o CRA terá como lastro direitos creditórios originários de negócios realizados entre produtores rurais, ou suas cooperativas, e terceiros, inclusive financiamentos ou empréstimos relacionados com a produção, comercialização, beneficiamento ou industrialização de produtos ou insumos agropecuários ou de máquinas e implementos utilizados na atividade agropecuária, como, por exemplo, Cédulas de Produto Rural (CPR), contratos de exportação, duplicatas rurais, títulos de contas a receber e demais recebíveis.

Capítulo XV
Títulos com Lastro ou Garantia Imobiliária

1. LETRAS HIPOTECÁRIAS

Aquelas instituições que possuem títulos com lastro em financiamento bancário, podem sacar letras, independentemente de tradição efetiva, as quais são garantidas justamente pelos créditos hipotecários que as instituições têm a receber. Ou seja, efetuado um financiamento com garantia hipotecária, os bancos que atuam nesse campo habilitam-se a emitir títulos no mercado, investimento este disciplinado pela Lei nº 7.684, de 02.12.1988.

Esses títulos, ou certificados, conterão os seguintes requisitos, pelo art. 1º, § 2º, do mencionado diploma:

a) o nome da instituição financeira emitente e as assinaturas de seus representantes;

b) o número de ordem, o local e a data de emissão;

c) a denominação "letra hipotecária";

d) o valor nominal e a data do vencimento;

e) a forma, a periodicidade e o local do pagamento do principal, da atualização monetária e dos juros;

f) os juros, fixos ou flutuantes;

g) a identificação dos créditos hipotecários caucionados e seu valor;

h) a denominação ao portador ou o nome do titular, se nominativa, e a declaração de que a letra é transferível por endosso, se endossável.

O art. 3º dá às letras a garantia no crédito hipotecário que a instituição emitente detém. Todavia, o art. 2º admite também a garantia fidejussória adicional. Sobre as garantias, escreve Aramy Dornelles da Luz: "As letras hipotecárias têm a garantia dos imóveis hipotecados, que não é direta sobre determinado imóvel, mas recai sobre a universalidade dos imóveis que estão hipotecados ao emitente, e, além disso, respondem por ela o fundo social e o fundo de reservas do emitente, preferindo a qualquer título de dívida quirografária ou privilegiada".[1]

É de ressaltar que as letras podem ser ao portador, como está previsto acima.

O endossante da letra hipotecária responde pela veracidade do título, sem que se garanta o direito de cobrança regressiva.

---

[1] *Para uma fácil compreensão dos títulos de crédito*, São Paulo, Editora Saraiva, 1992, p. 129.

2. CERTIFICADOS DE RECEBÍVEIS IMOBILIÁRIOS

Foi introduzido um novo regime de financiamento imobiliário, para a construção ou aquisição de imóveis habitacionais. Visando sanar a falta de moradias e trazer investimentos do setor privado para o setor da construção civil, veio a Lei nº 9.514/1997, tratando do Sistema Financeiro Imobiliário.

Veja-se como funciona este novo sistema: Normalmente, uma instituição bancária financia a aquisição ou construção de um imóvel. Por conseguinte, fica com um crédito, que é o valor do financiamento, o qual deve ser pago pelo devedor que financiou a construção ou a aquisição. O banco vende esse crédito para uma companhia de capitalização. Esta subdivide o crédito em títulos, colocando-os no mercado. Possíveis interessados adquirem os títulos, podendo negociá-los. Permite-se que os títulos vendidos tenham lastro ou garantia no próprio imóvel. Por outras palavras, tais títulos podem ser executados no próprio imóvel que deu origem à sua emissão. Diante da circulação dos títulos, consegue-se mais capital, para novos investimentos, com o que se incrementa a construção civil. Este o escopo básico do novo regime, segundo nota do Ministério do Planejamento e Orçamento, sobre o projeto de lei encaminhado ao Legislativo: "O objetivo fundamental do projeto é estimular o desenvolvimento da indústria da construção civil, com vistas a reduzir o déficit imobiliário do País, bem como promover a geração de empregos... Com a instituição do SFI, quer-se estimular a canalização de capitais privados de longo prazo para o setor, notadamente por parte de investidores institucionais, que concentram hoje volume crescente da poupança aqui e no exterior".

Este financiamento distingue-se do comum, utilizado pelo Sistema Financeiro de Habitação, que teve suas bases na Lei nº 4.380, de 1964, por dois fatores básicos: a garantia pela alienação fiduciária do crédito, a par de outras, e a transferência ou cessão dos créditos decorrentes do financiamento a companhias de capitalização, que os poderá fragmentar em títulos e colocá-los no comércio.

De modo que, com o financiamento, se forma um crédito. E para negociá-lo, angariando, assim, novas aplicações, dito crédito do banco é fracionado e vendido em parcelas ou na sua globalidade para as sociedades de securitização. Ou seja, os créditos do agente financiador, garantidos pela alienação fiduciária ou outra garantia, poderão ser cedidos a uma companhia securitizadora de crédito imobiliário. Adquirindo esta companhia os créditos junto aos bancos, gabarita-se a transferi-los a terceiros, por meio de títulos, que serão vendidos, com remuneração, e resgatáveis segundo os prazos convencionados. Estes títulos denominam-se *Certificados de Recebíveis Imobiliários* – CRI.

Este é o significado constante do art. 6º da Lei nº 9.514/1997: "O Certificado de Recebíveis Imobiliários – CRI é título de crédito normativo, de livre negociação, lastreado em créditos imobiliários e constitui promessa de pagamento em dinheiro".

Pode-se sintetizar toda a operação da seguinte maneira: a instituição financeira concede o crédito para a construção, ou o empreendimento imobiliário, ou a aquisição do imóvel. Fica ela, assim, com o crédito do financiamento, acrescido dos encargos. Especialmente se de longo prazo os créditos, autoriza a lei a sua negociação junto a uma companhia securitizadora. Esta não é obrigada a aguardar o recebimento do crédito, por meio do pagamento das prestações pelas pessoas que contraíram o financiamento. Fica autorizada a vender no mercado o crédito, por meio de certificados dos valores que tem a receber, adquiríveis por aqueles que desejam investir suas economias.

Emitem-se títulos na quantidade que permite o crédito adquirido pela companhia securitizadora. Lançam-se no mercado certificados de recebíveis financeiros na quantidade permitida pelo crédito. Conclui-se, daí, que os certificados adstringem-se ao montante dos créditos adquiridos, ou ficam lastreados em créditos efetivamente adquiridos perante os financiadores ou incorporadores imobiliários.

Reservada a emissão exclusivamente às companhias securitizadoras, preencherão os certificados os seguintes requisitos, elencados no art. 7º:

> I – nome da companhia emitente;
> II – número de ordem, local e data de emissão;
> III – denominação "Certificado de Recebíveis Imobiliários";
> IV – forma escritural;
> V – nome do titular;
> VI – valor nominal;
> VII – data de pagamento ou, se emitido para pagamento parcelado, discriminação dos valores e das datas de pagamento das diversas parcelas;
> VIII – taxas de juros, fixas ou flutuantes, e datas de sua exigibilidade, admitida a capitalização;
> IX – cláusula de reajuste, observada a legislação pertinente;
> X – lugar de pagamento;
> XI – identificação do Termo de Securitização de Créditos que lhe tenha dado origem.

Prevista a proteção aos recebíveis, na parte que assim instituir a companhia securitizadora. Normalmente, os créditos adquiridos passam a ser títulos comuns da dita companhia. Integram seu patrimônio comum. A garantia é a sua idoneidade sobretudo financeira. Todavia, admite-se imprimir maior ou total segurança, por meio da instituição do regime fiduciário sobre eles. Expõe a Nota que acompanhou o anteprojeto da lei em epígrafe: "Esse título lastreado em créditos imobiliários poderá constituir patrimônio à parte do patrimônio comum da Companhia Securitizadora Imobiliária, através da opção do investidor pelo regime fiduciário, para que este tenha segurança total de que, mesmo no caso de insolvência da companhia, poderá resgatar o papel e receber integralmente a remuneração a que tem direito".

A garantia é de que, na eventualidade de falência ou quebra da companhia securitizadora, os investidores continuam garantidos. Os créditos integrantes do patrimônio separado não respondem pelas dívidas da falida, eis que permanecem ligados unicamente aos certificados a que serviram de lastro.

Reza o art. 9º, sobre o regime fiduciário: "A companhia securitizadora poderá instituir regime fiduciário sobre créditos imobiliários, a fim de lastrear a emissão de Certificados de Recebíveis Imobiliários, sendo agente fiduciário uma instituição financeira ou companhia autorizada para esse fim pelo BACEN e beneficiários os adquirentes dos títulos lastreados nos recebíveis desse regime".

O que significa o regime fiduciário?

Parece claro que, no caso, é a transferência fiduciária dos créditos, na porção necessária para cobrir os recebíveis dos investidores. Instituir regime fiduciário sobre créditos importa em não dispor dos mesmos. Há valores a serem recebidos. Transfere-se esse direito de receber para os titulares dos recebíveis, e isto até o pagamento dos mesmos. Separa-se o crédito do patrimônio comum, ficando afetado a uma finalidade, que é a garantia dos títulos.

3. LETRAS DE CRÉDITO IMOBILIÁRIO

A Lei nº 10.931, de 02.08.2004, instituiu mais um título de crédito, denominado Letra de Crédito Imobiliário – LCI, podendo ser emitido por instituições financeiras ligadas a crédito imobiliário, e que possui lastro em créditos garantidos por hipoteca ou por alienação fiduciária de coisa imóvel. Esses títulos estão, pois, garantidos pelos bens que foram financiados, e que decorreram a sua emissão.

Os créditos decorrentes de financiamentos são conversíveis em títulos, que são colocados no comércio.

O art. 12 elenca as entidades autorizadas à emissão: "Os bancos comerciais, os bancos múltiplos com carteira de crédito imobiliário, a Caixa Econômica Federal, as sociedades de crédito imobiliário, as associações de poupança e empréstimo, as companhias hipotecárias e demais espécies de instituições que, para as operações a que se refere este artigo, venham a ser expressamente autorizadas pelo Banco Central do Brasil, poderão emitir, independentemente de tradição efetiva, Letra de Crédito Imobiliário – LCI, lastreada por créditos imobiliários garantidos por hipoteca ou por alienação fiduciária de coisa imóvel, conferindo aos seus tomadores direito de crédito pelo valor nominal, juros e, se for o caso, atualização monetária nelas estipulados".

São nominativos os títulos, transferíveis por endosso em preto, e contendo os requisitos listados no § 1º do art. 12: "A LCI será emitida sob a forma nominativa, podendo ser transferível mediante endosso em preto, e conterá:

> I – o nome da instituição emitente e as assinaturas de seus representantes;
> II – o número de ordem, o local e a data de emissão;
> III – a denominação 'Letra de Crédito Imobiliário';
> IV – o valor nominal e a data de vencimento;
> V – a forma, a periodicidade e o local de pagamento do principal, dos juros e, se for o caso, da atualização monetária;
> VI – os juros, fixos ou flutuantes, que poderão ser renegociáveis, a critério das partes;
> VII – a identificação dos créditos caucionados e seu valor;
> VIII – o nome do titular; e
> IX – cláusula à ordem, se endossável".

É permitida a criação do título na forma escritural, por meios eletrônicos, devendo a forma escritural ser registrada ou depositada em entidade autorizada pelo Banco Central do Brasil a exercer a atividade de registro ou de depósito centralizado de ativos financeiros, a teor do § 2º do art. 12, redação da Lei nº 13.986/2020: "A LCI poderá ser emitida sob a forma escritural, por meio do lançamento em sistema eletrônico do emissor, e deverá ser registrada ou depositada em entidade autorizada pelo Banco Central do Brasil a exercer a atividade de registro ou de depósito centralizado de ativos financeiros".

Fica autorizada a correção monetária dos valores, desde que se dê a emissão por prazo não inferior a trinta e seis meses, e não ocorra o resgate antecipado ou em período inferior (art. 13). Adicionada a faculdade de se inserir garantia fidejussória adicional (art. 14). Fica, também, autorizada por um ou mais créditos imobiliários, desde que o valor não exceda o total dos créditos imobiliários em poder da instituição de crédito (art. 15).

Fica autorizada a substituição do crédito caucionado por outro crédito da mesma natureza (§ 2º do art. 15).

O endossante garante pelo título, sem, no entanto, que se permita a ação de cobrança regressiva contra ele (art. 16).

4. CÉDULA DE CRÉDITO IMOBILIÁRIO

A citada Lei nº 10.931/2004, com alterações e inclusões da Lei nº 13.986/2020, criou, além da Letra de Crédito Imobiliário, a Cédula de Crédito Imobiliário – CCI, como permite seu art. 18. Sendo a instituição financeira titular de crédito imobiliário, decorrente da concessão de financiamento para finalidades imobiliárias, faculta-se que emita a cédula, que constituirá um título com força executiva, com ou sem garantia real ou fidejussória, sendo devedor aquele que recebeu o crédito para o financiamento na aquisição de imóvel ou na construção de casa.

De modo que a Cédula de Crédito Imobiliário constitui o documento, emitido pela instituição que atua no ramo de financiamento imobiliário, e assinado por aquele que recebeu o crédito. Veja-se o § 1º do art. 18: "A CCI será emitida pelo credor do crédito imobiliário e poderá ser integral, quando representar a totalidade do crédito, ou fracionária, quando representar parte dele, não podendo a soma das CCI fracionárias emitidas em relação a cada crédito exceder o valor total do crédito que elas representam".

A cédula abrangerá todo ou parte do crédito, nos termos do § 2º do art. 18: "As CCI fracionárias poderão ser emitidas simultaneamente ou não, a qualquer momento antes do vencimento do crédito que elas representam".

A emissão se dará com ou sem garantia real ou fidejussória, com a possibilidade de se dar a criação na forma cartular ou escritural, sendo que, nesta, por meio de lançamento na conta da instituição, e dispensando-se a emissão de documento (§ 3º do art. 18). Todavia, se escritural, opera-se a criação por meio de escritura pública ou instrumento particular, que ficará custodiado na instituição. Assim está regulada a matéria no § 4º do art. 18, em texto da Lei nº 13.986/2020: "A emissão da CCI sob a forma escritural ocorrerá por meio de escritura pública ou instrumento particular, que permanecerá custodiado em instituição financeira".

Vieram incluídos os §§ 4º-A, 4º-B e 4º-C pela mesma Lei nº 13.986/2020. O § 4º-A dispõe sobre a negociação da Cédula de Crédito Imobiliário emitida na forma escritural, ou a substituição da instituição custodiante, que será precedida de registro ou depósito em entidade autorizada pelo BCB a exercer a atividade de registro ou de depósito centralizado de ativos financeiros.

O § 4º-B atribui ao Conselho Monetário Nacional estabelecer condições para o registro e o depósito centralizado da cédula, bem como a obrigatoriedade de seu depósito em entidade autorizada pelo BCB a exercer a atividade de depósito centralizado de ativos financeiros.

Por último, o § 4º-C ordena que a instituição custodiante declare a insubsistência do registro ou do depósito na hipótese de a cédula ser liquidada antes de sua negociação, para fins do disposto no art. 24 da mesma lei, o qual estabelece que o resgate da dívida representada pela CCI prova-se com a declaração de quitação, emitida pelo credor, ou, na falta desta, por outros meios admitidos em direito.

Oferecendo-se garantia real, averba-se a emissão no Registro de Imóveis, junto à matrícula. Assim consta no § 5º: "Sendo o crédito imobiliário garantido por direito real, a emissão da CCI será averbada no Registro de Imóveis da situação do imóvel, na respectiva matrícula, devendo dela constar, exclusivamente, o número, a série e a instituição custodiante".

Vários os regramentos que seguem em dispositivos específicos, relativos à averbação da emissão do título e ao registro da garantia do crédito (que se consideram atos únicos para efeito de cobrança de emolumentos), e mais à intimação do credor da cédula em caso de constrição dos bens dados em garantia.

A constrição judicial que recair sobre crédito representado pela CCI efetuar-se-á nos registros da instituição custodiante ou mediante a apreensão da cártula (§ 7º).

Cumpre que o credor do título seja de imediato intimado da constrição judicial que recaia sobre a garantia real do crédito imobiliário representado pelo título (§ 8º).

Deve a instituição custodiante identificar o credor, para fins de intimação, no caso de emissão da CCI na forma escritural (§ 9º).

O art. 19 elenca os requisitos da cédula:

I – a denominação "Cédula de Crédito Imobiliário", quando emitida cartularmente;

II – o nome, a qualificação e o endereço do credor e do devedor e, no caso de emissão escritural, também o do custodiante;

III – a identificação do imóvel objeto do crédito imobiliário, com a indicação da respectiva matrícula no Registro de Imóveis competente e do registro da constituição da garantia, se for o caso;

IV – a modalidade da garantia, se for o caso;

V – o número e a série da cédula;

VI – o valor do crédito que representa;

VII – a condição de integral ou fracionária e, nessa última hipótese, também a indicação da fração que representa;

VIII – o prazo, a data de vencimento, o valor da prestação total, nela incluídas as parcelas de amortização e juros, as taxas, seguros e demais encargos contratuais de responsabilidade do devedor, a forma de reajuste e o valor das multas previstas contratualmente, com a indicação do local de pagamento;

IX – o local e a data da emissão;

X – a assinatura do credor, quando emitida cartularmente;

XI – a autenticação pelo Oficial do Registro de Imóveis competente, no caso de contar com garantia real; e

XII – cláusula à ordem, se endossável.

Os dispositivos seguintes asseguram a execução judicial da cédula, a faculdade da emissão da cédula sem autorização do devedor, a cessão do crédito representado pela cédula, a securitização da cédula nos termos da Lei nº 9.514/1997, entre outras disposições.

Capítulo XVI
Ações e Debêntures

1. AS AÇÕES

O termo "ação" serve para designar um título representativo do capital de sociedades anônimas. Representa uma fração ou uma unidade do capital social, aspecto este que leva a enquadrar a ação como título de crédito de participação. Enquadra-se como um título de crédito, pelo qual o seu titular participa da vida societária e tem direito a uma parte do capital social. Pertence àquele que se apresentar para exercer os direitos relativos à ação.

Existem vários tipos de ações, como as ordinárias, as preferenciais e as de fruição.

As ações ordinárias são aquelas que conferem aos titulares direitos iguais de participação nos lucros da empresa, além de representar uma participação no capital e de assegurar o direito a voto nas deliberações das assembleias.

As ações preferenciais conferem vários privilégios, podendo, no entanto, privar o acionista do direito de voto. Os privilégios consistem na prioridade na distribuição dos dividendos da sociedade, na prioridade do reembolso do capital, entre outras vantagens.

O art. 17 da Lei nº 6.404, de 15.12.1976, com as modificações da Lei nº 10.303/2001, discrimina algumas preferências ou vantagens, como segue transcrito:

> "As preferências ou vantagens das ações preferenciais podem consistir:
> I – em prioridade na distribuição de dividendo, fixo ou mínimo;
> II – em prioridade no reembolso do capital, com prêmio ou sem ele; ou
> III – na acumulação das preferências e vantagens de que tratam os incisos I e II".

As ações de fruição, antigamente denominadas ações de gozo, são aquelas que resultam da amortização das ações comuns ou preferenciais. Atribuem-se aos acionistas que amortizaram as ações que tinham. O art. 44, § 5º, da Lei nº 6.404/1976, contempla-as, prevendo que as ações comuns ou preferenciais integralmente amortizadas poderão ser substituídas por ações de fruição, com as restrições que o estatuto ou assembleia geral da sociedade estabelecer. Na liquidação da sociedade, os titulares dessas ações concorrem ao acervo líquido unicamente depois de assegurado o respectivo valor às ações não amortizadas dos outros sócios, com a devida correção monetária. Não possuem capital, posto que operou-se a sua amortização, ou a entrega do valor correspondente. Distribui-se aos acionistas a quantia que lhes tocaria no caso de liquidação da sociedade.

Relativamente à circulação ou transferência, classificavam-se as ações em nominativas, endossáveis, ao portador e escriturais, persistindo no direito brasileiro unicamente as nominativas, por força do art. 20 da Lei nº 6.404, de 1976, em redação trazida pela Lei nº 8.021, de

1990, o qual estabelece que as ações devem ser nominativas. Por outro lado, o art. 33 da Lei nº 6.404/1976, que tratava das ações ao portador, restou revogado pela mesma Lei nº 8.021/1990. No entanto, as ações ao portador, por sua tradição, merecem alguma análise.

Consideram-se aquelas ações, segundo lição de José Edwaldo Tavares Borba, "representadas por certificados dos quais não constava qualquer referência ao nome do titular; esses certificados legitimavam o detentor a exercer os direitos de sócio. Quem quer que se apresentasse perante a sociedade de posse de ações ao portador, estaria habilitado a receber dividendos, bonificações ou quaisquer outras prestações a que fizesse jus o acionista".[1]

As nominativas consistem nas ações em que aparece o nome do proprietário originário, procedendo-se a transferência por meio de termo lavrado em livro próprio da sociedade anônima, devendo assinar o cedente e o cessionário. Como assinala De Plácido e Silva, "a propriedade das ações nominativas presume-se pela inscrição do nome do acionista no livro de registros das ações nominativas, onde, obrigatoriamente, devem ser averbadas. E, assim, claramente, não se faz fundamental a presença da ação para demonstração da qualidade de acionista nominativo perante a sociedade".[2]

As endossáveis correspondem às ações que, como o nome indica, são objeto de cessão ou transferência pelo mero endosso. Não se requer o termo de transferência ou cessão, e muito menos a inscrição em livro da empresa. Presumem-se de propriedade daquele que detém a posse. Conforme visto acima, não mais existem no direito brasileiro.

As ações escriturais são aquelas que apenas constam escrituradas em livro especial da instituição financeira, que o mantém na Comissão de Valores Mobiliários ou na Bolsa de Valores. O registro confere a propriedade. Não há a corporificação em um certificado emitido pela companhia que as emite. Sua transferência se faz por meio de um termo lavrado num livro onde se faz o registro.

2. AS DEBÊNTURES

As debêntures, instituídas originariamente pelo Decreto nº 177-A, de 15.09.1893, e atualmente reguladas pelos artigos 52 a 74 da Lei nº 6.404/1976 (Lei das Sociedades Anônimas), com alterações das Leis nº 9.457/1997, nº 10.303/2001 e nº 12.431/2011, são títulos de crédito representativos de empréstimos que as sociedades comerciais contraem junto ao público, conferindo aos seus titulares direito de crédito contra elas. Para Theophilo de Azeredo Santos, as debêntures são uma espécie do gênero empréstimo: "É o contrato de mútuo, que se distingue do simples mútuo, definido no art. 247 do Código Comercial, pela divisão da quantia mutuada em frações, expressa por títulos... nominativos endossáveis...".[3]

Explica Modesto Carvalhosa: "Constituem as debêntures um direito de crédito do seu titular diante da sociedade emissora, em razão de um contrato de empréstimo por ela concertado. As debêntures têm a natureza de título de renda, com juros fixos ou variáveis gozando de garantias determinadas nos termos da escritura da emissão. (...) Não assiste à debênture, portanto, no âmbito da teoria geral dos títulos de crédito, autonomia e literalidade, sendo que entre nós está também descaracterizada a cartularidade, por força da obrigatoriedade da forma nominativa e do uso uniforme dos títulos nominativos escriturais".[4]

---

[1]   *Direito Societário*, 5ª ed., Rio de Janeiro, Livraria Editora Renovar Ltda., 1999, p. 206.
[2]   *Noções Práticas de Direito Comercial*, vol. I, p. 211.
[3]   *Manual dos Títulos de Crédito*, p. 298.
[4]   *Comentários à lei de sociedades anônimas*, São Paulo, Editora Saraiva, 2011, p. 671.

Trata-se de uma forma das sociedades comerciais conseguirem capital perante os investidores em geral, à semelhança do que ocorre com o Poder Público, que lança títulos ao mercado para angariar fundos ou capital para determinadas finalidades. Ilustra José Edwaldo Tavares Borba que "constituem uma alternativa para aumento de capital, sendo indicadas nos casos em que o mercado não se encontre predisposto à absorção de ações, ou, ainda, quando aos antigos acionistas não convenha aumentar o capital próprio".[5]

O debenturista não se torna sócio da empresa, mas apenas seu credor, constituindo-se entre as partes uma relação de mútuo. De Plácido e Silva bem define as debêntures: "É permitido às sociedades por ações (anônimas ou companhias e comandita por ações) contraírem *empréstimos em dinheiro*, emitindo para garanti-los obrigações ou títulos ao portador.

A estes títulos ou obrigações é que se dá o nome de *debêntures*.

A debênture, pois, representa o documento ou título em que se faz uma *promessa de pagamento em dinheiro*, a ser cumprida nas condições que no próprio título se mencionam".[6]

Acrescenta-se que o documento expedido, constituindo-se de um título de crédito, possui a natureza de abstrato, não ligado à relação causal.

Rubens Requião explica a finalidade das debêntures: "A fim de evitar os inconvenientes de pequenos e constantes financiamentos em curto prazo e a altos juros, no mercado financeiro, as sociedades por ações têm a faculdade exclusiva de obter empréstimos, tomados ao público em longo prazo e a juros mais compensadores, inclusive com correção monetária, mediante resgate a prazo fixo ou em sorteios periódicos. A característica dessa operação, que fundamenta e dá causa à emissão das debêntures, como explica Carvalho de Mendonça, é que o empréstimo é um só, os mutuantes são muitos, sujeitos todos, porém, às mesmas condições gerais e correndo os mesmos riscos. A cada fração, todas do mesmo valor, corresponde um certificado, e em seu conjunto são oferecidos ao público, coletando-se, dessa forma, no mercado de capitais, a poupança popular. Cada debênture tem vida jurídica autônoma, e se presta a negociação e circulação isoladas".[7]

As debêntures podem se materializar em certificado, o qual será o instrumento do crédito. Consoante o art. 64 da Lei nº 6.404/1976, o certificado deverá conter a denominação, sede, prazo de duração e objeto da companhia; a data da constituição da companhia e de seu arquivamento e publicação dos atos constitutivos; a data da publicação da ata que autorizou o empréstimo que ela representa; a data e ofício do registro de imóveis em que foi escrita a emissão; a denominação "debênture" e a indicação de sua espécie, com dizeres que se refiram à garantia, à preferência ou não preferência; a série a que corresponde; o número de ordem; o valor nominal e a cláusula de correção monetária, se houver; as condições de vencimento, amortização, resgate, juros, participação no lucro ou prêmio de reembolso e a data em que serão devidos; as condições de conversibilidades em ações, se for o caso; o nome do debenturista; o nome do agente fiduciário do debenturista, se houver; a data da emissão do certificado e a assinatura de dois diretores da companhia; a autenticação do agente fiduciário.

Cada debênture é autônoma, ou seja, constitui um negócio jurídico, valendo por si, independentemente das demais debêntures emitidas e relativas ao mesmo empréstimo. Como refere Pontes de Miranda, "cada debênture é cártula de negócio jurídico unilateral. Há tantos negócios jurídicos unilaterais quantas as debêntures subscritas".[8]

---

[5]   *Direito Societário*, p. 345.
[6]   *Noções Práticas de Direito Comercial*, vol. I, p. 255.
[7]   *Curso de Direito Comercial*, 2º vol., p. 85.
[8]   *Tratado de Direito Privado*, tomo XXXIII, p. 309.

O debenturista, com a aquisição do título, passa a fazer jus às vantagens que dele advém, como a percepção de juros e a participação de lucros na empresa emissora, como salienta Fran Martins: "O principal direito dos debenturistas é a percepção de juros por parte da sociedade, podendo esses ser fixos ou variáveis; mas podem os debenturistas também ter participação no lucro da companhia emissora, ou gozar de prêmio de reembolso, se assim estiver estipulado na escritura de emissão".[9]

Passa-se a destacar, além dos já observados, os principais aspectos das debêntures, de acordo com a Lei nº 6.404/1976, com as alterações introduzidas pela Lei nº 10.303/2001.

Deve o título conter o valor nominal expresso em moeda nacional, admitindo-se, nos casos permitidos em lei, a estipulação em moeda estrangeira (art. 54). Poderá prever a correção monetária do valor, na forma do § 1º do art. 54. O § 2º permite ao debenturista a opção de escolher receber o pagamento do principal e acessórios, quando do vencimento, amortização ou resgate, em moeda ou em bens.

Na escritura de emissão e do certificado da debênture constará a época do seu vencimento, admitindo-se previsão de amortizações parciais de cada série e a criação de fundos de amortização com a reserva do direito de resgate antecipado, parcial ou total, dos títulos da mesma série (art. 55).

De acordo com o art. 56, faculta-se assegurar ao titular da debênture o recebimento de juros, fixos ou variáveis, bem como a participação no lucro da companhia e prêmio de reembolso.

Na forma do art. 57, a debênture é conversível em ações, nas condições constantes da escritura de emissão, especificando-se as bases da conversão (inc. I), a espécie e a classe das ações em que poderão ser convertidas (inc. II), o prazo e época da conversão (inc. III) e outras condições aplicáveis à conversão (inc. IV). Quando a emissão da debênture contiver a cláusula de conversibilidade em ações, os acionistas terão direito de preferência na subscrição das mesmas, na forma do § 1º. No período em que a debênture puder ser convertida em ações, a mudança do objeto da companhia e a criação de ações preferenciais ou modificação de vantagens existentes que possam a vir causar prejuízo das ações em que são conversíveis as debêntures dependerá de prévia aprovação dos debenturistas (§ 2º).

A debênture, de acordo com o art. 58, poderá ter garantia real ou flutuante, não gozar de preferência ou ser subordinada aos demais credores da companhia. José Edwaldo Tavares Borba explica que as garantias se constituem englobadamente para todas as séries da emissão, ou "especificamente para determinadas séries. Constituídas inicialmente para uma determinada série, não se poderá posteriormente estendê-las a outras".[10]

Em consonância com o art. 59, à assembleia geral da pessoa jurídica compete fixar as condições sobre emissão da debênture, a quantidade, o valor, o número, as garantias, a correção monetária, a conversibilidade ou não em ações, a época do vencimento e amortização ou resgate, a época do pagamento dos juros, a participação nos lucros, o modo de subscrição. Na companhia aberta, consoante o § 1º do mesmo art. 59, na redação da Lei nº 12.431/2011, faculta-se ao conselho de administração da companhia a emissão de debêntures não conversíveis em ações, salvo disposição estatutária em contrário.

A emissão, pelo art. 61, constará de escritura pública ou particular de emissão, assinalando-se os direitos conferidos, as garantias e demais cláusulas ou condições. Em seguimento, o art. 62 elenca uma série de outros requisitos, como o arquivamento no registro de comércio,

---

[9] *Contratos e Obrigações Comerciais*, p. 374.
[10] *Direito Societário*, p. 255.

a publicação da ata de assembleia ou do conselho de administração que deliberou sobre a emissão, o registro no Registro do Comércio da escritura de emissão e a constituição das garantias reais, se for o caso – redação da Lei nº 10.303/2001.

Os parágrafos do art. 62 tornam responsáveis os administradores da companhia pelas perdas e danos causados à companhia ou a terceiros, sempre que houver o descumprimento de obrigações relativas ao arquivamento e ao registro dos atos de emissão. Os registros de comércio manterão livro especial para a inscrição das emissões.

Previa o art. 63 a emissão de debêntures ao portador ou endossáveis, devendo as últimas ficar registradas em livro próprio. Outrossim, contempla-se a emissão de certificado de depósito. Todavia, a Lei nº 9.457, de 1997, afastou as debêntures ao portador e endossáveis, como expõe José Edwaldo Tavares Borba, nos seguintes termos: "Revogadas, porém, as formas ao portador e endossável, o que conduz as debêntures para as formas nominativa (agora expressamente prevista na Lei nº 9.457/1997) e escritural, únicas hoje existentes..., posto que as debêntures nominativas e escritural encontram-se sujeitas a registro".[11]

Outrossim, a Lei nº 10.303 alterou os §§ 1º e 2º do art. 63, cuidando aquele do registro das debêntures endossáveis, e o último facultando que a escritura de emissão pode estabelecer que as debêntures sejam mantidas em conta de custódia, em nome de seus titulares, na instituição que designar, sem emissão de certificados. Assim, pela nova redação, são trazidas regras do depósito das debêntures emitidas com certificado, facultando-se que sejam mantidas em contas de custódia em instituição que for designada, sem emissão de certificados.

O art. 65 admite a emissão de certificados múltiplos de debêntures.

O art. 66 trata do agente fiduciário, que é um representante legal dos debenturistas perante a companhia emissora, incumbindo-lhe agir como se ele fosse o titular das debêntures. Compete-lhe proteger os interesses, elaborar relatórios sobre a realidade dos títulos e providenciar em medidas de proteção contra a companhia emissora, entre outras funções, inclusive a execução das garantias e a falência da emitente. Vem a ser um fiscal que atua em favor dos debenturistas. Permite o art. 67 a substituição do agente fiduciário, cuja regulamentação prática está a cargo da Comissão de Valores Mobiliários. O art. 68 delineia seus deveres, respondendo, inclusive, pelos danos que decorrerem de sua atividade, desde que proceda com culpa ou dolo.

Entre outras regras, há a previsão de assembleia dos debenturistas (art. 71), e a permissão de se emitirem cédulas garantidas pelo penhor de debêntures, conferindo aos seus titulares direito de crédito contra o emitente (art. 72). Pelo art. 73, está regulada a emissão de debêntures no exterior, com garantia real ou flutuante de bens situados no Brasil. No caso de extinção, é obrigatória a anotação em livros próprios da companhia, que ficarão arquivados pelo prazo de cinco anos, juntamente com os documentos relativos à extinção, aos certificados cancelados e aos recibos dos titulares das contas das debêntures (art. 74).

Finalmente, a debênture, constituindo um título de crédito, sujeita-se à execução de título extrajudicial, na forma do art. 784, inc. I, do CPC/2015, no que já foi referendado pelo Superior Tribunal de Justiça.[12]

---

[11] *Idem*, p. 269.

[12] Agravo nº 107.738/SP-AgRg. 3ª Turma. Julgado em 14.10.1997, *DJ* de 09.12.1997.

Capítulo XVII
Outros Títulos de Crédito

Muitos outros títulos de crédito existem além dos examinados. Citam-se, exemplificativamente, as Apólices de Seguro e os Títulos de Valores Mobiliários, bem como os Certificados de Depósito Bancários (CDBs), considerados títulos de crédito nominativos, de exclusiva emissão pelas instituições financeiras, aportados pela Lei nº 13.986/2020; e os Recibos de Depósitos Bancários (RDBs). Havia, também, as Letras do Tesouro Nacional e as Letras do Banco Central, que foram abolidas. Trata-se, com exceção das apólices, de títulos representativos de valores mobiliários, expondo, sobre o assunto, Aramy Dornelles da Luz: "A rigor, os valores mobiliários são títulos, espécies desse gênero, que se apresenta sob forma cartular; podem ser, via de regra, transferíveis por endosso; apresentam-se sob a modalidade ao portador, à ordem e nominativos. Constituem móveis segundo a classificação do direito comum, donde a denominação 'mobiliários' aos valores incorporados nos títulos (títulos-valores)".[1]

A regulamentação está na Lei nº 6.385, de 07.12.1976, que dispõe sobre o mercado de valores mobiliários e cria a Comissão de Valores Mobiliários.

Os títulos são negociados em geral por companhias abertas, por meio da Bolsa de Valores e do Mercado de Balcão.

Os valores constituem verdadeiros títulos de crédito, vindo materializados em cupons de ações, em partes beneficiárias, em debêntures, em ações preferenciais, em bônus de subscrição e outras formas. Os mais conhecidos formam os certificados e recibos de depósitos. Os bancos figuram como principais agentes no mercado de tais títulos, sendo os emitentes, especialmente com relação aos certificados e aos recibos de depósitos.

Com origem antiga, criado em 1890 pela Lei nº 165-A, existe o chamado "bilhete de mercadoria", que são documentos de entrega de mercadorias à ordem, ou seja, pagáveis em mercadorias, devendo conter vencimento fixo.

Há, outrossim, títulos de crédito que representam as obrigações da dívida pública, as quais permanecem em poder das instituições financeiras, ou dos próprios órgãos públicos.

Não se pode olvidar a relação de títulos executivos extrajudiciais do art. 784 do CPC/2015, que, além da letra de câmbio, da nota promissória, da duplicata, da debênture e do cheque, estudados ao longo do presente trabalho, apresenta mais os seguintes:

– a escritura pública ou outro documento público assinado pelo devedor;
– o documento particular assinado pelo devedor e por 2 (duas) testemunhas;

---

[1] *Para uma fácil compreensão dos títulos de crédito*, p. 135.

- o instrumento de transação referendado pelo Ministério Público, pela Defensoria Pública, pela Advocacia Pública, pelos advogados dos transatores ou por conciliador ou mediador credenciado por tribunal;
- o contrato garantido por hipoteca, penhor, anticrese ou outro direito real de garantia e aquele garantido por caução;
- o contrato de seguro de vida em caso de morte;
- o crédito decorrente de foro e laudêmio;
- o crédito, documentalmente comprovado, decorrente de aluguel de imóvel, bem como de encargos acessórios, tais como taxas e despesas de condomínio;
- a certidão de dívida ativa da Fazenda Pública da União, dos Estados, do Distrito Federal e dos Municípios, correspondente aos créditos inscritos na forma da lei;
- o crédito referente às contribuições ordinárias ou extraordinárias de condomínio edilício, previstas na respectiva convenção ou aprovadas em assembleia geral, desde que documentalmente comprovadas;
- a certidão expedida por serventia notarial ou de registro relativa a valores de emolumentos e demais despesas devidas pelos atos por ela praticados, fixados nas tabelas estabelecidas em lei;
- todos os demais títulos aos quais, por disposição expressa, a lei atribuir força executiva.

Sendo títulos de execução extrajudicial, naturalmente integram o rol dos títulos de crédito.

Grande a quantidade de outros títulos regulados por leis específicas, citando-se mais como exemplos o contrato de honorários advocatícios e a sentença judicial que os fixar (art. 24 da Lei nº 8.906, de 04.07.1994); o prêmio do contrato de seguro (art. 27 do Decreto-Lei nº 73, 21.11.1966); os honorários de árbitro, no compromisso arbitral (art. 11, parágrafo único, da Lei nº 9.307, de 23.09.1996), as decisões do Tribunal de Contas da União e dos tribunais dos Estados e do Distrito Federal, que fixarem multa ou condenarem ao pagamento de valores (arts. 71, § 3º, e 75, da Constituição Federal).

Bibliografia

ABRÃO, Carlos Henrique. *Do Endosso*, São Paulo, Livraria e Editora Universitária de Direito Ltda. – LEUD, 1991.

ABRÃO, Nelson. *Duplicata sem Aceite*, 2ª ed., São Paulo, Editora Saraiva, 1977.

ARAÚJO COSTA, Salustiano Orlando de. *Codigo Commercial do Brasil*, 7ª ed., Rio de Janeiro, Livraria Francisco Alves, 1912.

ARNOLDI, Paulo Roberto Colombo. *Teoria Geral dos Títulos de Crédito*, Rio de Janeiro, Editora Forense, 1998.

ASCARELLI, Tullio. *Teoria Geral dos Títulos de Crédito*, tradução de Nicolau Nazo, 2ª ed., São Paulo, Editora Saraiva, 1969.

BARBAGALO, Erica Brandini. *Contratos Eletrônicos*, São Paulo, Editora Saraiva, 2001.

BENTO DE FARIA, Antônio. *Código Commercial Brazileiro*, Rio de Janeiro, Jacintho Ribeiro dos Santos Editor, 1903.

BOITEUX, Fernando Netto. *Títulos de Crédito* (em conformidade com o Novo Código Civil), São Paulo, Editora Dialética, 2002.

BORGES, João Eunápio. *Do Aval*, 4ª ed., Rio de Janeiro, Editora Forense, 1975.

BULGARELLI, Waldirio. *Títulos de Crédito – Direito Comercial*, São Paulo, Atlas S./A., 1979.

_____. "Aspectos Jurídicos dos Títulos de Crédito Rural", *in Revista dos Tribunais*, nº 453.

CAMPOS BATALHA, Wilson de Souza. *Títulos de Crédito*, Rio de Janeiro, Editora Forense, 1989.

CARVALHO DE MENDONÇA, J. X. *Tratado de Direito Comercial Brasileiro*, São Paulo, Editora Freitas Bastos, 1963.

CARVALHO SANTOS, J. M. de. *Código Civil Brasileiro Interpretado*, 7ª ed., Rio de Janeiro, Livraria Freitas Bastos S.A., 1961, vol. XX.

CARVALHOSA, Modesto. *Comentários à lei de sociedades anônimas*, São Paulo, Editora Saraiva, 2011.

CASTRO DO NASCIMENTO, Tupinambá Miguel. *Hipoteca*, Rio de Janeiro, Aide Editora, 1985.

CHAVES, Antônio. *Tratado de Direito Civil – Obrigações*, São Paulo, Editora Revista dos Tribunais, 1984, vol. II, tomo II.

CORREIA SOBRINHO, Adelgício de Barros. Dos efeitos da outorga uxória no aval e na fiança após o Código Civil de 2002, disponível na página <http:// jus2.uol.com.br/doutrina/ texto.asp?id=3905>.

COSTA E SILVA, Antônio Carlos. *A Cobrança e o Procedimento Executivo da Duplicata*, 2ª ed., Rio de Janeiro, Editora Forense, 1983.

CUNHA PEIXOTO, Carlos Fulgêncio da. *Comentários à Lei de Duplicatas*, 2ª ed., Rio de Janeiro, Editora Forense, 1971.

DE PLÁCIDO E SILVA. *Noções Práticas de Direito Comercial*, 11ª ed., Rio de Janeiro, Editora Forense, 1960, vol. II.

_____. *Vocabulário Jurídico*, 7ª ed., Rio de Janeiro, Editora Forense, 1982, vol. I.

DIAS, José Gonçalves. *Da Letra e da Livrança*, Portugal, Grandes Oficinas Gráficas Minerva, Famalicão, 1939.

DINIZ, Maria Helena. *Curso de Direito Civil*, 6ª ed., São Paulo, Editora Saraiva, 1989, 3º vol.

DORNELLES DA LUZ, Aramy. *Para uma fácil compreensão dos títulos de crédito*, São Paulo, Editora Saraiva, 1992.

FABRÍCIO, Adroaldo Furtado. *Comentários ao Código de Processo Civil*, Rio de Janeiro, Editora Forense, 1980, vol. VIII, tomo III.

FARIAS DA SILVA, Justino Adriano. *Contrato de Transporte de Coisas*, Rio de Janeiro, Aide Editora, 1986.

FERREIRA, Pinto. *Da Ação de Anulação e Substituição de Títulos ao Portador*, São Paulo, Editora Saraiva, 1986.

FERREIRA, Waldemar. *Tratado de Direito Comercial*, São Paulo, Edição Saraiva, 1962, vols. 8º, 9º, 10º.

FRONTINI, Paulo Salvador. "Cédula de produto rural", *in RDM* 99/122.

GAMA, Affonso Dyonisio. *Das Contas Assignadas*, 2ª ed., São Paulo, Livraria Acadêmica Saraiva, 1928.

HAICAL, Gustavo. *Cessão de Crédito*, São Paulo, Editora Saraiva, 2013.

LACERDA, Paulo Maria de. A Cambial no Direito Brasileiro, 4ª ed., Rio de Janeiro, Jacintho Ribeiro dos Santos Editor, 1928.

LOURES, José Costa; GUIMARÃES e DOLABELA, Taís Maria Loures. *Novo Código Civil Comentado*, 2ª ed., Belo Horizonte, Livraria Del Rey Editora Ltda., 2003.

LUCCA, Newton de. *Comentários ao Novo Código Civil*, Rio de Janeiro, Editora Forense, 2003, vol. XII.

MAGALHÃES, Roberto Barcellos de. *Tratado de Direito Cambiário*, 2ª ed., São Paulo, Editora Jurídica e Universitária Ltda., 1972, 2º vol.

MARTINS, Fran. *Títulos de Crédito*, 13ª ed., Rio de Janeiro, Editora Forense, 2000, vol. I; 3ª ed., 1986, vol. II.

_____. *Contratos e Obrigações Comerciais*, 11ª ed., Rio de Janeiro, Editora Forense, 1990.

MENDONÇA, Fernando. *Direito dos Transportes*, São Paulo, Editora Saraiva, 1984.

MERCADO JÚNIOR, Antônio. *Nova Lei Cambial e Nova Lei do Cheque*, 2ª ed., São Paulo, Editora Saraiva, 1968.

OLIVEIRA, Edison Josué Campos de. *Sustação de Protesto de Títulos*, 2ª ed., São Paulo, Editora Revista dos Tribunais, 1977.

OLIVEIRA, Hilário de. *Títulos de Crédito*. São Paulo: Editora Pillares Ltda., 2006.

PAES DE ALMEIDA. *Teoria e Prática dos Títulos de Crédito*, 3ª ed., São Paulo, Editora Saraiva, 1978.

PENNA, Fábio O. *Da Duplicata*, 2ª ed., Rio de Janeiro, Editora Forense, 1966.

PEREIRA, Caio Mário da Silva. *Instituições de Direito Civil*, 10ª ed., Rio de Janeiro, Editora Forense, 1997, vol. III.

PERRONE DE OLIVEIRA, Jorge Alcebíades. *Títulos de Crédito*, 3ª ed., Porto Alegre, Livraria do Advogado Editora, 1999, vol. I.

PONTES DE MIRANDA, Francisco Cavalcanti. *Tratado de Direito Cambiário*, 2ª ed., São Paulo, Max Limonad Editor, 1954, vol. I.

_____. *Tratado de Direito Privado*, 3ª ed., 2ª reimp., São Paulo, Editora Revista dos Tribunais, 1984, tomo XXXIII.

REQUIÃO, Rubens. *Curso de Direito Comercial*, 18ª ed., São Paulo, Editora Saraiva, 1992, 2º vol.

RESTIFFE NETO, Paulo. *Novos Rumos da Duplicata*, São Paulo, Editora Revista dos Tribunais, 1974.

_____; RESTIFFE, Paulo Sérgio. *Lei do Cheque*, 4ª ed., São Paulo, Revista dos Tribunais, 2000.

REVISTA DOS TRIBUNAIS

REVISTA TRIMESTRAL DE JURISPRUDÊNCIA

RODRIGUES, Sílvio. *Direito Civil*, 3ª ed., São Paulo, Max Limonad Editor, vol. III.

ROQUE, Sebastião José. *Títulos de Crédito*, Rio de Janeiro, Editora Forense, 1991.

ROSA JÚNIOR, Luiz Emygdio F. da. *Títulos de Crédito*, Rio de Janeiro, Editora Renovar, 2000.

_____. *Títulos de Crédito*, 7ª ed., Rio de Janeiro, Editora Renovar, 2011.

SAMPAIO, Pedro. *Letra de Câmbio e Nota Promissória*, São Paulo, Editora Saraiva.

SAMPAIO DE LACERDA, J. C. *Dos Armazéns-Gerais – Seus Títulos de Crédito*, Rio de Janeiro, Editora Forense.

SANTOS, Theophilo de Azeredo. *Manual dos Títulos de Crédito*, 3ª ed., Rio de Janeiro, Companhia Editora Americana, 1975.

SARAIVA, José A. *A Cambial*, Rio de Janeiro, José Konfino Editor, 1947, vol. III.

SERPA LOPES, M. M. de. *Curso de Direito Civil*, 2ª ed., Rio de Janeiro, Livraria Freitas Bastos S.A., 1962, vol. V.

SIDOU, J. M. Othon. *Do Cheque*, 4ª ed., Rio de Janeiro, Editora Forense, 1998.

TAVARES BORBA, José Edwaldo. *Direito Societário*, 5ª ed., Rio de Janeiro, Livraria Editora Renovar Ltda., 1999.

TEIXEIRA, Egberto Lacerda. *A Nova Lei Brasileira do Cheque*, 4ª ed., São Paulo, Editora Saraiva, 1988.

TORRES, Magarinos. *Nota Promissória*, 7ª ed., Rio de Janeiro, Editora Forense, 1969, vol. I.

ULHÔA COELHO, Fábio. *Manual de Direito Comercial*, 5ª ed., São Paulo, Editora Saraiva, 1994.

VASCONCELLOS, Pedro. *Execução Extrajudicial e Judicial do Crédito Hipotecário no Sistema Financeiro da Habitação*, Rio de Janeiro, Livraria Francisco Alves Editora S.A., 1976.

VENOSA, Sílvio de Salvo. *Direito Civil – Contratos em Espécie e Responsabilidade Civil*, São Paulo, Editora Atlas S.A., 2001.

VENTURA, Luiz Henrique. *Comércio e Contratos Eletrônicos*, São Paulo, EDIPRO – Editores Profissionais Ltda., 2001.

VIVANTE, Cesare. *Trattato di Diritto Commerciale*, 3ª ed., Milão, Casa Editrice Dottor Francesco Vallardi, vol. III.

WHITAKER, José Maria. *Letra de Câmbio*, São Paulo, Livraria Acadêmica Saraiva S.A., 1950.

ZORTÉA, Alberto João. *A Duplicata Mercantil e Similares no Direito Estrangeiro*, Rio de Janeiro, Editora Forense, 1983.